古墳時代の農具研究

―鉄製刃先の基礎的検討をもとに―

河野 正訓 著

雄山閣

古墳時代の農具研究―鉄製刃先の基礎的検討をもとに―　目次

序章　本研究の目的と課題 …………………………………………………………………… 1

第Ⅰ部　農具鉄製刃先の構造 ………………………………………………………………… 5

　第1章　鉄鍬（方形板刃先）の構造 ……………………………………………………… 7
　　はじめに ……………………………………………………………………………………… 7
　　第1節　各種属性の検討 …………………………………………………………………… 7
　　第2節　製作方法の復原 …………………………………………………………………… 12
　　第3節　鉄刃と木製台部からみた装着 …………………………………………………… 16
　　まとめ ……………………………………………………………………………………… 22

　第2章　鉄鍬（U字形刃先）の構造 ……………………………………………………… 23
　　はじめに ……………………………………………………………………………………… 23
　　第1節　各種属性の検討 …………………………………………………………………… 23
　　第2節　製作方法の復原 …………………………………………………………………… 26
　　第3節　鉄刃と木製台部からみた装着 …………………………………………………… 32
　　まとめ ……………………………………………………………………………………… 36

　第3章　鉄鎌の構造 ………………………………………………………………………… 39
　　はじめに ……………………………………………………………………………………… 39
　　第1節　各種属性の検討 …………………………………………………………………… 39
　　第2節　製作方法の復原 …………………………………………………………………… 43
　　第3節　鉄刃と木柄からみた装着 ………………………………………………………… 48
　　まとめ ……………………………………………………………………………………… 53

　第4章　鉄製穂摘具の構造 ………………………………………………………………… 55
　　はじめに ……………………………………………………………………………………… 55
　　第1節　各種属性の検討 …………………………………………………………………… 55
　　第2節　製作方法の復原 …………………………………………………………………… 59
　　第3節　鉄刃と台部からみた装着 ………………………………………………………… 60
　　まとめ ……………………………………………………………………………………… 68

第Ⅱ部　農具鉄製刃先の使用 ………………………………………………………………… 71

　第1章　方形板刃先の使用 ………………………………………………………………… 73

はじめに ……………………………………………………………………………………… 73
　第1節　方形板刃先の研究史と問題の所在 ……………………………………………… 73
　第2節　古墳時代方形板刃先の使用状況 ………………………………………………… 76
　第3節　方形板刃先のライフサイクル …………………………………………………… 82
　まとめ ……………………………………………………………………………………… 84

第2章　直刃鎌の使用 ………………………………………………………………………… 85
　はじめに ……………………………………………………………………………………… 85
　第1節　直刃鎌の研究史と問題の所在 …………………………………………………… 85
　第2節　古墳時代直刃鎌の使用状況 ……………………………………………………… 86
　第3節　直刃鎌のライフサイクル ………………………………………………………… 92
　まとめ ……………………………………………………………………………………… 94

第3章　農具鉄製刃先の使用品と未使用品 ………………………………………………… 97
　　　　―事例研究①京都府岩谷2号墳例―
　はじめに ……………………………………………………………………………………… 97
　第1節　出土農具と古墳築造年代の再検討 ……………………………………………… 98
　第2節　考察 ………………………………………………………………………………… 100
　まとめ ……………………………………………………………………………………… 104

第Ⅲ部　農具鉄製刃先の変化 ………………………………………………………………… 107

第1章　農具鉄製刃先の実用品と非実用品 ………………………………………………… 109
　はじめに ……………………………………………………………………………………… 109
　第1節　研究史 ……………………………………………………………………………… 109
　第2節　実用品と非実用品 ………………………………………………………………… 114
　まとめ ……………………………………………………………………………………… 125

第2章　農具鉄製刃先の変遷 ………………………………………………………………… 127
　はじめに ……………………………………………………………………………………… 127
　第1節　研究史 ……………………………………………………………………………… 127
　第2節　型式学的検討 ……………………………………………………………………… 129
　まとめ ……………………………………………………………………………………… 140

第3章　古墳時代前期の曲刃鎌 ……………………………………………………………… 141
　　　　　─事例研究②山口県秋根遺跡例─
　　はじめに ………………………………………………………………………………………… 141
　　第1節　秋根遺跡の概要 ………………………………………………………………………… 142
　　第2節　秋根遺跡出土鉄鎌 ……………………………………………………………………… 142
　　第3節　古墳時代前期曲刃鎌の様相 …………………………………………………………… 145
　　第4節　古墳時代前期曲刃鎌の成立過程 ……………………………………………………… 149
　　第5節　秋根遺跡出土鉄鎌の評価 ……………………………………………………………… 151
　　まとめ …………………………………………………………………………………………… 151

第Ⅳ部　農具鉄製刃先の所有と管理 ……………………………………………………… 153

第1章　農具鉄製刃先の所有 ……………………………………………………………………… 155
　　はじめに ………………………………………………………………………………………… 155
　　第1節　研究史と問題の所在 …………………………………………………………………… 155
　　第2節　古墳時代墳墓出土品からみた所有 …………………………………………………… 158
　　まとめ …………………………………………………………………………………………… 172

第2章　地方からみた鉄の管理体制 ……………………………………………………………… 175
　　　　　─事例研究③鳥取県長瀬高浜遺跡─
　　はじめに ………………………………………………………………………………………… 175
　　第1節　長瀬高浜遺跡の概要 …………………………………………………………………… 176
　　第2節　長瀬高浜遺跡出土鉄製品の検討 ……………………………………………………… 186
　　第3節　古墳時代前半期の地域間関係 ………………………………………………………… 191
　　まとめ …………………………………………………………………………………………… 196

終章　総括と課題 …………………………………………………………………………………… 199

参考文献 ………………………………………………………………………………………………… 205
分析表 …………………………………………………………………………………………………… 217
遺跡文献（墳墓） ……………………………………………………………………………………… 241
遺跡文献（集落） ……………………………………………………………………………………… 261
図版・表出典 …………………………………………………………………………………………… 267
索引 ……………………………………………………………………………………………………… 275
あとがき ………………………………………………………………………………………………… 283

図　版　目　次

第Ⅰ部　第1章

　　図Ⅰ1－1　　鉄鍬の柄と身 ……………………………………………………………… 7
　　図Ⅰ1－2　　方形板刃先の部分名称 …………………………………………………… 8
　　図Ⅰ1－3　　方形板刃先の各種属性 …………………………………………………… 10
　　図Ⅰ1－4　　鉄塊素材 …………………………………………………………………… 11
　　図Ⅰ1－5　　鉄塊素材の方形板刃先製作工程 ………………………………………… 12
　　図Ⅰ1－6　　奈良県大和6号墳出土鉄鋌 ……………………………………………… 13
　　図Ⅰ1－7　　愛媛県出作遺跡出土鉄製品 ……………………………………………… 14
　　図Ⅰ1－8　　鉄板素材の方形板刃先製作工程 ………………………………………… 15
　　図Ⅰ1－9　　方形板刃先中央の歪み …………………………………………………… 16
　　図Ⅰ1－10　　福岡県冨地原梅木17号墳出土方形板刃先 …………………………… 17
　　図Ⅰ1－11　　方形板刃先の弾性 ……………………………………………………… 18
　　図Ⅰ1－12　　兵庫県長越遺跡出土木製台部 ………………………………………… 19
　　図Ⅰ1－13　　装着痕跡をもつ木製台部 ……………………………………………… 20

第Ⅰ部　第2章

　　図Ⅰ2－1　　鉄鍬の柄と身 ……………………………………………………………… 23
　　図Ⅰ2－2　　U字形刃先の部分名称 …………………………………………………… 24
　　図Ⅰ2－3　　U字形刃先の各種属性 …………………………………………………… 25
　　図Ⅰ2－4　　U字形刃先の製作方法の復原案 ………………………………………… 29
　　図Ⅰ2－5　　U字形刃先 ………………………………………………………………… 31
　　図Ⅰ2－6　　U字形刃先の弾性 ………………………………………………………… 33
　　図Ⅰ2－7　　土に対する摩擦抵抗力 …………………………………………………… 34
　　図Ⅰ2－8　　U字形刃先が装着された段のない木製台部 …………………………… 35
　　図Ⅰ2－9　　長野県生萱本誓寺遺跡出土の風呂鍬 …………………………………… 36
　　図Ⅰ2－10　　曲柄平鍬の刃部幅の分布 ……………………………………………… 37

第Ⅰ部　第3章

　　図Ⅰ3－1　　鎌の柄と身 ………………………………………………………………… 39
　　図Ⅰ3－2　　鉄鎌の部分名称 …………………………………………………………… 40
　　図Ⅰ3－3　　鉄鎌の各種属性 …………………………………………………………… 41
　　図Ⅰ3－4　　鉄鎌の製作工程 …………………………………………………………… 44
　　図Ⅰ3－5　　内湾刃の製作 ……………………………………………………………… 45
　　図Ⅰ3－6　　東京都野毛大塚古墳出土鉄鎌と製作方法 ……………………………… 46

第Ⅰ部　第3章

図Ⅰ3-7	大阪府御獅子塚古墳出土鉄鎌	46
図Ⅰ3-8	鉄鎌の鍛接	47
図Ⅰ3-9	再利用した鉄鎌	47
図Ⅰ3-10	楔が銹着する鉄鎌	49
図Ⅰ3-11	静岡県角江遺跡出土鎌柄	50
図Ⅰ3-12	大阪府五反島遺跡出土鉄鎌	51
図Ⅰ3-13	福岡県大板井遺跡出土鉄鎌	51
図Ⅰ3-14	四川省漢代画像磚「収穫図」	52
図Ⅰ3-15	木柄の分類	53

第Ⅰ部　第4章

図Ⅰ4-1	鉄製穂摘具の台と刃先	55
図Ⅰ4-2	刃先の部分名称	56
図Ⅰ4-3	鉄製穂摘具の形式分類	57
図Ⅰ4-4	刃先の各種属性	58
図Ⅰ4-5	大阪府御獅子塚古墳出土鉄製穂摘具	60
図Ⅰ4-6	鉄製穂摘具の台	62
図Ⅰ4-7	魚津知克氏による刃先と台の組合せ復原案	63
図Ⅰ4-8	大分県大野川流域の鉄製穂摘具	64
図Ⅰ4-9	古墳時代の芋引具	65
図Ⅰ4-10	刃先の穿孔事例	67
図Ⅰ4-11	木製台部の諸例	68

第Ⅱ部　第1章

図Ⅱ1-1	方形板刃先の分類と研ぎ減り	74
図Ⅱ1-2	佐賀県西一本杉ST009古墳出土方形板刃先とその展開図	76
図Ⅱ1-3	金鍬の使用と丸い刃隅	77
図Ⅱ1-4	方形板刃先の隅丸形（1～9）と隅角形（10～14）	78
図Ⅱ1-5	隅丸形と隅角形の刃縁形状	79
図Ⅱ1-6	刃縁が窪む隅角形	80
図Ⅱ1-7	岡山県神宮寺山古墳出土方形板刃先とその展開図	82
図Ⅱ1-8	隅角形の規格性	83
図Ⅱ1-9	規格性のある隅角形と規格性のない隅丸形	84

第Ⅱ部　第2章

図Ⅱ2-1	鉄鎌の分類	87

図Ⅱ2-2　　直刃鎌の各類型 ………………………………………………………………… 89
　　図Ⅱ2-3　　刃縁の窪み ……………………………………………………………………… 90
　　図Ⅱ2-4　　直刃鎌の推定形状変化 …………………………………………………………… 92
　　図Ⅱ2-5　　短冊形鉄鎌の規格性 ……………………………………………………………… 93
　　図Ⅱ2-6　　短冊形鉄鎌 ………………………………………………………………………… 94

第Ⅱ部　第3章
　　図Ⅱ3-1　　岩谷2号墳と周辺の古墳分布 …………………………………………………… 97
　　図Ⅱ3-2　　岩谷2号墳の墳丘と埋葬施設 …………………………………………………… 98
　　図Ⅱ3-3　　岩谷2号墳出土遺物 ……………………………………………………………… 99
　　図Ⅱ3-4　　岩谷2号墳出土鉄鍬・鉄鎌 ………………………………………………………100
　　図Ⅱ3-5　　岩谷2号墳出土鉄槍 ………………………………………………………………101
　　図Ⅱ3-6　　折り返しのない鉄鎌 ………………………………………………………………103

第Ⅲ部　第1章
　　図Ⅲ1-1　　方形板刃先の法量 …………………………………………………………………115
　　図Ⅲ1-2　　方形板刃先の各類型 ………………………………………………………………116
　　図Ⅲ1-3　　奈良県布留遺跡豊井（宇久保）地区土器溜まり遺構と遺物 ……………………117
　　図Ⅲ1-4　　U字形刃先 …………………………………………………………………………118
　　図Ⅲ1-5　　U字形刃先の法量 …………………………………………………………………119
　　図Ⅲ1-6　　大阪府野中アリ山古墳出土直刃鎌 ………………………………………………120
　　図Ⅲ1-7　　直刃鎌の法量 ………………………………………………………………………121
　　図Ⅲ1-8　　福岡県萱葉1号墳出土曲刃鎌 ……………………………………………………122
　　図Ⅲ1-9　　曲刃鎌の法量 ………………………………………………………………………122
　　図Ⅲ1-10　　鉄製穂摘具 …………………………………………………………………………123
　　図Ⅲ1-11　　鉄製穂摘具の法量 …………………………………………………………………124

第Ⅲ部　第2章
　　図Ⅲ2-1　　方形板刃先の各類型と製作方法 …………………………………………………129
　　図Ⅲ2-2　　鉄鎌各類型の変化 …………………………………………………………………131
　　図Ⅲ2-3　　農具鉄製刃先各類型の変遷 ………………………………………………………137

第Ⅲ部　第3章
　　図Ⅲ3-1　　秋根遺跡と周辺の遺跡分布図 ……………………………………………………141
　　図Ⅲ3-2　　秋根遺跡D1出土遺物 ……………………………………………………………143
　　図Ⅲ3-3　　鉄鎌出土状況 ………………………………………………………………………144

図Ⅲ3-4	秋根遺跡出土鉄鎌	145
図Ⅲ3-5	古墳時代前期の曲刃鎌	147
図Ⅲ3-6	弥生時代の曲刃鎌	149
図Ⅲ3-7	朝鮮半島南部の曲刃鎌	150

第Ⅳ部　第1章

図Ⅳ1-1	墳墓の階層と農具鉄製刃先の平均出土量	161
図Ⅳ1-2	方形板刃先出土墳墓の墳形と規模	163
図Ⅳ1-3	U字形刃先出土墳墓の墳形と規模	165
図Ⅳ1-4	直刃鎌出土墳墓の墳形と規模（1）	166
図Ⅳ1-5	直刃鎌出土墳墓の墳形と規模（2）	167
図Ⅳ1-6	曲刃鎌出土墳墓の墳形と規模	169
図Ⅳ1-7	大阪府西墓山古墳西列鉄器埋納施設	171
図Ⅳ1-7	陪塚出土農具鉄製刃先	173

第Ⅳ部　第2章

図Ⅳ2-1	長瀬高浜遺跡と周辺の古墳時代遺跡	175
図Ⅳ2-2	馬ノ山4号墳	177
図Ⅳ2-3	長瀬高浜遺跡からみた馬ノ山古墳群	178
図Ⅳ2-4	長瀬高浜遺跡11Ⅰ地区SB40大型建物	180
図Ⅳ2-5	長瀬高浜遺跡15Ⅰ地区SP01祭祀遺構	181
図Ⅳ2-6	長瀬高浜遺跡16K地区埴輪集積遺構	183
図Ⅳ2-7	長瀬高浜遺跡出土土器	184
図Ⅳ2-8	長瀬高浜遺跡出土青銅製品	185
図Ⅳ2-9	長瀬高浜遺跡出土鉄製品	187
図Ⅳ2-10	古墳時代前半期の集落別鉄製品出土点数と鉄製品出現率	192
図Ⅳ2-11	長瀬高浜遺跡出土鉄滓	196
図Ⅳ2-12	長瀬高浜遺跡出土鞴羽口	196

表　目　次

第Ⅲ部　第1章
表Ⅲ1-1　短冊形と非短冊形の法量比較 …………………………………………… 120-121

第Ⅲ部　第2章
表Ⅲ2-1　方形板刃先各類型の組み合わせ ………………………………………… 130
表Ⅲ2-2　鉄鎌の組成 ………………………………………………………………… 132
表Ⅲ2-3　農具鉄製刃先の組成（1）………………………………………………… 134
表Ⅲ2-4　農具鉄製刃先の組成（2）………………………………………………… 135
表Ⅲ2-5　鉄鎌と鉄鍬・鉄製穂摘具の相関 ………………………………………… 136

第Ⅳ部　第1章
表Ⅳ1-1　陪塚出土農具鉄製刃先 …………………………………………………… 170

第Ⅳ部　第1章
表Ⅳ2-1　長瀬高浜遺跡時期別遺構数 ……………………………………………… 179

分析表
分析表1　方形板刃先（隅角形）① ………………………………………………… 219
分析表2　方形板刃先（隅角形）② ………………………………………………… 220
分析表3　方形板刃先（隅角形）③ ………………………………………………… 221
分析表4　方形板刃先（隅丸形）① ………………………………………………… 221
分析表5　方形板刃先（隅丸形）② ………………………………………………… 222
分析表6　U字形刃先① ……………………………………………………………… 223
分析表7　U字形刃先② ……………………………………………………………… 224
分析表8　U字形刃先③ ……………………………………………………………… 225
分析表9　鉄鎌（直刃鎌）① ………………………………………………………… 226
分析表10　鉄鎌（直刃鎌）② ………………………………………………………… 227
分析表11　鉄鎌（直刃鎌）③ ………………………………………………………… 228
分析表12　鉄鎌（直刃鎌）④ ………………………………………………………… 229
分析表13　鉄鎌（直刃鎌）⑤ ………………………………………………………… 230
分析表14　鉄鎌（直刃鎌）⑥ ………………………………………………………… 231
分析表15　鉄鎌（曲刃鎌）① ………………………………………………………… 232
分析表16　鉄鎌（曲刃鎌）② ………………………………………………………… 233
分析表17　鉄鎌（曲刃鎌）③ ………………………………………………………… 234

分析表18	鉄鎌（曲刃鎌）④	235
分析表19	鉄鎌（曲刃鎌）⑤	236
分析表20	鉄鎌（曲刃鎌）⑥	237
分析表21	鉄製穂摘具①	238
分析表22	鉄製穂摘具②	239
分析表23	鉄製穂摘具③	240

序章　本研究の目的と課題

（1）研究の目的

　古墳時代における鉄鎌や鉄鍬、鉄製穂摘具など農具の先端に装着された鉄製刃先（以下、農具鉄製刃先）を対象として、その歴史的意義について議論するための土台となる基礎研究をおこなう。

　これまで農具鉄製刃先の変化は、農業や土木事業の発展と密接に結び付くと解釈されてきたように社会経済史的な観点から言及されてきた。また、鉄刃の管理体制や普及状況から古墳時代社会を構築する一翼も担ってきた。さらに、非実用品の存在から神まつりや所作儀礼の道具として位置づけられるなど、鉄刃は祭祀研究にも応用されてきた。つまり、土掘り具もしくは収穫具という道具の意味を超えて、それが与えた経済・社会・祭祀にたいする影響を考えることで、農具鉄製刃先を研究する意味を見出すことができ、古墳時代研究に貢献すること大であった。

　しかしながら、鉄鍬ならば方形板刃先とU字形刃先、鉄鎌ならば直刃鎌と曲刃鎌というように大別形式の変動を議論することはあっても、それぞれの形式そのものを詳細に観察することで考察する研究は少数派である。例えば、墳墓出土品と集落出土品という、生産から廃棄まで異なる脈絡をもつ道具を混合して議論する研究が多いのは問題である。また、実用品や非実用品を混在して歴史を構築する研究も目立つ。もちろん非実用品から当時の農業生産を明らかにすることはできない。逆に農作業に用いた実用品を軸にして祭祀を考えることも、議論の前提から破綻している。

　そこで、本研究の視角として、考古資料の観察から、それぞれの性格づけについて再検討して、経済を構築するのに適した資料、社会を構築するのに適した資料、祭祀を構築するのに適した資料を選定する。その上で、古墳時代の農具鉄製刃先からみた新たな歴史像を再構築する土台を築き上げることを本書の目的としたい。

（2）分析対象

　時　　期　対象時期は、古墳時代である。一概に古墳時代といっても研究者によって時代区分が異なる。そのはじまりは、いわゆる庄内式期を含めるのかどうかで熱い議論があるものの、

本書では最初の定型化した大型前方後円墳である奈良県箸墓古墳の出現にもとめる。西暦では3世紀後半に相当する。そのおわりも、飛鳥時代とされる7世紀に古墳が造り続けられることから、それらを古墳時代終末期とする意見もある。本書では7世紀の飛鳥時代は古墳時代には含めず、畿内地域で前方後円墳が消滅する時期をもって古墳時代のおわりとする。須恵器型式ではTK209型式までであり、6世紀末葉から7世紀初頭に相当する。

　農具鉄製刃先は弥生時代から確認でき、飛鳥時代以降も存続するが、今回あえて古墳時代を選んだのには理由がある。弥生時代の農具鉄製刃先は、その大半が集落出土品である。飛鳥時代以降も同様に、墳墓からの出土が低調になる。一方で、古墳時代は墳墓から出土する農具鉄製刃先が際立つ時代といえる。もちろん集落出土品もあるが、墳墓からどうして農具鉄製刃先が出土するのであろうか。この素朴な疑問が本書を作成する上での一つの契機にもなっている。

　なお、古墳時代の時期区分は、遺構や遺物の組合せから決めることが一般的である。最近では、和田晴吾氏による11期区分（和田1987）、広瀬和雄氏による『前方後円墳集成』10期区分（広瀬1991）、新納泉氏による終末期を加えた12期区分（新納1992）、大賀克彦氏による前期を7細分した15期区分（大賀2002）が代表的である。そのうち本書では、全国各地の研究者が一堂に検討した『前方後円墳集成』編年を採用する。以下では、1期を前期前葉、2期を前期中葉、3期を前期後葉、4期を前期末葉〜中期初頭、5期を中期前葉、6期を中期中葉、7期を中期後葉、8期を後期前葉、9期を後期中葉、10期を後期後葉として記述する。

　地　　域　対象地域は西日本である。古墳時代の中心地域であるのちの畿内を含む近畿地方と、朝鮮半島との関係の深い北部九州地域を含む九州地方、その間の中国・四国地方を対象とする。この西日本は、古墳時代社会の特質をもっともよくあらわしている地域といえる。東日本を対象としなかった理由としては、農具鉄製刃先の出土数が西日本と比較すると少ない点を挙げることができる。岩崎卓也氏によると東日本は古墳時代後期にはいっても鉄鍬は普及していないとみる（岩崎1985）。農工具形の石製模造品が盛行するのも東日本であることも考えあわせると（河野2003）、むしろ東日本は特殊である。そのため、本書では西日本を中心に扱いたい。そして将来的には東日本をも視野に入れた研究をおこない、西日本と比較してどう異なるのかその特殊性について言及することで、地域に根差した豊かな古墳時代像を構築できると期待される。

　資　　料　対象とする資料は、農具鉄製刃先のうち鉄鍬と鉄鎌と鉄製穂摘具である。鉄鍬は、鋤や鍬の木製台部先端に装着される鉄製刃先のことであり、方形板刃先とU字形刃先のことを指す。鉄鎌は、直刃鎌や曲刃鎌を対象とし、茎がつくものは対象外とする。鉄製穂摘具は、袋式や板式を対象にして、東日本で盛行する釘式は対象としない（第I部）。

　この鉄鍬、鉄鎌、鉄製穂摘具は古墳時代のすべての時期にわたって存続しており、量も比較的ほかの農具鉄製刃先と比べ多く、古墳時代の農具鉄製刃先を代表する遺物といえる。このほ

か、鉄製又鍬、鋳造鉄斧（斧形鉄器）、鍛造の斧型耕具刃先（サルポ）、タビなどが農具鉄製刃先、もしくはその候補として挙げられる（都出1989ほか）。しかしながら、これらはあくまで古墳時代の特定の時期に出土するものであり、かつ出土量も少ない。そのため、議論を簡潔に進めるためにも、これらの農具鉄製刃先は対象外として分析を進める。

これまでの研究では墳墓出土品のみを扱うものが目立っていたが、近年集落出土品をも対象に研究すべきという意見が出てきている（村上・山村2003）。集落出土品と墳墓出土品を比較検討する試みも一部の研究者によってなされている（魚津2003a・2009、渡邊2008）。こうした先学の研究に導かれつつ、本研究では墳墓出土品と集落出土品どちらも対象として、それぞれの資料の適正に応じる形で分析を行っていきたい。

（3）本書の構成

以上の目的を達成するために、西日本における古墳時代の農具鉄製刃先を対象に、本書では次のような手順で議論を進めていく。

第Ⅰ部（農具鉄製刃先の構造）では、鉄鍬・鉄鎌・鉄製穂摘具それぞれの基本的な構造についてまとめる。鉄鍬は、構造がまったく異なる方形板刃先とU字形刃先とをわけて議論している。最初に、器種名称や部分名称について言及する。その後、出土品の詳細な観察と製作実験の成果から、製作方法の復原を試みる。最後に、これらの鉄製刃先は木製台部や木柄と組み合わせることで道具としてはじめて機能しうるものであり、それらが組み合う木製品について指摘するとともに、装着原理についても追及する。これらの基礎的な作業は、これまで体系的に研究されることはなかった。しかしながら、農具鉄製刃先を素材として研究する上で、基礎的な構造を把握してはじめて歴史研究ができるとの理解のもと、あえて紙数を費やすことにした。鉄製品研究のなかでは、武器武具がいま一番詳細な研究が進んでいるが、このように研究が進展した理由としては、末永雅雄氏による『日本上代の甲冑』（末永1944）や『日本上代の武器』（末永1941）の影響が大きかったと考えている。つまり、基礎的な研究があってはじめて精度の高い詳細な歴史研究ができるのであり、基礎のないまま研究をすることは論理的に不可能である。それゆえに、第Ⅰ部を執筆することで基礎を確立するとともに、今後の議論に備えることにしたい。

第Ⅱ部（農具鉄製刃先の使用）では、農具鉄製刃先の使用状況について墳墓出土品をもとに検討する。農具鉄製刃先のなかでも、使用と未使用が判別しやすい方形板刃先と直刃鎌をとりあげ議論している。第1章は方形板刃先について検討する。刃縁形状や展開模式図を根拠として、刃隅の形状から未使用品と使用品とに区分が可能であることを示す。第2章は直刃鎌について検討する。直刃鎌は、形態から8類型に分類する。研ぎ減りをおもな根拠として各類型が使用品もしくは未使用品どちらに該当するのか示す。このほか方形板刃先や直刃鎌ともに、製

作から廃棄にいたるまでの過程についても追及する。これまで農具鉄製刃先の使用状況についてほとんど触れられることはなかったが、今回明らかにできると考える。第3章は事例研究であり、京都府岩谷2号墳から出土した農具鉄製刃先を紹介するとともに、方形板刃先の使用から管理にいたる状況と、未使用品である直刃鎌のなかで、折り返しのない要因について言及する。

　第Ⅲ部（農具鉄製刃先の変化）では、第1章で農具鉄製刃先の実用品と非実用品について見分ける基準を提示する。これまで非実用品の認定には、法量や非実用的な属性の抽出から導いてきたが、前者は法量が漸移的に分布することから行き詰まりをみせ、後者は部分的な検討に留まるという問題があった。その問題点を打破するために、第Ⅱ部で検討した使用状況を分析に加えて実用品と非実用品の客観的な抽出をおこなう。第2章では、農具鉄製刃先の変遷について墳墓出土品を対象に議論する。従来の研究では未使用品と使用品とを混在する傾向が強く、変遷を理解するうえで支障となっていたといえる。そこで、第Ⅱ部の成果を引用して、方形板刃先と直刃鎌の未使用品類型を軸に検討する。さらに、第Ⅰ部の製作方法の復原研究を参考にして、製作方法の省略化という観点から型式学的検討をおこない農具鉄製刃先の変遷を明らかにする。第3章は、第2章の変遷を補強する事例報告である。これまで曲刃鎌は古墳時代前期には存在しないという一般的な理解があったが、集成をした結果、前期にも曲刃鎌が認められることを指摘する。

　第Ⅳ部（農具鉄製刃先の所有と管理）では、これまでの第Ⅰ部から第Ⅲ部にかけての基礎的な研究をもとにして、歴史的意義の一端を明らかにすることを目的とする。おもに所有と管理という視点から分析をする。第1章では、墳墓出土品を中心にもちい、階層別にみた農具鉄製刃先の所有の重層性について議論する。第2章は事例研究であり、鳥取県長瀬高浜遺跡から出土した農具鉄製刃先について検討する。長瀬高浜遺跡は、古墳時代の集落遺跡としては突出した量の鉄製品が出土する。農具鉄製刃先も未使用品や非実用品が出土し、ほかの集落遺跡は使用品をわずかに出土する事例が大半であるなか特殊である。そこで、どうして鉄製品が大量に出土するのか集落内での所有と管理の背景を探るために、近隣の古墳をも分析に加えつつ、他地域間の交流関係や古墳時代首長制論のなかでの位置づけを試みる。第Ⅳ部では中央と地方双方の視点から、農具鉄製刃先の所有と管理にかんして追求する。

　終章では、これまでの第Ⅰ部から第Ⅳ部までの研究を総括する。そして農具鉄製刃先研究の展望についても今後の課題として指摘したい。

第Ⅰ部

農具鉄製刃先の構造

第1章　鉄鍬（方形板刃先）の構造

はじめに

　弥生時代後期から古墳時代中期前半を中心に、方形の鉄製刃先（以下、方形板刃先）を装着する土掘り具があらわれる（図1）。この方形板刃先を素材として研究をするとなると、耕地開発など生産力の発展過程のなかで位置づける場合が多く、その歴史的意義についてこれまで積極的に議論されてきた（都出1967ほか）。

　しかしながら、方形板刃先は、長方形鉄板の左右を折り返した単純な作りであることから、これまで編年に不向きな遺物であるとされ（魚津2003a）、単純な構造ゆえに詳細な研究は少なかった。そのため、鉄刃の製作方法や装着原理といった基礎的な研究は、川越哲志氏による先駆的な業績はあるものの（川越1993）、依然として不明な点が多い。

　近年、低湿地遺跡の調査事例が増加するにともない、木製台部先端を加工した鍬や鋤の出土事例も増加しており、鉄刃と鉄刃が装着された痕跡をもつ鍬や鋤を総合的に研究する下地ができつつある（樋上ほか2008）。

　そこで本章では、方形板刃先の製作方法や装着原理といった構造についての基礎的な認識を得る目的のもと、分析を進めることにしたい。

第1節　各種属性の検討

　分析の前提として、方形板刃先の属性をまとめる（図2・3）。これまで出版された論文や報告書を参照すると、属性の名称や器種名に統一性がみられない。そのため、読者として戸惑うとともに難解に感じることが多い。かつて佐原眞氏が「石斧論」で説明したように、名称は規定する必要がある（佐原1977・1982）。そこで、筆者が採用している器種名や各種属性について、最初に説明することにしたい。

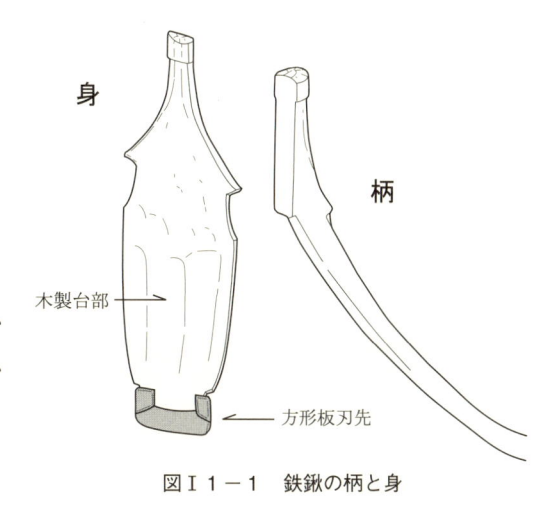

図Ⅰ1-1　鉄鍬の柄と身

図Ⅰ1-2　方形板刃先の部分名称

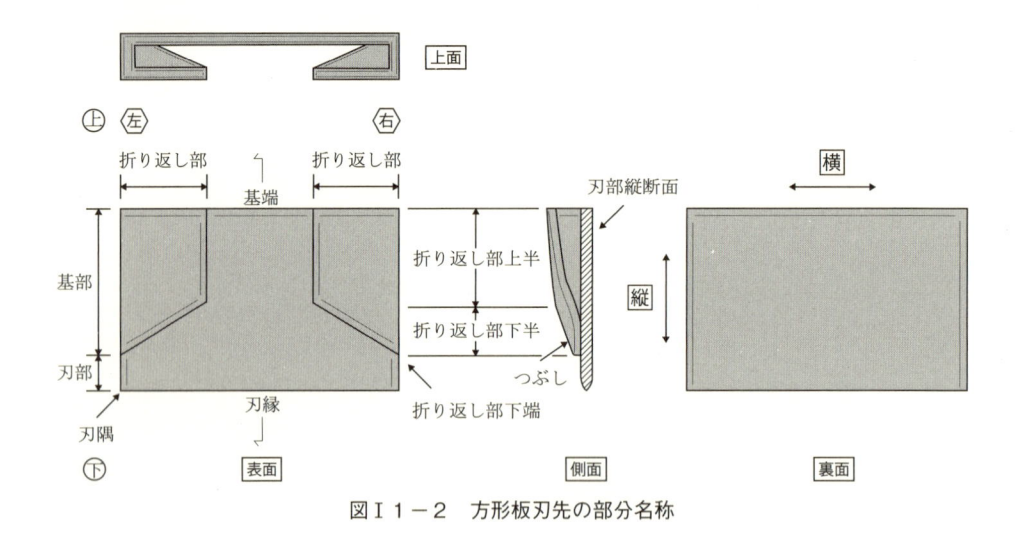

（1）名　称

　本論では、器種名に「鉄鍬」を採用し、「鉄鍬」を「方形板刃先」と「U字形刃先」とに分類する。

　鉄　　鍬　器種名にはこれまで、「鍬鋤」「鋤」「鍬」と3つの名称が与えられている。この主な原因としては、これらの刃先が装着される土掘り具の機能が関係している。鍬や鋤の刃先として用いたと考える研究者は「鍬鋤」とし、鍬もしくは鋤の刃先と限定して使用したと考える研究者は「鋤」「鍬」と言及する。例えば、かつて都出比呂志氏は、方形板刃先を開墾土木用の鍬と考え、「打ちクワ」（都出1967）と呼んでいたが、のちに装着痕跡をもつ鋤が出土したため、鍬と鋤の両用に使用する適切な名称として「耕具刃先」と変更している（都出1989）。

　そのため、鍬や鋤の刃先として使うことから、「鍬鋤」「鋤」「鍬」のなかでは「鍬鋤」が適切と思われる。しかしながら、機能を重視するならば「鍬鋤」でよいが、『延喜式』を分析した上原真人氏や黒崎直氏によると、鍬や鋤の鉄製刃先は古代においていずれも「鍬」として総称したという（黒崎1996、上原2000）。この鉄製刃先は、古墳時代の中期後半以降に目立つU字形刃先を示しているものの、それ以前の方形板刃先も同様に呼ばれていた可能性は充分に想定できる。つまり、鍬や鋤の鉄製刃先は、古墳時代当時は「鍬」と呼ばれていた可能性が高い。機能よりも当時使われていた名称を重視する立場から筆者は、「鍬」と呼称することにしたい。

　さらに、「鍬」の前に「鉄」をつけて「鉄鍬」とするのは、以下の理由からである。鍬以外の鉄製品をみた場合、様々な材質がある鎌は石鎌や木鎌と区別するために「鉄鎌」と、斧は石斧や銅斧と区別するために「鉄斧」として報告する傾向がある。一方で、鉇は金属製品のみであるため「鉇」として報告する傾向もある。しかしながら、ひとつの論文や報告書のなかで「鉄鎌」と「鉇」とが並列すると名称に統一性がなく、材質の違いを示す必要性から、すべての器種名に「鉄」をつける

ことが望ましい。以上より、鍬や鋤に装着されうる鉄製刃先という意味を込めて「鉄鍬」と呼ぶ。

方形板刃先 鉄鍬には、「方形板刃先」と「U字形刃先」が含まれる。それぞれ形状を反映した名称である。川越哲志氏によると「方形板刃先」は、大半の刃先にかんして長さと幅が一致する方形ではなく、一致しない長方形であるため「方形」ではなく「長方形」「縦長」「横長」という名称を用いるべきと指摘する（川越1993）。しかしながら、方形は四角形と同義であり、長方形や正方形を含む言葉であるため（田中1995）、川越氏の批判は適切ではない。川越氏は対案として「鍛造鉄刃」という用語をあてるが、鍛造の鉄刃は方形板刃先に限らず、鉄斧や鉄鎌も該当する。そのため、複数の器種が重複することから、ここでは「鍛造鉄刃」という用語は避けることにしたい。

なお、鍬や鋤は部材ごとにみると「柄」と「身」とに大別できる。鉄刃を装着する風呂鍬の場合、「身部」は木製の「台部（風呂）」と鉄製の「刃先」からなる（上原2000）。このことから、「方形板」のあとに「刃先」をつけ、「方形板刃先」と呼ぶことにする。

U字形刃先にあわせる形で「方形板刃先」を「方形刃先」（田中1995）としてもよいが、鉄板を折り曲げただけの刃先という意味も込めて、あえて「板」を加えるのも妥当とする黒崎直氏の意見に従う（黒崎1996）。

（2）刃　　部

方形板刃先は、刃の部分、すなわち「刃部」と、刃の逆側の端、すなわち「基端」をふくむ「基部」にわかれる。刃部は、刃部の面である「刃面」、刃部先端の「刃縁」、刃部の隅である「刃隅」から成り立つ。なお、基端側を「上」、刃縁側を「下」、折り返しのある面を「表面」、逆の面を「裏面」と呼びわける。また、便宜的に表面を正面にむけた位置で、「縦横」・「左右」を図2のように示している。

刃　　縁 刃縁が直線的なものを「直線刃」、下側に弧を描くものを「外湾刃」、逆に上側に弧を描くものを「内湾刃」とする（図3左上）。基本的に刃縁は鉄鍬の長軸にたいして左右対称であるが、時には非対称でその刃が一方に偏ることがある。佐原眞氏は、かつて石斧の名称を与える際に、この偏る刃を「偏刃」（佐原1977）と命名したが、本論でも採用する。この偏刃の大半が研ぎ直しもしくは研ぎ減りの結果、このような形状になったと理解できる（三木2004）。また、刃縁に窪みがあるものもあり、使用による形状変化と考える（河野2011・第Ⅱ部第1章）。

刃　　隅 刃隅が丸いものを「隅丸（刃）」、角になるものを「隅角（刃）」とする（図3左下）。外湾刃にも隅丸と隅角とがある。隅角は、折り返し部を作る際に鉄板を鏨で切り取った痕跡であり、製作時の形状を反映している（村上2007、河野2011・第Ⅱ部第1章）。一方で隅丸は、研ぎ減りによる二次的な形状変化の結果であり、使用を認定する際の一属性として注目できる（河野2011・第Ⅱ部第1章）。

刃部縦断面 刃部縦断面を観察すると、「楔形」（＝両刃）になるものと、「コ字形」になるものとがある（図3中下）。前者には刃があり、後者には刃がない。コ字形の断面をもつものは、刃が

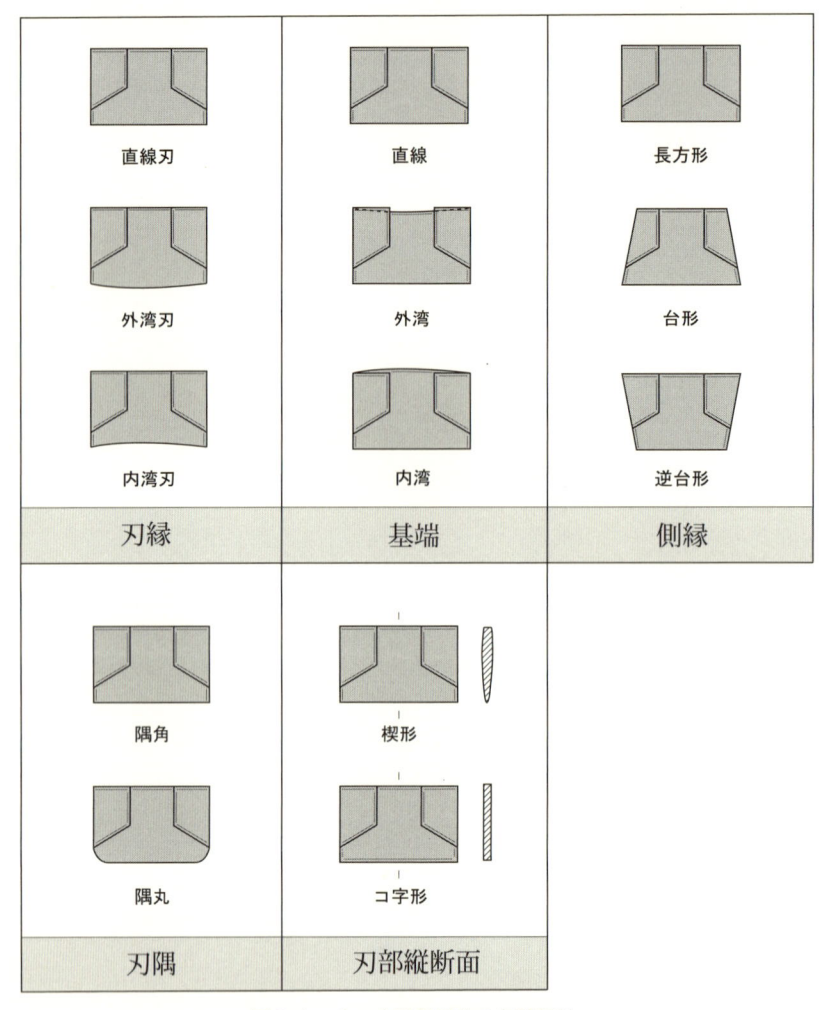

図Ⅰ1-3　方形板刃先の各種属性

ないことから非実用品の可能性が高い。

（3）基　部

　基部は、刃部の逆側の端を「基端」、基端や折り返しを含む部分を「基部」とする。鉄板を折り返した部分のみ言及する際は、「折り返し部」とよびわける。折り返し部には、後述する木製台部に由来する木質が錆着する。

　基　端　基端が直線的なものを「直線」、下側に弧を描くものを「外湾」、逆に上側に弧を描くものを「内湾」とする（図3中上）。

　折り返し部　折り返し部は、刃縁側の「下半」と基端側の「上半」に呼び分ける。ただし、上半と下半は明瞭に区分できるわけではなく、境界は曖昧である。このほか折り返し部刃縁側の端部を「折り返し部下端」とする。折り返し部下半は、基本的には「つぶし」が加えられる。つぶしとは、

折り返し部下半を叩きつぶす行為を指す。折り返し部下半を叩きつぶすことで、台部を装着する際ストッパーとしての役割を果たす。このつぶしが弱い場合は台部との装着が弱く、非実用品の可能性が指摘されている（村上・山村2003）。

これまで、この折り返し部下半はつぶすことで形成されると考えられてきたが、後述するように、つぶしを加えず鉄板を巻き込む事例もある。

（4）全体の形状

刃縁と基端の横幅がほぼ同じため側縁が垂直になり、全体として長方形になるものを「長方形」とする。基端の方が刃縁よりも狭いと、全体の形状が「台形」となり、逆に刃縁の方が基端よりも狭いと「逆台形」になる（図3右上）。

直線刃のうち、刃縁や基端が水平であり、全体として整った長方形もしくは方形になるものがある。また、刃縁や基端が斜めになることで、全体として不整形の長方形や方形になるものもある。

（5）錆着物

方形板刃先には木質などの有機質が錆着することがある。ここでは、錆着した木質、布等の概略について説明する。

木製台部 折り返し部内に木質が確認できた場合、基本的には木製台部が錆着して残っているとみてよい。大半の木質は刃縁に対して直交し、実測図を正置した場合に縦方向に木目が走る。折り返し部内以外に木質が錆着している場合、木製台部以外のものを想定するべきであり、例えば古墳の埋葬施設内で出土した場合は木棺や木箱の痕跡である場合が考えられる。

古墳から出土する方形板刃先のなかには、木質の遺存状態の良いものがあり、木製台部の先端形状の情報がわかることもある。詳しくは後述する。

なお、この木質の樹種をみた場合、基本的にはカシであるが、なかにはヒノキもある。ヒノキは耐久性の問題があるため、強い負荷をかけない利用の際に用いたと考える（岡田2005、河野2011・第Ⅱ部第1章）。

布 麻や絹などの布が錆着する事例もある。布目が細かいと絹、粗いと麻である可能性が高い。これらの布が、方形板刃先に被さっていたのか、包んでいたのかは注意して観察する必要がある。

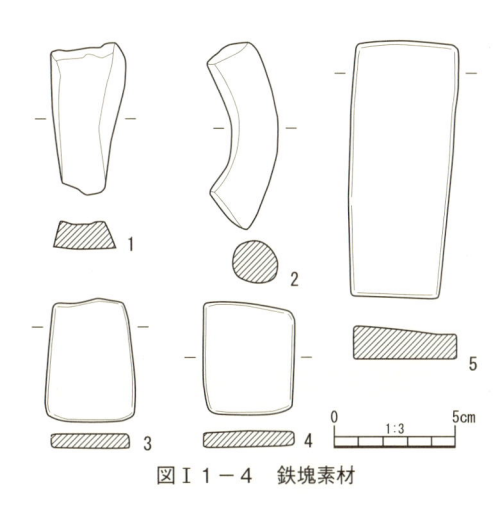

図Ⅰ1-4　鉄塊素材

1～3：赤井手遺跡　4：カラカミ遺跡　5：文京遺跡

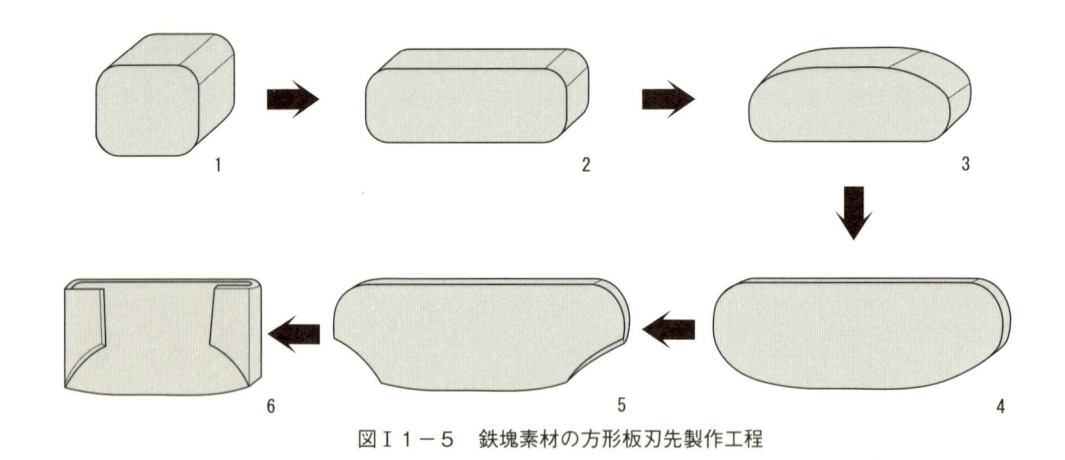

図Ⅰ1－5　鉄塊素材の方形板刃先製作工程

第2節　製作方法の復原

　本節では、方形板刃先の製作方法について考える。筆者は以前に、高知県の鍛冶工房「くろがね」の岡田光紀氏、林信哉氏、武内栄太氏のご協力のもと、方形板刃先の製作実験を行ったことがある。その経験と遺跡出土品との観察から得られた所見をもとに、方形板刃先の製作方法を復原してみたい。なお、素材が鉄塊か鉄板かで製作工程は異なることから（川越1983）、ここでは素材別に分けて製作工程を復原することにしたい。

（1）鉄塊素材

　素　　材　鉄素材の研究は、古墳時代よりも弥生時代のほうが進んでいる。かつて、長崎県原ノ辻・カラカミ遺跡から出土した鉄製品を検討した岡崎敬氏は、棒状鉄製品と板状鉄製品（図4）が単独では用をなさないことから、素材と位置づけた（岡崎1956）。

　同様に、弥生時代の素材を検討した橋口達也氏によると、福岡県赤井手遺跡では鉄斧等の素材・半製品・製品が出土しており、棒状鉄製品や板状鉄製品は素材であると認識している（橋口1983）。

　愛媛県文京遺跡においても、長さ10.3cm、幅4.3cm、厚さ1.2cmの板状鉄製品が出土しており、素材である可能性が指摘されている（宮本編1991）。

　なお、鉄塊素材としてほかに候補に挙がるのが、いわゆる板状鉄斧や鋳造鉄斧である。しかしながら、これらは表面処理を施している点、刃部をもつ点、特別な扱われ方で埋納する点から素材としては考えにくい（村上1994b・1998）。

　これまで赤井手遺跡の鉄斧のように一連の鍛冶工程を復原できる未成品が方形板刃先では出土しておらず、素材についての確実な証拠はない。しかしながら、現段階では棒状鉄製品や板状鉄製品のような鉄塊素材が、方形板刃先の有力な素材候補として指摘できよう。

　成　　形　次に、素材を成形し完成品に至る過程について説明する（図5）。成形は、素材を炉に入れ赤くなるまで加熱し、素材が柔らかくなったところを見計らって鍛打して平らに延ばすこと

を基本動作とする。

　完成品が直線刃の場合、素材を長方形に変形するだけでよい。基本的に鍛打することで長方形に成形できると考えるが、なかには岡山県弓場山古墳例のように鉄板基端を折り返すことで直線状にした事例もある（間壁1973）。外湾刃の場合、長方形にした後、刃縁を上に向けて左右を叩き、刃縁を丸く窪ませ外湾状にする。なお、刃縁側を鍛打して外湾刃にするためには、ある程度鉄板の厚みがないと、鍛打の過程で鉄板が歪んでしまい失敗する。そのため、鉄板に厚みがのこっている段階で刃縁を外湾形にする必要がある。刃縁の形が整うと、鉄板の平らな面を繰返し叩き、完成品の2～3mmまで形を崩さずに薄く延ばす。薄く延ばす過程において、刃部縦断面が楔形になるように意図的に平らな面を叩いて調整する。その場合、刃部側を重点的に叩き延ばす。

　以上のような方法を用い、大まかな成形が行われたと考える。一方で、川越哲志氏によれば、外湾刃をつくるためには、鉄板をU字状に曲げることが効率的であるという（川越1993）。その根拠は、基端と刃縁が外湾する方形板刃先が存在することから、帰納的に求められている。しかしながら、方形板刃先を観察する限り、刃縁の方が基端よりも大きく湾曲する。つまり、鉄板をU字状に曲げた場合、刃縁と基端の湾曲の度合いは一致するはずである。それゆえに、出土品の観察から、川越氏の製作工程の復原は成立しにくい。

　次に大まかな成形後は、細かな成形をすることで鉄板の形を整えたと考えられる。直線刃の場合は、基端と刃縁が直線的であるため、細かな成形は必要としない。しかし、外湾刃の場合は、大まかな成形の時点では、基端がわずかに外湾する。外湾刃をもつ出土品を観察すると、基端が直線的なものが多いことから、基端が直線的になるよう補正を行ったと考えられる。

　なお、基端が湾曲する原因は、2つ考えられる。1つ目は、刃部縦断面を楔形にする際に、刃部側をより強く叩き延ばすことで、鉄が基端側の左右両端に押し出されることによる。2つ目は、方形板刃先を製作する弥生時代から古墳時代中期前半までの間は、基本的には鉄製の作業台ではなく、石製の作業台を用いていたことが関係する（安間2004）。石製作業台の表面は鉄製作業台のように平らではなく、凸状に丸みを帯びる事例も確認できる。大まかな成形の過程において、刃縁を上に向けて左右を叩き、丸く窪ませ外湾にする際、基端側が石製作業台の形状にあわせて湾曲することも考えられる。

　いずれの解釈を取るにせよ、基端側の平らな面を叩くことで、基端が直線的になるよう整えることができる。また、川越氏が指摘しているように、鏨を使って切断することも可能性として充分考えられる（川越1993）。

　切　　断　折り返し部下半に相当する箇所を、鏨をもちいて切断し整える。このように切断する

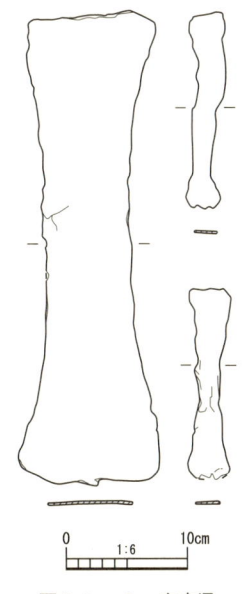

図Ⅰ1－6　奈良県大和6号墳出土鉄鋌

理由は、折り返し部下端の位置が刃縁より上にくることが機能的に優位であり、折り返し部下端の位置が刃縁と一致するならば、木製台部が直接土へ触れて摩擦が大きくなるからである（村上 2007、河野 2011a）。なお、成形の際、刃縁側を叩くことで、折り返し下半に相当する箇所を作り出すことも可能である。そのため、この切断はすべての出土品において行われた工程とは考えていない。

　荒削り　細かな成形の段階を経ても、刃縁や基端、折り返しの端が凸凹することがある。そのため、凹凸がある場合には、鑢や砥石を使って、端を削って滑らかにしていると考えられる。なお、奈良県大和6号墳から出土した鉄鋌を観察すると、鍛打痕が明瞭にのこる作りの粗いものは、側辺のラインが凸凹している（図6）。この鉄鋌は、荒削りを行っていない事例として評価できる。なお、この荒削りであるが、古墳時代では鍛冶工房内で砥石が出土することから、同一工房内で鍛冶工程と研磨工程は一緒に行われたことがわかっている（八幡 2005）。

　折り曲げ　火入れをして暖めて、左右の鉄板を折り曲げる。折り曲げの後、折り返し部下半は叩いてつぶす。なお、例外的につぶしを加えず、折り返し部下半の鉄板を丸めこむ技法もある。この折り曲げについては、第3節において詳述する。

　熱処理　鉄は常温ではパーライトという組織であり、730度以上に暖めると軟らかくて粘り気のあるオーステナイトに変化する。このオーステナイトの状態で瞬時のうちに急冷して常温に戻すと、鉄は硬いマルテンサイトに変化する。このように鉄を硬くするのが焼き入れである（古瀬 2000）。

　その鉄の性質を利用して、炉で暖めて、水の中で急冷する焼き入れが行われていたことは、充分に考えられる。なお、焼き入れのタイミングが悪い場合、鉄板はわずかに歪む。

　研ぎ　刃部縦断面を楔形にするために、砥石をつかい研磨が行われる。しかしながら、楔形になるように成形していることから、この研ぎの工程は省略されることも充分に考えられる。

（2）鉄板素材

　素材　愛媛県出作遺跡の祭祀遺構から、鉄鋌と鉄鋌を素材とした未成品が出土している（図7）。東潮氏は形態の類似性から、出作遺跡で出土した鉄鎌・鉄製穂摘具は、鉄鋌が素材であると考えている（東 1993）。しかしながら、村上恭通氏によると、鉄鎌が実用品であるため、すべての素材が鉄鋌である可能性は低い。むしろ、鉄斧が非実用品であることから、祭祀用の鉄製品製作の素材に限定して鉄鋌が用いられたと指摘している（村上 2007）。

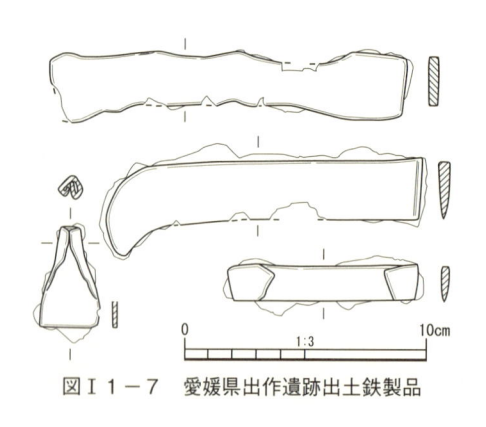

　さらに、この出作遺跡の鉄鋌および鉄斧は、金属学的な分析が行われ、極度に柔らかい鋼、すなわち炭素量0.01%の軟質極低酸素鋼であることが判明した（大澤 1994）。つまり、柔軟性に富み、加工はしやすいも

図Ⅰ1-7　愛媛県出作遺跡出土鉄製品

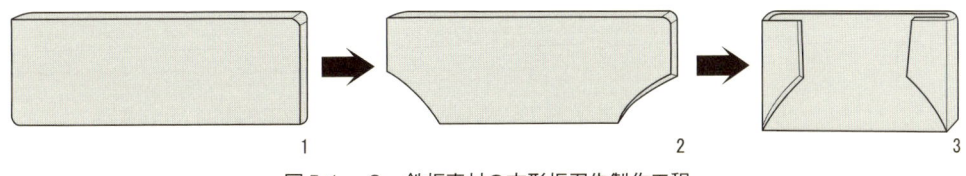

図Ⅰ1－8　鉄板素材の方形板刃先製作工程

のの、焼き入れをしても効果が望めない鉄であったといえる。この大澤氏の研究は祭祀用の鉄素材として鉄鋌を位置づけた村上氏の説を補強している点で重要である。さらに東潮氏は、甲冑など特殊な用途に限定された素材であった可能性も示唆している（東1993）。

　出作遺跡においては、鍛冶炉や焼土面を検出していない。そのため、鍛冶炉を用いない鉄製品製作を想定しなければならない。一方で鉄鋌を加工するのに必ずしも炉を必要としないわけでもない。奈良県大和6号墳出土鉄鋌を観察すると、小型鉄鋌を鍛接することで大型鉄鋌を製作しているからである（図6）（東1987・1993）。つまり、鉄鋌の大きさが方形板刃先の形状を規制する場合がある一方、鉄鋌を鍛接することで大きな鉄板素材としうる事例があることも考慮しなければならない。この鉄板素材の状態については、方形板刃先をX線透過撮影して、鉄板の接合痕跡を確認することで解決できるかもしれない。しかしながら、現段階においてX線で撮影した事例は少ないため、鉄鋌そのものに限ることなく、鉄鋌を複数鍛接した鉄板も素材の候補として挙げるに留めたい。

　成　形　古瀬清秀氏によると鉄鋌のような薄い鉄板は、炉で熱してもすぐに冷めるため、熱間鍛造には向かない（古瀬2000・2002）。そのため、常温の状態で冷えた鉄板を叩いて加工する冷間鍛造で成形したと考えられる。古瀬氏は、おもに長方板革綴短甲など薄い鉄板を使用する甲冑生産での冷間鍛造を想定している。同様に、鉄板を素材とする方形板刃先も冷間鍛造により加工された可能性は充分に考えられる。しかしながら、冷間鍛造では熱間鍛造に比べ、鉄の可塑性が少なく、鉄塊素材のように鍛打することで、意図した形に仕上げることはできない。そのため、この工程は省略された可能性が高い。

　切　断　鉄塊素材の場合は、折り返し部下半に相当する部分に限定して鏨利用を考えたが、鉄板素材の場合は、より積極的に鏨を用いて折り返し前の成形をするために必要な箇所を切断したと想定する（図8）。なお、方形板刃先ではないが、清喜裕二氏は東京都野毛大塚古墳例を用いて、鏨による鉄板切断で曲刃鎌を製作する方法を復原している（清喜1999）。また、水野敏典氏や村上恭通氏は鉄板が素材の場合、鉄鏃製作における積極的な鏨利用を想定している（水野2009、村上1998）。さらに、出作遺跡から出土した鉄斧も鉄鋌を切断して製作したと考えられている（村上1994a）。これらの例と同様に、もとの素材が鉄板であり、冷間鍛造による成形の可塑性が十分望めないとなると、鏨を積極的に利用して成形をおこなったと考えざるを得ない。

　折り曲げ　鉄板の左右を折り曲げ、折り返しを形成する。そして、折り返し部下半をつぶす。これらの工程は、冷間鍛造でも可能である。

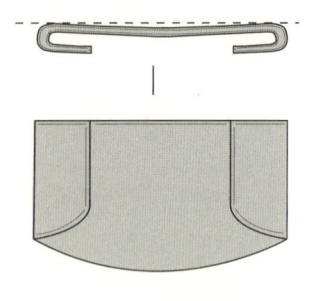

図Ⅰ1-9　方形板刃先中央の歪み

熱処理　出作遺跡例にみるように鉄鋋および鉄板素材と考えられる鉄斧は、極低酸素鋼である（大澤1994）。そのため、焼き入れをしても効果が望めない。それゆえに、熱処理をする必然性はない。

研　ぎ　刃部縦断面を楔形にするために、砥石を用いて研ぐ。しかしながら、刃部縦断面がコ字状になるものも多く、その場合はこの工程を省略したと考える。

（3）素材の見分け方

これまで鉄塊素材と鉄板素材とにわけて、それぞれの製作工程を復原したが、完成品をみた場合、いずれかの素材に該当するか見分けることは比較的難しい。ここでは見分け方として2通りの方法を提案する。

厚　さ　川越哲志氏によると、素材としての鉄板があり、鉄板を切断して折り曲げ加工をするだけのものをA技法とした。一方で、素材となる小鉄塊を鍛冶炉で加熱して叩き、折り返し部は鍛打することで薄く引き出し、折り曲げるというB技法がある。A技法は筆者の復原した鉄板素材による技法であり、B技法は鉄塊素材による技法に対応する。その見分け方として川越氏は、鉄板が素材の場合、折り返し部の厚さが均一であることを指摘している。逆に鉄塊素材の場合は、折り返し部は次第に厚さが薄くなり、折り返し部の先端が尖り気味になるという（川越1983）。この川越氏の見分け方は、正鵠を射ており、筆者も全面的に賛成している。

さらに追加すべき視点としては、刃部縦断面を見た場合、楔形になるものは鉄塊素材によるものであり、長方形で厚さがほとんどかわらずコ字形か、先端のみ尖るものは鉄板素材による可能性が高いと考えている。

歪　み　熱処理の項で、鉄塊素材の場合は焼き入れをする際に鉄板に歪みが生じると指摘した。出土品を観察すると、方形板刃先の横断面が「M」状もしくは「U」状に歪むことが意外にも多い（図9）。これらは焼き入れの際に生じた歪みの可能性が考えられ、焼き入れの実験を行った際にも確認できている。しかしながら、必ずしも焼き入れの際、鉄板が歪むわけではなく、経験を積めば鉄板を歪ませることなく焼き入れができる。さらに、その歪みを後に鍛打して補正した場合も考えられる。このことから、歪みがみられない点を重視して、焼き入れの有無を論じることはできないものの、歪みが確認できるものに限り鉄塊素材であった可能性を指摘してよいと考えている。

第3節　鉄刃と木製台部からみた装着

（1）鉄刃からみた装着

ここでは方形板刃先が、鍬や鋤の木製台部に装着される原理について追及する。

地獄止めの再検討　従来の見解によれば、木製台部に方形板刃先を挿入した後に、折り返し部下半を叩いてつぶす、いわゆる地獄止めという技法を用い固定したと考えられてきた（村上・山村

2003)。

しかしながら、常温で叩いて形状変化するような鉄刃が果たして、使用の衝撃に耐えられるのか疑問である。もし常温で折り返し部が形状変化するならば、破損品として折り返し部が開いている事例があってもいいが、現時点では確認できていない。このことから、木製台部に挿入後、折り返し部下半を叩いてつぶした可能性は低いと考える。

図Ⅰ1－10　福岡県冨地原梅木17号墳出土方形板刃先

さらに、あきらかに装着前に折り返し部下半を鉄板本体に密着させた事例がある。福岡県冨地原梅木17号墳出土例は、折り返し部下半を叩きつぶすことなく、折り返す前に、折り返し部下半に相当する箇所を先に折り曲げている（図10）。この冨地原梅木17号墳例は刃縁形状が窪むことから、研ぎ減りをしていたと考える。つまり、土掘り具として使用した道具といえ、鉄刃を叩いて台に食い込まさなくても固定できる事例として評価できる。

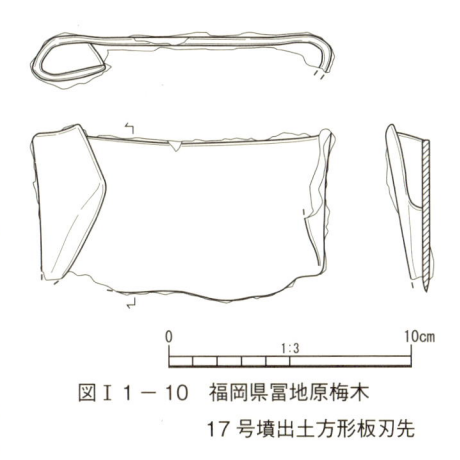

同様に、京都府岩谷2号墳例を検討した際、方形板刃先を木製台部に装着した状態で使用して、埋納する際に方形板刃先を木製台部からはずした痕跡がみられた（第Ⅱ部第3章）。もし、折り返し部下半を木製台部に食い込ませて固定したならば木製台部からはずすことは困難である。たとえはずすことができたとしても、木製台部は破損し再度同じように装着はできないだろう。やはり、木製台部に挿入後、折り返し部下半を叩いてつぶすことで固定したとは考えにくい。

弾性による装着　それではどのような原理を用い、鉄刃を木製台部に装着したのであろうか対案を提出する必要があろう。結論から先にいうと、鉄刃の鉄の弾性と、木製台部の木の弾性を主に利用して固定したと考えている（図11）。『広辞苑』によれば、弾性とは「外力によって形や体積に変化を生じた物体が、力を取り去ると再びもとの状態に回復する性質」（新村編1998）のことを示す。例えば、クリップが紙を挟むことができるのは、クリップがもとの状態に戻ろうとする弾性の性質による。

方形板刃先の場合は、木製台部に鉄刃を装着した際、外力が加わるため折り返しが一時的に開くが、もとに戻る弾性の性質が働くことで木製台部を強固に挟むことができる。一方で、木製台部も一時的に木の繊維が縮むものの、すぐに弾性によって元に戻るため、鉄刃と密着することができる。なお、このような弾性を利用する場合、木製台部の厚さのほうが方形板刃先の折り返しの厚さよりもわずかに大きいことが条件となる。

つぶしの役割　装着に弾性を利用するとなると、折り返し部下半に施されるつぶしの役割について、ここでは再検討しなければならない。これも結論から先にいうと、木製台部の装着と、摩擦抵抗力を軽減する二つの役割があったと考える。

まず、さきほど弾性による装着原理について指摘したが、それだけではやはり充分な固定は望め

第Ⅰ部　農具鉄製刃先の構造

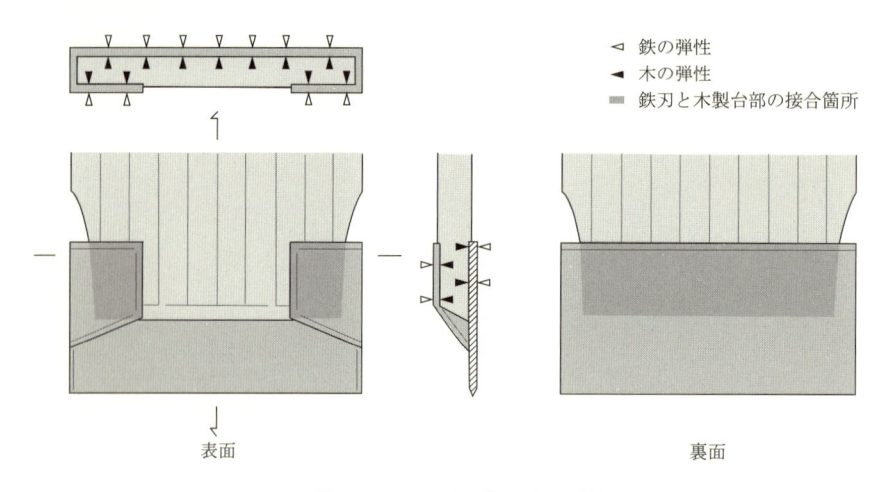

図Ⅰ1－11　方形板刃先の弾性

ない。土掘り具として使用した場合、鍬や鋤にかかわらず、鉄刃には上下方向に力が働く。そのため、つぶしを施さないと、使用の際に鉄刃が木製台部に必要以上に食いこむことが想定される。つまり、木製台部が抜けることがないようひっかける目的で、つぶしが施されたのであろう。

　次に、摩擦抵抗力について検討する。かつて、都出比呂志氏が三重県石山古墳例を検討した際に、土に対する摩擦抵抗力軽減のため、木製台部の先端を斜めに加工したと指摘している（都出1989）。実際、兵庫県長越遺跡例のように確実に方形板刃先を装着した木製台部の先端を観察すると、斜めに加工している（図12）。また、兵庫県西野山3号墳例の場合も、刃先に残る木質の観察から、木製台部先端を斜めに加工していることがわかる（岩本ほか2010）。つまり、木製台部先端を斜めに加工するのと同様に、鉄刃の折り返し部下半を斜めにつぶすことで、摩擦抵抗力を軽減する役割があったといえる。

（2）木製台部からみた装着

　装着痕跡　これまで方形板刃先からみた装着について考えたが、ここでは逆に木製台部からみた装着について、具体的な事例を挙げつつ検討してみたい。まず、従来の研究において、方形板刃先を装着した痕跡として指摘されてきた事例は、岡山県上東遺跡例など、木製台部の側面先端が加工され、段やくびれがみられるものに限る。

　上原真人氏の研究によれば、これらの方形板刃先を装着した痕跡が確認できる土掘り具は、形態的にも法量的にも木鍬の域を出なかったという。そのため、方形板刃先を装着することを前提として木製台部や木柄が製作されたわけではなく、木製刃部を少し加工すれば木製台部として鉄刃を装着することができた（上原1993）。

　この上原氏の指摘は、岡山県の資料を検討した金田善敬氏によってさらなる検討が与えられている。木柄と木身の結合方法や木柄の構造自体では、方形板刃先が普及しても大きな変化はみられな

18

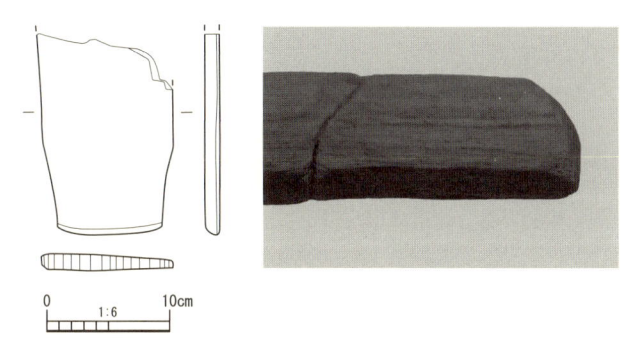

図Ⅰ1－12　兵庫県長越遺跡出土木製台部

い。掘削能力はある程度向上したものの、その効果は従来の木製土掘り具の構造で充分に対応できるという（金田 2005）。

木製台部先端の加工　木柄や木製台部の形状から方形板刃先の装着を判断できない以上、木製台部先端の形状が段になる、もしくはくびれているかみることで、方形板刃先を装着したのかどうかを想定するしかない。そこで、方形板刃先の装着のために木製台部先端を加工するという行為について追及すると、前に検討した弾性による装着原理が深くかかわっていると考える。それは、弾性による装着を有効に働かせるためには、方形板刃先の折り返し部の大きさに、木製台部先端の大きさを合わせる必要があるからである。そこで加工の容易な木製台部を削ることで大きさを調整する必要性が生じ、結果として先端にくびれや段ができたのであろう。

（3）方形板刃先を装着した木製台部

装着痕跡をもつ事例　これまで完形の木製台部先端に、方形板刃先が装着しているという良好な事例はみつかっていない。そのためここでは、方形板刃先の装着痕跡を残す木製台部を扱い検討する（図13）。

研究史をたどると、『木器集成図録』が出版された1990年代前半段階では、兵庫県長越遺跡例や岡山県上東遺跡例のみが、方形板刃先の装着痕跡をのこす確実な事例であった（上原 1993）。兵庫県長越遺跡例は2例（1・2）確認できており、状態のよい方は曲柄平鍬（1）である。岡山県上東遺跡例（6）は、組合せ鋤である。

なお、福岡県板付遺跡例と比恵遺跡例についても、方形板刃先を装着したと評価されているものの（樋上ほか 2008）、弥生時代中期のものが含まれており注意しなければならない。この弥生時代中期は依然として方形板刃先が確認できておらず、別の刃先を装着した可能性が高い。福岡県下稗田遺跡例の鋳造製の斧形耕具刃先などが時期的に併行しており、候補として挙げることができる（高倉 1985）。このほか比恵遺跡例は、弥生時代後期に所属する木製台部が大量に出土しているが、これは方形板刃先を装着した可能性が高い（山口 1991）。

また、大阪府四ツ池遺跡例の曲柄平鍬も鉄刃装着の可能性が指摘されているが（松井 1987）、先

第Ⅰ部　農具鉄製刃先の構造

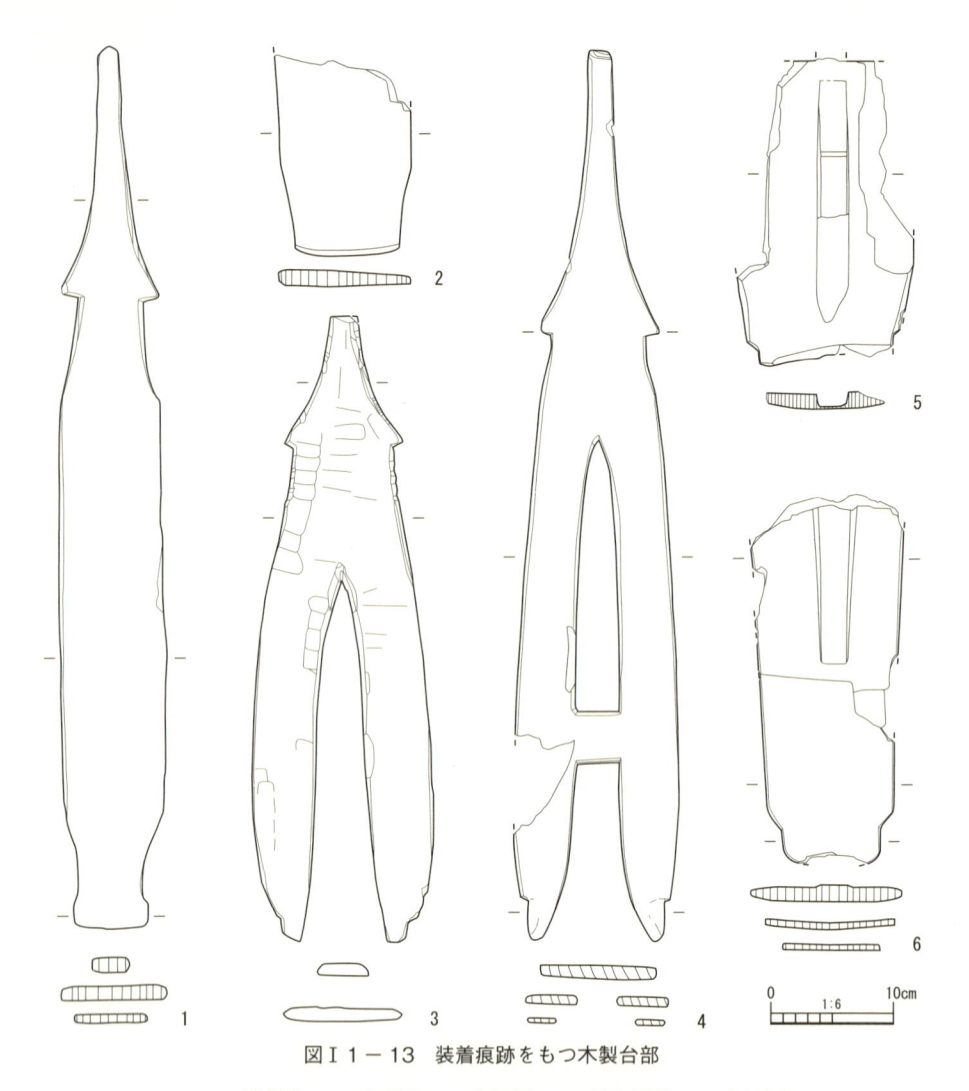

図Ⅰ1-13　装着痕跡をもつ木製台部
1・2：長越遺跡　3：下田遺跡　4：津島遺跡　5：姫原西遺跡　6：上東遺跡

端の幅がおよそ14cmと広く、一般的な方形板刃先の法量とあわない。むしろ、先端の形状も踏まえて曲柄又鍬の未成品とした上原真人氏の説を本稿では支持し、四ツ池例も方形板刃先を装着していなかったと認識する（上原1993）。

　そのため、1990年代前半までは確実な事例として上記の長越遺跡と上東遺跡しか確認できていなかったが、近年の調査事例の増加と出土木器研究会メンバーによる木製品の集成的研究（樋上ほか2008）により、方形板刃先を装着した痕跡を残す事例が大幅に確認されている。大阪府美園遺跡では曲柄平鍬が、岡山県津島遺跡（4）・島根県姫原西遺跡・大阪府下田遺跡（3）では曲柄又鍬が、大阪府美園遺跡では一木鋤が、島根県姫原西遺跡（5）や島根県目久美遺跡では組合せ鋤が、新たに追加する類例として挙げることができる。

　また、岡山県下市瀬遺跡の曲柄又鍬でも、刃先が装着された痕跡を確認できる（新東ほか1973）。

以上より、方形板刃先は曲柄平鍬、曲柄又鍬、一木鋤、組合せ鋤に装着されていたことがわかる。

曲柄平鍬と鋤　上記の事例のうち、組合せ鋤と一木鋤、曲柄平鍬については、木製台部の先端を方形板刃先にあわせて加工し鉄刃を装着することで、掘削力の向上に役立ったと容易に推測できる。

　都出比呂志氏は、方形板刃先の効力を調べるため、平鍬に鉄刃を装着して実験したことがある。その結果、砂地では現在も使用している金鍬とほぼ同様の効力を発揮できることがわかっている（都出1967・1989）。

　また、早くから鉄製品が普及した北部九州地方では、台地上に立地する福岡県比恵遺跡において鉄刃を装着した痕跡があるのに対し、同時期の低湿地遺跡出土の平鍬や平鋤にはその痕跡がなく、それゆえに方形板刃先を装着する鍬身、鋤身は台地掘削用の土木具と評価されている（山口1991）。

　以上の実験結果と出土状況から、硬い土に対しては木鍬以上の効力が期待されることがわかる。

曲柄又鍬　しかしながら、曲柄又鍬については、方形板刃先を装着することでどのような効果があったのか、これまで十分な検討は与えられていない。ここでは曲柄又鍬に方形板刃先を装着する背景について考える。

　曲柄又鍬と曲柄平鍬は、方形板刃先が普及した弥生時代後期から古墳時代中期前半までのあいだ同時に存在することから、機能的に分化していたことがわかっている。曲柄平鍬は刃先を土に打ち込み、柄の基部を持ち上げて土塊を引き起こしたと考えられている。一方、曲柄又鍬は耕起した土塊を細かく砕く役割をはたした可能性が指摘されている。なお、この曲柄又鍬は、同じ土塊を砕く馬鍬の出現とともに衰退することがわかっている（上原1993）。この上原真人氏の研究を参考にすると、曲柄又鍬の場合は方形板刃先を装着することで、土塊をより効率よく砕くことができたと理解できる。

　一方で、黒須亜希子氏は、大阪府下田遺跡例（3）のように曲柄又鍬の先端部に方形板刃先を装着して使用した場合、透孔をもつ平鍬と同様の使用効果が期待できると主張する（黒須2007）。また、中川寧氏も方形板刃先を装着した場合、又鍬から平鍬へ用途が変化した可能性を考えている（中川2000）。

　しかしながら、又鍬の機能を考えた場合、作業対象が粘質土になればなるほど、土離れの点で二股の刃部がその効果を増す（黒崎1976）。また、曲柄平鍬に透孔を入れる機能的背景として、低湿地での使用による水抜きや泥土除けがあったとも考えられている（黒須・上本2006）。確かに、黒崎氏や黒須氏が主張するように、又状の刃部や曲柄平鍬の透孔には、土離れの効果が期待できる。

　しかしながらその場合、方形板刃先を装着する機能的な利点が十分に説明できない。柔らかくて粘りのある土質ならば、わざわざ鉄製刃先を装着しなくとも、木製刃先で充分に対応できるのではないだろうか。かつて都出比呂志氏は使用実験をおこなった際、方形板刃先は水田の泥土の攪拌や移動などの耕作作業に適するものではなく、硬い土の掘り起しや土塊の粉砕などに有効であると主張している（都出1989）。やはり、硬い土を砕くため、曲柄又鍬に方形板刃先を装着したと考えた方が整合的である。

以上のように、方形板刃先を装着することにより、曲柄平鍬と曲柄又鍬のそれぞれの機能的特性をより生かすことができたと考える。

まとめ

 本章では、方形板刃先の構造について検討した。最初に、各種属性について筆者が採用する名称等について規定した。

 次に、製作実験と出土品の観察から、製作方法の復原を試みた。鉄塊素材と鉄板素材とでは、それぞれ異なる製作方法がとられる。さらに、各種工程と方形板刃先の形状が相関関係にあることが判明した。

 最後に、装着原理について鉄刃、木製台部それぞれの視点から検討した。まず、鉄刃の装着原理は、従来の地獄止めではなく、弾性によることを指摘した。その上で、つぶしの役割は木製台部の装着のほかに、土に対する摩擦抵抗力を軽減する役割があると説明した。

 なお、方形板刃先を装着した痕跡をもつ事例は、曲柄平鍬、一木鋤、組合せ鋤、曲柄又鍬がある。いずれも鉄刃を装着することで、それぞれの機能的な特性をより生かすことができた。

 以上のように、これまで深く追求されることがなかった方形板刃先の構造について、本章では詳しく言及した。この分析をもとに、以降の研究を進展させたい。

第2章　鉄鍬（U字形刃先）の構造

はじめに

　弥生時代後期から終末期、古墳時代中期以降にかけて、U字形もしくは凹字形の鉄製刃先（以下、U字形刃先）を装着する土掘り具が存在する（図1）。古墳時代中期以降に、大陸から伝来したU字形刃先は、近世まで続く新たな耕具体系を確立する契機となるなど、その歴史的意義は大きく評価されている（都出1989、上原2000）。

　U字形刃先は、弥生時代後期から古墳時代前期に普及した方形板刃先とは異なり、複雑な作りである。そのため、U字形刃先の製作方法についての研究は、農具鉄製刃先のなかでは積極的に進められてきたといえる。

　しかしながら、U字形刃先の性格については、木製品研究からの具体的な言及があるものの（上原1993、金田2005）、鉄製刃先からみた説明は意外に少ない。方形板刃先からU字形刃先に代わることで、掘削力が高まった、装着が丈夫になった、と機能向上の視点で説明されることが多いものの、あくまで抽象的な評価であり具体性に乏しい。それゆえに、方形板刃先と比較した場合、U字形刃先の利点とは何か具体的に明らかにすることが目下の課題である。

　そこで本論では、方形板刃先と比較しながら、U字形刃先の製作方法や装着原理といった構造についての基礎的な認識を得ることを目的とする。

第1節　各種属性の検討

　分析の前提として、U字形刃先の属性をまとめる（図2）。最初に、筆者が採用している器種名や各種属性の名称について、説明することにしたい。

（1）名　称

　器種名に「鉄鍬」を用いる。その根拠については、前章「鉄鍬（方形板刃先）の構造」の中ですでに説明してあるため、ここでは言及しない。

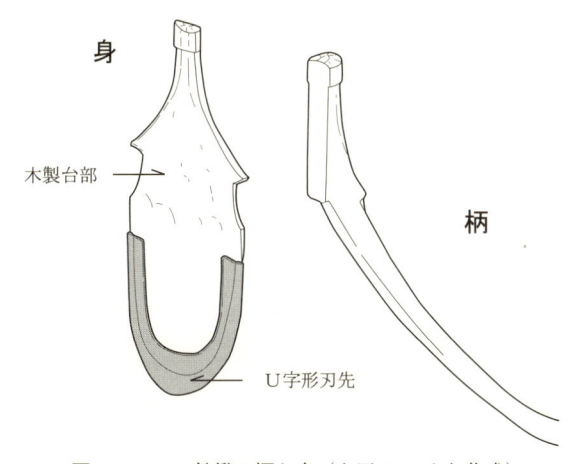

図Ⅰ2−1　鉄鍬の柄と身（上原2000より作成）

図Ⅰ2-2　U字形刃先の部分名称

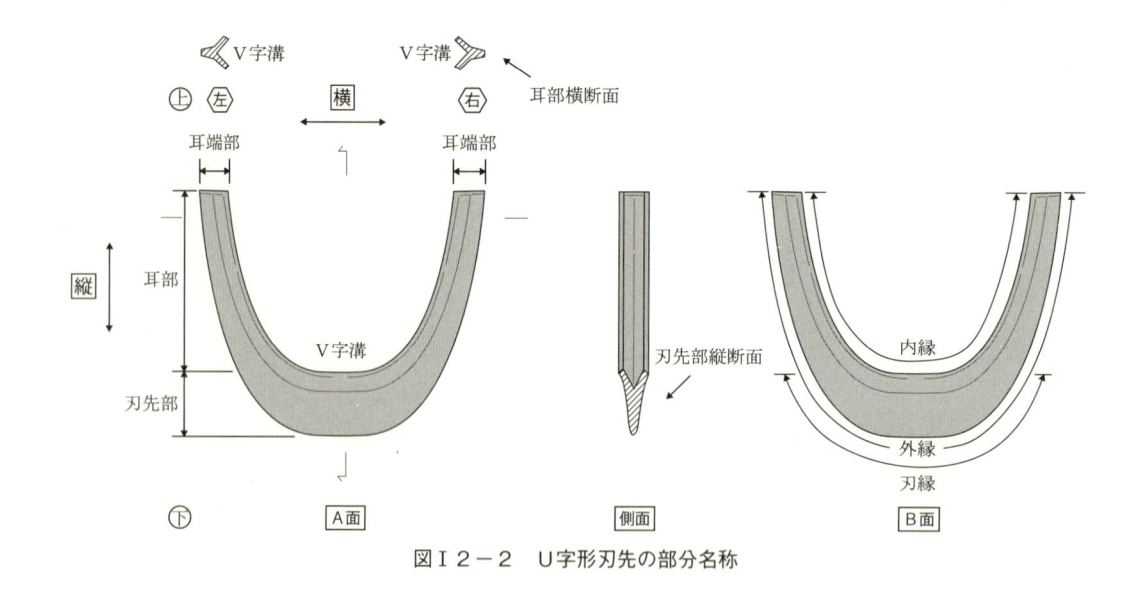

　本論では「U字形刃先」を用いるが、全体の形状がU字形ではなく凹字形の刃先が一定量出土している点は注意しなければならない。この凹字形の刃先は、従来の研究史ではU字形刃先の一形式として認識してきた。例えば、魚津知克氏の研究ではU字形をA類、凹字形をB類に分けて、どちらも同じU字形刃先の範疇で捉えている（魚津2003a）。

　U字形刃先と凹字形刃先とでわけて説明することも一案としてあるが、古墳時代においてU字形と凹字形との構造上の違いがはっきりとしない。そのため、凹字形もふくめて「U字形刃先」という名称を使用してきた先学に従うことにする。

　なお、弥生時代に出土する凹字形の刃先が、古墳時代中期以降の刃先とは形状、大きさともに異なる点が指摘されており、弥生時代の北部九州地域で普及する青銅製凹字形刃先との関連が考えられる（柳本・河野編2009）。この弥生時代の凹字形の刃先は、古墳時代中期以降のU字形刃先と区別できる可能性が高い。本論では、この弥生時代の凹字形の刃先もU字形刃先として記述しているが、将来的に古墳時代中期以降のU字形刃先と区別するために別の名称を与える余地は残っている。

（2）刃先部

　U字形刃先は、刃の部分、すなわち「刃先部」と、刃の逆側の端、すなわち「耳端部」を含む「耳部」にわかれる。刃先部は、刃先部の面である「刃面」、刃先部先端の「刃縁」、刃先部の隅である「刃隅」から成り立つ。なお、刃隅は確認できない事例もある。刃先部側を「下」、耳端部側を「上」とし、さらに端部を図2のように「外縁」と「内縁」とに分ける。なお、便宜的に実測図を正面にむけた位置で、「縦横」・「左右」を示している。両面を同時に掲載する際、表裏の区別がつかないため「A面」・「B面」と記述して、A面でいう「左側」はB面の「右側」を示す。

　刃　縁　刃縁が直線的で凹字状になるものを「直線刃」、下側に弧を描くものを「外湾刃」、上

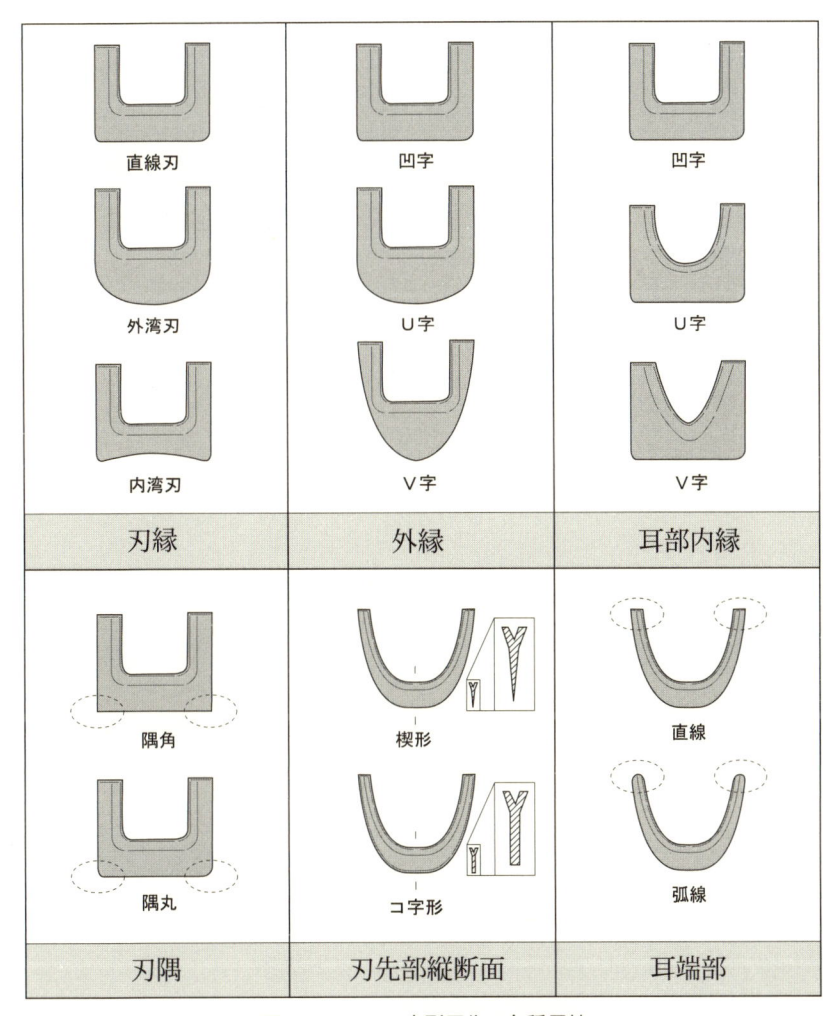

図Ⅰ2-3　U字形刃先の各種属性

側に弧を描くものを「内湾刃」とする（図3左上）。基本的に刃縁はU字形刃先の長軸にたいして左右対称であるが、非対称でその刃が一方に偏るものもある。佐原眞氏は、かつて石斧の名称を与える際に、この偏る刃を「偏刃」（佐原1977）と命名したが、本稿でも採用する。この偏刃の多くが研ぎ直しもしくは研ぎ減りの結果、このような形状になったと理解できる。また、刃縁に窪みがみられるものもあり、使用による形状変化と理解する。

刃　隅　刃隅が丸いものを「隅丸（刃）」、角になるものを「隅角（刃）」とする（図3左下）。なお、基本的に外縁が緩やかなU字形をなす場合、刃隅は存在しない。

刃先部縦断面　刃先部縦断面を観察すると、「楔形」（＝両刃）になるものと、「コ字形」になるものがある（図3中下）。前者には刃があり、後者には刃がない。コ字形の断面は、非実用品の可能性が高い。

(3) 耳　　部

　耳部は、内側の端にあたる「耳端部」と「耳部内縁」、外側の端にあたる「耳部外縁」（以下、刃縁も含めて外縁）、耳部の面にあたる「耳面」からなる。耳部内縁から刃先部内縁（以下、内縁）にそって、木製台部を装着するための「V字溝」がめぐる。V字溝には、木製台部の木質が銹着する事例が多い。

　外　　縁　外縁は内縁と同様に、直線的で凹字形になるものを「凹字」、U字状に弧を描くものを「U字」、V字状になるものを「V字」とする（図3中上）。

　内　　縁　内縁が直線的で凹字形になるものを「凹字」、U字状に弧を描くものを「U字」、V字状になるものを「V字」とする（図3右上）。

　耳端部　耳端部が直線的なものを「直線」、弧を描くものを「弧線」とする（図3右下）。

(4) 銹着物

　U字形刃先に木質などの有機質が銹着することがある。ここでは、銹着した木質、布等について説明する。

　木製台部　V字溝内に木質が確認できた場合、基本的には木製台部が銹着して残っているとみてよい。木質は刃縁に対して直交し、実測図を正置した場合に縦方向に木目が走る。V字溝内以外に木質が銹着している場合、木製台部以外の銹着物を想定するべきであり、例えば古墳の埋葬施設内で出土したならば、木棺や木箱が候補として考えられる。

　布　方形板刃先より銹着している頻度が少ないものの、麻や絹などの布が銹着する事例がある。布目が細かいと絹、粗いと麻である可能性が高い。これらの布が、U字形刃先に被さっていたのか、包まれていたのかは注意して観察する必要がある。

第2節　製作方法の復原

　白木原和美氏（白木原1960）、松本正信氏（松本1969）、松井和幸氏（松井1987・2001）、中村光司氏（中村編1995）、古瀬清秀氏（古瀬1991ab、2002）によって、製作方法の復原案が提示されている。ここでは、各復原案を整理したうえで、考古資料からみた復原案の妥当性について検証してみたい。

(1) 研究史の整理

　発表年度の古い順からU字形刃先の製作方法についての研究史を振り返る。なお、文中の①②などは、図4の番号と対応する。

　白木原案　はじめてU字形刃先の製作方法について言及したのが白木原和美氏である。U字形刃先は、①②長い鉄板を二つにたたみ、③両方の端をひねり上げて製作したものであり、技術的に幼稚であると指摘した（白木原1960）。

松本案 この白木原案を否定したのが、松本正信氏である。鉄板を二つにたたんだ場合、折り目の箇所が薄くなり強度に問題がある点、Ｖ字溝を作ったあとにＵ字に鉄板を曲げることには無理がある点を指摘した。

そこで松本氏は、近世と古墳時代のＵ字形刃先と鍛冶道具の形状が似ていることに注目して、近世鍛冶におけるＵ字形刃先の製作技術から類推すると古墳時代Ｕ字形刃先の製作方法が復原できると考えた。松本氏が復原した案は以下の通りである。

①素材となる鉄を加工してまず５㎜から７㎜厚の凸字形鉄板を作る。
②この鉄板を充分加熱してからのち、鉄板端を鏨で深さ１㎝ほど溝状に彫る。
③全体を加熱したのち、ほぼＵ字形刃先の形にもってゆく。つまり、②の段階で左右に突出した箇所を耳部にするために曲げる。なお、深さ１㎝ほどの溝は合わさるも接着したものではないため、１本の筋として残っている。
④加熱後、再度鏨をつかい、痕跡として残っている筋にそって溝をＶ字状に彫りなおす。仕上げに焼き入れおよび整形を施す。

この松本案は、都出比呂志氏が「農具鉄器化の二つの画期」のなかでＢ類とした刃先部が耳部に比べて長い、福岡県水縄遺跡例をモデルとしている（都出1967）。刃先部の幅が耳部の幅とほぼ等しいＡ類や、全体に凹字形になるＣ類の製作技術は、①の凸字形につくるところを長方形に作ればよく、あとの工程は同じであると考えている。そのため、Ａ・Ｃ類のほうがＢ類よりも作りやすいと指摘する（松本1969）。

松井旧案 上記の松本案については、松井和幸氏による否定的見解がある。まず、モデルとした福岡県水縄遺跡例は、古墳時代ではなく近世以降の遺物である可能性が極めて高い。また、鏨によって鉄板に溝を彫る手割り作業は、近代においても困難な作業であり、古墳時代の段階で手割り作業の技術を習得できていたのか疑問である。

そこで、古墳時代のＵ字形刃先にはＶ字溝の中心から刃先部にかけて大きな割れ目が観察できる点、Ｖ字溝をもたないＵ字形の鉄板が出土している点などを考慮して、Ｕ字形に成形した鉄板を２枚重ねて鍛接して、内縁に痕跡程度に残る筋に沿って鏨を用いてＶ字形の溝を彫るという製作方法を復原した。

なお、古墳時代の考古資料で、明瞭な刃部をもたず、Ｖ字溝をもたないＵ字状の鉄板が存在することについても触れ、Ｕ字形刃先の素材である可能性を示唆している（松井1987）。

中村案 この松井旧案は、刃先部縦断面形を観察した中村光司氏の研究により、否定されている。刃先部縦断面中央に走る割れ目を詳しく観察したところ、刃縁付近を折り返していることが判明した。それゆえに、２枚の鉄板を鍛接したのではなく、１枚の鉄板を折り返して製作した（③）と、白木原案の正しさについて追検証した。

さらに、三重県落合10号墳例の観察所見を用い、V字溝には折り返しがみられることから、長方形鉄板を折り曲げる前に長辺を折り曲げた（①②）とも考えている。この①②の工程は、使用時に最も力のかかるV字溝の強度を増すために行ったと中村氏は指摘した（中村編1995）。

古瀬案　古瀬清秀氏によると、奈良県寺口忍海E－7号墳で出土したU字状鉄板に木製台部にあたる木質が銹着していることから、松井旧案で素材としたU字状の鉄板は非実用的な完成品にあたる。

2枚の鉄板を鍛接するには、沸し着けという技法が用いられた。沸し着けとは、1200度以上まで鉄板を熱し、接着剤としてのワラ灰をつけた鍛着面を半溶融状態にして鍛接する技法である。松井旧案のように2枚の鉄板を沸し着けで鍛接した場合、接着面が広すぎるために一度に鍛接できないという欠点がある。また、V字溝に相当する箇所をくっつかないようにすることが、技術的に困難であることも言及している。そのため、松本案にあるように、鏨で溝を切ることでV字溝がつくられた可能性を指摘している（古瀬1991ab）。

しかしながら、のちに後者のV字溝に相当する箇所をくっつかないようにする点は、粉炭を用いることで解決している。つまり、沸し着けをしてもV字溝に相当する部分に、粉炭を事前にまぶせばくっつかず、それゆえ鏨を用い合わせ目にそって開くことでV字溝をつくることができる。最終的には、氏自身による製作実験を踏まえて、以下のような復原案を提示している（古瀬2000）。

①②素材を鍛打して素延べする。
③④長い板を半分に折って、それから下半分をくっつけて上の分かれた箇所を残す。
⑤分かれた部分に粉炭を入れる。
⑥U字状に曲げる
⑦沸し鍛錬をする。
⑧鏨をつかい、粉炭でくっつかなかった部分を開きV字溝をつくる。

松井新案　松井和幸氏は、古瀬氏の批判の後、旧復原案を撤回している。明瞭な刃部をもたず、V字溝をもたないU字状の鉄板は、実用性のない祭祀遺物と認定した。その上で、U字形刃先の製作方法は古瀬案に従った（松井2001）。

（2）問題点の指摘

上記の製作方法の復原案を踏まえたうえで、研究の問題点を指摘したい。

考古資料の観察と実験　これまでさまざまな研究者によって、U字形刃先の製作方法の復原が試みられてきたといえる。最終的には、古瀬案に落ち着きつつあるが、古瀬案の主な根拠のよりどころが製作実験である点は問題である。確かに、製作実験の有効性は、前章の方形板刃先で証明済みであるが、一方で考古資料から製作方法を探る視点も、疎かにはできない。製作実験と考古資料の

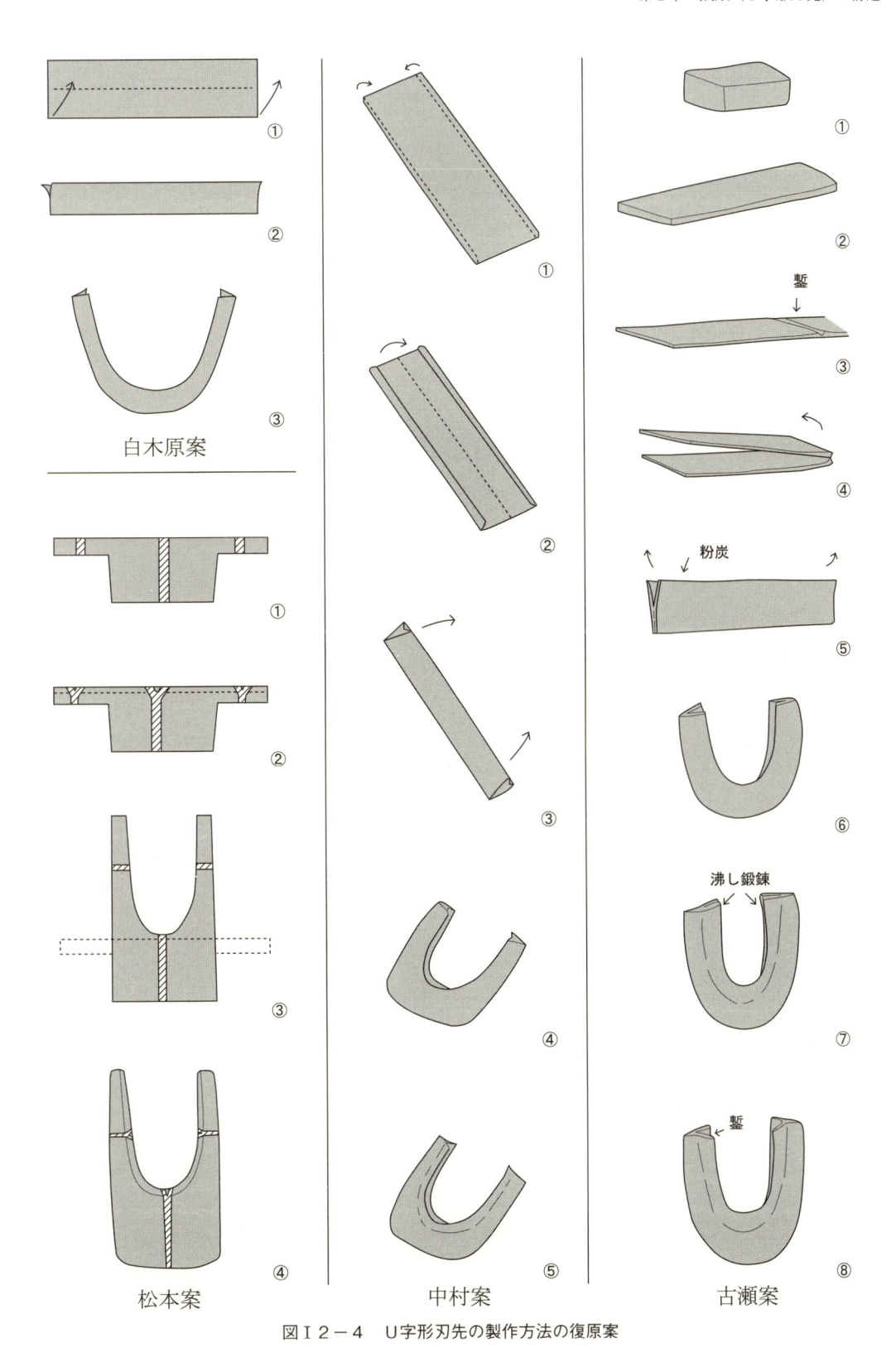

第 2 章　鉄鍬（U字形刃先）の構造

白木原案

松本案

中村案

古瀬案

図 I 2－4　U字形刃先の製作方法の復原案

分析との適度なバランスが必要であり、その一方が欠けると製作方法の妥当性を弱める結果となろう。そこで、考古資料を詳細に観察することで、古瀬案を検証する必要があると考える。

複数の製作方法　U字形刃先は魚津知克氏によって10型式に細分されるなど、形状に多様性がみられ、型式差と製作方法の差とが対応する可能性が指摘されている（魚津2003a）。魚津氏の問題提起にあるように、U字形刃先すべてが同じ製作方法だったのか依然としてよくわかっていない。それゆえに、複雑な技術を用いて製作されたにもかかわらず、基本的な製作方法以上の議論、例えば工人論といった議論にまで進展していない。

（3）考古資料の観察からみた製作方法

　U字形刃先の製作方法の研究史と問題点を踏まえ、ここでは考古資料を用いてU字形刃先の製作方法を復原したい。観察する主な視点は、刃先部縦断面や耳部横断面である。先述した各研究者のほか、村上恭通氏などが製作方法を考える根拠として挙げている視点であり（村上1993）、本章においても重視する。

弥生時代の事例　U字形刃先をみると断面の形状でV字（図5－1〜3）と、Y字（図5－4〜8）に大別できる。なかでもV字は、福岡県立明寺地区遺跡B地点例（1）、上灌子遺跡例（2）など弥生時代の凹字形に近いU字形刃先にみられる特徴である。柳本照男氏は、弥生時代のU字形刃先は、全体の形状と大きさから古墳時代の鉄製U字形刃先よりも、弥生時代の青銅製凹字形刃先に近いと考えている（柳本・河野編2009）。断面形状を観察すると、古墳時代のU字形刃先でV字は少なく、圧倒的にY字が多い。弥生時代の青銅製凹字形刃先は鋳造品であるため、断面はV字（もしくはU字）になりY字にはならない。この断面による観察からも、弥生時代のU字形刃先は、古墳時代の鉄製U字形刃先よりも、弥生時代の青銅製凹字形刃先と似ていることがわかる。

　なお、製作方法の特徴としては、V字の断面形状からみる限り、鍛接の痕跡がみあたらない。鋳造品であるのか、鍛造品であるのかは今後詳細に検討しなければならない。V字の断面からみる限り、鉄板が密着していないことから、例え鍛造品だとすると沸し着けの工程は行われなかったと考えられる。断面がV字なので、鉄板の長辺を半分に折って、凹字状に鉄板を曲げることで製作したのであろう。つまり、古瀬案の⑦沸し鍛錬を除く工程で製作したと考える。

古墳時代の事例　3〜8は古墳時代中期以降に位置づけられるU字形刃先であるが、基本的に断面はY字である。

　断面V字に近いもので、3の山口県常森2号墳例など確認できるが、類例が少ない。この常森2号墳例は、刃先部縦断面中央に一本の筋がみられ、その筋が刃縁にまで通る。そのため、2枚の鉄板を合わせて鍛接した旧松井案の方法で製作した可能性がある一方で、古瀬案の④にあるように長方形鉄板の短辺を折り曲げることで2枚に重ねて製作した可能性も充分に考えることができる。ここでは古瀬氏による旧松井案の製作は困難であるという意見に従い（古瀬1991ab）、後者の方法で製作したと想定する。

第 2 章　鉄鍬（U字形刃先）の構造

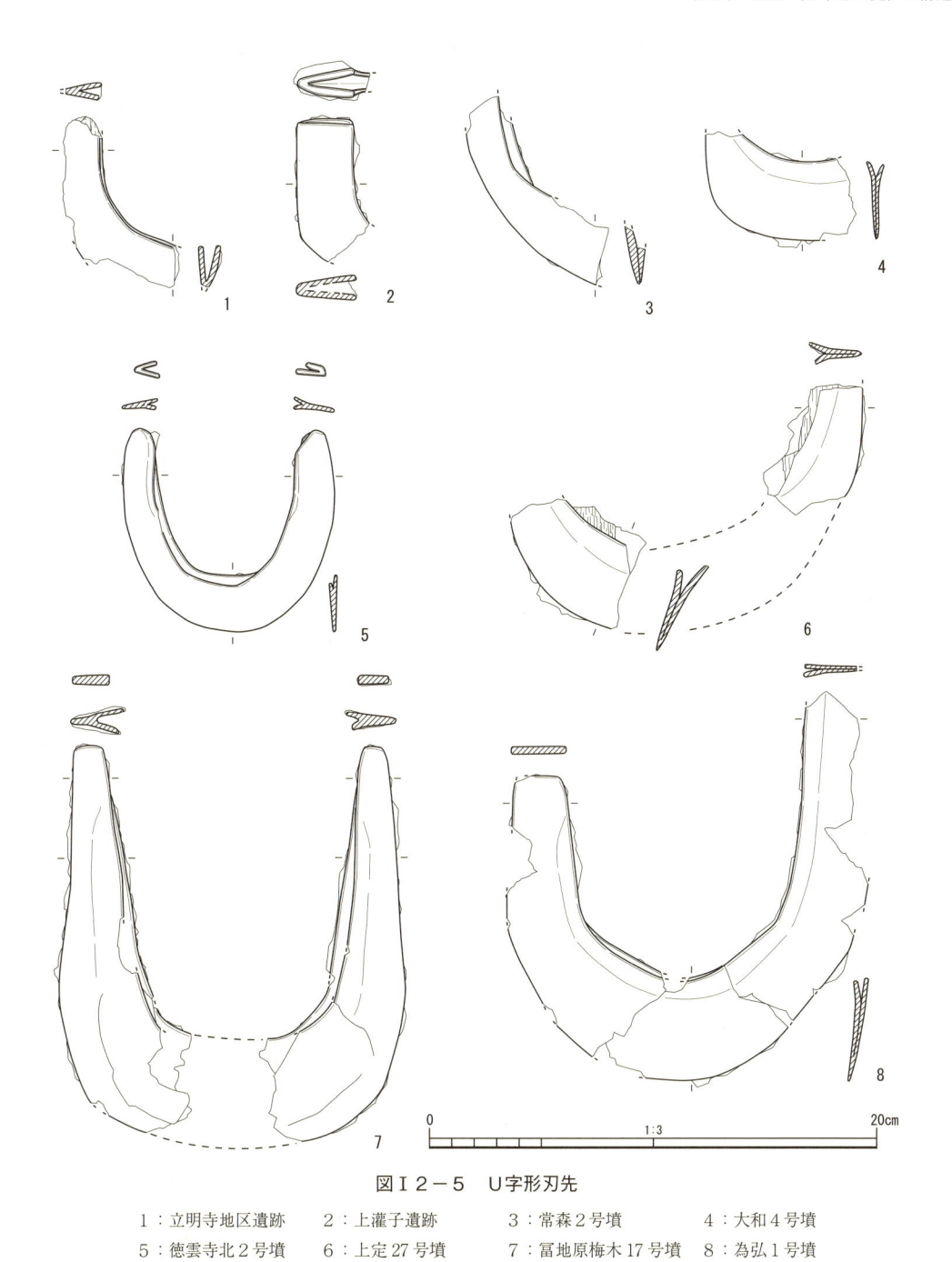

図Ⅰ2-5　U字形刃先

1：立明寺地区遺跡　　2：上灌子遺跡　　　3：常森2号墳　　　4：大和4号墳
5：徳雲寺北2号墳　　6：上定27号墳　　　7：冨地原梅木17号墳　8：為弘1号墳

　また、4・6・8は、Y字状の断面中央に筋が一本入るが、その筋は刃縁にまで及ばない。そのため、長方形鉄板の長辺を折り曲げてU字形に曲げることで製作した点も考慮しなければならない。なお、山口県為弘1号墳例（8）は、左耳部の先端付近が断面Y字状にならず長方形になっているが、沸し着けによって鉄板を合わせた筋がみえないほど密着してしまったものと解釈する。福岡県冨地原梅木17号墳例（7）のように、一見すると大きなU字状の鉄板の上に小さなU字状の鉄板

31

を貼り合わせたようにみえる事例もあるが、これまでの検討の結果、これも2枚の鉄板を折り曲げて製作したと理解できる。

なお、中村案にみることができるV字溝を折り返す痕跡は、筆者の実見する限り確認することはできなかった。長方形鉄板の長辺をわずかに折り返すことは難しく、さらにV字溝の厚さと刃先部縦断面形中央を二等分した場合の厚さとが基本的に等しいため、中村案の①②の工程は成立し難いと考える。

以上のように、古墳時代中期以降のU字形刃先は、古瀬案の通りに製作された。古瀬案の④折り曲げの際に、長辺を折り曲げるのか短辺を折り曲げるかの違いはみられるが、長辺を折り曲げるほうが多いと考える。短辺を折り曲げると刃縁に沿って筋が残るため、長辺よりも強度が弱くなるからである。

また、断面から2枚の鉄板を鍛接したことがわかり、それゆえに沸し着けが行われたと認定できる。この沸し着けの有無が、弥生時代と古墳時代のU字形刃先をわける大きな違いの一つである。この結論は、特殊な鞴の羽口、大量の鉄滓や鍛造剥片、粒状滓の排出にみられる鍛冶の高温操業が、古墳時代前期の福岡県博多遺跡からみられるという鉄器生産においての変革（村上2003a）とも、整合する現象である。

なお、方形板刃先と比較すると、明らかに製作に手間がかかっており、古墳時代中期以降のU字形刃先は沸し着けという従来にない高い技術を用いている点は注目される。

第3節　鉄刃と木製台部からみた装着

（1）鉄刃からみた装着

ここではU字形刃先を、鍬や鋤の木製台部に装着する原理について追及する。

従来の見解　これまでの研究においてU字形刃先をどのような原理で装着したのか具体的に解明した研究はほとんどない。装着について言及したものについては、以下のものが挙げられる。

- 「硬い土壌に対し強く打ち込めば、それだけ強固に風呂部に食い込み、強固に結合できるようにできており、しかも、地面との衝突によっておこる力はうまく分散して風呂部に伝わるようになっている。」（松本1969）。
- 「刃先部に加わった力が均一に木製風呂部の周辺に分散する構造をとり、風呂部への装着もしっかりしており」（松井1987）。
- 「それまでのもの（筆者注：方形板刃先）に比較して、木製台部への装着が強固で、極めて機能的である。」（古瀬1991a）。
- 「木の部分がしっかり固定されて非常に効率的になりました」（古瀬2002）。

おもな共通見解としては、方形板刃先よりもU字形刃先の方が強固に装着される点を挙げること

▷ 鉄の弾性方向
▶ 木の弾性方向
■ 鉄刃と木製台部の接合箇所

A面   B面

図Ⅰ2－6　U字形刃先の弾性

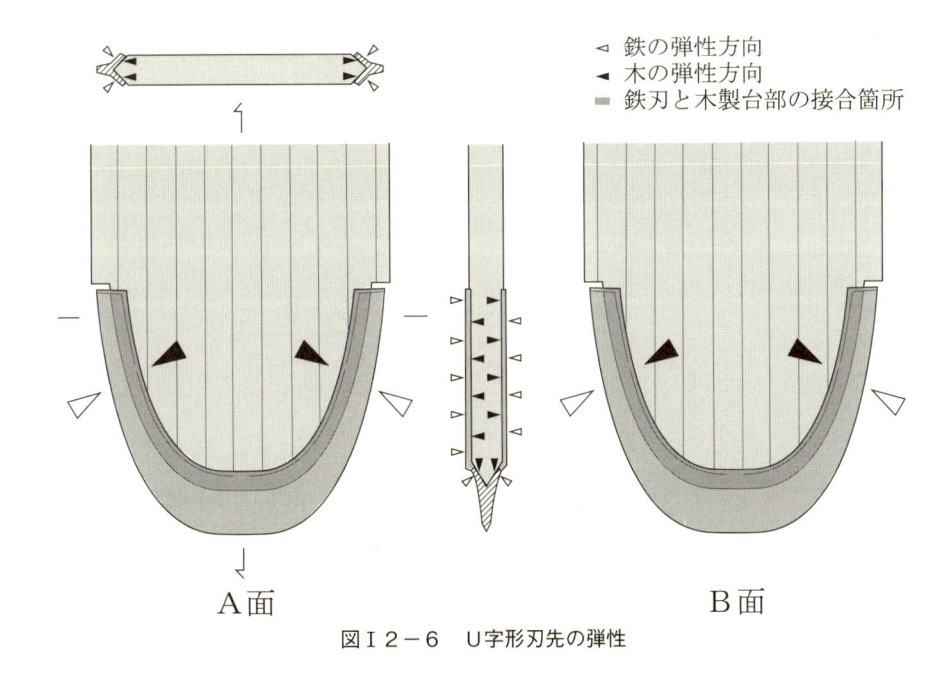

ができる。しかしながら、どうして強固に装着されるのか、その原理について詳しく言及していない。

弾性による装着　そこで、どのような原理を用い、U字形刃先を木製台部に装着したのであろうか、具体案を提出したい。前章では方形板刃先の装着原理に鉄の弾性を利用したことについて指摘した。同様に、U字形刃先も弾性による装着原理が働いたと考えている。

　U字形刃先の場合は、木製台部に鉄刃を装着した時、外力が加わるためV字溝が一時的に開くが、もとに戻る弾性の性質が働くことで木製台部を強固に挟むことができる。このV字溝は、基本的には鉄刃の内縁に沿ってめぐっており、木製台部下半の側辺全体を包む構造になっている。さらに、耳部が又状になることで、刃先全体として左右に弾性が働き、木製台部を挟む構造にもなっている。つまり、V字溝とは別方向の弾性が働くことになる。方形板刃先は折り返し部の一方向にしか弾性が働いていないが、U字形刃先は二方向の弾性が働く構造になっている（図6）。それゆえに、方形板刃先よりもU字形刃先の方が、強固な装着ができるという点で機能的である。しかしながら、弾性以外の力もあわせて働いている可能性があり、今後は様々な力学を駆使しての解明が望まれる。

耳部の長さ　U字形の装着原理にも弾性が用いられたとなると、弥生時代と古墳時代のU字形刃先の機能差について理解しやすくなる。すでに柳本照男氏が指摘するように、弥生時代のU字形刃先は小型品であり（柳本・河野編2009）、耳部は短い。弥生時代の上灌子遺跡例（図5－2）と、古墳時代の冨地原梅木17号墳例（図5－7）を比べると、明らかに古墳時代の耳部が長いことがわかる。

　このように耳部が長くなることは、内縁が縦に長くなることでV字溝の弾性が働く面積が広がり、より装着が強固になると期待できる。さらに、刃先全体として左右に弾性が働くことで、木製台部

第Ⅰ部　農具鉄製刃先の構造

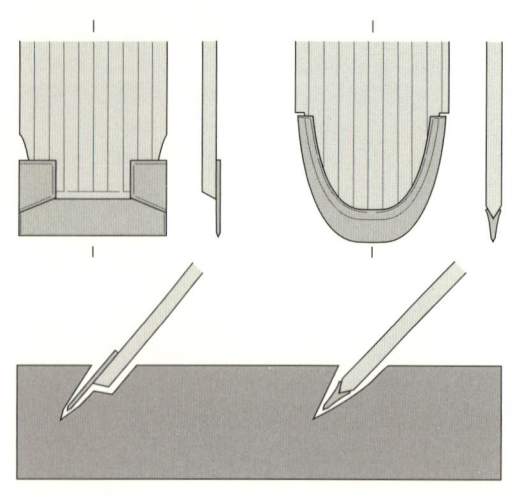

図Ⅰ2-7　土に対する摩擦抵抗力

を挟む力も増すという利点がある。

　つまり、弥生時代と古墳時代のU字形刃先を比較した場合、古墳時代のほうがより強固な装着だったといえる。

　摩擦抵抗力　U字形刃先は刃先部縦断面形がV字もしくはY字になることから、掘削する際、摩擦抵抗力が少ない。方形板刃先のように、木製台部先端が直接土に接することがないため、木製台部の破損のリスクも軽減され、また手にかかる負担も少ない（図7）。そのため、U字形刃先を装着したほうが、使いやすく物持ちがよいといえる。

　さらに、U字形刃先のうち弥生時代の刃先部縦断面形がV字になり、古墳時代はY字になることは先述した通りであるが、より鋭く土に突き刺さるのがY字である。そのため、弥生時代と古墳時代のU字形刃先を比較すると、より摩擦抵抗力が弱くなるのが古墳時代の方であり機能的ともいえる。

（2）木製台部からみた装着

　装着痕跡　これまでU字形刃先からみた装着を検討したが、ここでは逆に木製台部からみた装着について、具体的な事例を挙げつつ検討してみたい。まず、装着痕跡のある木製台部が方形板刃先よりもU字形刃先の方が目立って出土する点は、すでに指摘されてきたところである（上原1993）。

　その痕跡であるが、おもに木製台部先端をV字状に加工することを示す。これまでの研究をみる限り、木製台部に段がみられるから、U字形刃先が装着されたと解釈する見解が目立つ。しかしながら、段はあっても先端がV字状に加工されない限り、U字形刃先を装着することができない。基本的には段があるものは先端をV字状に加工しているので、U字形刃先を装着したとする認識自体は問題ない。段があるのは、U字形刃先の内縁の形状に合わせて木製台部を加工したからである。そのため、もともと刃先の内縁形状に合わせる形で木製台部を製作した場合や、たまたま装着する木製台部の形状とU字形刃先の内縁形状が重なり合う場合などは、木製台部先端をV字状に加工すればよく、痕跡としての段は残らない（図8）。

　木製台部の加工　U字形刃先を木製台部に装着するためには、さきほど詳述したように木製台部の先端および側辺をV字溝の形状にあわせて加工する必要がある。さらに、U字形刃先の内縁形状にあわせて、木製台部の形状を加工することも求められる。つまり、装着のため、木製台部先端の幅と厚さを加工する方形板刃先よりも、U字形刃先のほうが木製台部の加工に時間と労力を要したと考える。

（3）U字形刃先を装着する木製台部

装着痕跡をもつ事例　U字形刃先の装着痕跡を残す木製台部について検討する（図9）。これまでU字形刃先を装着したまま出土した木製台部として、平安時代の長野県生萱本誓寺遺跡などを挙げることができる。しかしながら、基本的にはU字形刃先がはずされ、装着された痕跡のみをのこす木製台部が大半である。これらの装着痕跡を残す事例も含めて、U字形刃先を装着した木製台部の特徴について上原真人氏の研究を参考にしつつ検討したい。

刃部幅の変化　曲柄平鍬は、着柄軸が棒状になり台全体が羽子板形をなす曲柄平鍬C式と、着柄軸が笠状になり台全体がナスビ形をなす曲柄平鍬D式とに大別できる。弥生時代中期前葉から曲柄平鍬C式が出現し、弥生時代後期に曲柄平鍬D式もみられるようになる。古墳時代中期になると、曲柄平鍬C式が消滅する。そして、U字形刃先を装着した曲柄平鍬D式が一般化するようになる。

これら曲柄平鍬の刃部幅度数分布表を作成した上原氏は、曲柄平鍬C式とU字形刃先を装着しない曲柄平鍬D式は、10cm内外をピークとする正規分布をなし、U字形刃先を装着する曲柄平鍬D式は14cm内外をピークとする正規分布をなすことを突き止めた（図10）。すなわち、鉄の刃先を装着することによって、曲柄平鍬D式の刃部幅が拡大したと解釈できる。このことは、U字形刃先の装着を前提として木製台部が変化したといえ、水田稲作伝来当初の木鍬における狭鍬と広鍬の機能分化を解消する大きな出来事として位置づけられる。さらに、鉄刃の装着を前提とする風呂鍬が成立したとも理解できる（上原1993）。

柄の構造　この上原氏の指摘は、岡山県の資料を検討した金田善敬氏によってさらなる検討が与えられている。木柄と木身の結合方法や木柄の構造自体では、方形板刃先が普及しても大きな変化はなかったが、U字形刃先が出現すると結合方法を強化するために柄穴を穿つようになる。また、

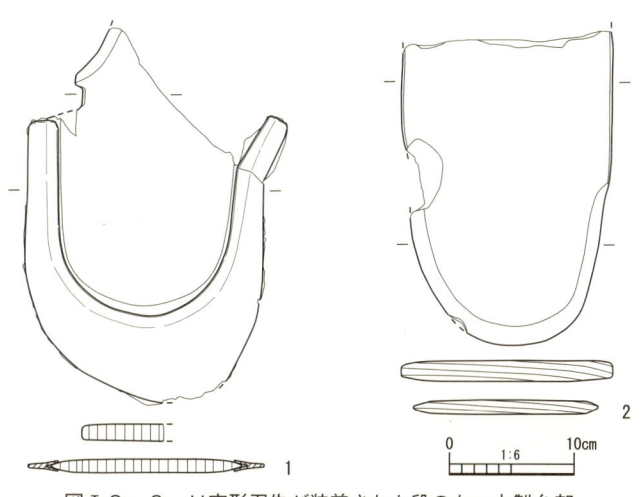

図Ⅰ2-8　U字形刃先が装着された段のない木製台部
1：五反島遺跡　2：田屋遺跡

第Ⅰ部　農具鉄製刃先の構造

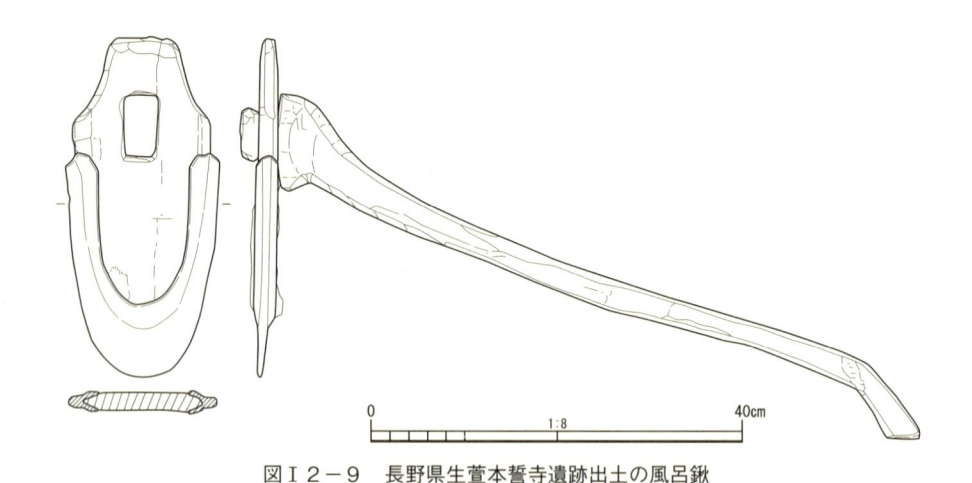

図Ⅰ2-9　長野県生萱本誓寺遺跡出土の風呂鍬

柄の径が太くなる一方、柄の長さが短くなる。これはU字形刃先の装着に対応して柄自体を強化したと捉えることができる（金田2005）。

　以上のように、U字形刃先を導入した以前と以後とでは、木製台部や木柄の構造に変化がみられ、より強靭な作りになるとともに、刃幅が変化することがわかる。

　なお、U字形刃先を装着したのは平鍬D式に限られるわけではない。一木鋤の木製台部先端にも装着した痕跡を残す資料がある。しかしながら、刃幅の数値は木鋤と変わらず、平鍬とは対照的である（上原1993）。

まとめ

　本章では、U字形刃先の構造について検討した。最初に、各種属性について筆者が採用する名称等について規定した。

　次に、製作方法について研究史を振り返り、考古資料の観察から古瀬清秀氏による復原案が妥当であることを検証した。さらに、弥生時代と古墳時代のU字形刃先の差は、沸し着けの有無であることを、断面の観察から導いた。

　最後に、装着原理について鉄刃、木製台部それぞれの視点から検討した。まず、装着には鉄と木の弾性を利用していることが判明し、耳部が長ければより強い固定ができることから、弥生時代よりも古墳時代のU字形刃先のほうが丈夫であったと考える。さらに、方形板刃先は一方向の弾性が働いていたのに対し、U字形刃先は二方向の弾性が働くことでより強固にしたとも指摘できる。木製台部の加工や鉄刃の製作は、方形板刃先の方がU字形刃先よりも容易であったが、U字形刃先のほうの摩擦抵抗力が弱く、破損しにくい特性がある。

　以上の理由から、方形板刃先よりもU字形刃先、弥生時代よりも古墳時代のU字形刃先のほうが製作に手間がかかるも、より丈夫であり、より使いやすいことがわかる。なお、装着が丈夫になった点は重要であり、柄の構造強化から推察される固い土壌に対する掘削にも対応できるようになっ

た。そして、刃部幅の拡大にみられる風呂鍬の成立へと繋がってゆくのであろう。

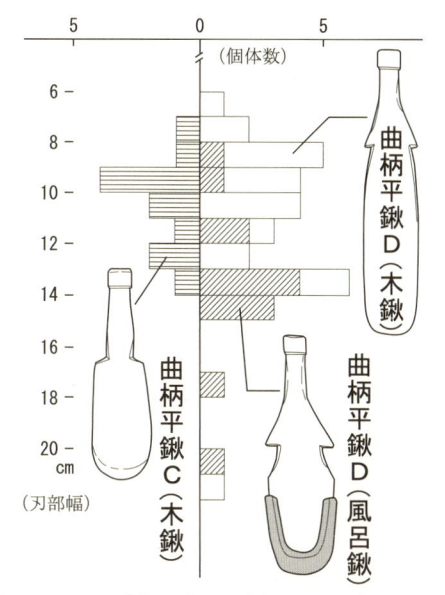

図Ⅰ2-10 曲柄平鍬の刃部幅の分布（上原1993）

第3章　鉄鎌の構造

はじめに

　弥生時代中期から、鉄身を装着する鎌（以降、鉄鎌）が出土するようになる（図1）。この鉄鎌の研究は、生産力の発展過程のなかで理解されることが多い。弥生時代後期の「摘む」から「刈る」への転換の背景に、生産における経営規模の拡大があったと考える近藤義郎氏の見解が代表的であり（近藤1957、近藤・岡本1957、近藤1961）、以降その歴史的意義について活発に議論されてきた。

　しかしながら、鉄鎌の歴史的意義を追及するにあたって、その機能や変遷についての積極的な議論があるものの、製作方法についての研究はこれまで進展してこなかった。また、前章の鉄鍬で実践したような、装着原理についても同様であり、その詳細な構造は依然として不明である。構造自体は、直接歴史を語るわけではないが、構造を明らかにしてはじめて変遷や機能について深く理解することが可能になり、ひいては歴史的事象にまで論を発展することもできる。

　そこで本章では、鉄鎌の製作方法や装着原理といった構造についての基礎的な認識を得る目的のもと、分析を進めることにしたい。

第1節　各種属性の検討

　分析の前提として、最初に鉄鎌の属性をまとめる（図2）。つぎに、筆者が採用している器種名や各種属性について、説明することにしたい。

（1）名　　称

　本論では、器種名に「鉄鎌」を採用し、「鉄鎌」を「直刃鎌」と「曲刃鎌」とに分類する。

　鉄　　鎌　器種名に「鉄鎌」を用いる。その根拠については、第Ⅰ部第1章「方形板刃先の構造」のなかですでに説明しており、重複するため詳しくは言及しない。

　なお、「鎌」は、木材の切削や小枝打ちに使用した鉈も含む。9世紀初めの『皇太宮儀式帳』のなかで「奈岐鎌」と「奈太」の記載があることから、機能によって名称を使い分けていた可能性は充分

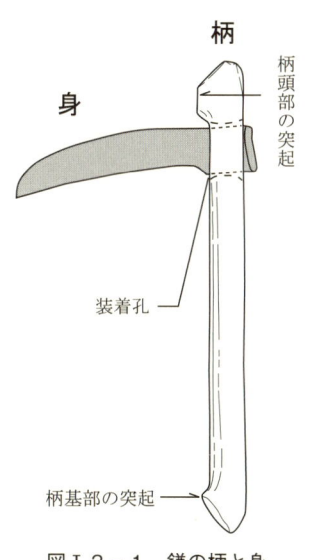

図Ⅰ3－1　鎌の柄と身
（上原1993より作成）

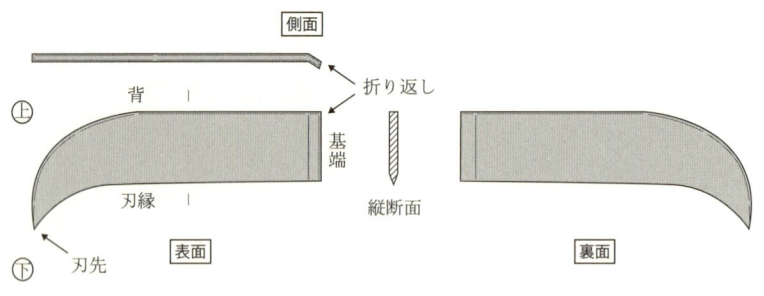

図Ⅰ3-2　鉄鎌の部分名称

にある（古瀬1991b）。しかし現状では、鉄身から鉈と鎌を区別することは難しく、それゆえに名称は「鎌」と統一せざるを得ない。

直刃鎌と曲刃鎌　鉄鎌は茎の有無で「有茎鎌」と「無茎鎌」とに大別できる。そのうち、本論で主に扱う古墳時代の鉄鎌は、福岡県宮司井手ノ上古墳例など一部例外があるものの、基本的に無茎鎌である。無茎鎌は、「直刃鎌」と「曲刃鎌」とに一般的に形式分類される（都出1967・1989ほか）。

厳密には、「直刃鎌」は刃縁が直線的なものを示し、「曲刃鎌」は刃縁が曲線となるものを示すべきであろうが、これまでの研究ではこのような意味では使用していない。むしろ、刃縁が外湾もしくは直線となるものを「直刃鎌」に、内湾するものを「曲刃鎌」として認識してきた（魚津2003aほか）。これらは考古学用語として一般的に広く使われており、さらにあえて名称を変更する必要性も感じないため、本論でも「直刃鎌」「曲刃鎌」の呼称は通称として使用する。

なお、都出比呂志氏は、弥生時代北部九州地域の鉄鎌には、緩やかに刃縁が内湾するものがあり、古墳時代中期以降の曲刃鎌と区別して「内湾刃鎌」と呼ぶ（都出1989）。しかしながら、この「内湾刃鎌」と同じ形状の曲刃鎌が古墳時代にも存在するため、本論でこの名称は採用せず、すべて「曲刃鎌」とする。

（2）部分名称

鉄鎌は刃の部分にあたる刃部と、柄を装着する基部との区別が不明瞭な場合が多い。そのため、本論では鉄鍬のような刃部、基部という部分名称は採用しない。なお、背側を「上」、刃縁側を「下」、折り返しのある面を「表面」、逆の面を「裏面」と呼びわける。さらに、便宜的に表面を正面にむけた位置で、左右を示している。以下では、個々の属性について説明する（図3）。

刃　　縁　刃縁が直線的なものを「直線刃」、上側に弧を描くものを「外湾刃」、逆に下側に弧を描くものを「内湾刃」とする（図3左上）。なお、刃縁にある窪みは、使用による形状変化と理解する（第Ⅱ部第2章）。

背　刃縁と同様に、背が直線的なものを「直線」、上側に弧を描くものを「外湾」、下側に弧を描くものを「内湾」とする（図3中上）。

縦断面　縦断面を観察すると、「楔形」になるものと、「コ字形」になるものがある（図3右上）。

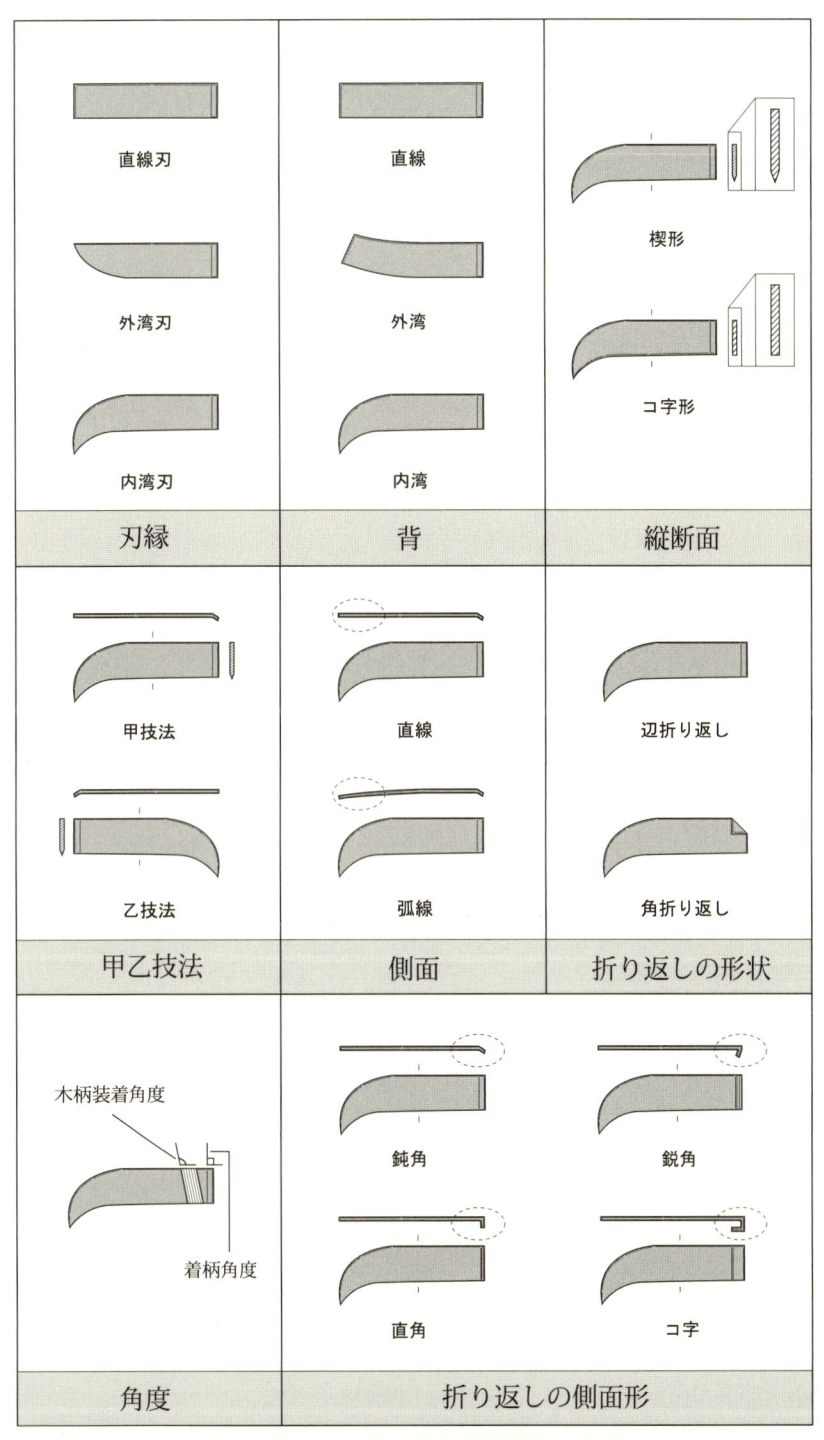

図Ⅰ3-3 鉄鎌の各種属性

前者には刃があり、後者には刃がない。コ字形の断面は、刃がないことから非実用品の可能性が高い。なお、縦断面楔形は、片刃、両刃どちらも存在するが、両刃の方が圧倒的に多い。

　甲乙技法　刃縁を手前にして、折り返しを右に置いた場合に折り返しが表面にあるものを「甲技法」、裏面にあるものを「乙技法」と呼ぶ（都出1967）。「甲類」「乙類」とも呼ばれるが（金田1996）、一般的には「甲技法」「乙技法」として広く認識されている（図3中左）。木柄を装着する際に、機能的に何の違いももたないことから、製作者の癖の差を表す属性として注目される（都出1967）。一方で、使用者の利き手の差を表すとして注目する研究者もいる（中田1989）。

　側　　面　側面を観察した場合、基端から刃先側にかけて直線的なものと、緩やかに湾曲するものとがある。前者を「直線」、後者を「弧線」とする（図3中中）。鉄鎌の機能を考えると、例えば刈る場合、「弧線」の模式図にあるように鉄板が反っている方が都合よい。さらに、鉄板が表面側・裏面側に反るかで利き手の左右をみわけることも可能である（第Ⅲ部第3章）。

　なお、側面の弧線は意図的に製作したこともありえる。一方で、使用により研いだ場合、側面が段々と直線から弧線へなることもわかっている（朝岡2000）。それゆえに、直線はあまり使いこまれていない鉄鎌であったか、もしくは機能的な優位性を意識せず製作した鉄鎌であったと解釈できる。逆に、弧線はよく使いこまれた鉄鎌であったか、もしくは機能的優位性を意識して製作した鉄鎌であったとも解釈できる。ただし、鉈として利用する場合はその限りではない。

　角　　度　基端付近の背を水平にした際の折り返しの角度を「着柄角度」、鉄刃に錆着する木柄の角度を「木柄装着角度」（図3下左）とする。

　折り返し　折り返しは、基端全体を折り返す「辺折り返し」と、基端の上辺を折り返す「角折り返し」とに分類する（図3中右）。「辺折り返し」の場合、着柄角度は鋭角から鈍角まで様々であるが、「角折り返し」は鈍角に限定される。

　折り返しの側面形状に注目すると、「鈍角」「直角」「鋭角」「コ字」に分類できる（図3下右）。この側面形状の違いは、木柄の装着方法の差として認識されることがある（川越1993）。

　なお、京都府岩谷2号墳例のように、折り返しがない鉄鎌も存在し、未使用品であることを示す重要な属性であると考える（第Ⅲ部第3章）。

（3）錆着物

　鉄鎌に木質などの有機質が錆着することがある。ここでは、錆着した木質、布等について説明する。

　木　　柄　基端付近に刃縁と直交する縦方向の木質が確認できた場合、木柄が錆着しているとみてよい。木端が左右両端ともに確認できる場合、木柄の径を知ることができる。

　楔　基端付近に刃縁と平行する横方向の木質が確認できた場合、楔が錆着しているとみてよい。楔と木柄の切り合い関係をみると、楔のほうがより鉄刃側である。

　なお、基端付近以外に木質が錆着している場合、木柄や楔以外の錆着物を想定するべきであり、例えば古墳の埋葬施設内で出土した場合は木棺や木箱が候補として考えられる。

布　麻や絹などの布が錆着する事例がある。布目が細かいと絹、粗いと麻である可能性が高い。これらの布が、鉄鎌に被さっていたのか、包まれていたのかは注意して観察する必要がある。

鞘　革製や木製の鞘に鉄身をおさめた可能性は充分にあるが、日本列島内で明確な鞘の事例は確認されていない。山口県秋根遺跡例では、革のような痕跡が鉄身に錆着しているものの、鞘であるかどうかまで同定することはできなかった（第Ⅲ部第3章）。なお、朝鮮半島では慶尚南道昌寧校洞第89号墳から漆塗りの木鞘におさめられた鉄身が出土している。また、慶尚北道達西面第37号墳からも木鞘が確認されている（有光1967）。日本列島でも類例の出土が期待される。

第2節　製作方法の復原

本節では、鉄鎌の製作方法について考える。筆者は以前に、高知県の鍛冶工房「くろがね」の岡田光紀氏、林信哉氏、武内栄太氏のご協力のもと、鉄鎌の製作実験を行ったことがある。その経験と遺跡出土品の観察から得た所見をもとに、鉄鎌の製作方法を復原してみたい。なお、素材が鉄塊もしくは鉄板かで製作工程は異なることから（川越1983）、ここでは素材別に分けて製作工程を復原することにしたい。さらに、曲刃鎌の製作方法に限り、再加工により製作されたものがあることを突き止めたため、ここで紹介したい。

（1）鉄塊素材

素　材　鉄塊素材については、すでに第Ⅰ部第1章「方形板刃先の構造」のなかで詳しく説明している。詳細は譲るとして、現段階では棒状鉄製品や板状鉄製品のような鉄塊素材が、鉄鎌の有力な素材候補として指摘できよう。

成　形　次に、素材を成形し完成品に至る過程について説明する。成形は、素材を炉に入れ赤くなるまで加熱し、素材が柔らかくなったところを見計らって鍛打して平らに延ばすことを基本動作とする（図4）。

完成品が直線刃の場合、素材を長方形に変形するだけでよい。外湾刃の場合、長方形にした後、刃縁を上に向けて刃先側を叩き、刃縁を丸く窪ませ外湾状にする。内湾刃にするためには、背を内湾状に加工したのち、刃縁を上に向けた状態で刃先側を叩くことで成形できる（図5）。

なお、刃縁側を鍛打して外湾刃や内湾刃にするためには、ある程度鉄板の厚みがなければ、鍛打の過程で鉄板が歪んでしまい失敗する。そのため、鉄板に厚みがのこっている段階で刃縁を外湾形、もしくは内湾形にする必要がある（図4-3）。刃縁の形が整うと、鉄板の平らな面を繰返し叩き、完成品の2～3mm厚まで形を崩さずに薄く延ばす（図4-4）。薄く延ばす過程において、刃部縦断面が楔形になるように意図的に平らな面を叩いて調整する。その場合、刃部側を重点的に叩き延ばす。

以上のような方法を用い、大まかな成形が行われたと考える。基本的には、方形板刃先と同じような工程で製作される。

第Ⅰ部　農具鉄製刃先の構造

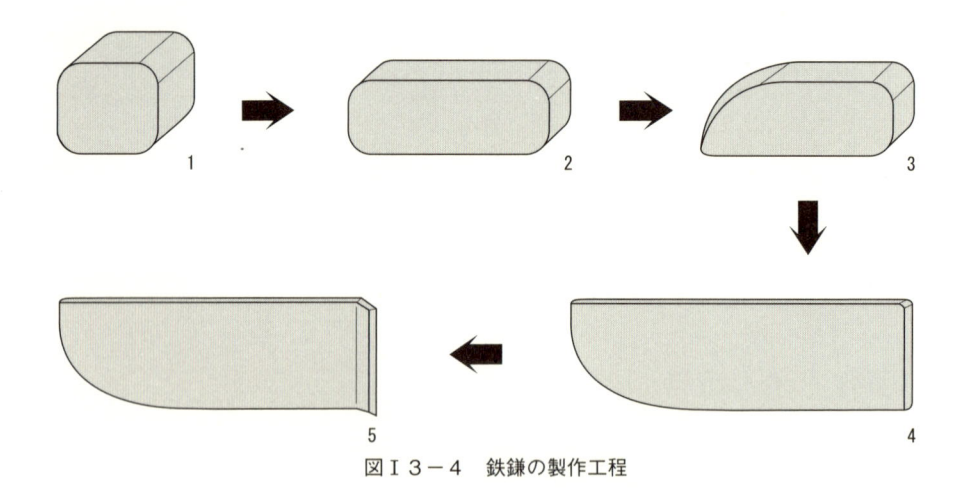

図Ⅰ3-4　鉄鎌の製作工程

　次に、大まかに折り曲げ前の形を作った後、細かな成形をすることで鉄板の形を整える。直線刃の場合は、基端と刃縁が直線的であるため、細かな成形は必要としない。しかし、外湾刃の場合は、大まかな成形の時点で背・刃ともに外湾する傾向にある。外湾刃をもつ出土品を観察すると、背が直線的なものも目立つことから、背が直線的になるよう補正を行ったと考えられる。

　なお、背が外湾する原因は2つ考えられる。1つ目は刃部縦断面を楔形にする際に、刃部側をより強く叩き延ばすことで、鉄が背側に押し出されることによる。2つ目は背が外湾する例が目立つ古墳時代前期頃、鉄製の作業台ではなく石製の作業台が用いられていたことが関係する（安間2004）。石製作業台は、その表面が鉄製作業台のようにすべてが平らではなく、凸状になるものもあろう。大まかな成形の過程において、刃縁を上に向けて刃先側を叩き、丸く窪ませ外湾にする際、背側が鉄製作業台の形状にあわせて外湾することも考えられる。

　いずれの解釈を取るにせよ、背側の平らな面を叩くことで、背が直線的になるよう整えることができる。また、鏨を使っての切断も可能性として充分考えられる。

　荒削り　細かな成形の段階を経ても、刃部や基部、折り返しの端が凸凹することがある。そのため、凹凸がある場合には、鉄鑢（やすり）や砥石を使って、端を削って滑らかにする。京都府園部垣内古墳から出土した鉄鎌を観察すると、刃縁や背に凹凸がみられるが、荒削りの工程を省略したと捉えることができる。

　折り曲げ　火入れをして暖めて、基端の鉄板を折り曲げることで、折り返しを形成する。

　熱処理　鉄は常温ではパーライトという組織であり、730度以上に暖めると軟らかくて粘り気のあるオーステナイトに変化する。このオーステナイトの状態で瞬時のうちに急冷して常温に戻すと、鉄は硬いマルテンサイトに変化する。このように鉄を硬くするのが焼き入れである（古瀬2000）。

　その鉄の性質を利用して、炉で暖めて、水の中で急冷する焼き入れが行われていたことは、充分に考えられる。なお、焼き入れのタイミングが悪い場合、鉄板はわずかに歪む。

44

研　ぎ　刃部縦断面を楔形にするために、砥石をつかって研ぎが行われる。

（2）鉄板素材

素　材　鉄板素材については、すでに第Ⅰ部第1章「方形板刃先の構造」のなかで詳しく説明している。詳細は譲るとして、現段階では鉄鋌そのものに限ることなく、鉄鋌を複数鍛接した鉄板も素材の候補として挙げることができる。

成　形　古瀬清秀氏によると鉄鋌のような薄い鉄板は、炉で熱してもすぐに冷めるため、熱間鍛造には向かない（古瀬2000・2002）。そのため、常温の状態で冷えた鉄板を叩いて加工する冷間鍛造で成形したと考える。古瀬氏は、おもに長方板革綴短甲など薄い鉄板を使用する甲冑生産での冷間鍛造を想定している。同様に、鉄板を素材とする鉄鎌も冷間鍛造により加工した可能性は充分にある。しかしながら、冷間鍛造では熱間鍛造に比べ、鉄の可塑性が少なく、鉄塊素材のように鍛打することで、意図した形に仕上げることはできない。そのため、この工程を省略する可能性も充分に考えられる。

切　断　鉄鎌の背にみられる屈曲点が、鏨の切断単位を示していると清喜裕二氏は考えている。

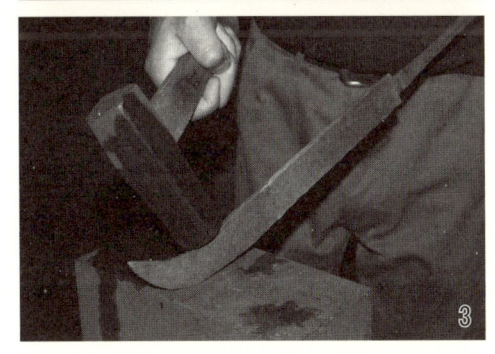

図Ⅰ3－5　内湾刃の製作

東京都野毛大塚古墳例は、大きな鉄鎌の刃縁と、小さな鉄鎌の背の形状とが一致していることを根拠に、1枚の鉄板から2つの鉄鎌を製作したと指摘した（図6）（清喜1999）。確かに、大阪府御獅子塚古墳例をみると、刃先付近と折り返しには、いくつかの屈曲点（▲）がみられ、屈曲点の間は直線的であることから、鏨によって切断したことがわかる（図7）。このように、冷間鍛造による成形の可塑性が十分望めないとなると、鏨を積極的に利用して成形をおこなったと想定することができる。

折り曲げ　基端にあたる鉄板の短辺もしくは上辺を折り曲げ、折り返しを形成する。この工程は、冷間鍛造でも可能である。

熱処理　愛媛県出作遺跡例にみるように鉄鋌および鉄板素材の鉄斧は、極低酸素鋼である（大澤1994）。そのため、焼き入れをしても効果が望めない。それゆえに、熱処理をする必然性はない。

第I部　農具鉄製刃先の構造

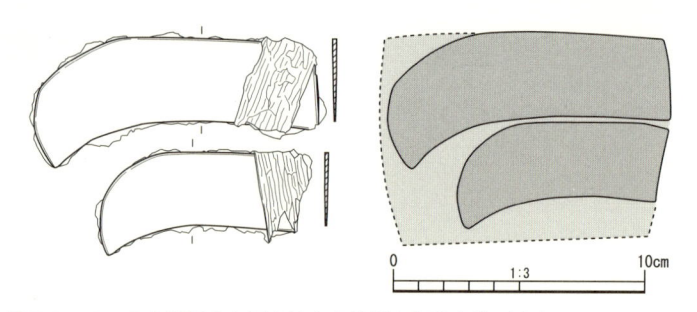

図I3-6　東京都野毛大塚古墳出土鉄鎌と製作方法（清喜1999より作成）

　研　ぎ　刃部縦断面を楔形にするために、砥石を用いて研ぎが行われた。しかしながら、刃部縦断面がコ字状になるものも多く、その場合はこの工程を省略したと考える。

（3）再加工

　鉄素材から鍛打もしくは鏨切りをすることで、鉄鎌を製作した工程について説明した。一方で出土品を観察すると、すでに製品となっているものを再加工することで鉄鎌を製作した事例も認められる。

　鉄鎌の再加工　京都府赤塚古墳から出土した曲刃鎌に明確に鍛接した痕跡を確認することができる（図8）。このほか鍛接の候補として福岡県池ノ上D-1号墓があり、この2例とも曲刃鎌である。図示した赤塚古墳例は、鉄身の中央付近に縦方向と横方向の筋がみられ、そこを境として厚さが変化する。あたかも直刃鎌を鍛接したかのような痕跡である。曲刃鎌の折り返し付近を補強するために直刃鎌を鍛接したのか、もしくは直刃鎌の先端に曲刃状の鉄板を鍛接して曲刃鎌としたかの2通りの解釈が可能であるが、実物資料を観察してみても判然とはしない。今後X線透過写真などを使って詳細な研究をする必要があると考える。

　このように、鉄鎌を再加工した曲刃鎌が存在する。類例が少ないため判然とはしないものの、いまのところ弥生時代や古墳時代前期の鉄鎌では確認できない。前章で説明したように、鍛接には沸し着けの技法が必要である。前期からは、すでに福岡県博多遺跡のように高温操業の鍛冶（村上1994b・2003a）が行われていたゆえに、今後前期に遡る類例が発見される可能性がある。しかしながら、弥生時代は高温操業を依然として行っておらず、それゆえに弥生時代の鍛接事例は考えにくい。

　鉄鎌以外からの再加工　鉄鎌以外の鉄製品を再加工して、鉄鎌にした事例も少なからず認めることができる（図9）。

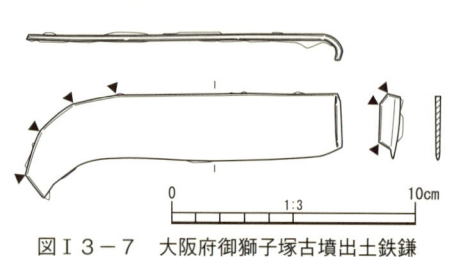

　1の鳥取県桂見2号墳例は直刃鎌であるが、中央付近に2孔ほど穿孔がある。孔の直径は3mmであり、芯々間距離は1.7mmである。鉄身の幅は、およそ3cmであり、甲冑の肩甲に近い。

　2は奈良県巣山古墳の円筒棺から出土した鉄鎌であ

図I3-7　大阪府御獅子塚古墳出土鉄鎌

図Ⅰ3-8　鉄鎌の鍛接　赤塚古墳

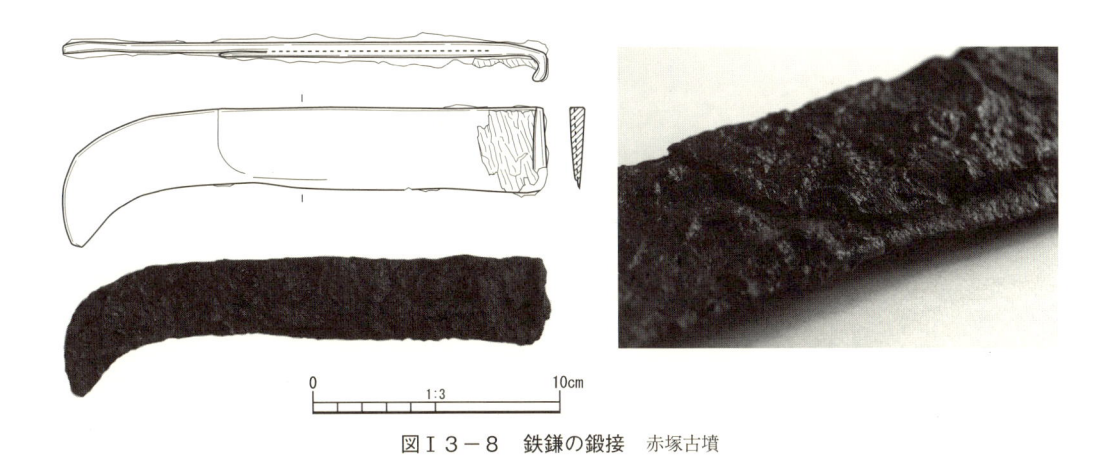

る（東影編 2011）。刃先が欠損しているが、共伴する鉄鎌が直刃鎌であることから、この２も直刃鎌である可能性が高い。この事例は、直径2.5mmの穿孔が４孔穿あり、鉄身の幅がおよそ2.5cmから３cmであるゆえ、一見すると短甲の引合板にみえる。しかしながら、折り返し端部に穿孔が半裁した状態で残っていることから、明らかに鏨によって切断したことがわかる資料である。つまり、もとは短甲の部材であり、鏨による切断で鉄鎌に再加工した良好な事例と評価できる。なお、出土状況をみると鉄鏃や鉄斧、鉄鎌と明らかにわかる製品とまとまって出土しており、ほかに甲冑の部材がないことから、鉄鎌と認識して問題ない。

３は鳥取県美和34号墳から出土した直刃鎌である。報告書では「鎌状の形態を呈す刀子」（山田編 1994）として紹介されているが、折り返しがはっきりあることから鉄鎌と考えるのが妥当である。刃縁の途中でＶ字状の屈曲があり、鉄刀子に近い形状である。なお、折り返し付近の平面には、目釘孔とみられる孔が確認できる。以上より、鉄刀子から鉄鎌に再加工した可能性が考えられる。

このように甲冑の部材を再加工して製作した鉄鎌が存在することがわかる。さらに、鉄刀子から鉄鎌へと再加工した可能性が考えられる遺物も確認できる。いずれも直刃鎌であるが、元々の原型を留めている点は特徴的である。沸し着けの技法による高温操業の鍛冶技術を用いておらず、鏨の利用など比較的簡単な鍛冶で加工されている事も特徴的である。

（４）素材の見分け方

これまで鉄塊素材と鉄板素材とにわけて、それぞれの製作工程を復原した

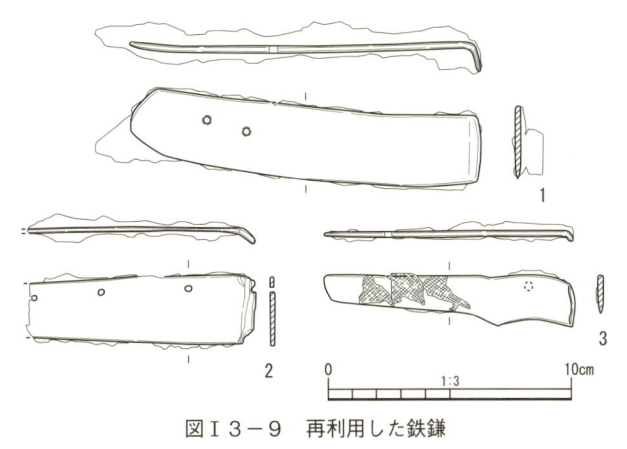

図Ⅰ3-9　再利用した鉄鎌
１：桂見２号墳　２：巣山古墳　３：美和34号墳

が、完成品を見た場合、いずれかの素材に該当するのか見分けることは比較的難しい。また、再加工品となると本章で紹介したような穿孔がみられる事例等、わかりやすいものはいいが、丁寧に再加工した場合は判別することはできない。

このように、再加工を確かめることは不可能な場合でも、方形板刃先と同様に、厚さに注目することである程度素材を見分けることができる。なお、方形板刃先では見分け方として鉄板の歪みを採用したが、鉄鎌の場合、第1節（2）「部分名称」の項で説明したように、側面の反りは機能的に優位であるため、意図的に鍛冶工程のなかに組み込まれた可能性が考えられる。それゆえに、歪みで焼き入れの有無を判別することはできず、素材について言及することは不可能である。

　厚　　さ　鉄板が素材の場合、折り返しの厚さが均一である。逆に鉄塊素材の場合は、折り返しは次第に厚さが薄くなり、端部が尖り気味になる。

さらに、縦断面を見た場合、楔形になるものは鉄塊素材によるものであり、長方形で厚さがほとんどかわらずコ字形か、先端のみ尖るものは鉄板素材による可能性が高いと考える。

このように厚さからみたら、ある程度の素材をみわけることが可能である。実際、実物資料を観察すると、小型の非実用品の一部（第Ⅲ部第1章）で鉄板素材と考えられるものがあるが、大半が鉄塊素材から製作したものである。

第3節　鉄刃と木柄からみた装着

（1）装着原理

　ここでは鉄鎌を、木柄に装着する原理について追及する。なお、本論の中心となる古墳時代の鉄鎌は基端を折り返す無茎鎌であることから、中世以降に普及する有茎鎌を装着する木柄については説明から除外している。

基端を折り返す無茎鎌はどのような原理で装着されたのであろうか。これまでのところ、複数の説が提示されている。

　地獄止め　まず、地獄止めによる装着について紹介する。川越哲志氏によれば、折り返しの側面形状がコ字形もしくは横U字形の鉄鎌は、木柄に長方形の装着孔を設け、鉄鎌を装着孔に通す。そして、折り返しを叩くことで折り返し先端を木柄に食い込ませて、木柄が抜けないように固定する。この装着方法が地獄止めである（川越1977・1993）。

このコ字形もしくは横U字形の鉄鎌がよくみられる弥生時代後期以降は、一般的に地獄止めによる装着が普及していたと考えている。この川越氏の地獄止め説は、村上恭通氏によって支持されている（村上2007）。

　楔による装着　一方で、地獄止めではなく、楔による固定を考える論者も多い。古くは和歌山県大谷古墳の遺物報告のなかで、すでに指摘されている（樋口編1959）。

上原真人氏は、弥生時代から歴史時代にかけての近畿地方の木製品を集成したうえで、平安時代までの鉄鎌は、木柄の頭部を貫通する装着孔に、鉄身の基部を挟み込み、折り返しで抜け落ちるの

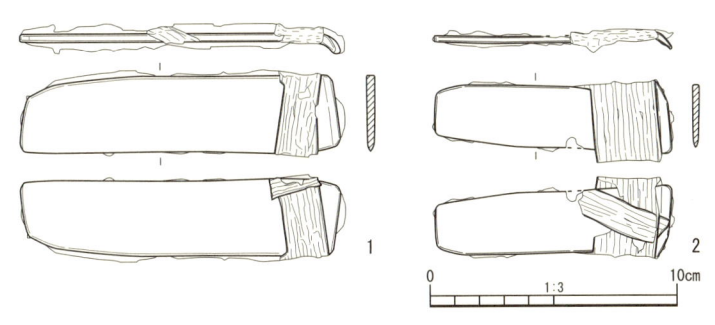

図Ⅰ3-10　楔が銹着する鉄鎌
1：椿井大塚山古墳　2：神宮寺山古墳

を防ぎ、さらに楔によって固定したと指摘した（上原1993）。

　筆者も上原氏の見解と同じである。川越氏の地獄止め説の問題点は、弥生時代の事例を中心に立証した点である。弥生時代の鉄鎌は集落から出土するため、ほとんど鉄刃に木質が銹着していない。古墳時代の鉄鎌は、墳墓出土品を中心に鉄刃に銹着する木柄の遺存状態がよく、刃縁と平行する木目が確認できる事例が多い（図10）。木柄についての情報が少ない弥生時代の資料を扱うよりも、情報の多い古墳時代の資料から装着方法を復原するべきと筆者は考えている。

　そこで、コ字形もしくは横U字形の折り返し形状をもつ鉄鎌で、木柄痕跡の遺存状態の良い類例を探してみると山口県常森1号墳例を挙げることができ、楔の痕跡が確認できる。もちろん、折り返しの形状が鋭角、直角、鈍角になる場合でも、楔の痕跡があることから、古墳時代の鉄鎌は楔による装着であったと考えてよい。同様な観点から、弥生時代の鉄鎌も楔で固定された可能性が高いと考えている。

　挟み込みによる装着　しかしながら、楔による固定以外に、奈良県平城宮下層例のように木柄に溝を設け、鉄身の基端付近を挟み込むことで固定した事例が存在する。なお、その場合の折り返しの機能は、ストッパーであると位置づけられる（川越1993）。

　確かに、静岡県角江遺跡例でも、頭部に切込みを入れているので、鉄身を挟み込み固定したのであろう（図11）。鉄身を挟み込んだ後に、木柄の頭部付近を紐で緊縛した可能性が高いが、紐の痕跡は確認できていない。

　この角江遺跡例は、切込みが原因で木柄の中央が大きく裂けている。8世紀以降の木柄にみられる木釘の利用がまだ古墳時代以前には知られていないため、使用すればすぐに角江遺跡例のように壊れたのであろう。それゆえに、弥生時代から古墳時代の木柄の出土例のなかでは極めて類例が少なく、一般的に使用したとの評価は難しい。

　膠による装着　なお、楔と挟み込み以外による装着も存在する。大阪府五反島遺跡にて、鉄身と木柄がセットになった状態で出土したが、楔はみられず、代わりに膠とみられる接着剤が装着孔付近に施されていた（西本ほか2003）（図12）。これらの鉄鎌は、河道や堤防から出土したことから時期を限定することはできないが、木柄と鉄身の形状と共伴遺物から、古墳時代から古代にかけて

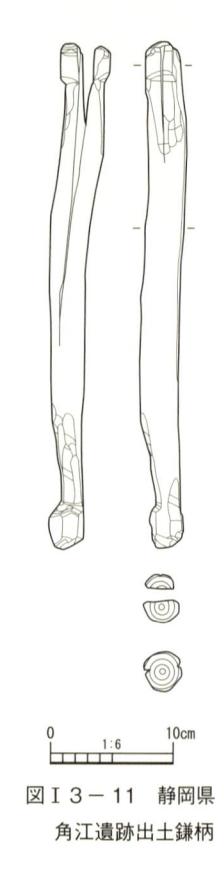

位置づけられる。なお、五反島遺跡は、川辺の祭祀遺跡としても知られる。それゆえに鉄鎌も祭祀用の特別な道具である可能性が強く、膠による固定のみで充分まかなうことができたという見方もできる。つまり、この五反島遺跡例のみをもって膠による装着が一般的に行われていたと解釈することはできない。

特殊な装着 福岡県大板井遺跡出土の鉄鎌は、弥生時代中期中葉頃と日本列島最古に位置づけられる資料である（図13）。木柄を装着するための折り返しがなく、基端付近の背には隆起帯が走る特殊な構造となる。さらに、基端の刃縁側には高さ8mmの突起も取りつく（野島2008）。

このような特殊な作りゆえ、川越哲志氏は木柄の柄孔に通して装着するのではなく、板状の木柄に穿孔し、この孔に鉄身の刃縁側の突起を嵌め込み、柄の上端を背の隆起帯で押さえ、孔の紐を通して木柄を装着するという「ややこしい装着法」（川越1993）を復原せざるをえなかった。同様に、松井和幸氏も隆起帯で押さえながら装着したと考えている（松井1993）。

しかしながら、川越氏や松井氏が装着方法で使用した実測図と野島永氏が作成した再実測図（野島2008）とを比べると、刃縁側の突起の位置が表裏逆転しており、それゆえに川越氏や松井氏が想定した装着方法の復原案は今後、再検討しなければならない。通有の刃縁に直交する木柄とは異なり、隆起帯に沿う形で木柄を装着した可能性があるが、この資料に有機質の錆着がみられないため実態は不明である。

図Ⅰ3-11　静岡県角江遺跡出土鎌柄

楔の利点　地獄止めや膠による装着なども一部存在したかもしれないが、少なくとも古墳時代は、楔による固定方法が一般的であったと筆者は考えている。その背景として、楔による装着の利点を三つ挙げることができる。

一つ目は、木柄装着角度と着柄角度が一致しなくても装着できる点である。楔では対象物や使用者の使いやすさに合わせて、鉄身の角度、具体的には刃縁の角度を調整することができる。実際、出土品を観察すると木柄装着角度と鉄身の着柄角度とが一致していない事例が目立つ。しかしながら、地獄止めや膠による装着では、一度装着すると鉄身の角度を調整することができないという欠点がある。

二つ目は、着脱が可能な点である。鉄身は使用すると刃縁は摩耗し、傷む。こうした状態になると、砥石にかけて研ぎ直し、それによって元の切れ味を回復する。しかしながら、何度となく繰り返していく内に、刃先は減って全体の形状が段々と変形してゆく。このような鉄鎌の使い卸しは、民俗学の成果ですでに明らかになっており、朝岡康二氏によれば、使用者は研ぎ減りによる変形を積極的に利用して、新しい用途をみつけて適応させていくという。具体的には、鉄鎌は研ぎ減りによる形態や重量の変化にあわせて、草刈りから稲刈りへと用途が変化する。さらに、それに向いた

図Ⅰ3－12　大阪府五反島遺跡出土鉄鎌

図Ⅰ3－13　福岡県大板井遺跡出土鉄鎌

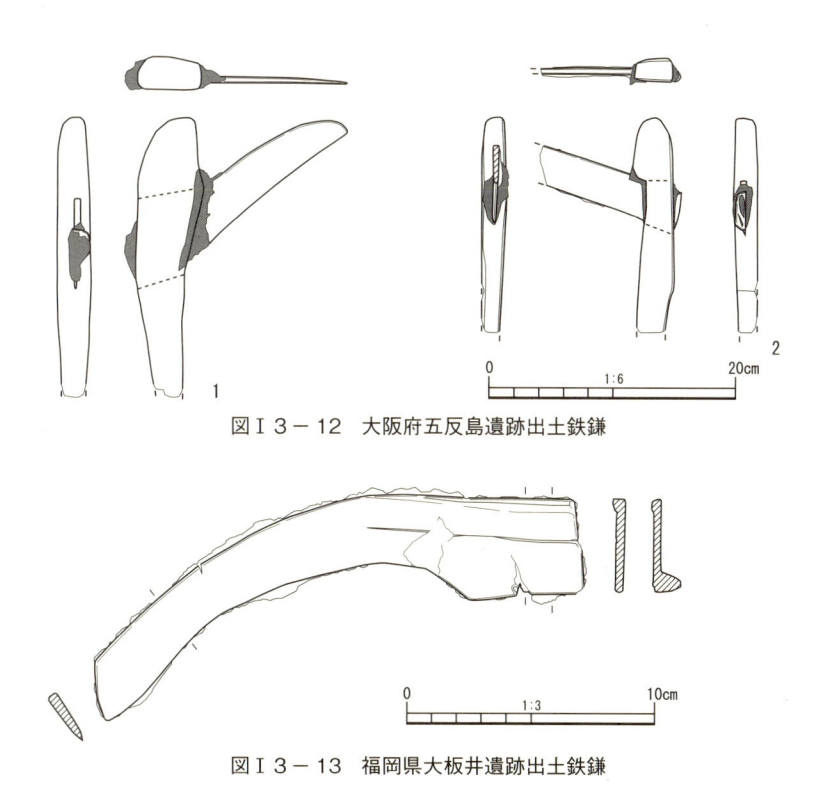

木柄にすげかえて用いることが具合よかったという（朝岡2000）。

　楔による装着であれば、楔を外すことで着脱は可能であるので、上記の民俗事例と整合的である。しかしながら、地獄止めや膠による装着では、一度装着すると着脱することが難しい。地獄止めの場合は、無理矢理にも外すことはできると考えられるが、その場合、木柄は使い物にならないであろう。このように鉄身の研ぎ減りによる機能変化にあわせる形で、鉄身と木柄それぞれをリサイクルできるという点で、楔は有効であったと考える。ただし、あくまで民俗事例では使い卸しが確認されているが、古墳時代を前後する事例で、使い卸しがどの程度普及していたのかまでは、未検証であり、今後の課題としたい。

（2）古墳時代の木柄

　ここでは古墳時代の木柄を中心に、その特徴についてまとめる。鎌身には鉄製のほかに木製、石製があるが、古墳時代は基本的に鉄製であり、木製や石製は存在しない。それゆえに、ここで指摘する木柄は、鉄身が装着されたと考えている。

　分　　類　鎌による収穫法と木柄との関連について具体的に指摘したのは、甲元眞之氏である。甲元氏によると、中国の『墨子』の備城門篇には「長鎌柄八尺」とあり、また『六韜』の軍用編には「草木大鎌柄長七尺以上」とあることから、長柄の鎌があって草木の伐採に供されたことがわかる。さらに、このことは長柄と区別される短柄の鎌の存在を示唆している。四川省成都陽子山2号

墓から出土した画像磚（図14）では異説があるものの、短柄の鎌で穂首を刈り取り、長柄の鎌で残茎を根元から刈り取った様子がわかり、長柄と短柄とでは使用方法に違いがみられる（甲元1975・1988）。しかしながら、日本列島において木柄の出土例がほとんどなかったため、あくまで民俗事例や海外の考古資料から機能について類推せざるを得ない状態であった。

1990年代にはいると『木器集成図録』で近畿地方の木柄が集成され、日本列島の考古資料でも分析する下地ができあった。上原真人氏によれば、弥生～平安時代に主流となった木柄は、全長30～50cm弱であるという。このほかに全長60cm以上の長大な木柄もあり、山林の下草や穂首を摘み取った後に田圃に残った稲藁を刈り取る大鎌であった可能性が高い（上原1993）。筆者も、上原氏の分類に従い、全長60cm以上を長柄（図15－1）、全長30～50cm弱を短柄（図15－2）として、その機能と木柄の属性との相関関係について考えてみる。

機　能　短柄の場合、装着孔の角度は基本的に直角であることから、縦方向の動き、例えば引き切るような動きに対応した作りになっていると考えられる。柄頭部には突起がみられる事例が多く、縦に負荷がかかることから、頭部を補強する役割として理解できる。実った穀物を収穫する根刈り（寺澤1991）や穂首刈り（甲元1975）などに使用された。なお、装着孔の角度が鈍角であり、柄の直径が太いものは、鉈として小枝打ちなどに使用された可能性も考えられる。

長柄は、全長が長く装着孔の角度が鈍角であることから、横方向の動き、例えば薙ぎ払う動きに対応する作りになっている。頭部に負荷はあまりかからないため突起も発達しなかった。上原氏の指摘する通り、大鎌と認識できる。なお、大鎌は両手で持って、横に払いながら草を刈るという動作で使用することは、1822年に刊行された『農具便利論』で紹介されている（村上2009）。

以上のように、古墳時代の木柄は少なくとも2つの機能分化をしていることが判明した。各類型がどの程度、時期別、地域別に普及していたのかまでは、依然として資料不足によりはっきりしない。そこで、出土量の多い鉄身の機能分析および、その機能別の普及状況についての分析をすることで、古墳時代における鉄鎌の歴史的意義がより鮮明になることが期待される。

図Ⅰ3－14　四川省漢代画像磚「収穫図」（甲元1975）

まとめ

　本章では、鉄鎌、とくに無茎鎌の構造について検討した。最初に、各種属性について筆者が採用する名称等について規定した。

　次に、製作実験と出土品の観察から、製作方法の復原を試みた。鉄塊素材と鉄板素材とでは、それぞれ異なる製作方法を復原できる。なお、古墳時代に再加工品があることが判明した意義は大きく、曲刃鎌の鍛接事例は高温操業の鍛冶との関連があり注目される。一方で、直刃鎌の再加工品は鉄刀子や甲冑の部材で作られているものがある。曲刃鎌とは様相が異なり、高温操業を必要としない点が特徴的である。

　最後に、装着原理について鉄刃、木製台部それぞれの視点から検討した。まず、装着には楔を利用していることが判明し、従来指摘されてきた地獄止めは弥生時代から古墳時代は一般的ではないと考えた。また、鉄鎌の木柄には短柄と長柄とがあり、短柄は根刈や穂刈りに利用されたものと、鉈に利用されたものとに機能分化できる可能性を指摘した。

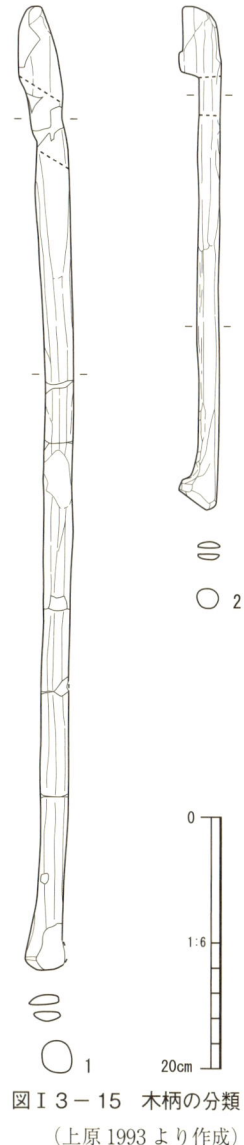

図Ⅰ3-15　木柄の分類
（上原1993より作成）

1：板付遺跡　2：福音寺遺跡

第4章　鉄製穂摘具の構造

はじめに

　弥生時代終末期から、鉄製刃先を装着する穂摘具（以降、鉄製穂摘具）が出土するようになる（図1）。この鉄製穂摘具は、弥生時代前期から後期に普及した石製穂摘具（石庖丁）の代替品であるとされ、弥生時代終末期以降も、穂摘みをしていた証拠として議論に挙がることが多い考古資料である（炭田1974ほか）。最近では、苧麻や大麻の外皮を剥ぐための麻皮剥ぎ具（以下、苧引具）が、鉄製穂摘具のなかに含まれる可能性が高まり、穂摘具以外の機能も視野にいれた研究が目立つ（菱田2002）。

　なかでも魚津知克氏は、機能を追及するために、木製台部も含めた全体形状を復原することを第一と考えて、鉄刃と木製台部の各種形式との組み合わせを検討した（魚津2009）。筆者は鉄製穂摘具の歴史的な意義を追及するには、魚津氏が実践したような構造研究が基礎をなすと考えている。構造を明らかにしてはじめて変遷や機能について深く理解することが可能になり、ひいては歴史的事象にまで論を発展することもできる。

　そこで本章では、魚津氏の研究を継承しつつ、筆者が現在考えている製作方法や装着原理といった構造についての基礎的な認識を紹介したい。

第1節　各種属性の検討

　分析の前提として、鉄製穂摘具の属性をまとめる（図2・4）。最初に、筆者が採用している器種名や各種属性について説明する。

（1）名　　称

　本書では、器種名に「鉄製穂摘具」を採用する。「鉄製穂摘具」には、木製台部に鉄刃を組み合わせる「組合形」と、台部も鉄製であり鉄製刃先と一体になっている「一体形」とに形式分類できる。さらに、「組合形」は固定方法の違いにより、「袋式」「板式」「釘式」に形式細分する（図3）。

　鉄製穂摘具　器種名は「鉄製穂摘具」以外、

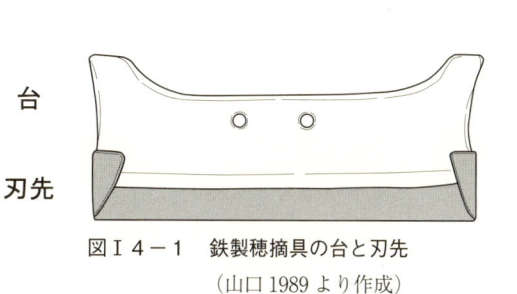

図Ⅰ4－1　鉄製穂摘具の台と刃先
（山口1989より作成）

第Ⅰ部　農具鉄製刃先の構造

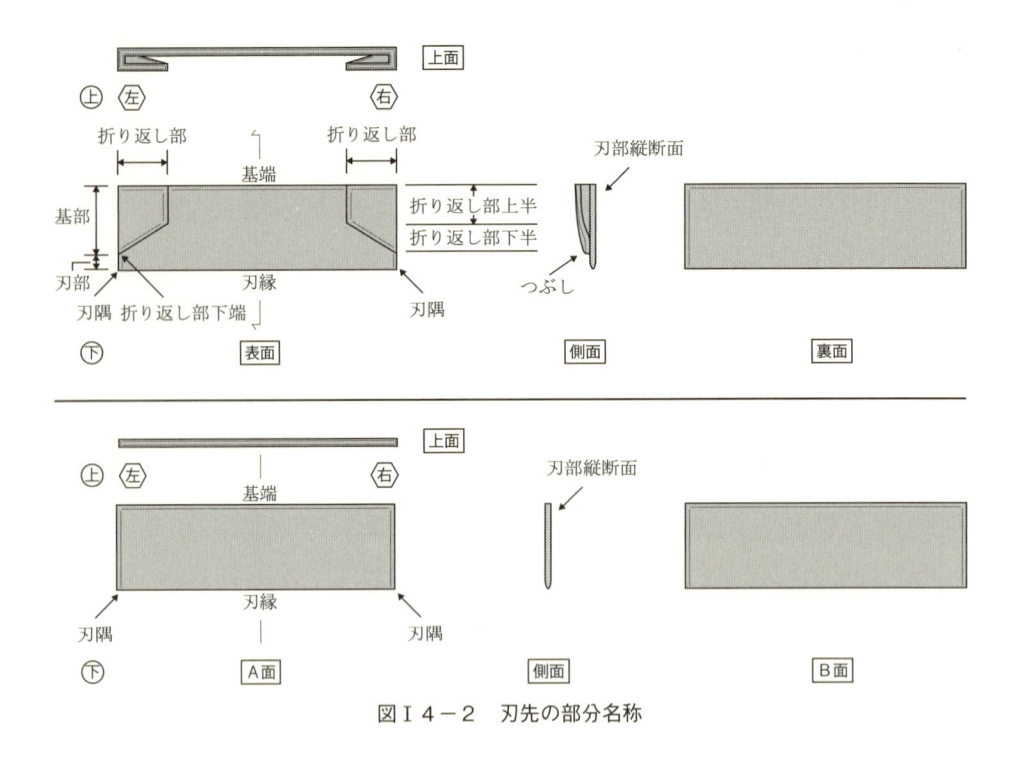

図Ⅰ4-2　刃先の部分名称

「手鎌」や「摘鎌」と呼ぶ研究者が多い。「手鎌」は、西谷眞治氏が拳に握ることで使用した鎌という意味を込めてそう称して以来、一般的に使用されてきた。(西谷・鎌木1959)。

一方で、川越哲志氏は、近世の『百姓伝記』のなかで、まったく異なる形態と機能の道具を「手鎌」と呼ぶことから、同じ名称を使うのは適切でないと主張した。穂摘みの機能に疑いないことから、代わりに「摘鎌」という名称を用いたところ、中国・四国地方の研究者を中心に広く浸透した (川越1977)。

西谷氏は使用方法を重視して「手鎌」と呼び、川越氏は機能を重視して「摘鎌」と呼んでおり、一見するとどちらも筋は通っている。しかしながら、材質が異なる穂摘具と比較する際、「手鎌」や「摘鎌」は名称に統一性がみられず都合が悪い。そこで、筆者は上原真人氏や寺澤薫氏が使う「鉄製穂摘具」という名称を採用する (上原2000、寺澤1991)。そうすれば、石製穂摘具 (通称：石庖丁)、木製穂摘具 (通称：木庖丁)、鉄製穂摘具 (通称：摘鎌・手鎌) と名称に統一性が生まれ、都合がよい。

なお、冒頭で説明したように、鉄製穂摘具のなかに麻皮剥ぎ具が含まれる可能性を菱田淳子氏は指摘しているが (菱田2002)、魚津知克氏の研究により、鉄製穂摘具の大半が穂摘具であると判明している (魚津2009)。将来的に機能研究が進展して、麻皮剥ぎ具が分離できる場合は、名称を変更する必要が生まれるものの、現状ではすべて鉄製穂摘具として問題ない。

組合形と一体形　鉄製穂摘具は、木製台部に鉄刃を組み合わせる「組合形」と、台部も鉄製であり鉄製刃先と一体になっている「一体形」とに分類する。

第4章　鉄製穂摘具の構造

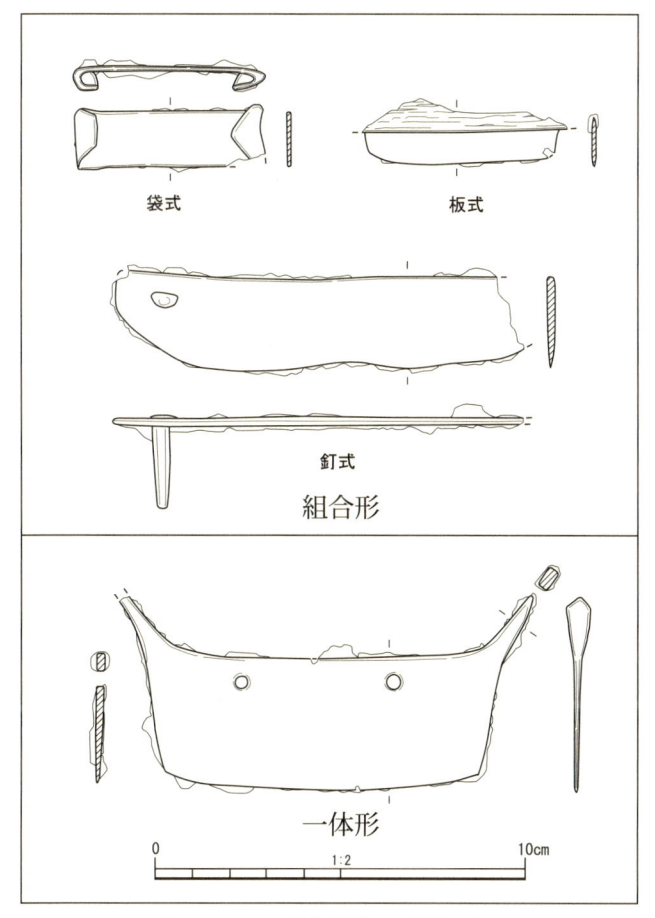

図Ⅰ4-3　鉄製穂摘具の形式分類

　「組合形」のほうが類例として多く、「一体形」は少数である。「一体形」は石製穂摘具を模しただけのもの（寺澤1991）、兵庫県亀山古墳例のように木製台部に鉄刃を装着した状態を模したもの（石田2006）が該当する。

　組合形の形式細分　「組合形」は「袋式」「板式」「釘式」の3形式に細分することができる。

　「袋式」は折り返しのある鉄製穂摘具を示し、折り返し内部に木製台部を挿入することで組み合う形式である。川越哲志氏の摘鎌A・B類（川越1977）、寺澤薫氏のA類（寺澤1991）、魚津知克氏のA類（魚津2003a）、渡邊芳貴氏のⅠ類（渡邊2008）にあてはまる。

　「板式」は、折り返しのない鉄製穂摘具を示し、木製台部の溝に鉄刃を嵌め込むことで組み合う形式である。川越哲志氏の摘鎌C類（川越1977）、寺澤薫氏のB類（寺澤1991）、魚津知克氏のB類（魚津2003a）、渡邊芳貴氏のⅡ類（渡邊2008）にあてはまる。

　「釘式」は、板式を穿孔し、その孔に釘を通し、木製台部に刺すことで固定する形式である。いわゆる「半月形鉄製品」（佐々木1977）として東日本の古代以降を中心に普及する形式である。こ

57

の釘式は、今回古墳時代を中心に扱うこともあって、以降の分析から外している。

（2）刃　部

ここでは最も属性の多い袋式を例にとり、各種属性について検討する。第Ⅰ部第1章で説明した方形板刃先と形態が類似するため、基本的に方形板刃先と同じ属性名称を用いる。

鉄製穂摘具は、刃の部分、すなわち「刃部」と、刃の逆側の端、すなわち「基端」をふくむ「基部」にわかれる。刃部は、刃部の面である「刃面」、刃部先端の「刃縁」、刃部の隅である「刃隅」から成り立つ。なお、基端側を「上」、刃縁側を「下」、折り返しのある面を「表面」、逆の面を「裏面」と呼び分ける。なお、板式は表面と裏面の区別がつかないため、「A面」と「B面」として記述して、A面で左側はB面の右側を示すことにする。さらに、板式は刃部と基部との区別が容易ではないため、「刃部」と「基部」の呼び分けはしない。

刃　縁　刃縁が直線的なものを「直線刃」、下側に弧を描くものを「外湾刃」、逆に上側に弧を描くものを「内湾刃」とする（図4左上）。基本的に刃縁は鉄製穂摘具の長軸にたいして左右対称であるが、時には、非対称でその刃が一方に偏ることがある。佐原眞氏は、かつて石斧の名称を与える際に、この偏る刃を「偏刃」（佐原1977）と命名したが、本書でも採用する。方形板刃先と同様、この偏刃の多くが研ぎ直しもしくは研ぎ減りの結果、このような形状になったと解釈できる。また、刃縁に窪みがみられるものもあり、使用による形状変化と理解する。

刃　隅　刃隅が丸いものを「隅丸（刃）」、角になるものを「隅角（刃）」とする（図4左下）。外湾刃にも隅丸と隅角とがある。鉄製穂摘具の大半が隅角であるが、折り返し部を作る際の鏨で切り取った痕跡がそのまま残っていると考える（村上1994b）。

刃部縦断面　刃部縦断面を観察すると、「楔形」（＝両刃）と、「コ字形」とがある（図4右下）。前者には刃があり、後者には刃がない。コ字形の断面は、刃がないことから非実用品の可能性が高い。

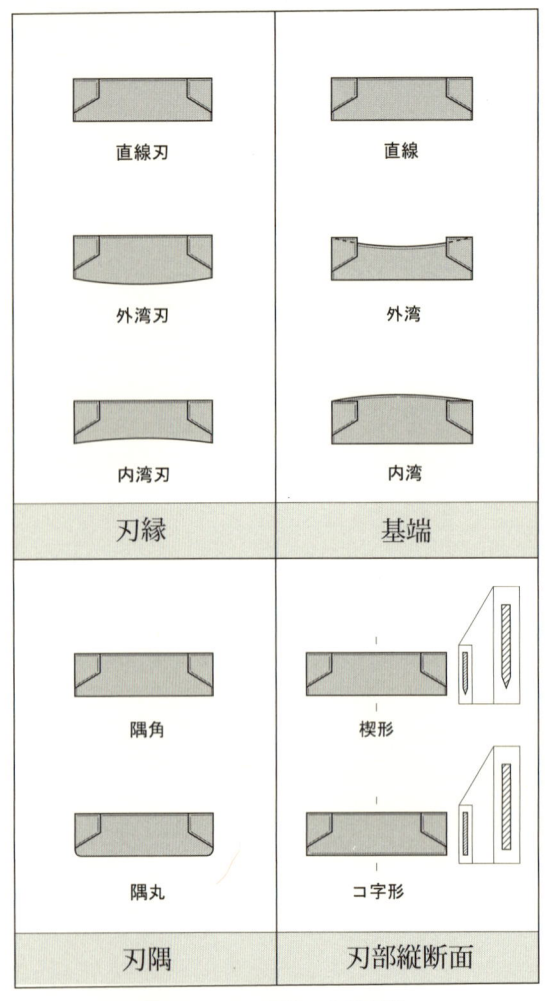

図Ⅰ4－4　刃先の各種属性

（3）基　　部

　基部は、刃部の逆側の端を「基端」、基端や折り返しを含む部分を「基部」とする。鉄板を折り返した部分のみ言及する際は、「折り返し部」とよびわける。折り返し部内には、木製台部の木質が銹着する事例が多い。

　基　　端　基端が直線的なものを「直線」、下側に弧を描くものを「外湾」、逆に上側に弧を描くものを「内湾」とする（図4右上）。

　折り返し部　折り返し部は、刃縁側の「下半」と基端側の「上半」に呼び分ける。ただし、上半と下半は明瞭に区分できるわけではなく、境界は曖昧である。折り返し部下半は、基本的には「つぶし」が加えられる。つぶしとは、折り返し下半を叩きつぶす行為で作られる。折り返し部下半を叩きつぶすことで、台部を装着する際ストッパーとしての役割を果たす。このつぶしが弱い場合は、台部との装着が弱いため、非実用品である可能性が指摘される（村上・山村2003、渡邊2008）。

　これまで、この折り返し部下半はつぶすことで形成されると考えてきたが、後述するように、つぶしを加えず鉄板を巻き込む事例もある。

（4）銹着物

　鉄製穂摘具には木質などの有機質が銹着することがある。ここでは、銹着した木質、布等の概略について説明する。

　木製台部　折り返し部内に木質が確認できた場合、基本的には木製台部が銹着して残っているとみてよい。方形板刃先とは異なり、大半の木質は刃縁に対して平行し、実測図を正置した場合に横方向に木目が走る。折り返し部内以外に木質が銹着している場合、木製台部以外を想定するべきであり、例えば古墳の埋葬施設内で出土した場合は木棺や木箱の痕跡である場合が考えられる。なお、板式の場合は、基端付近に木製台部に由来する木質が銹着する。

　なお、古墳から出土する木製穂摘具は、木質の遺存状態の良いものが多く、木製台部の先端形状の情報が残るものがある。詳しくは後述する。

　布　麻や絹などの布が銹着する事例もある。布目が細かいと絹、粗いと麻である可能性が高い。これらの布が、鉄製穂摘具に被さっていたのか、包んでいたのかは注意して観察する必要がある。

第2節　製作方法の復原

　本節では、鉄製穂摘具の製作方法について考える。筆者は以前に、高知県の鍛冶工房「くろがね」の岡田光紀氏、林信哉氏、武内栄太氏のご協力のもと、鉄製穂摘具の製作実験を行った。その経験と遺跡出土品との観察から得られた所見から、鉄製穂摘具の製作方法を復原してみたい。

（1）袋式の製作方法

　基本的な製作工程は、袋式の場合、形状が近い方形板刃先と同じである。第Ⅰ部第1章に詳しい説明があるので参照されたい。ここでは、方形板刃先の製作方法と重複しない部分について言及する。

　袋式の特徴として、折り返し部下端が刃縁と一致する点を挙げることができる。つまり、方形板刃先のように刃隅付近を鏨で切断する工程を省略している。第Ⅲ部で検討しているが方形板刃先の場合、刃隅付近を鏨で加工することにより、掘削に際する抵抗力を軽減する。一方で、穂摘具としての性格をもつ袋式は、掘削の抵抗力を考慮する必要がない。そのため、鏨による刃隅の加工は必要なく、折り返し部の下縁と刃縁とが一致すると考えられる。

（2）板式の製作方法

　板式は、袋式と異なり折り返しがない。そのため、袋式のように、折り返しの製作にともなう切断や折り曲げ工程は、省略される。そのほかの、成形、荒削り、熱処理、研ぎの工程は袋式と同じである。

（3）一体形の製作方法

　一体形の特徴は、板式と同様に折り返しがないことである。そのため、基本的には板式と製作工程は同じと考えられる。一体形のなかには、兵庫県亀山古墳例のように、木製台部の突起を表現するものがある。この突起は、成形の際に叩き延ばして作ったのであろう。さらに、紐を通すための穿孔が2孔みられる事例が多く、孔は鉄錐などの工具によって、成形後に穿たれた可能性が考えられる。

第3節　鉄刃と台部からみた装着

　ここでは鉄製穂摘具が、木製台部に装着される原理について追及して、木製台部の諸特徴についてまとめる。また、鉄製穂摘具が芋引具である可能性が考えられると冒頭で紹介したが、その機能について筆者の見解を提示する。さらに、石製穂摘具や木製穂摘具から、鉄製穂摘具に変化する利点についても言及する。最後に、鉄製穂摘具の構造について不明な点について指摘し、今後の課題とする。

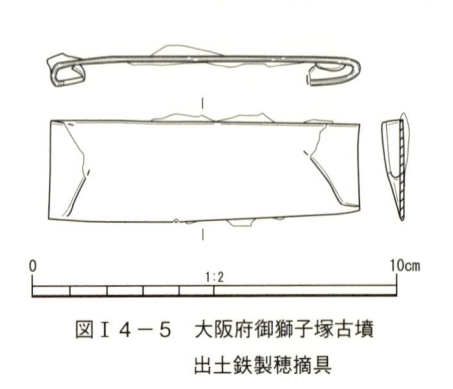

図Ⅰ4-5　大阪府御獅子塚古墳
　　　　出土鉄製穂摘具

（1）装着原理

　袋式と板式とでは、装着原理が異なることから別々に

説明する。

　袋式　方形板刃先と同様、袋式の装着原理として有力なのが地獄止めによる固定である。木製台部に鉄刃を挿入した後に、折り返し部下半を叩いてつぶすことを特徴とする（村上・山村2003、渡邊2008）。

　しかしながら、方形板刃先で検討したように（第Ⅰ部第1章）、おもな装着原理として弾性が挙げられる。考古資料を観察する限り、方形板刃先の福岡県冨地原梅木17号墳例と同様に、大阪府御獅子塚古墳例も折り返し部下半を叩きつぶすことなく、折り返す前に、折り返し部下半に相当する箇所を先に折り曲げる（図5）。このように、つぶしを施こさない事例が存在することも、弾性原理で装着する一証拠となっている。

　つぶしの役割は木製台部が抜けることがないよう、ひっかけるためである。なお、方形板刃先の場合、使用する際の抵抗力を軽減するためにつぶしが施されたとも指摘したが、袋式の場合は強い衝撃を伴う作業は考えられないため、抵抗力を軽減する役割はなかったと考えている。

　板式　従来の研究では、「板の一方の長辺の側面に溝を掘りこんで、身をはさみこむ」（川越1977）方法が指摘されており、筆者も基本的には賛成している。しかしながら、具体的にどのような装着原理が働いたのかまで指摘しておらず、検討の余地はある。

　木製台部の痕跡が残る鉄刃の事例を観察すると、A面とB面ともに木質が錆着しており、鉄刃の基端が楔形になる事例が多い。また、奈良県保津・宮古遺跡例や鳥取県本高弓ノ木遺跡例を実見したところ、木製台部の溝幅が1mmと判明した。鉄刃は厚さ1mm以上が通有のため、木製台部の溝よりも少し厚みのある刃先を挟むことで木の弾性が働くという装着原理を指摘できる。さらに尖った基端を木に差し込むことでより強固に固定した可能性も充分に考えることができる。

　しかしながら、果たしてそれのみで十分な固定ができたのかまではわからない。そこで別の固定方法も提示する。具体的には、接着剤をもちいて固定したのではないかと考える。「鉄鎌の構造」（第Ⅰ部第3章）では、大阪府五反島遺跡例において膠を使い固定する事例を紹介した。それと同様に膠などの接着剤を使ったかもしれず、鳥取県本高弓ノ木遺跡の有機質が候補として挙げることができる（図6-7）。

　なお、考古資料を観察する限り、鉄鎌のように楔を挿入して固定した痕跡は確認できない。また、アワの収穫用として使われた鉄製穂摘具（立平1986）の民俗例ように、鉄刃と台の間に布を挟み固定したような痕跡も確認できない。接着剤の痕跡も考古資料をみる限り確実な事例はないが、可能性としてないわけではない。

（2）木製台部と鉄刃の組合せ

　各種組合せ案　各種鉄刃がどのような木製台部と組み合うのか検討することは、鉄製穂摘具の構造を考えるうえで重要である。かつて西谷眞治氏は、岡山県金蔵山古墳例で袋式の鉄刃に錆着する木質から、長方形の板の左右両下半を欠き取ったT字形の木製台部を復原した（西谷・鎌木1959）。

第Ⅰ部　農具鉄製刃先の構造

図Ⅰ4-6　鉄製穂摘具の台

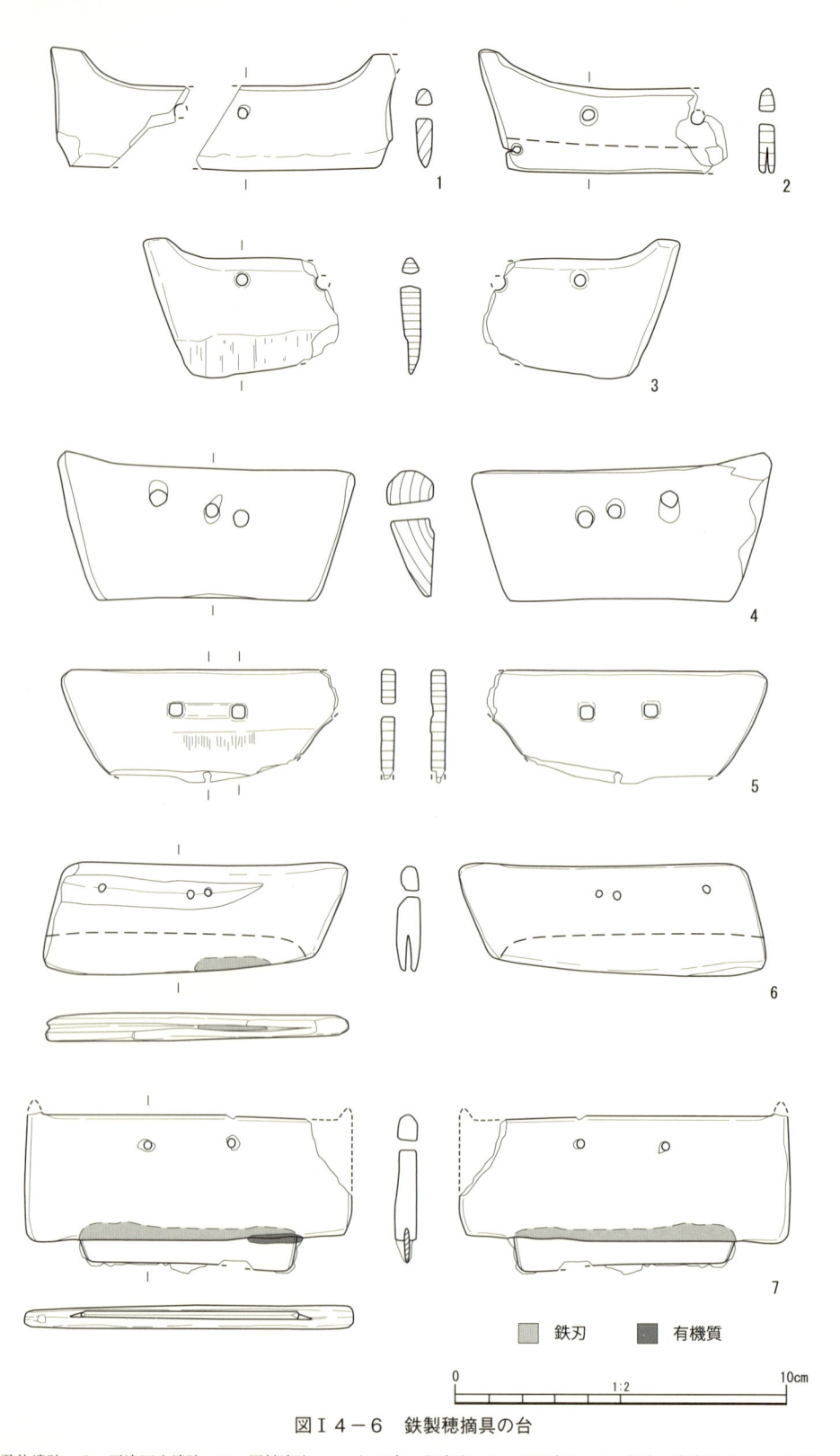

1：那珂君休遺跡　2：玉津田中遺跡　3：岡村遺跡　4：河田宮ノ北遺跡　5：田屋遺跡　6：保津・宮古遺跡　7：本高弓ノ木遺跡

62

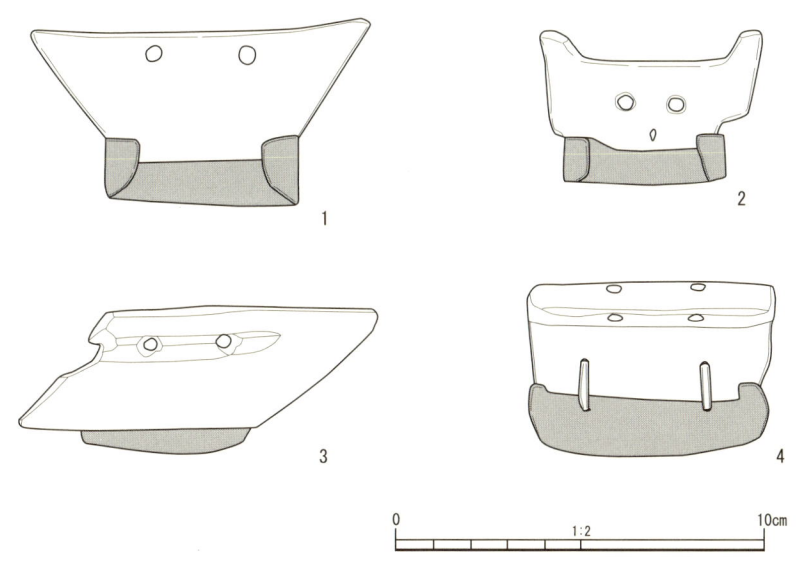

図Ⅰ4-7　魚津知克氏による刃先と台の組合せ復原案（魚津2009を改変トレース）

　その後、福岡県那珂君休遺跡で全体形状を復原することが可能な袋式の木製台部が出土し、山口譲治氏は金蔵山古墳例とは異なる復原案を提示した（図1、図6-1）。山口氏はさらに、石庖丁の形状に近い紐通し孔のある那珂君休遺跡例から、紐通し孔のない金蔵山古墳例へと変遷したとも指摘する（山口1989）。

　その後、奈良県保津・宮古遺跡で、鉄刃の一部が遺存する完形の木製台部が出土した（図6-6）（藤田編2003）。最近では島根県本高弓ノ木遺跡で状態の良い木製台部と鉄刃が組み合った状態で出土し注目される（図6-7）。

　このように木製台部の良好な事例が増えたこともあり、魚津知克氏は鉄刃と木製台部の組合せについて体系的な整理を行った（魚津2009）。

　魚津氏によれば、錆着する木質の残存状況が良好である鉄刃から、少なくとも4つの組合せが復原できると指摘した（図7）。

　1は、袋式の鉄刃に、台形をなす長さ9～10cm、幅3～4cmほどの薄く扁平な木製台部が組み合う事例である。和歌山県岩内3号墳例をもとに復原した。木製台部の類例は、和歌山県岡村遺跡例（図6-3）、三重県河田宮ノ北遺跡例（図6-4）、和歌山県田屋遺跡例（図6-5）を挙げることができる。

　2は、袋式の鉄刃に、長方形をなす長さ9～10cm、幅3～4cmほどの薄く扁平な木製台部が組み合う事例である。大分県都野原田遺跡例をもとに復原した。木製台部の類例は、福岡県那珂君休遺跡例（図6-1）などを挙げることができる。

　なお、福岡県那珂遺跡例（図6-1）と和歌山県岡村遺跡例（図6-3）から、袋式の鉄刃が装着された圧痕および擦痕が確認できる（山口1989、仲原2010）。この擦痕であるが、ほかにも和歌

山県田屋遺跡例（図6-5）でも確認でき、鉄刃を装着した証拠として挙げることができる。

3は、板式の鉄刃に、平行四辺形に近い薄く扁平な木製台部が組み合う事例である。京都府庵寺山古墳例から復原した。木製台部の類例は、奈良県保津・宮古遺跡例（図6-6）を挙げることができる。なお、この板式の鉄刃は、兵庫県玉津田中遺跡例（図6-2）のように台形に近い薄く扁平な木製台部と組み合う場合もある。

4は、板式の鉄刃に、長さ6㎝ほどに切った小形の芯持材を素材とし、芯を含めた4分の1ほどを抉って木製台部にしたものと組み合う事例である。鉄刃を木製台部の溝に挿入した後、鉄刃に穿たれた孔に紐を通して固定する。愛知県吉田奥遺跡から復原した。木製台部の類例は、静岡県川合遺跡例を挙げることができる。

大野川流域の鉄製穂摘具　この魚津氏の復原案は基本的に賛成であるが、2の都野原田遺跡例については若干の疑問がある。図8の2は、213号竪穴から出土した袋式であり、魚津氏が復原をする上で参考とした資料である。この資料の台は、木製か鉄製か区別が難しいものの、実見すると完形品とわかった。台の上端の抉りの用途は不明なものの、対応する孔がみられず穿孔の痕跡とは考えにくい。台中央には穿孔が確認でき、さらに今回新たに鉄刃にも1孔確認できた。このことから、右折り返しで挟む一方で、台中央と鉄刃の左折り返し付近の穿孔を使い紐で結び固定した方法を復原できる。おそらく、鉄刃よりも台の幅が小さいことが、このような特殊な固定となった原因であろう。

さて、ここで注目されるのは、台の形である。かつて、西谷眞治氏によって復原された長方形の板の左右両下半を欠き取ったＴ字形の木製台部と近い（西谷・鎌木1959）。左右の突起に紐をかけて使用した可能性が高い。

都野原田遺跡は大分県大野川流域の遺跡であり、近隣の遺跡をみると鉄製穂摘具の出土が多く、板切遺跡（4）や花立遺跡例（5）のような鉄製台部が装着されることから、「久住タイプの手鎌」（宮内編1999）、「久住型手鎌」（宮内編2001）と地域特有の鉄製穂摘具として位置づけられる。その

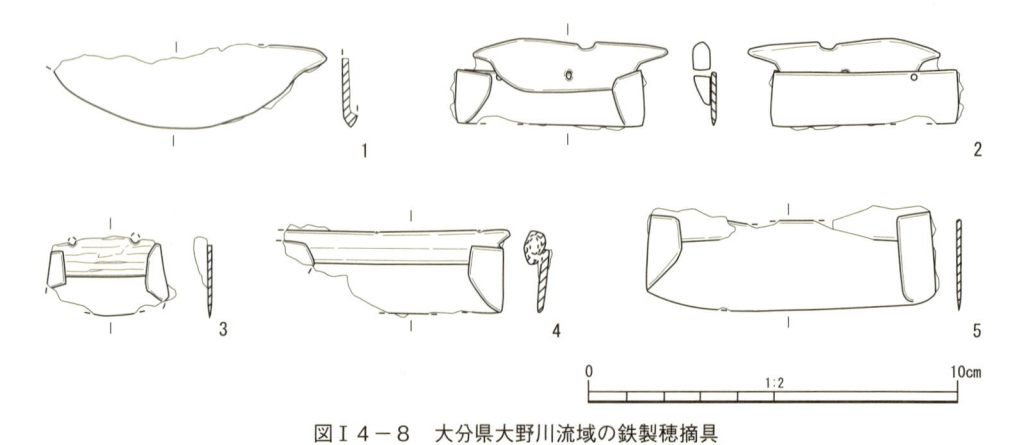

図Ⅰ4-8　大分県大野川流域の鉄製穂摘具
1・2：都野原田遺跡　3：舞田原遺跡　4：板切遺跡　5：花立遺跡

内、板切遺跡例は、都野原田遺跡213号竪穴例（図8－2）と同様に長方形台の左右に突起がつく形式である（図8－4）。さらに、台の可能性は残るものの、一体形の鉄製穂摘具も都野原田遺跡39号住居から出土しており、左右に突起があることから上記の例と近い形状をなす（図8－1）。なお、同じ大野川流域でも、木製台部に2つ穿孔する事例も舞田原遺跡にて確認できており、複数形式の台があるといえる（図8－3）。

以上のことから、魚津氏が復原した案のほかに、長方形台の左右に突起をもうける台部と、袋挿入式とが組み合うとわかる。つまり、魚津氏の4つの復原案のほかに、今回新たに1つ、組合せの事例をここに追加する。

（3）穂摘具としての機能

鉄製穂摘具による芋引き　近年、鉄製穂摘具のなかに芋引具が含まれるという意見が目立ち始めている。菱田淳子氏は、兵庫県梅田1号墳例について芋引具に転用した可能性を指摘した（菱田2002）。古代の芋引具は長方形鉄板の上端左右が上側に突出して、その突出部を木台に突き刺すことで固定する（山下1992ほか）。古墳時代の鉄製穂摘具とは形状が異なるが、古墳時代に類例があるのかよくわかっていない。そのため、最も似ている鉄製穂摘具が、芋引具の候補になった。

しかし、魚津知克氏によれば、古墳時代の鉄製穂摘具の大半が収穫具に限定できるという。そして、袋式の鉄刃に、台形をなす長さ9〜10cm、幅3〜4cmほどの薄く扁平な木製台部が組み合う事例（図7－1）のみが、芋引具であることも否定できないとする（魚津2009）。

古代芋引具の位置づけ　なお、紡績作業の一工程にすぎない芋引きに、定形化した道具はそぐわないことから、古代の芋引具と認識している道具の大半が、穂摘具であるという意見がある（桐原2007）。民族学の篠原徹氏も、雑穀栽培の多くおこなわれた地域で芋引具が出土することから、穂摘具の可能性もありうるとする（篠原1988）。

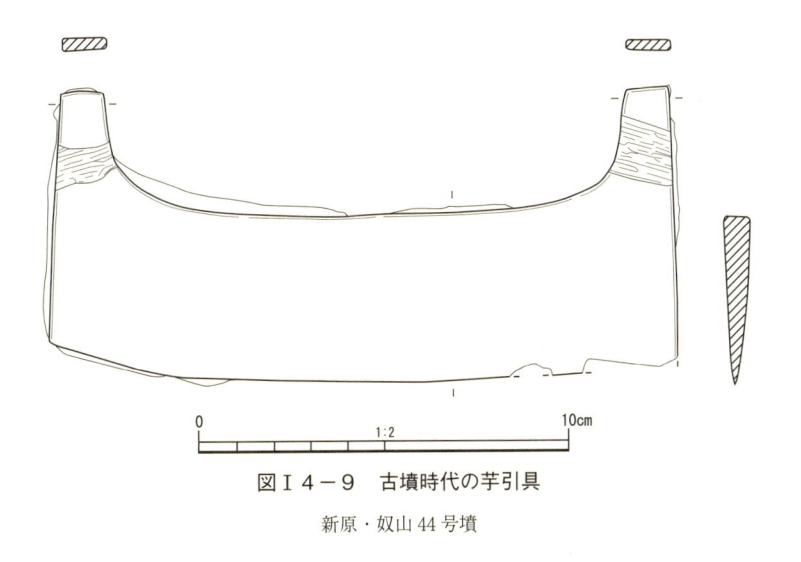

図14－9　古墳時代の芋引具

新原・奴山44号墳

このように、古代の芋引具は芋引き専用の道具ではなく、基本的には収穫具として用いられた一方で、芋引きにも使われたと考える研究者もいる。しかしながら、報告書を見る限り、東日本を中心とする研究者の多数は、芋引具として位置づける。

　収穫具としての鉄製穂摘具　この古代芋引具であるが、同じ形状のものが古墳時代にも存在する。福岡県新原・奴山44号墳例（池ノ上編2001）（図9）、熊本県中ノ城古墳例（今田編1999）、宮崎県山崎上ノ原第2遺跡SA13例、同SA14例（柳田編2006）が該当する。なお、朝鮮半島でも5世紀から確認できる（村上2001）。

　これまで古墳時代は古代に普及したような芋引具の類例がなく、それゆえに鉄製穂摘具が芋引きの役割も担うと考えられた経緯がある。しかし、古墳時代にも芋引具が確認できるとなると、必ずしも鉄製穂摘具を芋引具として位置づける必要はない。芋引きに転用される可能性は残すものの、やはり鉄製穂摘具は穂摘みのために作られたのである。これまで発見されている鉄製穂摘具の台をみると、紐掛け用の穿孔や突起が施される。芋引具は紐掛け用の装置は必要ないので、少なくとも製作時は穂摘具としての機能が備わっていたことは間違いない。なお、鉄製穂摘具よりも土器調整具とされる木製品のほうが、民俗例にみられる芋引具に形状はもとより紐掛け用の装置がないという点で似ている。今後、さまざまな角度から古墳時代の芋引具を再検討する必要があろう。

（4）鉄製穂摘具の利点

　材質の転換　鉄製穂摘具が出現する以前は、石製穂摘具や木製穂摘具が普及した。なお、貝製穂摘具は、海磯生活の道具であり、穂摘具とは考えにくいと指摘されている（谷口1995）。

　近畿地方では石製穂摘具と鉄製穂摘具の間に、木製穂摘具が普及することがわかっている（工楽1985、藤原1986、田井中1998、山崎2000・2001ほか）。

　木製穂摘具の利点　木製穂摘具の利点については工楽善敬氏が詳細な報告をしている。工楽氏の成果をそのまま引用すると、木製穂摘具は石製穂摘具に近い形のものと、平行四辺形のものとがあり、圧倒的に平行四辺形が多いという。

　平行四辺形の木製穂摘具は、ほぼ直線となった背に対する木目の角度を計測すると40〜80°あって、60°前後が多い。この角度は、使用の際に木目にそって割れるのを防ぐ役目があり、さらに木目にそう道管部分が損耗することによって、刃縁が細かい鋸歯状をなし、より効果的に作業を進めることができる。石製穂摘具と比較すると、木製穂摘具のほうが半分以下の重さとなり、連続して穂摘みをする際に、有利となる。

　強度は石製穂摘具が優れるが、木製穂摘具は削り直しやすく、また小型であるゆえ、広葉樹を用いて鍬や鋤を製作したあとの残材を有効に利用できる利点もある。石製穂摘具ならば、特定の入手経路から適材を手に入れ、多くの工程を経て仕上げなければならない。

　つまり、木製穂摘具は石製穂摘具よりも、原料入手の容易さや、加工に要する労力に優れ、使用の点でも劣らないという（工楽1985）。

利　　点　この工楽氏の研究成果を参考にしつつ、鉄製穂摘具の利点について使用を中心に考えたい。

まず、重さは石製穂摘具よりも鉄製穂摘具のほうが軽いため、疲れない。連続して使用する際は有利である。木製穂摘具のほうが鉄製穂摘具より軽いが、わずかな差である。木製穂摘具は耐久性という点からみると鉄製穂摘具より不利である。石製穂摘具よりも極端に摩耗するため（山崎2003）、木製穂摘具の使用期間は短いと考えられる。さらに、刃は鉄がより鋭利である。これらのことから、軽さと耐久性をみると、使用には鉄製穂摘具が最も都合がよいとわかる。

しかしながら、他の農工具と比較すると鉄製穂摘具の利点は少ない。例えば、鉄鍬を装着すると掘削力が増し、鉄斧ならば切削のスピードが増すというように、他の農工具は鉄刃を装着することで機能的に格段の進化を遂げる。一方で、鉄製穂摘具は使用に際して便利になるという利点しかない。つまり、穂摘具の刃先が鉄製になったところで、新たに収穫できるようになった対象物があったとは考えにくい。穂摘具は主要農工具のなかでも鉄器化が遅れる。その背景は、鉄刃を装着する際の利点をみると、他の農工具よりも少ないことが理由として挙げられよう。

（5）鉄製穂摘具の諸問題

最後に、木製台部と鉄刃の装着に関する課題について紹介する。

穿　　孔　鉄刃を観察すると、なかには穿孔した事例がある。兵庫県行者塚古墳例は板式であり、鉄刃と木製台部の境に穿孔が2孔確認できる（図10-1・2）。また、広島県上定第27号古墳例は袋式であり、鉄刃と木製台部の境に穿孔が1孔確認できる（図10-3）。いずれも鉄刃に銹着する木質から判断するに、釘式ではない。また、折り返しがあり、2孔が中央に近接することから、芯持材の溝に挿入した後に紐で固定するものでもなさそうだ（図7-4）。いったい何の目的で穿孔をするのか、今後の課題である。

鉄　　鋸　大阪府西墓山古墳は、各種の鉄製品が大量に出土したことで著名である。板式の鉄製穂摘具が72点以上出土している（山田編1997）。木製台部の先端形状はさまざまであり、直線的な木製台部の痕跡がみられる通有のもの（図11-1）。両端部から曲線的に幅を減じているもの（図11-2）。両端にL字状の木製台部が遺存するもの（図11-4～7）。中央部に逆台形の木製台部の痕跡がみられるもの（図11-8）。木製台部の装着痕跡が両端まで至らないもの。木目が縦方向になるもの（図11-9）など枚挙にいとまがない。

この西墓山古墳から出土した鉄製品群は、報告をし

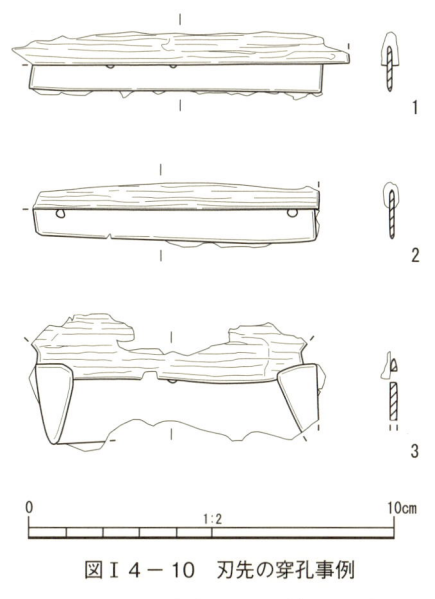

図Ⅰ4-10　刃先の穿孔事例

1・2：行者塚古墳　3：上定第27号古墳

第Ⅰ部　農具鉄製刃先の構造

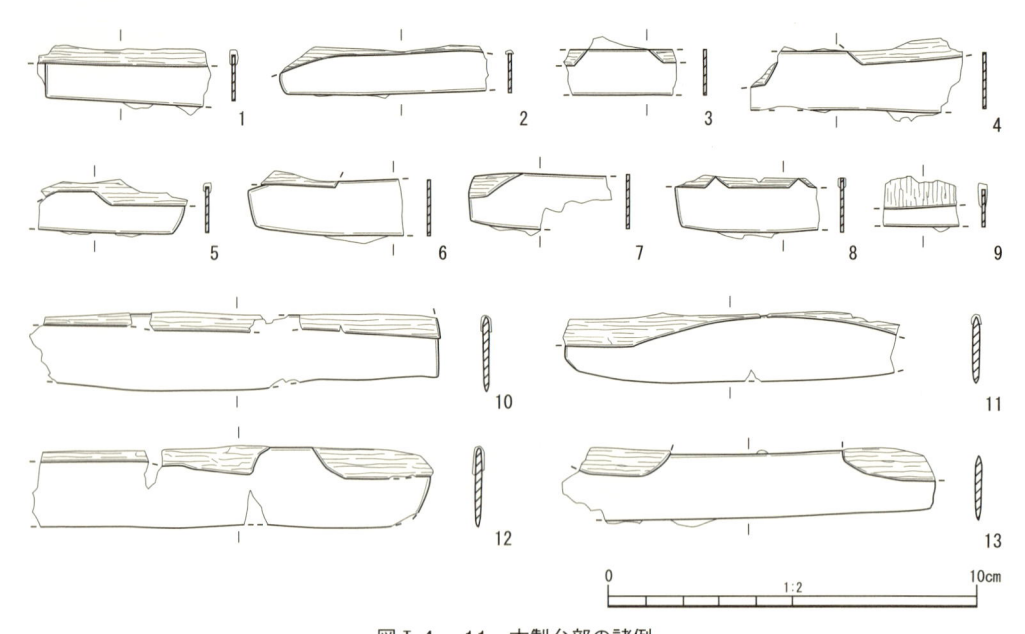

図Ⅰ4-11　木製台部の諸例

1～9：西墓山古墳　　10～13：大和6号墳

た山田幸弘氏により「埋納を意図して製作された儀礼的性格をもつ鉄器群」と評価される（山田編1997）。確かに、鉄製穂摘具をみるかぎり、刃部縦断面がコ字形になり、刃がない。厚さも1mmほどで、脆弱な作りといえる。以上のことから、農作業を意図した実用的な作りではなく、非実用品としてみて問題ない。

　このことは、木製台部の形状がさまざまである理由を示す上で示唆的であり、一つの可能性として鉄鋸の退化をここで挙げたい。両端にL字状の木製台部が遺存するもの（図11-4～7）は、古墳時代前期から中期前半にかけて普及した鉄鋸と形態が類似する（伊藤1993）。西墓山古墳例と鉄鋸の違いは、鋸歯の有無である。非実用品の鉄製品の一要素として刃がないことを指摘できるが、鉄鋸が非実用化した場合、西墓山古墳例と同じような形状を示す可能性は極めて高いと考える。つまり、鉄製穂摘具と認識しているものに、鉄鋸が含まれている可能性は指摘できよう。

　なお、西墓山古墳例のほかにも奈良県大和6号墳例も同様の木製台部をもつ事例がある（図11-10～13）。いずれも古墳時代中期に位置づけられ、前期に遡る事例はない。このことから、古墳時代中期の板式で木製台部の痕跡が残らないものは、鉄製穂摘具か鉄鋸か認識することが非常に難しいといえる。

まとめ

　本章では、鉄製穂摘具の構造について検討した。最初に、鉄製穂摘具という名称を使用する理由について言及し、鉄製穂摘具を一体形と組合形、組合形は袋式、板式、釘式に形式分類した。その後、各種属性について筆者が採用する名称等について規定した。

次に、製作実験と出土品の観察から、製作方法の復原を試みた。袋式は基本的に方形板刃先と同じ製作方法であることを確認し、板式は袋式の切断と折り曲げ工程を省略することで製作でき、一体形は板式の成形において突起をつくることで製作できることを示した。

最後に、鉄製穂摘具の装着原理など諸特徴について検討した。組合形の装着原理は袋式の場合、方形板刃先と同じであることを突き止めた。板式では、膠などの接着剤を使い、基端を木製台部に突き刺すことで固定したと考えたが、検討の余地は残している。

木製台部と鉄刃の組合せは、先行研究に導かれつつ、新たに大野川流域の鉄製穂摘具の例から、袋式には長方形板の左右に突起がつく形式が組み合うことを指摘した。

なお、近年指摘される芋引具としての用途についても検討した。結果、基本的には穂摘具として使用されたと考え、場合によっては芋引具として用いられた可能性も残ることを確認した。さらに、石製穂摘具や木製穂摘具と比較すると、鉄製穂摘具のほうが使用の際に有利であることを示した。課題として、組合形には用途不明の穿孔が施される事例があること、鉄鋸の非実用品と鉄製穂摘具との区分が難しい場合があると言及した。

以上のように、これまで深く追求されることがなかった鉄製穂摘具の構造について、本章では詳しく検討した。この分析をもとに、以降の研究を進展させたい。

第Ⅱ部

農具鉄製刃先の使用

第1章　方形板刃先の使用

はじめに

　古墳時代前期から中期前半の墳墓から出土する鉄鍬は、そのほとんどが長方形の鉄板左右を折り返して作る方形板刃先である。この方形板刃先は、弥生時代後期には北部九州地域を中心に普及して、古墳時代前期には列島各地に広がった。古墳時代中期にU字形刃先が朝鮮半島から導入されるまで、方形板刃先は土掘り具の鉄製刃先として主体的な存在であった（都出1989ほか）。

　古墳時代は、首長が方形板刃先を独占管理した体制があり、その管理体制と首長の権力維持とが関連していたとする学説が、昔も今も注目されている（石母田1959、原島1965、上原1997ほか）。また、古墳時代の墳墓出土品にはすでに非実用品の存在が知られるところでもあり、墳墓に副葬・埋納された方形板刃先は農作業に使用せず、神まつりの儀礼的な道具であったとする意見もある（白石1997ほか）。このように方形板刃先は、社会経済史のみならず首長の権力基盤についての研究や儀礼研究にも貢献している。

　しかしながら、方形板刃先を儀礼的な道具とする根拠の一つとして、墳墓出土品には非実用品が含まれているという意見があるが、実用・非実用の認定は難しく曖昧な点を数多く残している。そもそも、墳墓から出土した方形板刃先は、使用品であるのか未使用品であるのか、使用品ならばどの程度使用したものなのか、使用状況についての検討も充分にされていない。管理体制や儀礼といった考古学的な推論をおこなう際には、方形板刃先の扱われ方をみることで、これまで以上の成果が出ると期待される。

　そこで本章では、管理体制や儀礼についての議論をおこなうための前提として、墳墓から出土した方形板刃先の使用状況を中心に検討する。

第1節　方形板刃先の研究史と問題の所在

　ここでは墳墓から出土した方形板刃先の研究史について振り返り、問題点を指摘する。

（1）研究史

　方形板刃先は、製作方法の単純さもあって、編年に有意な分類が見いだせていない（魚津2003a）。しかしながら、形態を細分した結果、それが機能差、製作者のクセの差、研ぎ減りの程度の差、製作方法の差を反映していることがわかってきた。以下では、方形板刃先の形態分類や製作方法、非

第Ⅱ部　農具鉄製刃先の使用

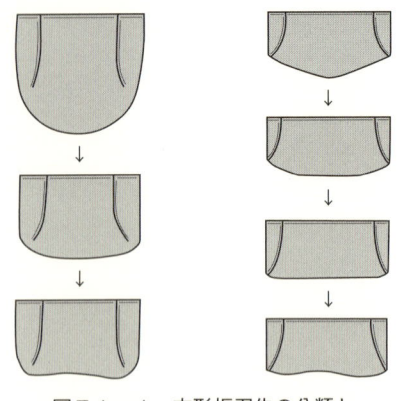

図Ⅱ1－1　方形板刃先の分類と研ぎ減り（川越 1993 より作成）

実用的な属性の抽出に関する研究史を振り返ることで、研究の到達点を確認してみたい。

形態分類　弥生時代の方形板刃先を研究した川越哲志氏によれば、全体の形状が長方形（川越分類A型）、台形（川越分類B型）、逆台形（川越分類C型）というように形態から大別分類が可能である。そのうち、台形と逆台形は鉄板を折り返す際に、やや下向きに折り返せば台形になり、上向きに折り返せば逆台形になるというように、製作時のクセの差が形態に反映することを指摘している（川越 1993）。

なお、岡崎敬氏は、台形は鍬に、逆台形は鋤に適した形態であると言及しており（岡崎 1956）、製作時から機能差を意識して作りわけられていた可能性は残っているといえる。

製作方法　製作方法を踏まえた形態研究もある。川越哲志氏によれば、長方形の方形板刃先のうち、刃縁と基端とが外湾し全体の形状が弧状をなすのは、長方形鉄板を一方へ軽く曲げた結果と考えた。刃縁が外湾刃であり、基端が直線的でかつ水平なものは、長方形鉄板を軽く曲げたのちに、基端がまっすぐになるように突出した部分を鏨で割り取ったと指摘した。このほかに、刃縁の外湾が強いものは、長方形鉄板をより強く弧状に曲げて基端をまっすぐに仕上げたか、基端ではなく刃縁の両端を折り取ったかの、2通りの解釈を提示した。以上のように、製作方法から方形板刃先の形態差を説明できると指摘した（川越 1993）。

研ぎ減り　研ぎ減りや研ぎ直しなどによって方形板刃先の形状が変化したと考える研究者は多い。方形板刃先には全体の形状が正方形に近いものと横長長方形のものとがあり、研ぎ減りなどによって前者から後者の形状に変化した可能性が指摘されている（川越 1974 ほか）。

また、川越哲志氏は方形板刃先が基本的に外湾刃であったという前提から、使用の結果、外湾刃→直線刃→内湾刃へ変化すると言及して（図1）、製作時から直線刃であったものと区別するには刃隅を観察して、刃隅がわずかながらも丸くなっていれば、外湾刃から変化したものとして理解できると考えた（川越 1993）。

この川越氏の考えを一部修正、発展させたのが渡邊芳貴氏であり、古墳時代の墳墓出土品のなかには、製作当初からの直線刃があることについて触れ、すべてが外湾刃から変化した直線刃ではないことを強調した（渡邊 2008）。

なお、刃縁形状の細分が三木弘氏によって進められており、古墳時代の方形板刃先は直線的なものが多く、前期では約 47％、中期では約 60％を占めるという。この刃縁形状は、未使用、もしくは研ぎ直しによる2つの可能性が考えられる。さらに、刃縁が斜直線のものや斜凹状のものは、使用にともなう破損・磨滅の研ぎ直しとして理解する。また、刃部中央が窪むのも研ぎ直しの有無は別として、使用があったとみるのが適切であるとした（三木 2004）。

非実用品 おもに法量からみると、あきらかに実用に向かない方形板刃先がある。都出比呂志氏によれば、横幅が狭い方形板刃先は厚さが薄いことから実用性を疑わせる。さらに、実用性を疑わせるものがすべて墳墓からの出土品であること、共伴するほかの農工具も極端に小型化していることなどから、「墳墓副葬用の祭器としての鉄製の模造品」の存在を指摘した（都出1989）。

この都出氏の指摘以降、この小型品を非実用品として位置づけることは、一部異論があるものの（三木2004ほか）、ほとんどの研究者に受け入れられている。しかしながら、田中新史氏が作成した法量散布図をみると、いわゆる大型品から小型品まで漸移的に散布するため（田中1995）、どこまでを小型品とするかで研究者の評価は分かれる。かつて、古墳時代における小型農工具の変遷を扱った三木弘氏でさえ、小型品の認定は客観性が乏しいと語っていることから、大きさを根拠に非実用品を認定することには限界がある（三木1986）。

そこで、魚津知克氏は、古墳時代前期と中期の方形板刃先の法量散布図を作成して、中期には前期にみられない小型品があることを指摘した（魚津2003b）。時期毎に相対的にみた場合、小型品を抽出できることをここで示唆している。

一方で、門田誠一氏は、大きさのほかに、使用を意図して製作されたかどうかがより重要な視点であると言及した。具体的には刃がついているか、柄や折り返しが脆弱かどうかで、非実用品を抽出することができると考えた（門田1999）。同様に、渡邊芳貴氏は鉄板本体の厚さが2.5mm以下の薄手のつくりは、非実用的であると指摘している（渡邊2008）。

（2）問題の所在

研ぎ減りの節で紹介したような使用状況を踏まえて、方形板刃先を汎列島的に見渡した研究は非常に少ないことがわかる。つまり、個々の資料で使用や未使用の認定ができても、時代や地域によって使用状況の異なる方形板刃先がどの程度普及していたのかまでは、意外にもほとんど言及されていない。

比較的似た議論として、実用・非実用の研究があるが、非実用品の認定には使用状況はあまり関係しておらず、むしろ脆弱な属性や法量が重要視されている。第Ⅲ部第2章で実用性にかんして詳しく言及するため今回は追求しないが、使用状況も踏まえた場合、非実用品の抽出はより鮮明になると期待される。

そこで、使用状況の認定には刃縁形状が一つの基準になるだろうが、三木氏も指摘しているように直線的な刃縁をもつ方形板刃先は、未使用品、もしくは研ぎ直した使用品というように、2通りの解釈をとることができる（三木2004）。このように使用状況を判断する統一した基準は、いまのところ設けられておらず、曖昧さを残しているといえる。

以上のような問題点を踏まえて本章では、方形板刃先の使用状況について考えたい。

第2節　古墳時代方形板刃先の使用状況

　ここでは、墳墓から出土した方形板刃先の使用状況について検討をおこなう。西日本の墳墓出土品であり、形状がよくのこっている良好な資料を集成した。検討対象となるのは、109墳墓から出土した方形板刃先である（分析表1～5）。

　まずは、方形板刃先の使用痕跡について検討する。次に、製作から廃棄までにいたる過程について検討する。

（1）方形板刃先の使用痕跡

　刃　隅　方形板刃先の使用状況をみるにあたり、川越哲志氏の提唱した刃隅の観察を重視する。川越氏は、方形板刃先の基本は外湾刃であり、一見直線刃にみえるものでも刃隅を観察すると元は外湾刃であったことがわかると指摘した（図1）（川越1993）。しかしながら、多くの方形板刃先が製作当初から外湾刃であったという保証はなく、渡邊芳貴氏によって製作当初から直線刃のものが相当あったことは知られている（渡邊2008）。

　確かに、台形（B型）は鍬に、逆台形（C型）は鋤により適した形態である（岡崎1956）。また、古墳時代中期以降に普及するU字形刃先も直線刃が鍬先として、外湾刃が鋤先に適しているという（都出1989）。方形板刃先は、鍬や鋤どちらの台にも装着されることから（松井2001）、より鍬先として適した直線刃の方形板刃先が製作されたことは充分に考えられる。

　そこで、刃隅が丸く直線的な刃縁をもつものは、2通りの解釈が可能ではないだろうか。ひとつは、もともと外湾刃であったものが、研ぎ減りなどによる形状変化で直線的になったという川越氏が指摘した解釈。もうひとつは、製作当初から直線刃であったという解釈である。後者の解釈の場合、丸い刃隅は製作時に作ることが可能か以下で検討してみたい。

　展開模式図　図2は、佐賀県西一本杉ST009古墳から出土した方形板刃先の実測図と、左右の

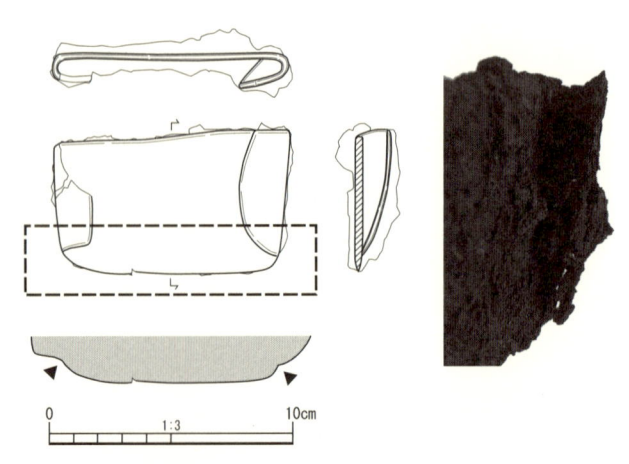

図Ⅱ1-2　佐賀県西一本杉ST009古墳出土方形板刃先とその展開図

鉄板を折り返す前の展開模式図である。この方形板刃先は、刃縁が直線的であり、刃隅が丸い。折り返す前の状態を再現するために、折り返し部下半ラインの側縁を境に垂直に反転した。折り返し部下半は、つぶしが加えられており密着する。そのため、単純に反転しても問題はない。結果として、刃隅と折り返し部下端との接点（三角印）が、製作時の鍛打で形成するとは考えられない、2つの弧が連続して合わさる形であると判明した。こ

図Ⅱ1－3　金鍬の使用と丸い刃隅

のことから刃隅が丸い直線刃は、研ぎ減りによる形状変化があったと考えられる。

刃隅が丸くなる要因　やや蛇足であるが、鍛冶屋を経営する岡田光紀氏によると、いまの金鍬は使用すると土との摩擦で、刃隅が丸く研ぎ減るとのことである。その理由は、金鍬はやや斜めから打ち込むのを基本動作としており、それゆえに刃隅が最も土に接するからである（図3）。

以上のように、西一本杉ST009古墳の刃隅が丸い直線刃は、もともとの刃縁形状とは関係なく、研ぎ減りによる形状変化があったことは明らかであり、それゆえに使用品であると位置づけることができる。

（2）刃隅が丸い類例

刃隅が丸い方形板刃先には、直線刃以外にもさまざまな刃縁形状がみられる。これらも直線刃同様に使用品として位置づけられるか検討してみたい。

刃隅が丸い方形板刃先の類例を集成したところ、古墳時代では53墳墓から出土していることがわかる（図4・5、分析表4・5）。

刃縁（直）　そのうち、西一本杉ST009古墳のように刃縁が直線的でかつ水平なものは、ほかに兵庫県竜山5号墳（図4－1）、福岡県神蔵古墳（図4－2）など合計11墳墓から出土する。これらの類例は、前節で説明したように基本的には使用品であると考えられる。ただし、竜山5号墳例（図4－1）にかんしては、折り返し部縦幅と全体の縦幅の比が1：2もあり、さきの展開模式図における研ぎ減りの論理は通用しない。刃縁が折り返し部下端よりも大きく下に位置するので、使用頻度の少ない使用品、もしくは未使用品の可能性が考えられる。つまり、刃縁からみた使用状況については、この竜山5号墳例のみ判断が難しいことを断っておきたい。

刃縁（斜）　つぎに、明確な窪みはみられないものの、刃縁の左右あるいはその一方が、大きく斜めに弧を描くものがある。類例は、滋賀県野瀬古墳（図4－3）など合計9墳墓から出土する。なお、判然とはしないものの広島県上安井古墳例（図4－4）もこの類例のなかに含まれる可能性が高い資料である。これらは使用による破損や磨滅の研ぎ直し、もしくは研ぎ減りであると考えられる（三木2004）。つまり、使用品であるとみて間違いない。

第Ⅱ部　農具鉄製刃先の使用

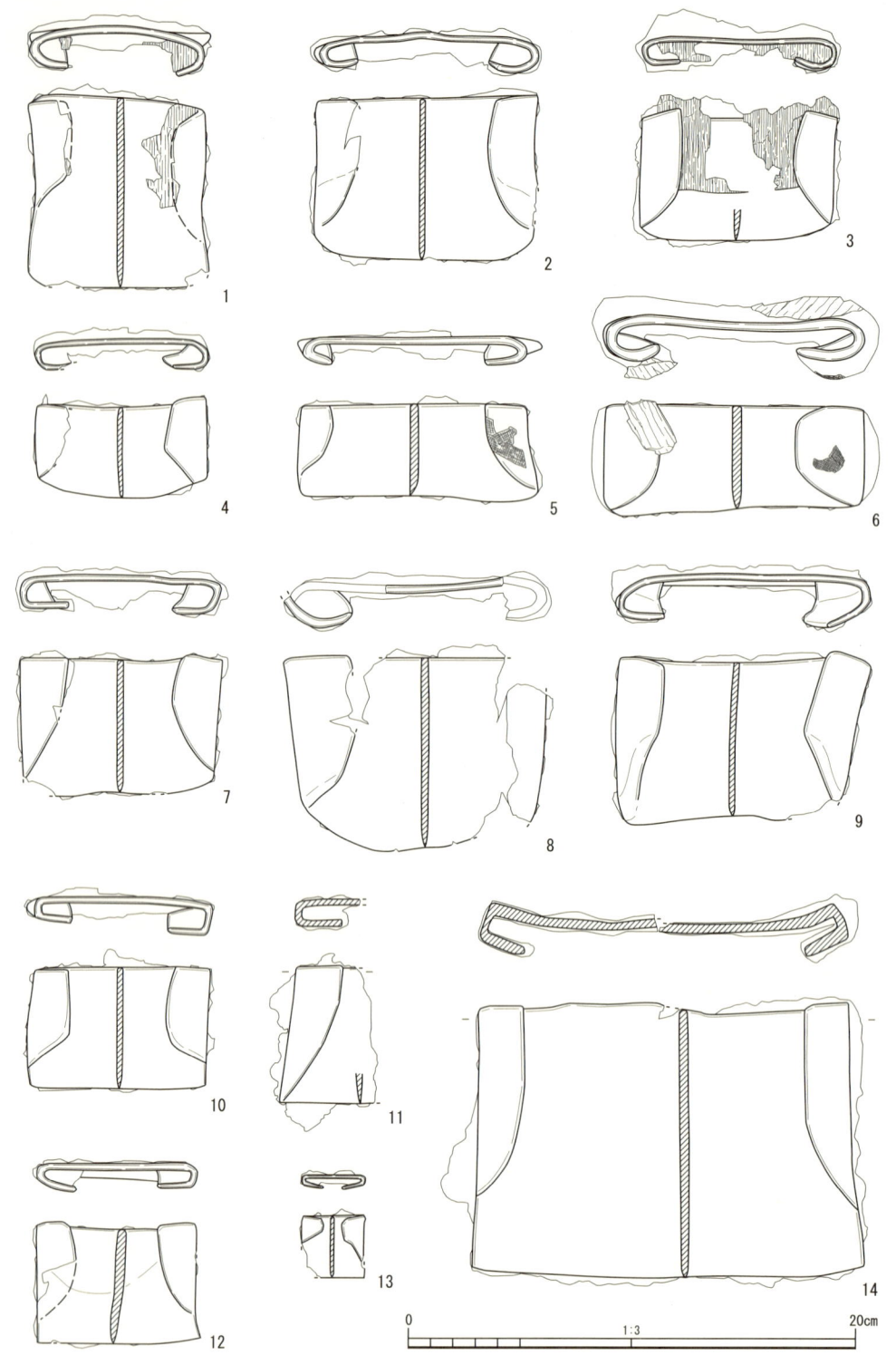

図Ⅱ1-4　方形板刃先の隅丸形（1～9）と隅角形（10～14）

1：竜山5号墳　2：神蔵古墳　3：野瀬古墳　4：上安井古墳　5・13：安土瓢箪山古墳　6：岩谷2号墳　7：竹並15号墳
8：大井平野遺跡SO1　9：千鳥7号墳　10：神宮寺山古墳　11：伯耆国分寺古墳　12：松崎古墳　14：大寺1号墳

第1章　方形板刃先の使用

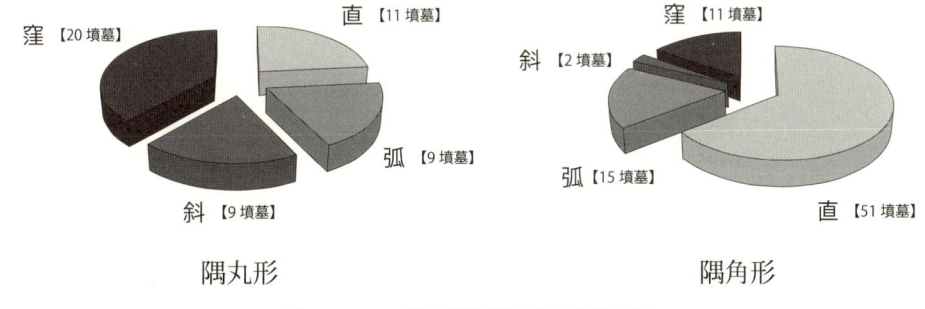

窪【20墳墓】　直【11墳墓】　　　　　　窪【11墳墓】
斜【9墳墓】　弧【9墳墓】　　　斜【2墳墓】　弧【15墳墓】　　直【51墳墓】

隅丸形　　　　　　　　　　隅角形

図Ⅱ1－5　隅丸形と隅角形の刃縁形状

　刃縁（窪）　このほか、刃縁が窪むものがある。刃隅が丸い類例のなかでは最も多い。類例は、滋賀県安土瓢箪山古墳（図4－5）、京都府岩谷2号墳（図4－6）、福岡県竹並15号古墳（図4－7）、福岡県大井平野遺跡SO1（図4－8）、福岡県千鳥7号墳（図4－9）など合計20墳墓から出土する。その多くが、直線刃の中央に緩やかな窪みがみられるが、なかには福岡県大井平野遺跡SO1例（図4－8）のように外湾刃の中央がわずかに窪むものもある。このように窪みがみられるのは、三木弘氏が指摘するように研ぎ直しの有無は別として、使用があったとみるのが適切であろう（三木2004）。

　刃縁（弧）　最後に、刃縁中央付近がもっとも突出し、緩やかな弧を描く外湾刃がある。この類例は、福岡県舞松原古墳（図9）など合計9墳墓から出土する。これらの資料は、製作段階の形状を反映している可能性も充分に考えられるので、刃縁の形状から使用か未使用かを判断することはできない。

　小　結　以上のように、刃隅が丸い類例をみると、刃縁が直線的なもの、一方が斜めになるもの、窪みがみられるものは、基本的に使用品とみて問題はない。そして、刃縁中央付近がもっとも突出して、緩やかな弧を描く外湾刃は使用、未使用の判断はできない。このように刃縁形状から判断する限りにおいて使用痕跡が目立つことから、基本的に刃隅が丸いという属性は使用品とみてよいであろう。

（3）刃隅が角になる類例

　方形板刃先には、さきの刃隅が丸くなるものがある一方で、刃隅が角になるものも目立つ。古墳時代では、59墳墓から出土する（図4・5、分析表1～3）。

　刃縁（窪）　そのうち刃縁形状に注目すると、窪みが確認できたのは、11墳墓から出土した方形板刃先である。しかしながら、刃隅が丸い類例とは異なり、窪みがあるから使用したとまでは一概にいえない類例が存在する。

　例えば、刃縁が窪む類例のうち、基端の形状や側縁の形状がいびつになるものが多いことに気付く。奈良県大和6号墳例は、基端の中央付近が窪む（図6－1）。大阪府西墓山古墳例、大阪府堂

第Ⅱ部　農具鉄製刃先の使用

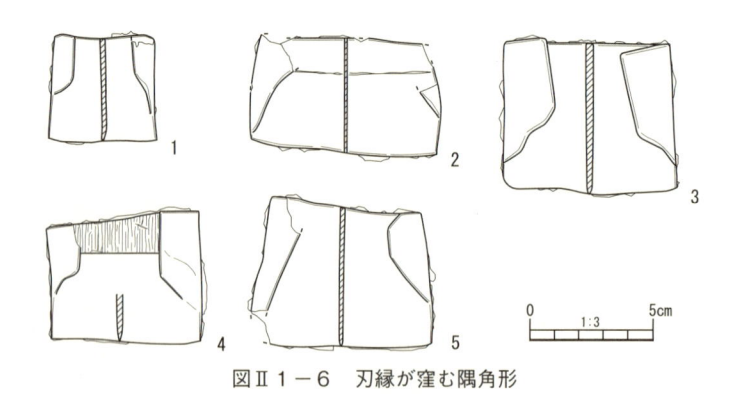

図Ⅱ1-6　刃縁が窪む隅角形
1：大和6号墳　2：西䓫山古墳　3：神宮寺山古墳　4：堂山1号墳　5：河内野中古墳

山1号墳例、大阪府河内野中古墳例は全体の形状が方形にならずいびつである（図6-2・4・5）。
　つまり、これらの方形板刃先は雑な作りである。刃隅が丸い類例は基本的に基端が直線的で水平であり、それと比べ対照的である。刃縁に窪みがあるのは、荒削りの工程が充分に行き届かなかったからであり、使用の結果生じた窪みとは考えにくい。
　図6の大和6号墳例、西䓫山古墳例、河内野中古墳例は、基端の厚さが1.5mm前後である。厚さ3mm前後が通有の方形板刃先にしては、非常に薄い作りである。また、西䓫山古墳例は刃部縦断面コ字形となり、刃がないのも特徴的である。大和6号墳例は4.5cm×4.5cmの正方形であり、とても小さい。つまり、この3墳墓から出土した方形板刃先は非実用的な要素が強いといえよう。雑な作りであるのも、農作業などの使用を意図していないからだと解釈できる。同じように理解できるのは、上の例のほかに大阪府豊中大塚古墳例、奈良県寺口忍海D-27号墳例、熊本県ヤンボシ塚古墳例である。
　以上より、実際使用しうるものは、11墳墓中、岡山県神宮寺山古墳例と福岡県老司古墳3号石室例しかないとわかる。しかも、神宮寺山古墳からは16点の方形板刃先が出土しているが、窪みがあるのは1点（図6-3）のみであり、ほかはすべて直線的な刃縁形状である。しかも、その窪みが確認できる1点は、一方の刃隅が丸く、もう一方の刃隅が角になることから、刃隅が丸いものとしても認識することができる。つまり、使用痕跡としての窪みを確認できる事例は、刃隅が角になる類例のなかでは、ごくわずかである。
　刃縁（弧）　つぎに、刃縁中央付近がもっとも突出し、緩やかな弧を描く外湾刃は、京都府石山古墳東榔例、京都府八幡東車塚古墳例、大阪府豊中大塚古墳例、大阪府野中アリ山古墳例、大阪府西䓫山古墳例、大阪府交野東車塚古墳例、兵庫県丸山1号墳後円部南石室例・同前方部石室例、兵庫県丸山2号墳例、奈良県マエ塚古墳例、奈良県上殿古墳例、奈良県新沢千塚500号墳例、奈良県寺口忍海D-27号墳例、岡山県金蔵山古墳例、福岡県田久瓜ヶ坂1号墳例がある。合計15墳墓から出土する。
　これらの事例の半分以上が、方形板刃先の複数出土が確認でき、そのなかで外湾刃は少数派に属

し、多くが直線的な刃縁形状である。丸山1号墳後円部南石室例・同前方部石室例、田久瓜ヶ坂1号墳例は外湾刃しか出土しておらず、少なくとも前の2例は刃縁が折り返し部下端よりも大きく下に位置するので、使用頻度の少ない使用品、もしくは未使用品と考えられる。

外湾刃は製作段階の形状を反映している可能性も充分に考えられるので、刃縁の形状からは使用か未使用かを判断することが難しいが、刃隅が角になる類例のなかでは絶対数として少ないといえる。

刃縁（斜） このほか、明確な窪みはみられないものの、刃縁の左右あるいはその一方が、大きく斜めに弧を描くものがある。京都府奈具岡南1号墳例と、判然としないものの三重県わき塚1号墳例の2例のみであり、類例はほとんどない。

刃縁（直） 最後に、直線的な刃縁形状は、岡山県神宮寺山古墳例（図4 - 10）、山口県松崎古墳例（図4 - 12）など51墳墓から出土しており、もっとも類例が多い。この直線的な刃縁形状は未使用もしくは、研ぎ直しによるものと考えられる（三木2004）。

この類例の特徴として、法量からみてあきらかに非実用的な要素をもつ方形板刃先が多数含まれる点を挙げることができる。例えば、滋賀県安土瓢箪山古墳西北室例をみると、縦幅2.7cm、横幅2.8cmと非常に小さいため実用品ではない（図4 - 13）。また、大阪府長原166号墳例も縦幅2.8cm、横幅3.1cmと同様に小さく、このような事例は枚挙にいとまがない。

さらに、あきらかな大型品もある。島根県大寺1号墳例は隅角形に属する。縦幅12cm、横幅17.5cmと大きく、これも使用には向かないと考える（図4 - 14）。参考までに、刃縁が欠損しているため今回の分析では扱っていないが、同じ大型品に属するものとして残存縦幅9.9cm、横幅14.6cmの紫金山古墳例を挙げることができる。この紫金山古墳例は、方形板刃先のみならず鉄鎌、鉄鋸、鉄鉇、鉄鑿も大型品として位置づけられる（阪口編2005）。これらの農工具に銹着している木質のほとんどがヒノキ属材である点は注目される。木質の分析をおこなった岡田文男氏によると、ヒノキ属材の柄は軽量であることから、過大な負荷をかけるような使用法は考えられず、農工具としての本来の機能が備わっていたのかどうか疑問であると指摘する（岡田2005）。つまり、紫金山古墳よりも大型である大寺1号墳例は、非実用品である可能性が極めて高いと考えられる。

上記のように、非実用的な要素をもつ方形板刃先は、未使用品とみて間違いない。

刃隅が角になる背景 以上のように、一部例外があるものの、刃隅が角になる類例の大半が、刃縁は直線的であるといえる。刃隅が丸い場合、直線的で水平な刃縁は、研ぎ減りもしくは研ぎ直しであったことを展開模式図から導いたが、刃隅が角になるものはどのような解釈が与えられるのであろうか。

そこで、ここでは刃隅が角となる背景について考える。図7に示したのは、岡山県神宮寺山古墳から出土した方形板刃先の実測図と、展開模式図である。すでに村上恭通氏が指摘しているように、製作時に斜線の部分を鏨により切断したことがわかっており（村上2007）、それゆえに刃隅の形状が角になったと理解することが整合的である。このように切断する理由は、折り返し部下端の位置

第Ⅱ部　農具鉄製刃先の使用

が刃縁より上になることが機能的に優位であり、折り返し部下端が刃縁と一致するならば、木製台部が直接土へ触れて摩擦抵抗力が大きくなると想定されるからである。

以上より、角の刃隅は、製作時の刃隅形状をそのまま残しているといえる。このことから、刃隅が角になる方形板刃先は、未使用品、もしくは研ぎ減りするほど頻繁に使用されなかった使用品（以下、これも広義の「未使用品」と呼ぶ）として位置づけることができる。この結果は、さきほどの刃縁の形状分析の結果、積極的に使用の痕跡が認められる類例が極めて少ないこととも整合する。

つまり、これまでの検討によって、基本的には刃隅が丸いものは使用品であり、刃隅が角になるものは未使用品であることが判明した。煩雑さを避けるために、以降は刃隅が丸いものを「隅丸形」、刃隅が四角いものを「隅角形」として記述することにしたい。

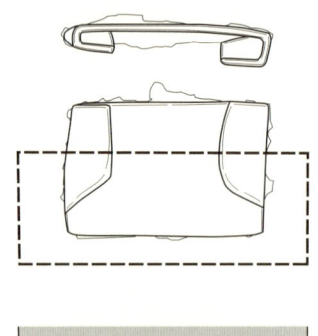

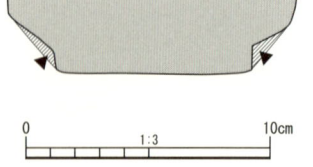

図Ⅱ1－7　岡山県神宮寺山古墳出土方形板刃先とその展開図

第3節　方形板刃先のライフサイクル

　方形板刃先を製作して副葬・埋納するまでのライフサイクルについて扱った研究は少ない。さきほど使用状況について言及したが、規格性という別視点から、方形板刃先のライフサイクルについて考えてみたい。

　隅角形　隅角形は、1埋葬施設内に複数で副葬・埋納された事例が目立つ。とくに、10点以上出土した墳墓は、大阪府西墓山古墳294点以上、奈良県大和6号墳179点以上、大阪府野中アリ山古墳49点、奈良県新沢千塚500号墳21点、大阪府豊中大塚古墳12点以上、京都府梶塚古墳11点以上、大阪府河内野中古墳11点がある。このほかに、2点以上10点未満出土した墳墓は30例にものぼる。

　この複数事例は、三木弘氏によると、前期・中期ともに法量がほぼ同大であり規格的という（三木2004）。また、渡邊芳貴氏は、前期でも後半以降から墳墓内の各個体間の形態差が少なく、規格化が進むと主張する（渡邊2008）。実際のところ、大量出土事例のうち野中アリ山古墳例は横幅6〜8cm、縦幅5〜7cmの範囲に集中しており規格的である。最も出土する西墓山古墳は鉄製穂摘具との区別がつきにくいものがあり注意が必要であるが、報告書による統計をみると横幅5〜8cm、縦幅3〜7cmの範囲に集中する（図8）。さらに、比較的出土事例が多く形状がよくのこっている事例をみると、新沢千塚500号墳では横幅6〜7cm台、豊中大塚古墳では横幅4〜5cm台、河内野中古墳では横幅7cm台、大阪府交野東車塚古墳では横幅3〜4cm台、奈良県マエ塚古墳では横幅7〜9cm台、岡山県神宮寺山古墳では横幅7〜8cm台の範疇におさまる。このように隅角形は、墳墓内では同じような大きさであり、かつ似た形状をもつ事例がほとんどのため規格的と考える（図8・図9上）。

82

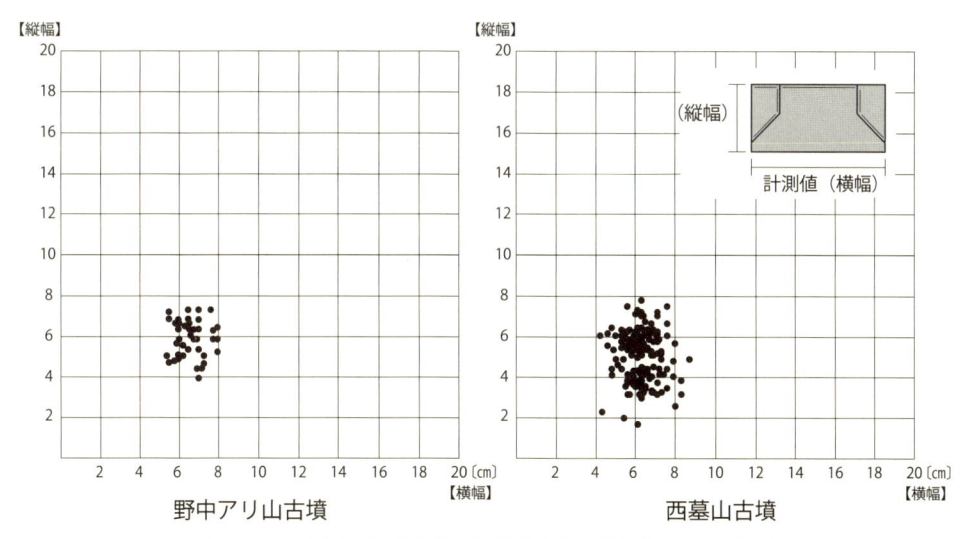

図Ⅱ1-8　隅角形の規格性（藤井寺市教育委員会1997を改変）

　この規格性から複数の方形板刃先を、同一の形態に仕上げようとする意図が製作の時点から存在したと指摘できる。さらに、その方形板刃先のセットが未使用の状態で廃棄の時点まで散逸せずに保存されていることは、方形板刃先を製作してから副葬・埋納するまでの期間が短いことをあらわしているといえる。

　隅丸形　それにたいして、隅丸形は、基本的に単数で出土する。複数廃棄事例としては、三重県東山古墳、大阪府松岳山古墳、奈良県北原古墳、福岡県舞松原古墳しかなく、いずれも2点のみであり、隅角形と対照的である。大きさや全体の形状、折り返しの形状をみると非常に差異が目立つのも特徴的である。例えば、舞松原古墳例の場合、縦幅はほぼ同じであるが、横幅は2cmほど差がある。さらに、基端が一方は直線的であるが、もう一方は斜めに弧を描く。折り返しの形状も異なるなど、形態差が目立つ（図9下）。東山古墳例は、一方が横幅7.5cm×縦幅7.0cm、もう一方が横幅4.5cm×縦幅8.5cmと大きさが異なる。奈良県北原古墳例は、横幅は1cmほどの差しかないものの、縦幅は3cmほどの差がある。松岳山古墳は大きさがほぼ同じであるものの、刃縁形状が大きく異なる。つまり隅丸形は、墳墓内の個体差が大きいことが特徴として挙げられる。

　舞松原古墳例は折り返しと基端の形状が異なり、東山古墳例は横幅が異なることから、規格的ではない。北原古墳例や松岳山古墳例は、研ぎ減りによる形状変化の影響が考えられるため、製作当初に規格的であったのかは横幅が同じであるだけに不明である。

　以上の点から、隅角形のように複数の方形板刃先を同一の形態に仕上げようとする意図が、製作時から存在したとは考えにくい。さらに、使用品であることも考えあわせると、製作してから副葬・埋納するまでの期間が隅角形と比較すると長いことがわかる。

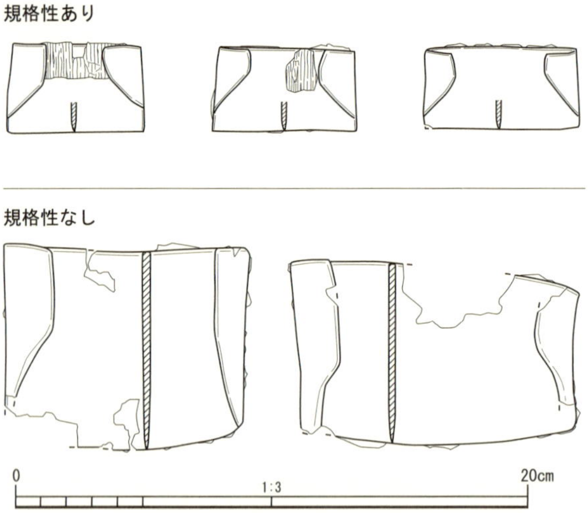

規格性あり

規格性なし

0　　　　　　　1:3　　　　20cm

図Ⅱ1-9　規格性のある隅角形と規格性のない隅丸形
上：庵寺山古墳　下：舞松原古墳

まとめ

　本章では、方形板刃先の使用状況について墳墓出土資料をもとに検討した。まず、川越哲志氏の分析視点を継承し、刃隅が最も使用状況をよく表していると考えた。刃隅が丸い隅丸形は基本的に使用品であるといえ、刃隅が角になる隅角形は未使用品、もしくは刃隅が研ぎ減るほど使用されなかった使用品であることを、刃縁形状と展開模式図とを複合的に分析してあきらかにした。

　つぎに、一墳墓内に複数副葬・埋納した方形板刃先の規格性について注目し、方形板刃先を製作してから副葬・埋納するまでにいたる過程について分析した。隅角形は、一墳墓内では規格的であることを示した。このことから、複数の方形板刃先を同一の形態に仕上げようとする意図が製作の時点から存在し、さらに製作してから副葬・埋納するまでの期間が短いと考えることができる。逆に隅丸形は、類例が少ないので判然とはしないものの、一墳墓内では規格的ではない。基本的に使用品であることも考えあわせると、製作から廃棄までの期間が隅角形と比較すると長いことがわかる。

　以上のように、これまであまり検討されてこなかった方形板刃先の使用状況について、本章では詳しく言及した。この分析をもとに、以降の研究を進展させたい。

第2章　直刃鎌の使用

はじめに

　古墳時代前期から中期前半の墳墓から出土する鉄鎌は、そのほとんどが長方形鉄板の短辺を折り返して作る直刃鎌である。この直刃鎌は、弥生時代後期には北部九州地域を中心に普及して、古墳時代前期には列島各地に広がった。古墳時代中期に曲刃鎌が朝鮮半島から導入されるまで、直刃鎌は収穫具・伐採具の鉄製刃先として主体的な存在であった（都出1989ほか）。

　この直刃鎌は、前章の方形板刃先で検討したように、社会経済史のみならず首長の権力基盤についての研究や儀礼研究をする際に貢献できうる遺物である。筆者は第Ⅰ部第3章にて鉄鎌の構造を検討する際に、直刃鎌の名称規定・製作方法の復原・木柄と鉄刃の装着について考えた。

　そして、兵庫県龍子三ツ塚1号墳で使用品と未使用品の鉄鎌が出土したことから、鉄鎌の使用状況について考察をしたこともある。しかしながら、直刃鎌の分類や扱われ方など基礎的な整理は依然不十分であり、さらにこれまで対象を古墳時代前期に限定したため中期以降の資料も一律的に評価できるのか検討の余地を残している（河野2010）。それらの問題点を踏まえ本章では、古墳時代直刃鎌の使用状況について改めて言及したい。

第1節　直刃鎌の研究史と問題の所在

（1）研究史

　最初に、直刃鎌の形態分類についての主要な研究をまとめる。次に、直刃鎌の使用状況を考えるうえで参考となる、非実用的な属性の抽出にかんする研究史を振り返る。

　形態分類　鉄鎌の形態について最初に体系的に論じたのは都出比呂志氏である。都出氏は弥生時代から古代にかけての鉄鎌を直刃鎌と曲刃鎌、有茎鎌とに大別し、古墳時代に入ると墳墓から出土する鉄鎌は直線刃、つまり直刃鎌に斉一化することを指摘した（都出1967・1989）。

　その後、寺澤薫氏は直刃鎌を、長方形または矩形の板状鉄板を使用したもの（寺澤分類の直刃A）、蒲鉾断面状の鉄板を利用したもの（寺澤分類の直刃B）、刃縁は直線的だが背が刃先にむかってせばまり切先を形成するもの（寺澤分類の直刃C）に分類した。さらに、寺澤分類の直刃Aは古墳時代前期になると形態が定型化すると指摘した（寺澤1991）。

　最近では、直刃鎌の形態をさらに細分する研究（魚津2003）がある一方で、機能的な位置づけを重視して、形態ではなく大きさや折り返しから分類する研究も目立つ（寺澤1991、古瀬1991、渡邊

2008)。

非実用品　近年盛んに議論されているのは、非実用的な鉄鎌を抽出する研究である。鉄鎌の場合、全長 10 〜 12cm 以下の小型品を非実用品と評価するのか、それとも穂首収穫用の実用品と評価するのかで意見がわかれる（都出 1967・1989、寺澤 1991）。さらに、鉄鎌の大きさ以外にも非実用的な要素があることがわかっている。例えば渡邊芳貴氏は、身部厚 2.5mm 以下の薄身の鉄鎌を非実用的と評価する。また、非実用的な鉄鎌は前期後半に出現し、多量副葬する場合は規格性をもつ傾向があるとも指摘する（渡邊 2008）。

（2）問題の所在

　形態分類と非実用品の抽出についての研究史を簡単に紹介したが、直刃鎌の扱われ方、つまり使用品か未使用品かといった使用状況についての議論をほとんど踏まえていないことに気づく。そのため、以下のような問題が浮上する。

形態分類　1つ目の問題は、鉄鎌は使用後に形状変化する点である（朝岡 2000）。これまで形状や大きさによる分類が主体を占めたが、出土品の形状や大きさが製作時の状態を反映しているのか不明である。それゆえに、墳墓から出土する直刃鎌は多種多様だが、編年を組む際の優位な分類はこれまでみいだせていない。

　魚津知克氏は、研ぎ減りの影響が少ない背や基端付近の形状をみることで、直刃鎌の編年を試みている（魚津 2003）。形状変化しにくい属性をみるこの魚津氏の視点は継承するべきと考える。しかしながら、鉄鎌の刃縁形状は、刈る・払う機能と密接に関連し、刃縁の変化が鉄鎌にとって本質的な変化であったりする場合もあるため、けっして軽視できない。魚津氏が指摘するように刃縁は使用による形状変化があるため、刃縁を含めた分析をする場合、製作時の形状を反映する未使用品をまず抽出することが前提として必要であろう。

非実用品　2つ目の問題として、小型の直刃鎌は非実用品か実用品かで研究者間の見解が一致しない点である。いずれの意見を採用するかで、直刃鎌の歴史的評価は大きく異なる。

　少なくとも使用痕跡を残すものは実用品であり、逆に非実用品は使用痕跡が残りにくいといえる。つまり、小型直刃鎌を実用性を実証するためには、使用痕跡を探すことがもっとも有効である。

　そこで本章では、以上の問題点を解決するための基礎的作業として直刃鎌の使用状況を中心に検討する。

第2節　古墳時代直刃鎌の使用状況

　ここでは、墳墓から出土した直刃鎌の使用状況について検討をおこなう。西日本の墳墓出土品であり、形状がよくのこっている良好な資料を集成した。検討対象となるのは、141 墳墓から出土した直刃鎌である。なお、1墳墓内で複数の埋葬施設がある場合、例えば京都府宇治二子山古墳北墳ならば西槨・東槨・中央槨とで直刃鎌が出土するので、埋葬施設ごとのまとまりで説明する。

まずは、直刃鎌の使用痕跡について研ぎ減りを中心に考える。次に、鉄鎌の製作から副葬・埋納されるまでのライフサイクルについて検討する。

（1）直刃鎌の形態分類

　魚津知克氏が提示した背と基端付近の形状（魚津2003）のほか、刃縁形状も分類をする際に重視した。つまり、部分的ではなく全体の形態から分類をおこなう。まず、直刃鎌を刃縁の形状から大きく直線刃と外湾刃とに大別する。さらに、直線刃は3類に、外湾刃は5類に細分した（図1）。以下、各類型について説明する。

　直線刃1類　背・刃縁ともに直線的である。刃縁は僅かに外側に傾くため、基端付近から先端の刃先にいくに従い徐々に細くなる。刃先の形状はコ字状が多いが、丸いもの、尖るものもある（図2−1・2）。37埋葬施設（36墳墓）から出土する。類例として、京都府園部垣内古墳例、大阪府紫金山古墳例などが挙げられる。

　直線刃2類　背・刃縁ともに直線的である。基端から刃先までほぼ同じ縦幅となる。刃先の形状はコ字状が多いが、丸いもの尖るものもある（図2−3・4）。44埋葬施設（43墳墓）から出土する。類例として、大阪府寛弘寺1号墳例、京都府私市円山古墳第3主体部例などが挙げられる。

　直線刃3類　刃縁が直線的であり、背が内湾する。刃先にいくに従い徐々に細くなる（図2−5・6）。17埋葬施設（17墳墓）から出土する。類例として、福岡県萱葉2号墳例、大阪府西墓山古墳例などが挙げられる。

　外湾刃1類　背・刃縁ともに外湾する。背・刃縁がほぼ平行することから、基端から刃先までほぼ同じ縦幅となる。刃先は基本的にコ字状である（図2−7・8）。25埋葬施設（25墳墓）から出土する。類例として、京都府岩谷2号墳例、岡山県赤峪古墳例などが挙げられる。

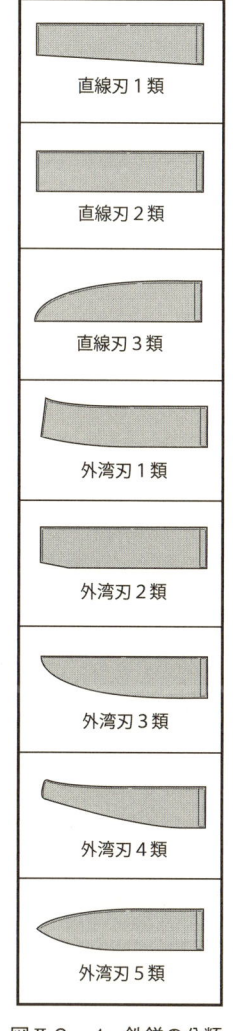

図Ⅱ2−1　鉄鎌の分類

　外湾刃2類　背・刃縁ともに直線的であるが、刃縁は刃先付近のみわずかに外湾する。そのため、基端から刃先付近までほぼ同じ縦幅となる（図2−9・10）。12埋葬施設（11墳墓）から出土する。類例として、京都府宇治二子山古墳北墳東槨例、京都府庵寺山古墳例などが挙げられる。

　外湾刃3類　背が直線的であるが、刃縁は外湾する。刃先にいくに従い徐々に細くなる（図2−11・12）。25埋葬施設（25墳墓）から出土する。類例として、兵庫県龍子三ツ塚1号墳例、山口県木ノ井山古墳例などが挙げられる。

　外湾刃4類　背・刃縁ともに外湾する。刃先にいくに従い徐々に細くなる（図2−13・14）。12墳墓から出土する。類例として、島根県三刀屋熊谷1号墳例、兵庫県鳥坂2号墳例、兵庫県井の端7号墓例などが挙げられる。

外湾刃5類　身中央付近から背は内湾し、刃縁が外湾する。刃先は尖る（図2 - 15・16）。15 埋葬施設（15 墳墓）から出土する。類例として、福岡県竹並 15 号墳例、大分県大迫 26 号墓例などが挙げられる。

（2）各類型の使用痕跡

　使用痕跡　ここでは、各類型の使用痕跡について検討する。使用痕跡の基準として前章の方形板刃先では刃隅に注目した。この方形板刃先では刃隅にのこる鏨痕跡が使用に伴いなくなるが、直刃鎌では刃先の形状が鏨による切断以外にも鍛打による成形の割合が高いため、方形板刃先と同じ基準で議論することは難しい（河野 2012）。

　しかしながら、刃先がコ字状になるものは、短辺を鏨で切断した可能性があるのも事実である。その鏨による切断痕跡がコ字状として残っている場合は、確かに刃先の短辺は形状変化してないといえる。しかし、直刃鎌の場合、砥石で研ぐのは刃縁付近であるため、短辺の形状変化は遅い。それゆえに、刃先がコ字状になるのと、未使用品というのは必ずしもイコールの関係にはならない。つまり、刃先が丸いものや尖るものが使用品とはいえず、逆にコ字状になるからといって未使用品ともいえない。

　筆者は直刃鎌を観察した結果、もっとも使用を反映する痕跡は、刃縁形状であると考える。すでに報告書をみるかぎり、刃縁に窪みがあることを根拠に、研ぎ減りがあったとする研究者は極めて多い（市村 1984、小池 1984、酒井 1984、内山 1991、鐘ヶ江 2000、谷口 2003 ほか）。方形板刃先でも検討したように、必ずしも窪みがあるからといって使用を示すわけではなく、雑な製作から窪みが生じる場合もあるが、そのような事例は直刃鎌の場合少ない。このことから筆者も、先学に導かれつつ、刃縁の窪みは使用痕跡を示す可能性が高いものとして以下議論を進める。なお、丁寧な研ぎにより刃縁の窪みがみられない場合もある。使用痕跡がないからといって、けっして未使用を意味していないことを予め断っておきたい。

　各種類型の検討　各種類型のうち、刃縁にのこる窪みの有無について、その割合を示してみた（図3）。まず、外湾刃4類、外湾刃5類をみると、明らかに窪みが多い。また、これらより少ないものの直線刃1類と外湾刃3類はおよそ 20％の墳墓で窪みを確認できる。それ以外の直線刃2類、直線刃3類、外湾刃2類は 10％前後と少なく、外湾刃1類は 0％である。

　この数値を単純にみると外湾刃4類、外湾刃5類は使用痕跡がよくのこるため、製作時から形状変化した鉄鎌が相当含まれるとわかる。もちろんすべてが形状変化したとは考えにくく未使用品も含まれる。例えば和歌山県大谷古墳から出土した外湾刃5類は横幅4cm前後と使用を疑うほど小さく窪みも確認できない。つまり、非実用品かつ未使用品である可能性が高い。以上より、これらの類型はすべてが使用品とまでは断定できないものの、ほかの類型よりも相対的に使用された事例が多いといえる。

　次に、直線刃1類と外湾刃3類は 20％台の墳墓で窪みを確認できる。それらのうち直線鎌1類

第 2 章　直刃鎌の使用

直線刃1類

直線刃2類

直線刃3類

外湾刃1類

外湾刃2類

外湾刃3類

外湾刃4類

外湾刃5類

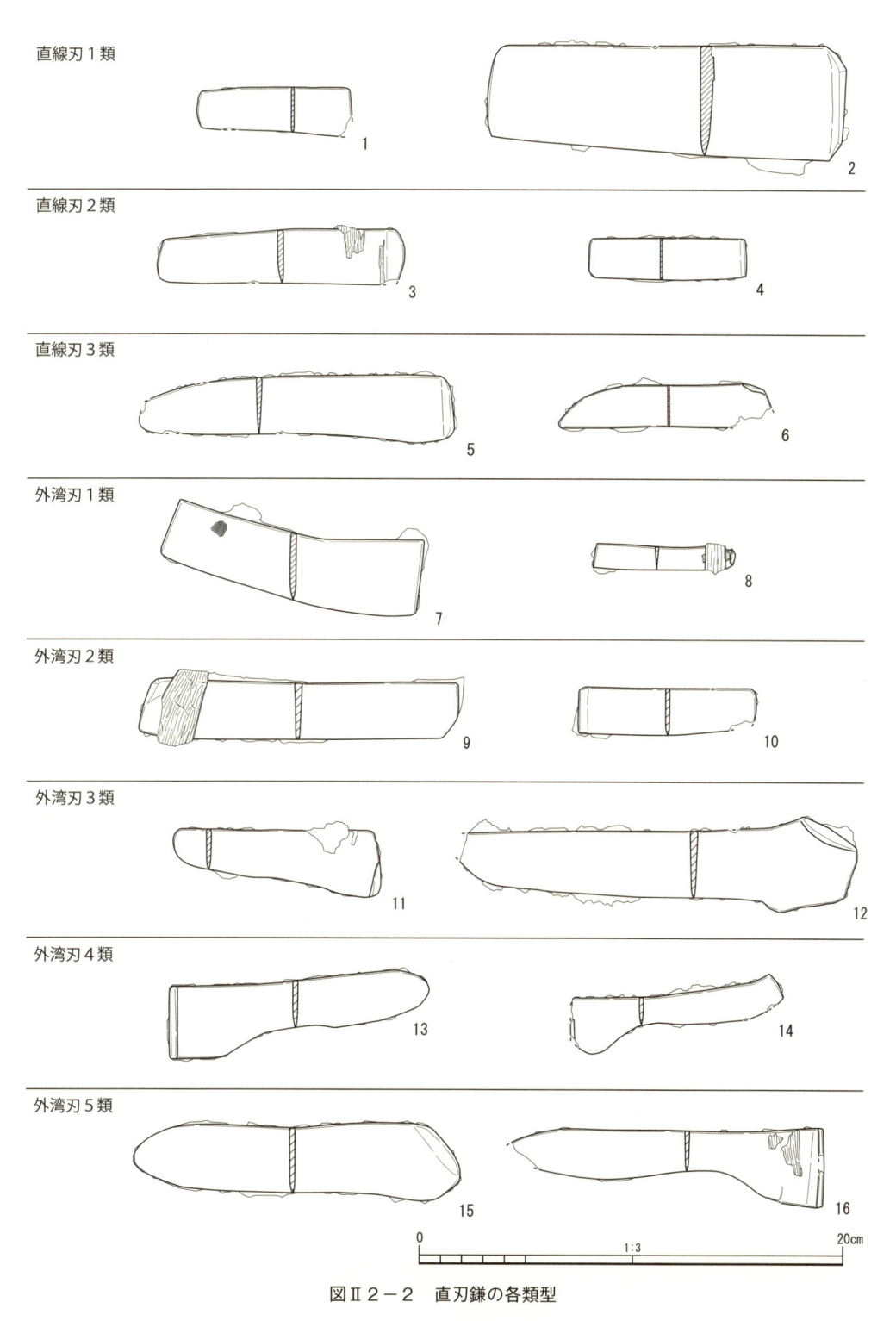

図Ⅱ2-2　直刃鎌の各類型

1：園部垣内古墳　2：紫金山古墳　3：寛弘寺1号墳　4：私市円山古墳第3主体　5：萱葉2号墳　6：西墓山古墳
7：岩谷2号墳　8：赤峪古墳　9：宇治二子山古墳北墳東槨　10：庵寺山古墳　11：龍子三ツ塚1号墳
12：木ノ井山古墳　13：三刀屋熊谷1号墳　14：鳥坂2号墳　15：竹並15号墳　16：大迫26号墳墓

89

第Ⅱ部　農具鉄製刃先の使用

	直線刃1類	直線刃2類	直線刃3類	外湾刃1類	外湾刃2類	外湾刃3類	外湾刃4類	外湾刃5類
なし	29	40	14	25	11	17	3	7
あり	11	6	3	0	1	8	9	8

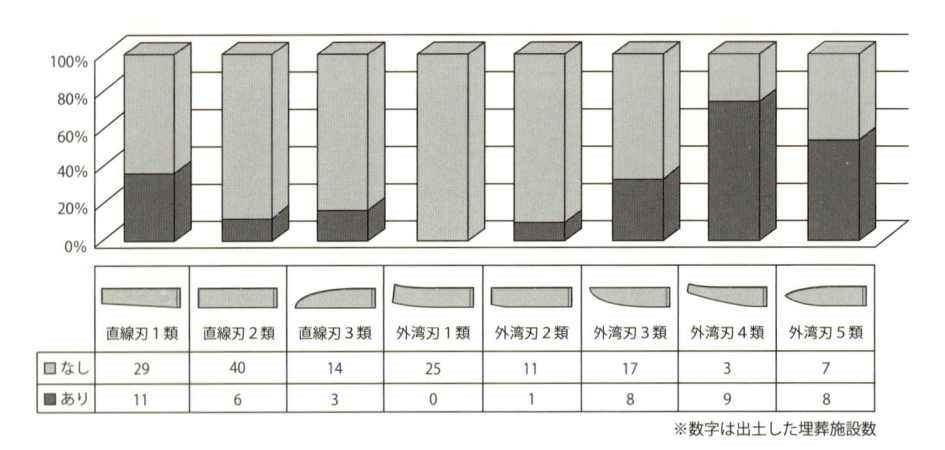

※数字は出土した埋葬施設数

図Ⅱ2－3　刃縁の窪み

　の窪みのある事例は使用による形状変化があった可能性が高いものの、基端から刃先までの縦幅の差が1cm未満と少ない。それゆえに、形状変化があったとしても元の形状から大きく変化していないと考える。また、窪みが確認できる事例のうち、京都府今林6号墳例、大阪府安満宮山古墳例、大阪府弁天山B4号墳例、兵庫県小山3号墳例、奈良県北原古墳例、福岡県本郷鷲塚1号墳例は刃先がコ字形となっており、形状変化が少なかった証拠として挙げられよう。さらに、窪みがない事例にかぎると、あきらかに未使用品が含まれる。

　例えば、京都府園部垣内古墳例（図2－1）や奈良県新沢千塚500号墳例には折り返しがない。これは使用を前提としない非実用品か、使用前の実用品かの二通りの解釈を与えられるが、いずれにせよ未使用品として理解できる（第Ⅱ部第3章）。また、岡田文男氏によると大阪府紫金山古墳例は木柄がヒノキ属であり、軽量であることから使用時に過大な負荷をかけるような使用法ではなかったという（岡田2005）。つまり、非実用品であり、未使用品でもある。以上より、この直線刃1類は、外湾刃4・5類よりも相対的に未使用品の率が高いといえる。

　外湾刃3類は直線刃1類とほぼ同じ比率であるものの、明らかな非実用品が京都府芝ヶ原11号墳例など一部を除きほとんど確認できず、さらに基端から刃先までの縦幅の差が大きい。それゆえに比率の数字以上に、使用品の率が高いのではないかと考えている。

　このほか、直線刃2類、直線刃3類、外湾刃2類は10％前後と窪みからみた使用痕跡が上に説明した各類型より少ない。直線刃2類と外湾刃2類は、基端から先端付近までほとんど縦幅が変わらないことから、形状変化をしたとしても元の形状とさほど変化していないと考える。なお、これら類型も、あきらかな非実用品を含む。例えば、直線刃2類では、京都府私市円山古墳第3主体部例が厚さ1.5mmと非常に薄い（図2－4）。山口県天神山1号墳例は、縦断面形コ字形となり刃がない。直線刃3類でも同様に、大阪府西墓山古墳例は薄く、折り返しのつくりも華奢である（図2－6）。外湾刃2類の京都府梶塚古墳例は縦断面形コ字形であり、刃がない。以上のように、直線刃

90

2類、直線刃3類、外湾刃2類は、非実用品を含み、さらに直線刃1類や外湾刃3～5類よりも相対的に未使用品の率が高いといえる。

最後に、外湾刃1類はいまのところ使用痕跡を確認できない。基端から刃先付近までほとんど縦幅が変わらないことから、形状変化したとしても元の形状とさほど変わらなかったと考える。なお、大阪府紫金山古墳例にのみ窪みが確認できるが、さきほど説明した直線刃1類と同様の解釈で非実用品と考える。この外湾刃1類は明らかな未使用品も多く、例えば京都府岩谷2号墳は折り返しがない（第Ⅱ部第3章）。このように外湾刃1類は基本的に未使用品といえる。

（3）短冊形と非短冊形

筆者はかつて、古墳時代前期の墳墓出土鉄鎌を短冊形と短冊形以外（以下、非短冊形）とに大別して、短冊形の鉄鎌は基本的に未使用品であり、非短冊形の鉄鎌は使用品であると指摘したことがある（河野2010）。本章では分析対象を直刃鎌に限定する一方で、時期を古墳時代全般に広く設定したため、これまでの分析とは異なる。また、今回の分析ではあらたに類型を設定したので、ここで各類型が筆者の考える短冊形と非短冊形のどちらにあてはまるのか定義する。

短冊形 直線刃1類、直線刃2類、外湾刃1類、外湾刃2類が筆者の考える短冊形である。『広辞苑（第5版）』によると、短冊形とは「短冊のような長方形」を示す。整然とした短冊形は直線刃2類のみだが、このほか直線刃1類、外湾刃1類、外湾刃2類も短冊形に含める。これらの類型は、厳密な意味での短冊形ではないが、いずれも基端から刃先までほとんど縦幅がかわらず、全体として長方形に近い形をなしている。なお、旧稿（河野2010）では短冊形の詳細な定義は説明していなかったが、上記の類型を念頭に置いたうえで議論をしている。

これら短冊形の特徴は、使用痕跡が少ないことが挙げられ、あきらかな非実用品が目立つ点である。このことから、短冊形の鉄鎌は、未使用品、もしくは研ぎ減りするほど頻繁に使用されなかった使用品（以下、未使用品）が大半を占めるといえる。もちろん、各類型10％前後の使用痕跡が確認できるため、すべてが未使用品とは考えない。しかし、たとえ使用があったとしても、元の形状からはさほど大きく変形していない点が特徴的である。なお、第3節で詳しく説明するが、短冊形の鉄鎌は太さや大きさに違いが認められるものの、類型を超えて形状が近似するのも特徴的である。

非短冊形 うえに説明した短冊形以外の鉄鎌を非短冊形とする。具体的に、直線刃3類、外湾刃3～5類が該当する。さらに、本章では直刃鎌のみを対象とするために取り上げていないが、旧稿（河野2010）では曲刃鎌も非短冊形に含めている。

これら非短冊形のうち直線刃3類をのぞく外湾刃3～5類は、短冊形の鉄鎌と比べ使用痕跡をもつ事例が多く、非実用品が少ない。類型間の形状差が大きいことも特徴的である。基本的に使用品であったと考えられ、短冊形鉄鎌の状況とは異なる。なお、直線刃3類にかんしては非短冊形であるものの、使用痕跡が少ないことから短冊形と同様にもとからこのような形状であったと捉えるこ

とができる。

そこで、使用による形状変化があったとすると、副葬・埋納時の形状と製作時の形状とがまったく異なる可能性がある。もし短冊形鉄鎌で研ぎ減りによる形状変化があったと仮定した場合、以下の非短冊形鉄鎌に変化する可能性がある（図4）。具体的に、背が外湾するという特徴を重視して、外湾刃1類から外湾刃4類へ変化したと考える。同様に、背が内湾するという特徴を重視して、直線刃3類から外湾刃5類へ変化したと考える。さらに、背が直線的で水平であるという特徴を重視して、直線刃1・2類と外湾刃2類から外湾刃3類へと変化したと考える。このように背の形状を重視した理由としては、魚津知克氏が指摘するように、背がもっとも形状変化が少ない属性だからである（魚津2003a）。つまり、刃縁の形状が大きく変化しても、背の形状はあまり変化しないといえる。

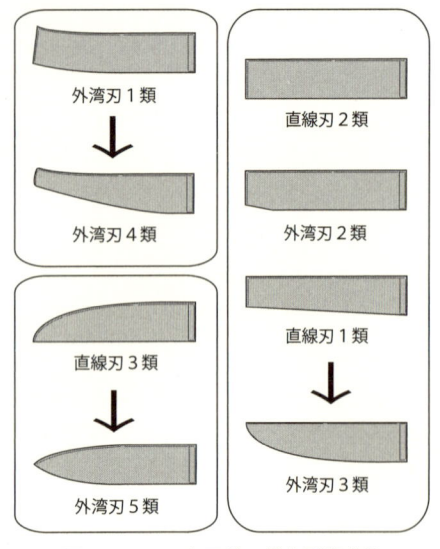

図Ⅱ2-4　直刃鎌の推定形状変化

なお、短冊形鉄鎌のなかで直線刃2類→外湾刃2類→直線刃1類へと形状変化したかもしれないが、この類型は使用痕跡がない事例が多いため一般的な変化と捉えにくい。さらに、各々の類型で非実用品が含まれるため、基本的に製作時の形状を反映していると指摘できよう。

以上より、短冊形から非短冊形へと変化する可能性があるが、一方で外湾刃5類には非実用品が含まれるなど、非短冊形鉄鎌にも製作時の形状を反映する事例が含まれる点は注意しなければならない。つまり、製作時から非短冊形各類型の形状であった可能性も充分にのこる。そのため、あくまで今回の分析は、非短冊形鉄鎌が使用後に形状変化した場合、もとの製作時の形状がどの類型に相当するのか仮説を提示したまでである。実際のところ、非短冊形鉄鎌の個々の資料を詳細に観察しても、製作時の形状を把握する事は困難である。

第3節　直刃鎌のライフサイクル

直刃鎌を製作して副葬・埋納するまでのライフサイクルについて扱った研究は少ない。さきほど使用状況について言及したが、規格性という別視点から、直刃鎌のライフサイクルについて考えてみたい。

短冊形　短冊形の鉄鎌は、1埋葬施設内に複数で副葬・埋納される事例が目立つ。とくに10点以上出土した墳墓は、非短冊形鉄鎌と共伴する事例をのぞくと、京都府宇治二子山古墳北墳東槨25点、大阪府交野東車塚古墳22点、岡山県神宮寺山古墳20点以上、岡山県金蔵山古墳中央石室19点、大阪府豊中大塚古墳18点前後、奈良県新沢千塚500号墳18点、奈良県上殿古墳15点、三重県石山古墳西槨12点、三重県石山古墳中央槨11点以上、京都府芝ヶ原11号墳10点以上、大阪

府盾塚古墳10点、奈良県マエ塚古墳10点がある。このほかに、2点以上10点未満出土した墳墓は、32例にものぼる。

　この複数事例は、前章の方形板刃先と同様、渡邊芳貴氏によって、前期でも後半以降から墳墓内の各個体間の形態差が少なく、規格化が進むと理解される（渡邊2008）。そこで複数事例をみると、規格的といえる事例が非常に多い。10点以上出土した墳墓出土品のうち、機能が異なる辺折り返しと角折り返しをそれぞれみると、いずれも横幅が1～2cm前後とまとまる（図5）。しかも、大阪府紫金山古墳例や大分県免ヶ平古墳例のように直線刃1類と外湾刃1類と異なる類型の共伴であっても、大きさや形状が近似する（図6）。なお、図5では豊中大塚古墳18点前後中1例のみしか挙げていないが、これは他の17点が破片のため横幅がわからないからである。ほかの古墳でも出土点数と一致しないのは同様に横幅がわからない資料があるからである。しかしながら、図録の写真や展示品をみると石山古墳例や、金蔵山古墳例は規格的であるし、ほかはすべて実見したところ横幅以外の要素（形状・縦幅・厚さ・錆化等）でもほぼ一致する。つまり、短冊形鉄鎌の複数事例は1古墳内でみると、規格的である。

　この規格性から複数の短冊形鉄鎌を、同一の形態に仕上げようとする意図が製作の時点から存在したと指摘できる。さらに、その短冊形鉄鎌のセットが未使用の状態で副葬・埋納の時点まで散逸せずに保存されていることは、短冊形鉄鎌の製作から副葬・埋納までの期間が短いことをあらわしているといえる。

　非短冊形　それにたいして、非短冊形は基本的に単数で出土する。複数での出土事例としては、京都府大内1号墳2点、京都府堤谷A1号墳2点、大阪府珠金塚古墳南槨2点、兵庫県大師山6号墳2点、福岡県カクチガ浦1号方形周溝墓例2点、宮崎県下北方5号地下式横穴墓3点しかなく、大半が単数での出土である。そのうち、大内1号墳例と堤谷A1号墳、珠金塚古墳南槨例は、一方が辺折り返しであり、もう一方が角折り返しであるゆえ機能が異なる。カクチガ浦1号墳例は2点中1点が大きく欠損しているものの、遺存状態の良い基端付近をみても縦幅が1cm以上もひらき、見た目の印象が異なる。下北方5号地下式横穴墓例も折り返しの形状や大きさがまったく異なる。

　以上より、非短冊形は基本的に単数で出土し、複数事例であっても2点から3点の範囲におさまることがわかる。また、複数事例の場合、類例が少ないため判然とはしないものの規格的であることはな

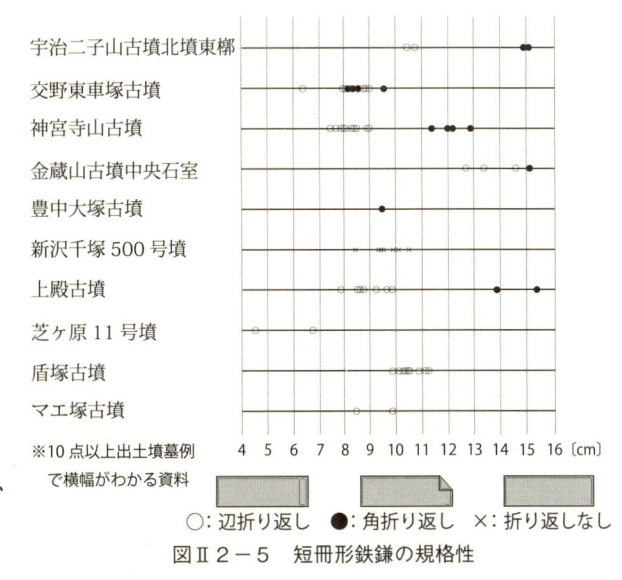

図Ⅱ2-5　短冊形鉄鎌の規格性

※10点以上出土墳墓例で横幅がわかる資料

○：辺折り返し　●：角折り返し　×：折り返しなし

第Ⅱ部　農具鉄製刃先の使用

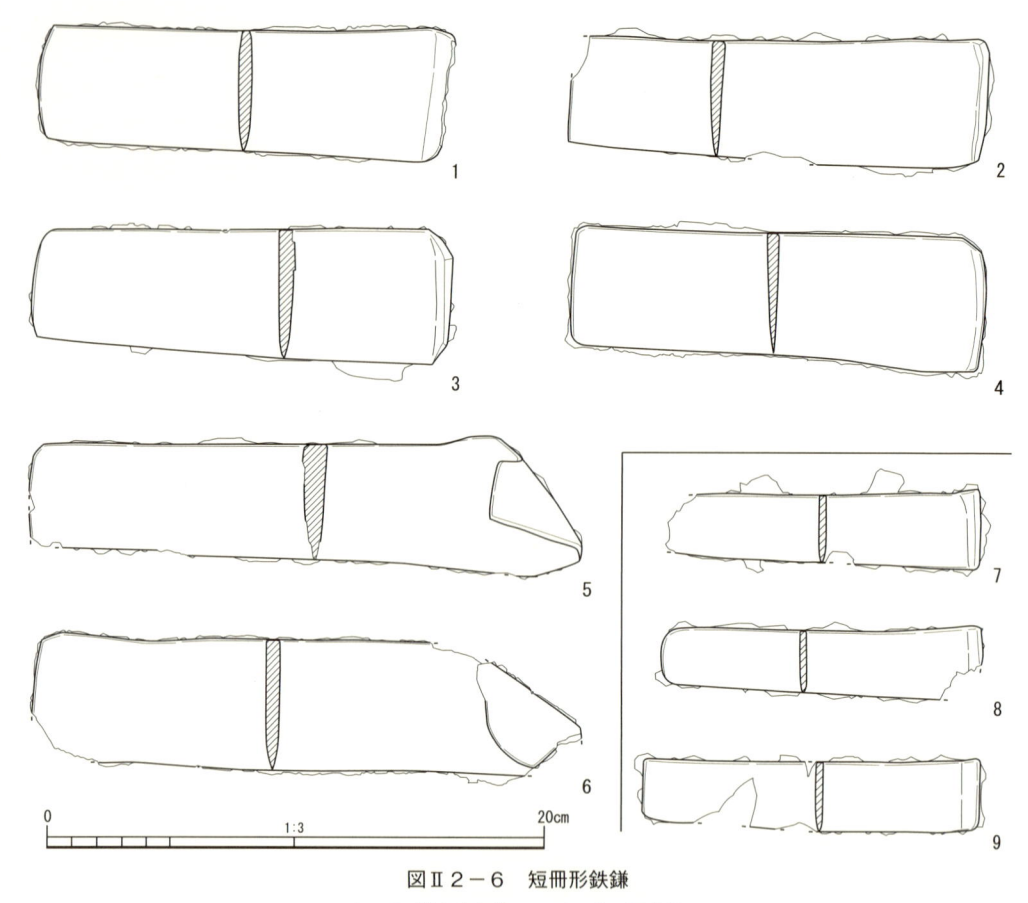

図Ⅱ2-6　短冊形鉄鎌
1〜6：紫金山古墳　7〜9：免ヶ平古墳

く、墳墓内の個体差が大きいことが特徴として挙げられる。そのため、短冊形のように複数の直刃鎌を同一の形態に仕上げようとする意図が、製作時から存在したとは現状の資料からみるかぎり考えにくい。さらに、使用品であることも考えあわせると、製作から副葬・埋納までの期間が短冊形と比較すると長いことがわかる。

まとめ

　本章では、直刃鎌の使用状況について墳墓出土資料から検討した。まず、直刃鎌を直線刃1〜3類、外湾刃1〜5類に形態分類した。そのうえで、各類型の使用痕跡の検討をおこない、短冊形の直線刃1類、直線刃2類、外湾刃1類、外湾刃2類は未使用品、もしくは研ぎ減りするほど使用されなかった使用品が大半を占めることをあきらかにした。さらに、非短冊形のうち外湾刃3〜5類は、短冊形よりも使用品で占められることも示せた。

　つぎに、一墳墓内に複数副葬・埋納した直刃鎌の規格性について注目し、直刃鎌の製作から副葬・埋納までにいたる過程について分析した。短冊形は、一墳墓内では規格的であることをあきら

かにした。このことから、複数の直刃鎌を同一の形態に仕上げようとする意図が製作の時点から存在し、さらに製作から副葬・埋納までの期間が短いと考えることができる。逆に非短冊形は、類例が少ないので判然とはしないものの、一墳墓内では規格的ではない。基本的に使用品であることも考えあわせると、製作から副葬・埋納までの期間が短冊形と比較すると長いとわかる。

　このように、これまで検討不十分であった直刃鎌の使用状況について本章では詳しく追及した。この基礎的研究をもとに、これから鉄鎌をつかった研究を進展させていきたい。

第3章　農具鉄製刃先の使用品と未使用品
―事例研究①京都府岩谷2号墳例―

はじめに

　岩谷2号墳は京都府綾部市のほぼ中央、吉美地区と西八田地区にまたがる丘陵上に位置している。この丘陵端部には、吉美盆地を代表する古墳である古墳時代中期の聖塚古墳や菖蒲塚古墳、古墳時代後期のキツネ塚古墳が分布している（図1）。1997年（平成9年）、綾部市教育委員会によって、この岩谷2号墳の発掘調査がおこなわれ、翌1998年（平成10年）には、『京都府綾部市文化財調査報告』第26集（以下、旧報告）において調査概報が公表されている（井口1998）。

　旧報告によれば、岩谷2号墳は長辺が約13mの長方形墳丘であり、埋葬施設が1基認められる

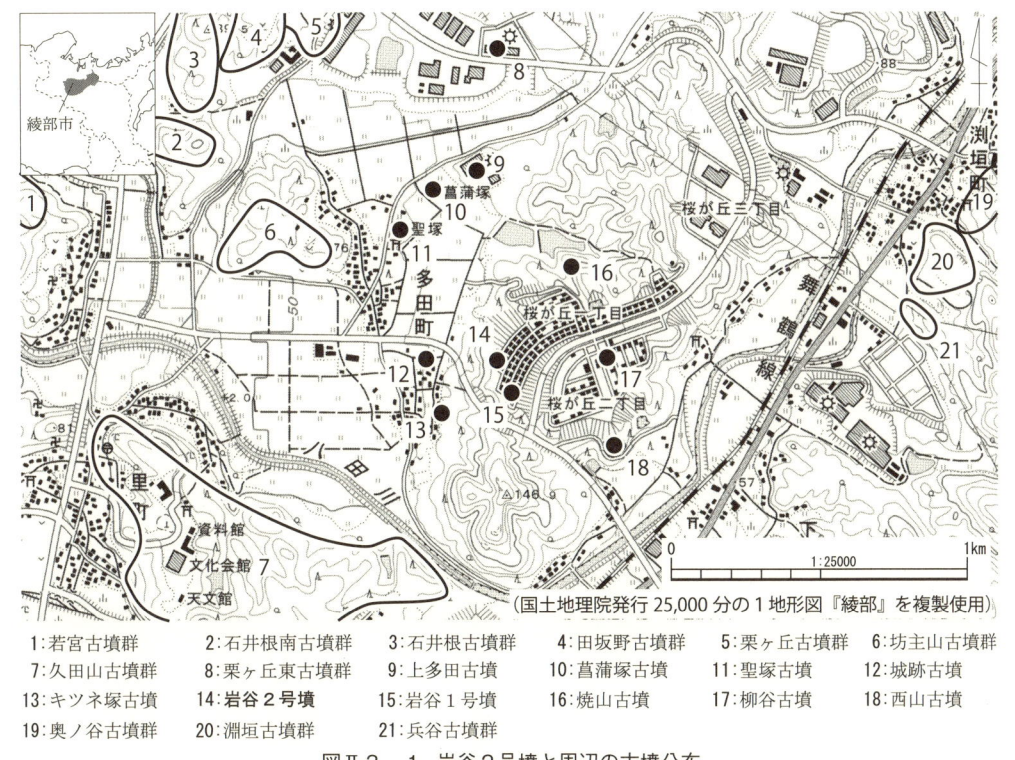

1：若宮古墳群	2：石井根南古墳群	3：石井根古墳群	4：田坂野古墳群	5：栗ヶ丘古墳群	6：坊主山古墳群
7：久田山古墳群	8：栗ヶ丘東古墳群	9：上多田古墳	10：菖蒲塚古墳	11：聖塚古墳	12：城跡古墳
13：キツネ塚古墳	14：岩谷2号墳	15：岩谷1号墳	16：焼山古墳	17：柳谷古墳	18：西山古墳
19：奥ノ谷古墳群	20：淵垣古墳群	21：兵谷古墳群			

図Ⅱ3-1　岩谷2号墳と周辺の古墳分布

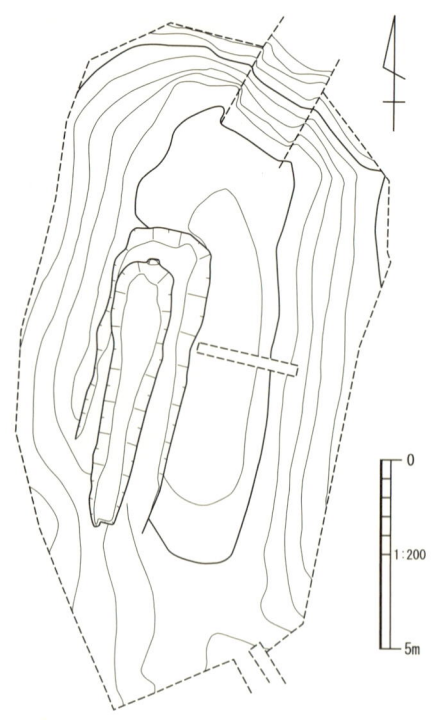

図Ⅱ3-2　岩谷2号墳の墳丘と埋葬施設

（図2）。遺物としては、表土及び墓壙埋土から布留式併行期と考えられる土器が、墓壙底面から鉄槍1点・鉄鏃3点・鉄鎌（直刃鎌）1点・鉄鍬（方形板刃先）1点が出土している（図3）。古墳の築造年代は出土遺物から古墳時代前期、下っても中期前葉までと考えられている。

2010年4月5日と5月26日、筆者は綾部市資料館にて岩谷2号墳から出土した資料を見学した。その際、鉄鎌と鉄鍬を再実測して、新たな所見を得ることができた。

そこで本章では、再実測図を掲載して、今回得た所見をささやかではあるが紹介する。また、その成果と近年の鉄製品研究を参照しつつ岩谷2号墳の築造年代について再検討してみたい。さらに、岩谷2号墳から出土した鉄鎌と鉄鍬が、現時点の農具研究にどのように貢献できるのか考察してみる。

第1節　出土農具と古墳築造年代の再検討

まず、鉄鍬と鉄鎌の資料提示をおこないたい。その上で、各種鉄製品の年代的な位置づけと、古墳の築造年代についても考えてみたい。

（1）資料の提示

ここでは、鉄鍬、鉄鎌の順番で再実測の成果を紹介する（図4）。

鉄　　鍬　完形の方形板刃先である（図4上）。縦幅4.9cm、横幅11.7cm、基端厚4mmである。重さは保存処理前で210.8gを量る。基端の形状は直線的である。旧報告では刃縁を直線的にかつ水平に復原しているが、実見すると刃縁は右上がりに斜いている。また、刃縁は中央付近がわずかに凹むことから、研ぎ減りが考えられる。刃隅は丸い。刃部の断面形は楔形である。折り返し部は鉄板のほぼ両端全体に及ぶ。折り返し部下半のつぶしは弱く、鉄板本体とのあいだには若干の隙間がみられる。鉄板本体は中央付近が歪んでいる。折り返し部内には、台に由来する木質は確認できない。右折り返し部下半には、布が錆着している。旧報告と比べると布の範囲は狭いが、保存処理の過程で一部の布が消失してしまったと考える。左側の折り返し部と裏面には錆着した木質が確認できるものの、台とは関係のない木質である。

鉄　　鎌　完形の直刃鎌である（図4下）。基端付近の背が水平になるように設置して図化して

いる。横幅12.4cm、最大縦幅3.6cm、背厚3mmである。刃先から基端までがほぼ同じ幅であり、身が外湾する。刃先側の短辺はコ字状になる。外方向の側面を観察すると、直線的にはならず凸凹しているのがわかる。刃先付近の縦断面形は楔形であるが、基端付近の縦断面形は錆のため判然とはしない。折り返しは、旧報告においては描かれているが、詳細に観察してもみあたらず、基端が欠損した痕跡がない。そのため、もともと折り返しがなかったと考えられる。刃先付近に錆着した布がある。旧報告では、両面に柄とは関係のない木質が錆着するのを確認できる。布の範囲は旧報告に比べると狭くなっているが、木質がみられない点もあわせて考えてみると、保存処理の過程において消失してしまったものと考える。

（2）各種資料の位置づけ

観察所見をもとに、鉄鍬と鉄鎌を位置づける。また、豊島直博氏により岩谷2号墳出土鉄槍（図5）の検討がなされており、その年代的成果もあわせて紹介する。

鉄　鍬　方形板刃先は、岡山県浦間茶臼山古墳や島根県神原神社古墳など例外がわずかに存在するものの、前期後葉から副葬が一般化することがわかっている（魚津2000、岩本2006）。古墳時代後期前半まで確認できるものの（松井1987）、U字形刃先が本格的に導入される中期後葉以降になるとほとんどみられなくなる。

図Ⅱ3-3　岩谷2号墳出土遺物（旧報告）

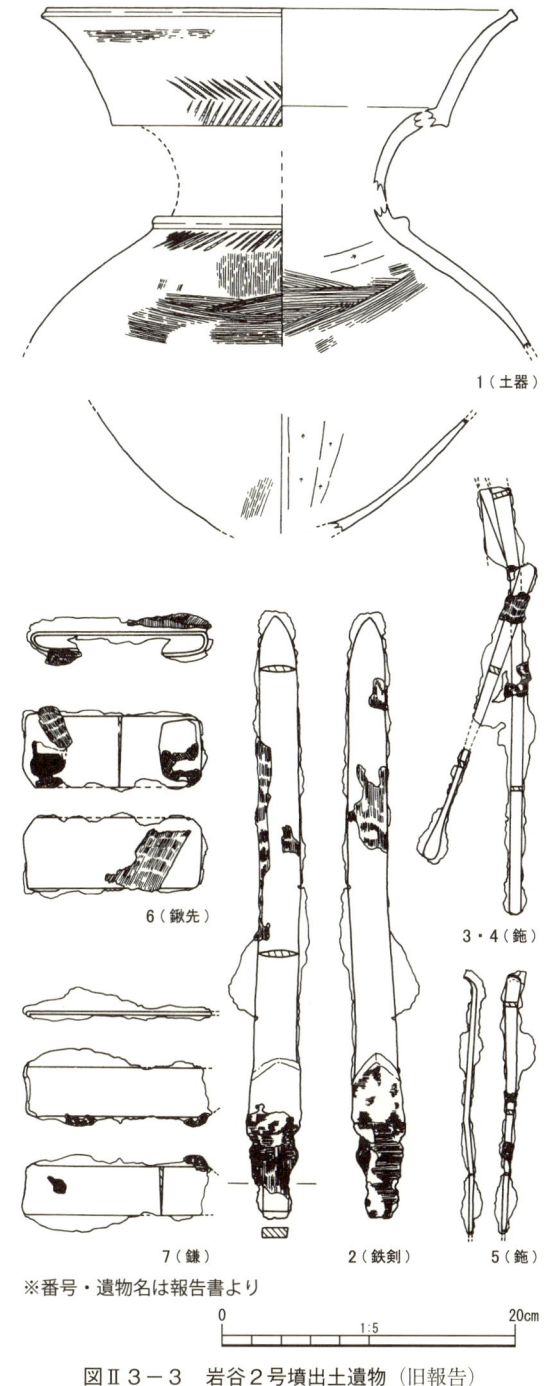

鉄　鎌　鉄鎌は、筆者分類による外湾刃1類に位置づけることができる。この形式は古墳時代前期後葉から中期中葉にみることができる（第Ⅲ部）。

鉄　槍　鉄槍は、柄が刃部まで三角形状に突出して食い込む。その突出部の頂点付近にまで糸

第Ⅱ部　農具鉄製刃先の使用

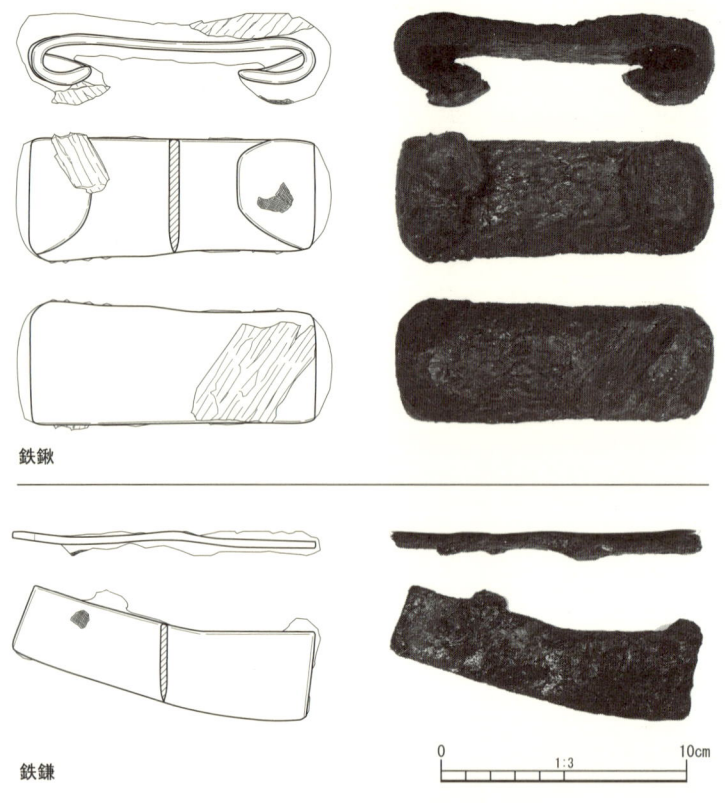

鉄鍬

鉄鎌

図Ⅱ3-4　岩谷2号墳出土鉄鍬・鉄鎌

を巻いていることから、「糸巻頂点型」に位置づけられている。この「糸巻頂点型」は、三角縁神獣鏡の出現と同時期である可能性があり、前期末葉から中期前葉において生産が終焉に向かっていたと考えられている（豊島2008）。

（3）古墳築造年代の再検討

　ここまでの資料提示と、各種遺物の年代的再検討をふまえて、岩谷2号墳の相対年代を整理することにしたい。鉄鎌をみると、古墳時代前期後葉からみることができる。鉄鍬についても前期後葉以降に副葬が一般化されることから、鉄鎌から想定できる年代と矛盾しない。同様に、鉄槍や土器の年代幅との齟齬もみられない。

　以上のことから、古墳の築造年代の上限が古墳時代前期前半にまでさかのぼることはなく、前期後葉にあることがわかる。

第2節　考察

　岩谷2号墳出土の鉄鍬と鉄鎌が、現在の農具研究にとってどのような貢献ができるのかについて若干ではあるが考察をおこなってみたい。具体的には、鉄鍬は使用と保管について、鉄鎌は使用に

ついて考えてみることにする。ここでは、鉄鍬→鉄鎌の順番で説明したい。

（１）鉄鍬の使用と保管

　最初に岩谷２号墳出土鉄鍬の特徴を振り返り、使用痕跡と装着状況についてみる。つぎに、その意義について使用と管理という視点から考えてみたい。

　特　　徴　鉄鍬の場合、岩谷２号墳出土例は研ぎ減りが考えられる刃縁を持っているのが特徴的である。また、折り返し部は刃縁付近にまで及んでおり、これ以上研ぎ減ると使用に際して困難をともなうとも考えられる。そのため、この鉄鍬はかなり使ったあと副葬・埋納した使用品と位置づけることができよう。

　また、折り返し部内には木質が見られないことから、台が装着されていない状況で副葬・埋納したこともわかる。台は土中で腐って無くなってしまうことは充分に考えられるが、鉄鍬の表面と裏面に鉄鍬とは関係のない木質が錆着していることは注目に値する。有機質が遺存しやすい環境であったと考えられるので、折り返し部内に木質が確認できないとなると、台からはずされていたとみて間違いない。表面には布の痕跡が確認でき、布目の方向が複数あることから、鉄鍬に布が被さったと考えるよりも、鉄鍬に布が包まれていたと解釈できよう。

　以上より、岩谷２号墳出土の鉄鍬は、台を装着した状態で使用され、副葬・埋納する際には台からはずされていたことがわかる貴重な事例といえる。

　意　　義　方形板刃先の研究においては、一旦台が装着されると、刃先自身が台からはずすことが可能なのかどうかいまだよくわかっていない。また、それゆえに刃先の管理についての議論もあまり進んでいないのが現状である。

　そのなかで、上原真人氏の研究は興味深い。上原氏によれば、方形板刃先やその装着痕跡をもつ木製品は集落遺跡においての出土例が少ない一方、古墳からは大量に方形板刃先が出土する。この現象の解釈として、古墳の被葬者が方形板刃先を独占して、自らの主導する土木・開墾・耕作に際してのみ、一時的に貸し与えるという体制を考えた。その体制ゆえに、首長権の保障がなされ、古墳に方形板刃先を副葬した理由も、そうした独占を誇示するため

図Ⅱ３－５　岩谷２号墳出土鉄鍬（豊島 2008）

であったと理解している（上原1997）。

　この上原氏のいう「一時的に貸し与える」行為は、方形板刃先そのものを貸し与えるのか、それとも台に装着した状態で貸し与えるのか、両方の可能性がある。そのなかで、岩谷2号墳例のように抜き身にした使用品の方形板刃先が被葬者の近くにあるという点を重視すると、前者の状況がより実態にそくしているといえる。

　つまり、古墳の被葬者が主導する土木・開墾・耕作においてのみ方形板刃先を貸し与えて、普段使っていた木製の鍬身や鋤身に方形板刃先を装着して作業をする。作業が終われば方形板刃先をはずして、古墳の被葬者が保管するという体制が、少なくとも岩谷2号墳周辺地域においてあったのではないのだろうか。

　また、それゆえに方形板刃先は布に包まれた状態で副葬・埋納されたのであろう。前期古墳の副葬農工具を研究した寺沢知子氏によれば、古墳時代前期において農工具の鉄製刃先は布に包まれた状態で副葬され、鏡と同じように貴重性をあらわしている事例があるという（寺沢1979）。岩谷2号墳例も、農作業をするような下位ランクの人々が所有した製品とは思えないくらい、大事に扱われているとえる。

　このように、方形板刃先は、上原氏が指摘するように首長権を保持するために必要な道具の一つであったと考えられる。このことを考えるうえで岩谷2号墳から出土した方形板刃先は、良好な資料といえるだろう。

（2）鉄鎌の未使用品

　ここでは岩谷2号墳の特徴点を最初にまとめる。その上で、折り返しがないという属性に注目して、その類例をあたってみたい。最後に、折り返しがないということは何を示しているのか指摘する。

　特　　徴　鉄鎌の場合、折り返しがみられないというのが特徴的である。また、刃縁をみると研ぎ減りは確認できないため、未使用品であったと考えられる。

　なお、柄の痕跡が確認できず、布が錆着していることから鉄身のみ布に包まれた状態で埋納された可能性が考えられる。

　類例の紹介　折り返しがない鉄鎌というのは、非常に珍しい。そこで、類例をあたってみると、岩谷2号墳出土例のような直刃鎌に該当する事例は、筆者が実見したもので奈良県新沢千塚500号墳例、京都府尼塚古墳例、京都府園部垣内古墳例、滋賀県安土瓢箪山古墳例がある。以下、それぞれの鉄鎌の特徴をみることにしたい。

　新沢千塚500号墳は、副槨から合計18点もの鉄鎌が出土している。横幅約10cm、最大縦幅約3cm、背厚約2mmを測る。その多くが、基端から刃先方向にかけて徐々に幅が狭くなる。直刃鎌1類や直刃鎌2類に位置づけることができよう。研ぎ減りは確認できない。木質はなく、柄は装着されていなかったと考えられる。1点の重さは約30ｇであり、通常の鉄鎌よりも軽量である（伊達編

第3章　農具鉄製刃先の使用品と未使用品

新沢千塚500号墳

尼塚古墳

園部垣内古墳

安土瓢箪山古墳

図Ⅱ3-6　折り返しのない鉄鎌

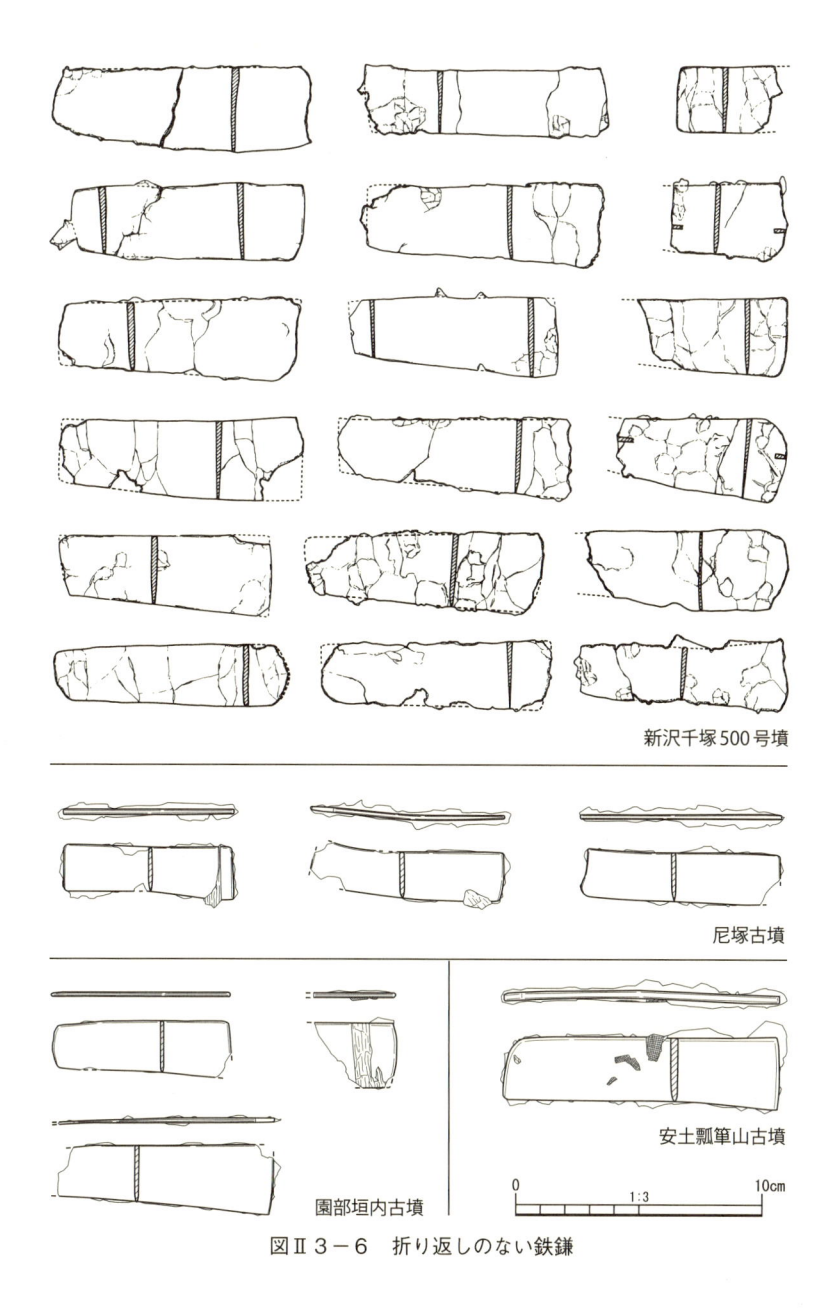

1981)。

　尼塚古墳は、合計3点の鉄鎌が出土している。横幅7～8cm、最大縦幅約2cm、背厚2mmを測る。背・刃ともに直線的であり先端の形状がコ字形になるいわゆる短冊形の形状をもつ直刃鎌2類と、先端が外湾する外湾刃1類とがある。研ぎ減りはみられない。木柄に由来する木質が錆着しているのを確認できる。

　園部垣内古墳は、合計9点もの鉄鎌の破片が出土している。そのうち確実に折り返しがない鉄鎌が3点確認できる。一番残りの良い個体で、横幅8.0cm、縦幅2.3cm、背厚2mmを測る。刃先側の短

103

辺はコ字状をなす。背と刃がともに直線的であり、刃縁は僅かに外側に傾くため、基端付近から先端にいくに従い徐々に細くなる直刃鎌１類である。一部の破片で、柄と楔に由来する木質が錆着しているのを確認できる。

　安土瓢箪山古墳は、中央石室から合計３点もの鉄鎌が出土しており、そのうちの１点が折り返しのない鉄鎌である。横幅11.2cm、縦幅2.9cm、背厚３mmを測る。基端から刃先にかけてほぼ同じ幅をもつ短冊形の形状をもつ。直刃鎌２類に位置づけることができる。研ぎ減りは確認できない。表面、裏面ともに布が錆着している。木質はなく、柄は装着されていなかった可能性が高い。

　岩谷２号墳例も含めて、これら５古墳から出土した鉄鎌の共通点をみることにしたい。まず、岩谷２号墳では築造時期に幅があるものの、古墳時代前期後葉に目立つ傾向がある。さらに、研ぎ減りがないことから未使用品であり、園部垣内古墳例の一点を除き柄の痕跡がない点も指摘できる。なかには、岩谷２号墳例や安土瓢箪山古墳例のように、布に包まれるという共通した出土状況を指摘することもできよう。

　折り返しがない背景　それではどうして鉄鎌に折り返しがみられないのであろうか。いずれの鉄鎌も未使用品であることから、二通りの解釈を与えることができる。

　１つ目の解釈について考える。民具調査によれば、大正末期まで鍛冶工房で作られた鉄鎌は、刃先そのものが流通して、柄は各農家による自給自足が原則であったという（大日本農会編 1979）。つまり、鍛冶工房内ではなく使用者によって柄が装着され、それゆえに柄の装着に必要な折り返しは使用者が作り出した可能性がある。このことから、使用者の手に渡る前の製品であったため、折り返しがなかったと解釈できる。

　２つ目の解釈について考える。渡邊芳貴氏によれば、折り返しのない属性と、厚さが薄いという属性は強い相関関係があり、いずれも非実用的だという（渡邊 2008）。確かに新沢500号墳例や園部垣内古墳例は厚さが１mmから２mmにかけてと薄く、全長10cm以下の小型品である。もちろん使用痕跡がないこともあわせると、渡邊氏の指摘するように折り返しのない鉄鎌は非実用品であった可能性が考えられる。つまり、使用を前提としない製品であるために、折り返しが製作の段階で省略されたのかもしれない。

　この２つの解釈のうち、筆者は後者の可能性が高いと考えている。その理由は、園部垣内古墳例で柄を装着した痕跡が確認できるためである。必ずしも折り返しがなくとも装着できる事例として評価でき、製品として完成している。つまり、柄を装着する前のものではない。このことから、前者の説よりも後者の非実用的な製品と考えるほうが妥当であろう。いずれにせよ折り返しがない背景としては、使用痕跡のない未使用品であったことが関係していることは間違いないであろう。

まとめ

　本章では、岩谷２号墳から出土した鉄鍬と鉄鎌を再検討して、資料提示をおこなった。その資料提示の成果をもとに年代的な位置づけについて再考したところ、岩谷２号墳の築造年代の上限が従

来の見解よりもさらに絞れることが判明した。

　また、鉄鍬は台からはずされた使用品であり、関連する管理の問題について言及した。さらに、鉄鎌は未使用品であり、折り返しがない背景について二通りの解釈を提示した。

　そこで問題になるのが、鉄鍬は使用品であるのに対して、鉄鎌は未使用品であるという点である。このように使用状況が異なる製品が共伴するのは、土掘り具と収穫具の機能的な差に起因するものなのか、もしくは別の事情があるのかはよくわからない。この問題については、今後の課題としたい。

第Ⅲ部

農具鉄製刃先の変化

第1章　農具鉄製刃先の実用品と非実用品

はじめに

　古墳時代の農具鉄製刃先のなかには実際の農作業には適さない、祭祀や副葬等に利用するため作られた非実用品が含まれる。農作業に使用される実用品と、祭祀・副葬に限定して使用される非実用品は、まったく意味合いが異なる。おのずと歴史的意義も大きく変わるため、実用品と非実用品との区分は有効である。

　筆者はこれまで、農具鉄製刃先の構造、とくに製作方法に注目して研究を行ってきた（第Ⅰ部）。さらに、使用痕跡という二つの新たな視点を導入して分析もしてきた（第Ⅱ部）。この成果を有効に活用することで、実用品と非実用品の認定方法についてさらなる進展が期待できると考える。

　そこで本章では、まず非実用品にかんする研究史を振り返るとともに研究の問題点を指摘し、その上で非実用品と実用品を区別する基準について考えてみたい。

第1節　研究史

（1）名　　称

　非実用品については、これまで数多くの研究者によって研究が深められており、農具鉄製刃先研究のなかでは、もっとも進んでいる分野である。しかしながら、研究者毎にその名称が異なり、おのずと非実用品の意味するところも異なっている。そこでまず、これまで非実用品とみなしてきた、もしくは非実用品に近い意味をもつ農具鉄製刃先の名称についてまとめる。

　鉄製雛形農工具　和歌山県大谷古墳の出土品を分析した樋口隆康氏は、非実用とみなされる小型の農具鉄製刃先に対して「雛型」と「ミニチュア」という名称を採用した（樋口ほか1959）。この「雛型」は「雛形」とも呼ばれ、岩崎卓也氏や白石太一郎氏が使用している（岩崎1985、白石1985・1997）。

　その後、三木弘氏は「雛形」が「小さいものでしかも実用性が欠如しているもの」と規定した。また、「鉄製雛形農工具」とは「非実用とみなされる小型農工具」と指摘した（三木1986）。

　ミニチュア　樋口隆康氏が「ミニチュア」という名称を用いた（樋口ほか1959）。法量分析の結果、小型品を抽出できることが判明した。その小型品は鉄板が薄い、非実用的なものであるから「ミニチュア」と呼ばれるようになった（都出1967）。その後、寺沢知子氏や坂靖氏、卜部行弘氏がこの名称を使用している（寺沢1979、坂1988、卜部2006）。なお、門田誠一氏は「ミニチュア」という

場合、たんに大きさが小型であるだけでなく、実際の使用を意図して作られたものではないという要素が基本的な認識になると指摘している（門田1999）。

　鉄製模造品　都出比呂志氏は、「ミニチュア」とほぼ同じ意味で「鉄製模造品」という名称をつかっている。石製模造品と同じ時期にみられるという記述があるので、おそらくは石製模造品とは材質が異なるという意味で「鉄製模造品」を用いたのであろう（都出1967）。その後、一般的な名称となり（寺沢1986）、たとえば沼沢豊氏は模倣しようとした器物という意味で「鉄製模造品」を使用している（沼沢1977）。

　小型農工具　坂靖氏は「ミニチュア」と実用品とを客観的に区別することが難しいと指摘し、小型品がすべて非実用的なものではないことを強調するため、あえて「小型農工具」という名称を使っている。その上で、あきらかに非実用のものに限り「ミニチュア」と呼んだ（坂1988）。

　鉄製模型農工具　門田誠一氏は、「小型品」のなかにも実際に実用品として機能できるものがあると指摘し、また「ミニチュア」は小型であるだけでなく実際の使用を意図して作られたものではないという立場である。実用か非実用か、もしくは儀器・仮器・明器などの使用を示す用語は避け、より客観的な分析の出発点とする立場から「鉄製模型農工具」と呼ぶ（門田1999）。

　薄板系農工具形鉄製品　魚津知克氏は、これまでの研究を踏まえ名称についての整理をおこなった。まず、素材が相対的に薄い鉄板は、錆化した場合、刃の有無や着装部の強弱を客観的に示すのは容易ではない。むしろ、まず薄い鉄板を素材としている一群（＝「薄板系農工具形鉄製品」）を最初に抽出し、その上で刃や着装部の形状をはじめとする形態的属性によってその一群を細別する方が、実際の資料操作では有効と考えた。その上で、「薄板系農工具形鉄製品」のうち、刃がつけられず着装部も粗雑につくられている使用不能な非実用品、つまり道具としての使用が不可能なものを「農工具形祭器」と呼んだ。また、比較的精巧につくられており、使用不能とまではいえないもの、つまり道具としての使用が可能なものを「農工具用祭器」と呼んだ。さらに、「薄板系農工具形鉄製品」とは異なり、モデルとなった実用品とは素材や形態が類似しつつも法量において差異化がはかられた一群を「雛形」と規定し、「農工具用祭器」に含めた（魚津2003b）。

　非実用的鉄器　渡邊芳貴氏は、形状や厚さなどから非実用的な要素を抽出し、その要素をもつ鉄製品を「非実用的鉄器」と呼んだ（渡邊2008）。

　小　　結　以上をまとめると、「雛形」・「ミニチュア」・「鉄製模造品」は非実用的な小型の鉄製刃先という意味で当初用いられていたといえよう。その後、小型品のなかに実用品が含まれる可能性が指摘されるとともに、「小型農工具」・「鉄製模型農工具」・「薄板系農工具形鉄製品」などの用語が使用されるようになった。そのなかで、「雛形」という用語をより限定的に使用する研究も現れた。最近では、非実用的な鉄製品が中・大型品にも含みうる用語として「非実用的鉄器」と呼ぶ研究もある。

　このようにさまざまな名称があることがわかったが、非実用的な要素をもつ鉄製品が小型品以外にも認められる点を重視すると以下のような問題がある。まず、「雛形」・「ミニチュア」・「鉄製模

造品」を使用すると、反対に中・大型品の非実用的な鉄製品をどう呼ぶのかという問題が挙げられる。さらに、「鉄製模造品」については石製模造品の対にして使用するには適当と一見考えられるものの、「鉄製模造品」は柄を装着する一方で、石製模造品は懸垂するから、両者の性格は異なるという意見もある（松本ほか1960、沼沢1977、三木1986）。なお、両者の性格が同じと捉える研究者もいる（白石1985）。このように石製模造品の意味合いが同じならば、法量を度外視したうえで「鉄製模造品」を使用するのはよいが、性格が現段階で判然としていない以上、この名称を使用するのは適当ではない。

　また、「小型農工具」や「鉄製模型農工具」は非実用的な意味合いが名称のなかに含まれない。

　さらに、「薄板系農工具形鉄製品」を使用すると、同じ非実用品でも厚い鉄板を使用した小型品を別の用語に規定しなければならない。魚津知克氏がいずれも「農工具用祭祀」と呼ぶように位置づけが同じであるにもかかわらず、両者が異なる意味合いをもつかのように受け止められてしまう問題がある。

　そのなかで渡邊芳貴氏の「非実用的鉄器」は適切と考えるが、「的」がつくと用語としての曖昧さがのこる。

　そこで、筆者の立場は、農具の場合、農作業に使用されたもの、もしくは使用されうるものを「実用品」として、逆に農作業に使用することが難しい非実用的な要素をもつものを「非実用品」と規定したい。つまり、法量の意味合いは名称に含めることなく、純粋に非実用的要素をもつのかどうかを基準にして使用した名称である。以下では、「実用品」と「非実用品」という名称をつかって記述したい。

（2）法　　量

　ここでは実用品と非実用品をみわける方法について過去の研究史を振り返る。まずは、研究者がもっとも注目してきた法量について言及したい。

　鉄　　鍬　方形板刃先については、都出比呂志氏が横幅と縦幅との法量分布図を作成し、横幅が10cm前後のものと、数cmのものとで値がわかれることを突き止めた。そのうち小型のものは、鉄刃の厚みも2mm程度と薄く実用性を疑わしめると指摘した。さらに方形板刃先と同様にU字形刃先も、小型で厚みが薄いものは非実用的と言及した（都出1967）。

　その後、三木弘氏が方形板刃先の横幅と縦幅の時期別の推移をみて、弥生時代から古墳時代前期までは横幅7cm以上が大半であったが、中期になると4～7cmの小型品がみられるようになると指摘した（三木1994）。この三木氏の研究をうけて、魚津知克氏は時期別に比較すると相対的な小ささについて抽出できると示した（魚津2003b）。

　この小形品であるが、三木弘氏は通有のものよりも小回りがきくことから、中耕や小規模な掘削に用いられたものであり、開墾や土木作業用のものから機能分化したと指摘している（三木1994）。

　鉄　　鎌　鉄鎌にも小型品があり、非実用とみなされるという見解があったが（樋口ほか1959）、

坂靖氏は遺跡出土例で全長7.4cmの実用品があることや、明治時代に使用された横幅1cm前後の一本根刈用鉄鎌があることから、小型品のなかにも少なからず実用品が存在する可能性があると指摘した（坂1988）。

その後、寺澤薫氏が非実用品とされてきた小型品も、民具例では桑刈鎌や水稲茎切鎌など実用に供されており、古墳時代のものも十分に穂切り鎌としての実用品として捉えられると指摘した（寺澤1991）。なお、古墳時代後期以降の鉄鎌を分析した古庄浩明氏も寺澤氏とほぼ同様の見解をとっている（古庄1994）。その後、法量のみでは非実用品を抽出することができないとう論調が目立つようになったものの（田中1995ほか）、一方で卜部行弘氏のように直刃鎌は10cm以下、曲刃鎌は15cm以下を非実用品とする意見もある（卜部2006）。

（3）非実用的な要素

ここでは実用品と非実用品をみわける方法について法量以外の非実用的要素にかんしての研究史を振り返る。

鉄　鍬　都出比呂志氏は、厚さ2mm程度の薄い点を非実用的な要素として挙げている（都出1967）。次に三木弘氏は、小型品を非実用品と規定したうえで、方形板刃先では折り返し部と表面形状が実用品と同じならば精巧であるとし、実用品と異なるものは粗雑であると指摘した。同様にU字形刃先もV字溝と表面形状が実用品と同じならば精巧であり、実用品と異なれば粗雑であるとも指摘した（三木1986）。その後、坂靖氏はU字形刃先のうち刃先部縦断面がコ字形になる刃のないもの、V字溝のないものは、非実用品とみて間違いないとしている（坂1988）。このように刃がないもの、方形板刃先の折り返し部が脆弱なもの、U字形刃先のV字溝がないものは、非実用的要素と認定する共通見解ができたといえよう（門田1999、魚津2003b）。このほか村上恭通氏と渡邊芳貴氏は、折り返し部のつぶしがないもの、さらに木柄の差し込みが弱いものは非実用的であると捉えた（村上・山村2003）。また、渡邊芳貴氏は方形板刃先の実用品が外湾刃であるという前提に立ったうえで、製作当初から直線刃のものは、小型品の割合が多く、厚みも薄いものが目立つことから、非実用品の可能性が高いとみる（渡邊2008）。

鉄　鎌　坂靖氏は、鉄鎌であきらかに刃がないものは非実用品と認定した（坂1988）。その後、寺澤薫氏は刃がない状態と、木柄の装着がまったく無理な状態を非実用的要素と指摘している（寺澤1991）。また、村上恭通氏は折り返しの先端を木柄に食い込ませ、しっかりと固定する「地獄止め」は実用的であり、それ以外は非実用的である可能性を示唆した（村上2007）。このほか渡邊芳貴氏は、木柄の固定に必要な折り返しのないものは、極めて実用性を欠き、折り返しのない鉄鎌は薄身であることもあわせ非実用品と認定した（渡邊2008）。筆者は、渡邊氏の視点を継承し、折り返しのない鉄鎌は未使用品を示すものの、必ずしも非実用品に限定できないことを指摘した（第Ⅱ部第3章）。

鉄製穂摘具　さきほど方形板刃先の非実用的要素として紹介したつぶしであるが、袋式も同様に

つぶしの有無が実用と非実用をわけるうえで役立つと考えられてきた（村上・山村 2003、村上 2007）。このほかに渡邊芳貴氏は、板式が袋式の折り返しを省略した形態と捉え、板式そのものを非実用品として認識している（渡邊 2008）。

（4）実用品・非実用品を抽出するうえでの問題点

　実用品・非実用品を認定する議論の争点は、うえに紹介したように法量と非実用的要素の抽出の2点に絞られる。法量は、縦幅と横幅をみることで判断する。また非実用的要素の抽出には、おもに鉄板の厚さや刃の有無、木柄を装着する部位の脆弱さの度合いを指標としている。以下では、これらの実用品・非実用品をみわけるうえでの問題点を指摘し、分析の指針を与えたい。

　法　　量　客観的な数値で議論できる点で、法量による分析は有効である。しかしながら、研ぎ減りによる形状変化を考慮しなければならず、例えば方形板刃先の場合、使用によって横幅は変わらないものの、縦幅は小さくなる。このように使用状況をも踏まえたうえで研究を進める必要があろう。また、田中新史氏の分析（田中 1995）が示すように、単に法量だけみると数値が漸移的になり、実用品と非実用品との境を引くのが難しくなる。それゆえに、法量のみではなく、ほかの要素と複合した上で実用品と非実用品とを見分けることが必要であろう。

　鉄板の薄さ　非実用的な要素として、数多くの研究者が指摘する属性である。最新の研究では厚さ 2.5mm 以下と小型品との相関があるとされてきているが（渡邊 2008）、そもそも小型品は中・大型品よりも薄いことは明らかである。また、錆化の程度によって厚さは変化して、同じ個体でも厚さが一定である保証はなく観察者による計測部位で多少は変動することも考えられる。そのため、0.5mm 単位の分析を基準にして議論を進めることが果たして有効なのか疑問である。

　木柄の着装部　これまで鉄鍬の方形板刃先ならば折り返し部、U字形刃先ならばV字溝、鉄鎌ならば折り返し、鉄製穂摘具ならば袋式と板式との違いに着目して、装着の機能がないもの、もしくは弱いものは非実用的要素と捉えてきた。

　しかしながら、方形板刃先や袋式のつぶす行為は地獄止めではなく、弾性による装着のためとわかっている（第Ⅰ部第1・4章）。そのような見解の相違はあるが、村上恭通氏が指摘するようにつぶしが弱いと装着が脆弱になることは明らかであり、非実用的な要素と考えることができる。ただし、筆者の実見する限りにおいて、すべての個体につぶしが施されており、確かにつぶしの程度の弱さや強さがあるものの客観的に提示することは容易ではない。さらに、これまでの報告書をみるかぎり、つぶしを意識して描かれた実測図はほとんどなく、それゆえに統計的な処理ができない問題がある。

　次に鉄鎌の場合、地獄止めによる装着の有無で実用品と非実用品とをみわける研究があるが、古墳時代の鉄鎌は楔による装着が一般的である（第Ⅰ部第3章）。そのため、地獄止めのみ用いて実用・非実用を議論することは難しい。

　分析の視角　従来の研究では、以上のような問題点があることが明確になった。矛盾するようだ

が、これまでの研究は多少の問題点こそあれ、まったく無視をすることもできないと考える。むしろ、鉄板の薄さや木柄の着装部は実用・非実用を断定するには根拠が薄いものの、傍証として用いる場合、ある程度の有効性が期待されるからである。

また、法量はこれまでの研究者が分析の軸においてきたように、実用と非実用とを判断するうえで一つの基準になると考える。その際、研ぎ減りの影響の少ない数値を用いるべきことは前述したとおりである。

筆者は、西日本から出土した農具鉄製刃先の使用状況を分析して、方形板刃先と直刃鎌については、使用品と未使用品とに区分できることを示した。なお、この使用品と未使用品の区分は、研ぎ減りするほど頻繁に使用したものを使用品としており、研ぎ減りしない程度に使用したものは未使用品としている（第Ⅱ部）。使用品は実用品であり、未使用品には実用品と非実用品とを含むため、使用状況を踏まえて分析すれば実用・非実用品の研究は進展すると考える。さらに、これまで注目されてこなかった製作方法にも注目し、その省略化と実用性との相関についても検討する。このほか本研究の特色として、西日本の墳墓出土品のみならず、集落出土品も分析対象に加える。集落出土品には祭祀遺構など特別な出土状況にあるもの以外は基本的に実用品で占められ、祭祀遺構や墳墓からは非実用品が含まれる率が高いと予想されるからである。これまでの研究史で用いられた属性に加え、先ほど紹介した使用状況、製作方法、出土状況を分析に加え複眼的にみることで、実用品・非実用品の抽出に努めたい。

第2節　実用品と非実用品

（1）鉄鍬（方形板刃先）

使用品と未使用品　これまでの分析で、方形板刃先の刃隅が角となる隅角形は未使用品であり、刃隅が丸となる隅丸形は使用品と判明している（第Ⅱ部第1章）。そこでまず、これら隅角形と隅丸形のうち、欠損などの影響がない遺存状態のよい資料を抽出して、その横幅を計測してみた。その際に、集落出土品と墳墓出土品とを区別している。なお、後述するU字形刃先や鉄鎌、鉄製穂摘具も同様の方法を用い資料を抽出している。このほか大阪府西墓山古墳と大阪府野中アリ山古墳は計測するべき資料数が多いため別に扱っている（図1）。

結果として、隅角形と隅丸形とでは法量に差があることが判明した。まず、隅角形は横幅7cmを頂点として、おもに横幅3～10cmにかけて正規分布をなす。また、隅丸形は横幅9～11cmを頂点として、おもに横幅7～13cmにかけて正規分布をなすことがわかった。相対的にみると、隅丸形のほうが隅角形よりも大きい資料が目立つ。もっとも特徴的なのが、横幅7cm未満の小さいものが、隅角形に多い点を挙げることができよう。

隅丸形は使用品であるので、実際に農作業などで使用した実用品とみて問題なかろう。その隅丸形は横幅7cm以上によくみられるため、実用品として利用されたのはこの値以上とみて間違いない。一部、三重県東山古墳例で横幅4.6cm、兵庫県西野山第3号古墳例で横幅6.6cmの資料を確認で

きるが、この2点は例外的に小さい資料とみる。その内、東山古墳例は刃縁が折り返し部下端よりも大きく下に位置しており、さらに使用頻度の少ない使用品、もしくは未使用品の可能性も充分考えられる。

このように使用状況を中心に法量を検討すると、横幅7cm以上の隅丸形は実用品の大きさといえる。そして、横幅7cm未満の隅角形は非実用品の大きさともいえる。このように横幅7cmを基準として前後にわけてみたが、厳密にわけることはできないとも考えている。あくまで大きさからみて実用性をわける目安であり、多少の許容範囲は認めうる。つまり、法量からみた場合、横幅7cmを基準として前後にわけることで実用性を判断する基準となりえる。

しかしながら、横幅7cm以上の隅角形は研究史でも指摘されているとおり、非実用的要素を含むものが存在する。つまり、横幅7cm以上の隅角形は基本的に実用品とみて問題ないが、非実用的要素がある場合に限り非実用品として認識できる。個々の資料を詳細に観察して、非実用的要素があるかどうか見極めなければならない。

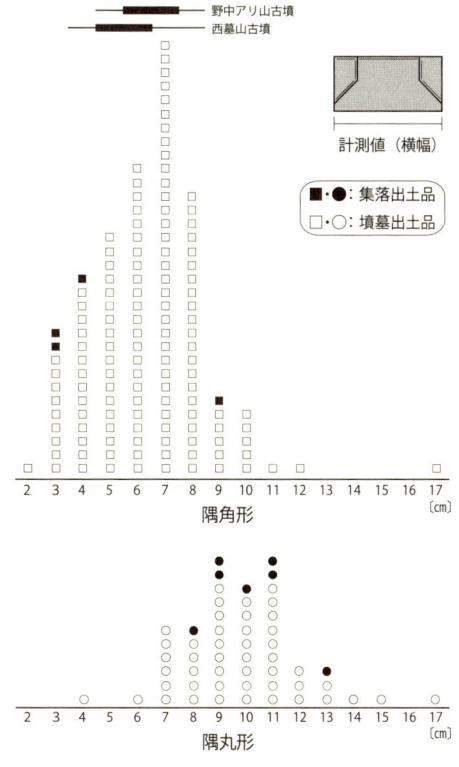

図Ⅲ1-1　方形板刃先の法量

製作方法　そこで、やや視点を変えて方形板刃先の製作方法について考えてみたい。未使用品の隅角形をみると、折り返し部下端の位置が刃縁よりもうえにくるa類と、刃縁と一致するb類とがある（図2）。このa類とb類の差は、切断工程の有無の差である可能性が高い。折り返し部下半に相当する箇所を切断するa類は、切断しないb類よりも手間がかかっているといえる。このように切断する理由は、折り返し部下端の位置が刃縁より上にくることが機能的に優位だからである。b類は使用の際、木製台部が直接土へ触れて摩擦が大きくなるため非実用的である（第Ⅰ部第1章）。なお、切断以外にも鍛打のみでa類にしうることも可能性としてあるが、いずれにせよb類より手間がかかっているといえる。

このように方形板刃先は類型化できる。そのうち非実用的なb類に注目すると、横幅7cm以上になる隅角形のなかでb類は、奈良県マエ塚古墳例、大阪府河内野中古墳例、鳥取県伯耆国分寺古墳例、島根県社日1号墳例、岡山県金蔵山古墳例、福岡県老司古墳3号石室例、福岡県潜塚古墳例、熊本県ヤンボシ塚古墳例などで確認できる。つまり、法量のみから実用品の可能性が指摘できる資料でも、製作方法からみると非実用品ということがありえる。

非実用的な要素　製作方法以外で方形板刃先の非実用的要素とは何かが問題となってくるが、基

第Ⅲ部　農具鉄製刃先の変化

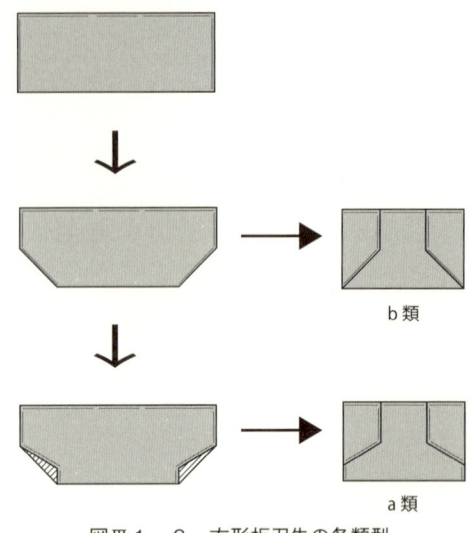

図Ⅲ1-2　方形板刃先の各類型

本的にはすでに研究史で指摘されているとおりである。例えば、厚さが薄いもの、折り返し部が脆弱なもの、柄の差し込みが浅いものを挙げることができよう。

このほか鉄板が素材であるものも、焼き入れの効果が望めないので非実用品と捉えることができる（第Ⅰ部第1章）。なお、逆に鉄板に歪みのあるものは、焼き入れをした証拠ともなり実用品と認定できよう。

集落出土品　これまで墳墓出土品を中心に扱ったが、比較的使用していた可能性が高い集落出土品について法量をみた（図1）。結果として、隅丸形は墳墓出土品と同じように法量が分布することがわかった。そのため、墳墓出土品のうち隅丸形は使用品でありかつ実用品であることを集落出土品から検証できたといえよう。

次に、隅角形は類例が少ないものの、鳥取県長瀬高浜遺跡にて横幅3.6cm・3.9cm・9.4cm、奈良県布留遺跡にて横幅4.2cmの事例を確認できる。いずれも隅角形の墳墓出土品の傾向とも一致している。そのうち横幅3～4cmの隅角形を出土した両遺跡は、いずれも祭祀に関連する遺跡である。鳥取県長瀬高浜遺跡は、方形板刃先のほかに鉄鎌、鉄斧、剣先形鉄製品という小型の非実用品が出土している。さらに、小型の隅角形は土器集積遺構のなかから出土しているため、なにかしらの祭祀に用いられた可能性が高い（第Ⅳ部第2章）。同様に、奈良県布留遺跡の小型品も、祭祀遺構からの出土である（図3）。具体的に、大量の高坏が集積しており、鉄斧と折り曲げた鉄刀子の小型品、剣形石製品、勾玉形石製品、鏡形石製品、滑石製管玉、滑石製臼玉などが共伴する。

これらの事例が示すように、法量からみて非実用品と判断できる隅角形が集落からだと祭祀遺構から出土する点は重要である。以上をまとめると、墳墓出土品から判断した実用・非実用の区分は、集落出土品からみても矛盾がなく整合的といえる。

小　結　方形板刃先のうち、隅丸形は使用品であるので一部例外があるものの実用品とみて問題ない。その隅丸形の法量を基準にすると、未使用品の隅角形は横幅7cm未満が非実用品の可能性が高い。そして横幅7cm以上が実用品と断言できるかといえず、製作方法からみると非実用品を含むことも判明した。このように、実用品、非実用品の認定を使用状況と製作方法から具体的に言及することができた。

（2）鉄鍬（U字形刃先）

使用品と未使用品　方形板刃先の場合、刃隅に着目して隅角形と隅丸形とに分類した。研ぎ減りによる使用痕跡を検討した結果、隅角形は未使用品であり、隅丸形は使用品であることが判明した

第1章　農具鉄製刃先の実用品と非実用品

鉄鍬　　　　　　鉄斧　　　　　　鉄刀子　　不明鉄製品

剣形石製品　勾玉形石製品　　　鏡形石製品　　　　滑石製管玉

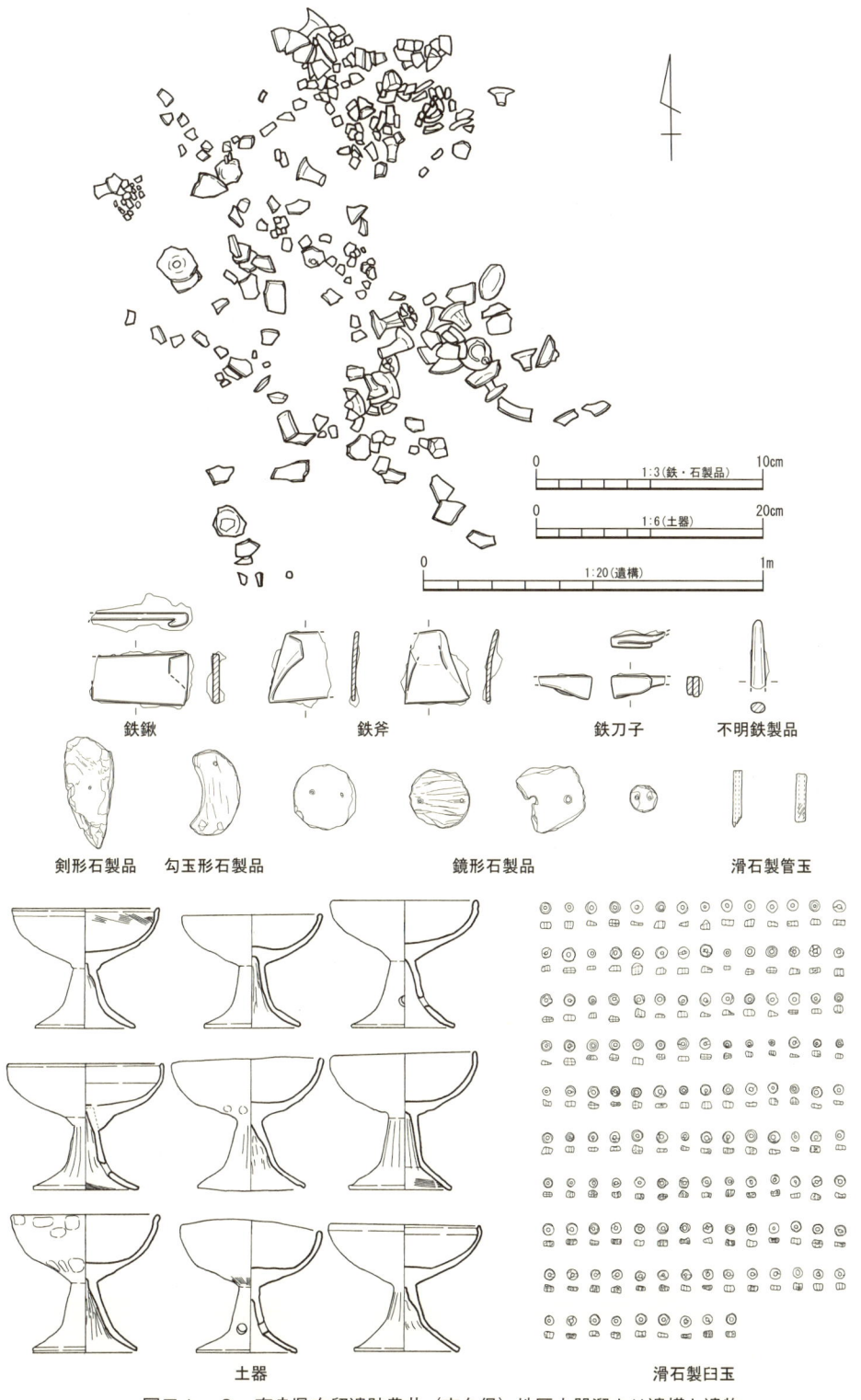

土器　　　　　　　　　　滑石製臼玉

図Ⅲ1-3　奈良県布留遺跡豊井（宇久保）地区土器溜まり遺構と遺物

117

(第Ⅱ部第1章)。方形板刃先は、使用の際に刃隅がよく減るので、刃隅による大別が有効であった。

しかしながらU字形刃先は、今回対象とする西日本の資料の多くが、U字形の刃縁をもつため刃隅がない。そのためU字形刃先は、方形板刃先のような刃隅による大別は不可能である。東日本では凹字形の刃隅をもつU字形刃先が目立つため(魚津2003a)、刃隅による分類が有効とも考えられるが本論では対象としない。

図4-1は、広島県寺山第3号古墳から出土したU字形刃先である。刃縁がわずかに窪むことから(▲)、使用された可能性が高い資料である。このように、方形板刃先で検討したように刃縁に窪みが確認できる、もしくは刃縁が斜めになり左右が非対称である場合などは、使用による研ぎ減りがあったと考える。一方で、兵庫県亀山古墳例のように刃縁がスムーズな弧を描く場合、未使用品の可能性が想定できる(図4-2)。

このようにU字形刃先は個々の資料をみて、使用状況を判断するしか手段がないが、方形板刃先と比較すると決めてが欠けるといえよう。そのため、実用品、非実用品を認定するにあたり使用状況は傍証に留めることにしたい。

非実用的な要素 そこでまず確実に非実用品といえる属性をみいだし、議論を進めていく必要があろう。研究史でも指摘されている通り、V字溝のないものと、刃がないものについては非実用品とみて間違いない。さらには、厚さが薄いものも非実用的な要素として挙げることができるであろう。そのうち、錆などの影響を考慮する必要がないもっとも客観的な要素は、V字溝がない点である。このV字溝の有無を基準として、さきほどと同じように横幅を調べてみたところ、図5のような結果となった。

まず、V字溝のない非実用品と考えられるU字形刃先は、横幅4〜10cmの範囲に正規分布する。一方で、V字溝のあるU字形刃先は、横幅15cmを頂点として4〜22cmの範囲に正規分布する。このようにV字溝のないものは、明らかにV字溝のあるものよりも小さい傾向にあるといえる。このほか集落出土品を分析対象に加えてみると、V字溝のない事例は1点も確認できず、逆にV字溝のある事例は横幅11cm以上に分布している。集落出土品は、祭祀遺構など特別な出土

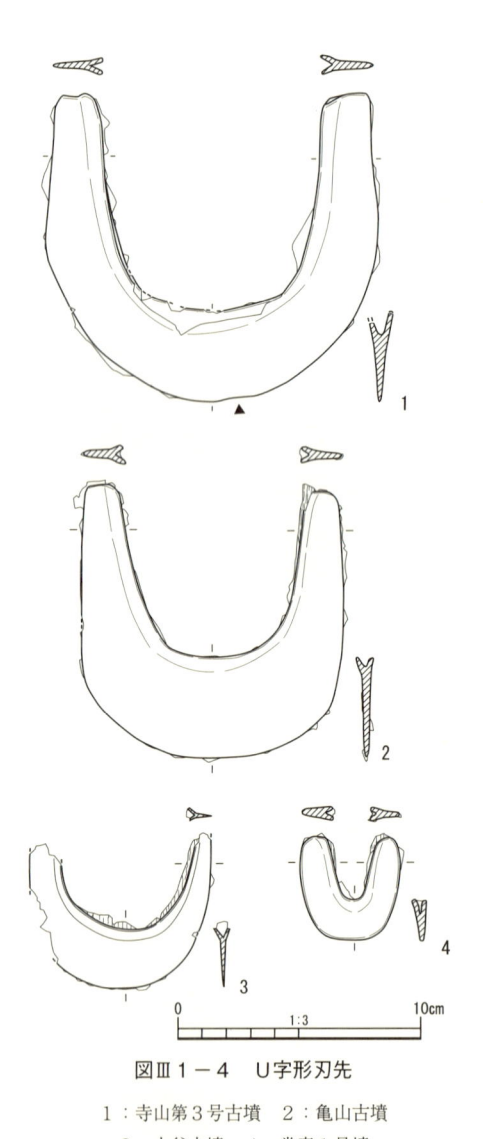

図Ⅲ1-4 U字形刃先
1:寺山第3号古墳 2:亀山古墳
3:大谷古墳 4:常森1号墳

状況の場合に限り非実用品である可能性があるものの、それ以外の建物跡や土坑、溝から出土したものは基本的に使用品とみて間違いない。このことから、少なくともＶ字溝のある横幅11cm以上のＵ字形刃先は、実用品と判断できる。なお、方形板刃先では法量で大きいものであっても着装部が脆弱であり、厚さが薄いなど非実用的な要素がみられると判断したが、Ｕ字形刃先に限ると非実用的要素がなく、丈夫に作られているといえる。そのため、横幅11cm以上のもので非実用品として製作されたものはあったとしてもごくわずかであり、基本的に大半が実用品とみる。

そこで問題となってくるのは、Ｖ字溝のある横幅11cm未満のＵ字形刃先の位置づけである。研ぎ減りからみた使用状況を観察すると、横幅7cm未満のものは和歌山県大谷古墳例や山口県常森1号墳例にみるように、いずれもスムーズな弧を描く。そのため未使用品の可能性が高いと考える（図4－3・4）。そのなかでもっとも大きな大谷古墳例は、Ｖ字溝の幅がおよそ5mmしかなく着装部の作りが脆弱であり、かつ厚さが最大3mmと薄い。このことから樋口隆康氏が判断したように非実用的と位置づけるべきである（樋口ほか1959）。

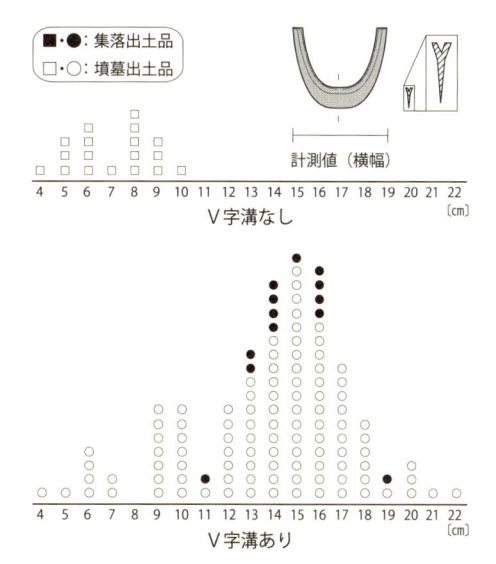

次に、横幅9～10cm台を検討する。研ぎ減りからみた使用状況を観察すると、島根県金崎1号墳以外のものは、いずれもスムーズな弧を描いている（図4－2）。また、刃先部が耳部よりも長いものが大半であることから、研ぎ減りによる形状変化は考えにくい。基本的には未使用品と考える。一方で木製台部から検討してみると近畿地方の木製品を集成した上原真人氏によれば、集落出土品のなかには横幅8cm台と9cm台のＵ字形刃先を装着した事例が1例ずつ存在する。なお、横幅7cm未満のものは確認できていない（上原1993）。この木製台部からみた検討を重視すると、横幅9～10cm台のものは、法量からみた場合、実用品とみて問題ない。しかしながら、鉄刃の状況を観察すると使用していないものが多いのも事実である。そのため、なかには非実用品として製作されたものが含まれると考えるが、実用・非実用品を見極めるのは困難といえよう。

小　結　Ｕ字形刃先のうち、Ｖ字溝のないものは非実用品とみて問題ない。次に、Ｖ字溝があるもので横幅7cm未満は非実用品の可能性が高い。一方で、横幅11cm以上は実用品、間の横幅9・10cm台は実用性の判別がつかないといえる。

（3）鉄鎌（直刃鎌）

使用品と未使用品　これまでの分析で、短冊形の鉄鎌である直線刃1類、直線刃2類、外湾刃1

第Ⅲ部　農具鉄製刃先の変化

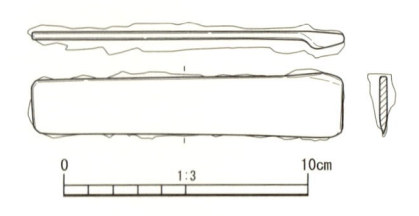

図Ⅲ1－6　大阪府野中アリ山古墳出土直刃鎌

類、外湾刃2類は、形状及び使用痕跡の少なさや、あきらかな非実用品を含むことを踏まえて未使用品と考えた。一方で、非短冊形の鉄鎌である外湾刃3～5類は、短冊形の鉄鎌と比較して使用痕跡をもつ事例が多くあきらかな非実用品が少ないことから使用品とも捉えた（第Ⅱ部第2章）。そのため、短冊形と非短冊形とで区分して比較検討することが有効と考える。なお、直線刃3類は非短冊形であるものの、積極的に使用品とはいえないため分析から除外すると、表1のような結果となった。なかでも、非短冊形よりも短冊形の方が比較的法量の小さな資料が目立つ点は注目できよう。とりわけ、横幅8cm未満の非短冊形はわずか3例のみだが、短冊形は34例も確認できる。なお、刃縁の窪みからみた使用痕跡は横幅8cm未満ではまったく確認することができない。つまり、使用状況からみると横幅8cm未満の直刃鎌は非実用品の可能性が高い。非短冊形の3例は例外的に非実用品とみるほうが妥当である。また、横幅8cm以上の直刃鎌は実用品の可能性が高いものの、なかには非実用的な要素がある場合もあり、それは非実用品といえる。

非実用的な要素　そこで、やや視点をかえて直刃鎌の非実用的な要素を探してみると、まず研究史でも取り上げたように、着装部の脆弱さを挙げることができる。かつて都出比呂志氏が非実用品と評価した三重県石山古墳例は、通有よりも明らかに折り返す範囲が小さい（都出1967）。同様の事例として、大阪府野中アリ山古墳例など挙げることができる（図6）。この2例は、いずれも角折り返しである。なお、辺折り返しの場合も鈍角に弱く折り返すものがあるものの類例が多く、さらに使用痕跡が認められるものがあることから非実用的な要素とはなりえない。

以上のように、横幅が8cm以上のものであっても、なかには非実用品が含まれることがわかる。

集落出土品　これまで墳墓出土品を中心に扱ったが、比較的使用していたであろう可能性が高い集落出土品について法量をみた（図7）。結果として、横幅8cm以上に法量が分布する傾向にあり、法量からみると実用品であることを集落出土品から検証できたといえよう。なお、横幅7cm台のものが1点あるが使用痕跡は確認できない。祭祀遺構や非実用品が豊富にみつかっている鳥取県長瀬高浜遺跡からの出土例であるため、集落出土品であるものの、これをもって横幅7cm台の直刃鎌を実用品とみなすことはできない。なお、つぎに小さい横幅8.0cmの広島県塔之原遺跡例は使用痕跡

表Ⅲ1－1　短冊形と非短冊形の法量比較

		3cm～	4cm～	5cm～	6cm～	7cm～	8cm～	9cm～	10cm～
短冊形	直線刃1類				4	3	5	15	9
	直線刃2類	4	1	2	2	6	11	10	13
	外湾刃1類				3	4	3	5	2
	外湾刃2類					5	1	2	1
非短冊形	外湾刃3類			1			2	3	1
	外湾刃4類								1
	外湾刃5類			1		1		1	

を確認でき、実用品とみることができる。以上をまとめると、墳墓出土品から判断した実用・非実用の区分は、集落出土品からみても矛盾がなく整合的といえる。

　小　結　直刃鎌は、横幅8cm以上に使用痕跡が目立ち、横幅8cm未満に使用痕跡を確認できない。集落出土品にも横幅8cm未満は祭祀的意味合いの強い遺跡からの出土事例を除き皆無である。そのため法量からみた場合、横幅8cm未満は非実用品の可能性が高い。しかしながら、横幅8cm以上のものがすべて実用品とは言い難く、なかには着装部の脆弱な非実用品も含むといえる。

（4）鉄鎌（曲刃鎌）

　使用品と未使用品　曲刃鎌は、直刃鎌のように特定の類型に使用の痕跡が集中して確認できる、もしくは使用の痕跡が確認できない、というような現象は筆者の実資料の観察や集成にもとづくかぎり存在しない。さらに、曲刃鎌の形態細別は一部の類型を除き、地域差・時期差・製作方法の差など何を反映しているのか不明である。それゆえに、本章で曲刃鎌の類型を設定して、使用痕跡を検討することには意味がない。

　図8は、福岡県萱葉1号墳から出土した曲刃鎌である。基端付近の刃縁に段が確認できることから（▲）、使用された可能性が高い資料と考える。このような痕跡が残る要因としては、木柄を装着したまま砥石を使い研いだためであり、木柄に重なる鉄身には研ぎが及ばないからである。このように曲刃鎌の使用痕跡を求めることは可能だが、使用痕跡がないからといって未使用品とは断定できない。鉄鎌は楔で固定するため、簡単に木柄と鉄身を着脱することができる（第Ⅰ部第3章）。つまり、木柄から外した状態で鉄身を研いだ場合、刃縁全体を研ぐことになり、それゆえ段はのこらない。以上より、曲刃鎌は基端付近の刃縁に段が確認できるものに限り使用された可能性が高い

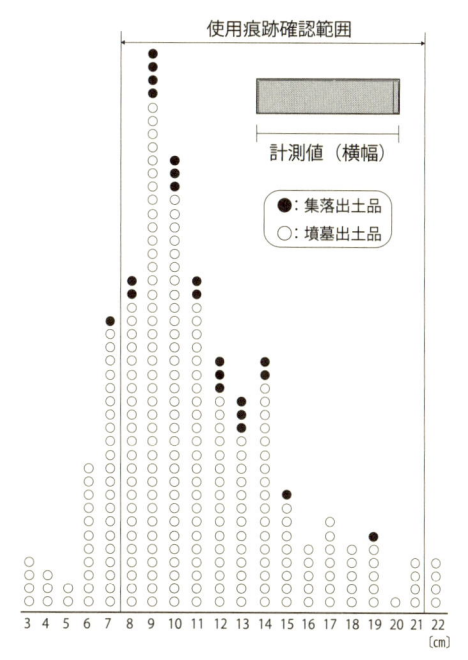

図Ⅲ1-7　直刃鎌の法量

11cm〜	12cm〜	13cm〜	14cm〜	15cm〜	16cm〜	17cm〜	18cm〜	19cm〜	20cm〜	21cm〜	22cm〜
4	6	3	4		4	1	1				1
6	3	4	3	2		1		1			
3	4	4	2	1	1					2	1
	1										
5			1			4	1	2			1
	2			1			1		1	1	1
1		1	4	2			1	1		1	

といえ、段がない場合は使用の有無は判断できない。

　そこで、使用した痕跡の残るものに限りみると、墳墓・集落出土品あわせて横幅10cm台から28cm台にまで確認できることがわかった（図9）。そして、横幅10cm未満の曲刃鎌は38例もある。一定数の資料数があることから、横幅10cm未満の曲刃鎌は、非実用品の可能性が高いといえる。

　非実用的要素　横幅10cm以上の曲刃鎌で、非実用的な要素をもつ事例がある。横幅12.9cmの大阪府御獅子塚古墳例は、素材が鉄板であり熱処理に向かない（第Ⅰ部第3章）。しかしながら、このような事例は極めて少なく、横幅10cm以上の曲刃鎌の大半は実用品と考えられる。

　集落出土品　集落から出土した曲刃鎌は、基本的に刃縁に窪みを確認できることから使用品、つまり実用品とみて間違いない。この集落出土品の横幅をみると、横幅10cm以上からである。このことから、やはり横幅10cm以上が法量からみた実用品を認定するうえでの基準になりうることがわかる。

　小　　結　曲刃鎌は、横幅10cm以上に使用痕跡が目立ち、横幅10cm未満に使用痕跡が確認できない。集落出土品をみると横幅10cm以上からなる。そのため法量からみた場合、横幅10cm未満は非実用品の可能性が高いといえる。しかしながら、横幅10cm以上のものがすべて実用品とは言い難い。なかには鉄板を素材とするものがあり、非実用品として理解できるがごく一部である。実際のところ横幅10cm以上の大半は実用品とみて問題ない。

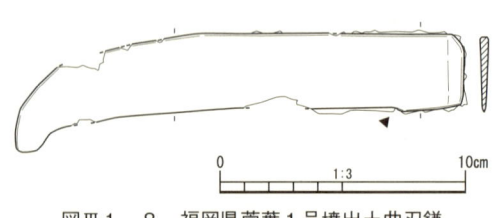

図Ⅲ1－8　福岡県萱葉1号墳出土曲刃鎌

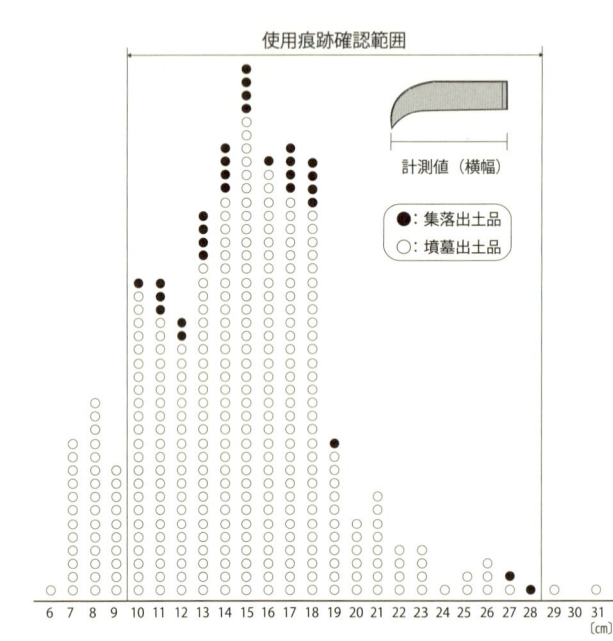

図Ⅲ1－9　曲刃鎌の法量

（4）鉄製穂摘具

　使用品と未使用品　鉄製穂摘具のうち袋式は、一見すると方形板刃先と形状が似ている。しかしながら製作方法をみると、折り返し部下半に相当する箇所を鏨で切断する工程を省略する。つまり、折り返し部下端の位置と刃縁の位置とが一致している場合が大半であり、この点で方形板刃先と大きく異なる。方形板刃先は木製台部が直接土へ触れることを極力避けるために、折り返し部下端の位置が刃縁よりも上になるよう加工する。一方で、穂摘具で

第1章　農具鉄製刃先の実用品と非実用品

ある袋式は土との摩擦を考慮する必要がないので、折り返し部下端の位置と刃縁の位置とが一致しても使用の際、問題は生じない（第Ⅰ部第4章）。以上より、袋式の場合、方形板刃先と同じように刃隅がよく減ることはなく、刃隅からみた使用状況の観察は不可能である。

　大分県都野原田遺跡から出土した袋式は、刃縁左側が斜めになりやや内湾していることから、研ぎ減りをしていると考える（図10）。刃縁の一方向がこのように研ぎ減る理由としては、使用者の利き手を反映している可能性が高い。このほかに刃縁に窪みがある事例は、使用したものとみてよいであろう。

　次に鉄製穂摘具のうち板式は、袋式と同様の理由で刃隅による観察からみた使用痕跡の検討は難しい。刃縁に窪みや左右一方が非対称になる場合、研ぎ減りの可能性が高い。

　なお、京都府宇治二子山古墳北墳東槨から出土した板式は刃隅が丸く、刃縁が外湾するが、このような類例に刃縁からみた研ぎ減りの痕跡がないため製作段階から意識して刃隅を丸く作ったと解釈するほうが妥当である（図10）。このように刃縁が外湾して刃隅が丸いものと、刃縁が直線的で刃隅が角になるものの二者が板式にあるが、方形板刃先のように使用状況を示すとは考えない。

　以上のように、袋式と板式の使用痕跡についてみたが、特定の形態に使用痕跡がよくみられる、もしくはみられないというような傾向は、今回把握できなかった。それゆえに、使用痕跡はあくまでも実用品、非実用品を認定するうえでの参考として挙げるにとどめたい。

　そこで、ここでは類型の細分をすることなく、袋式と板式という大きな枠でこれまでの分析同様、横幅を検討したい（図11）。結果として、やや板式の方が小さいものの、基本的に袋式と板式とでは法量に差は認められなかった。次に、さきほど指摘した研ぎ減りによる使用痕跡が確認できる類例を探すと、板式では横幅5〜7cm台の範囲に、袋式では横幅5〜11cmの範囲で確認できることがわかった。袋式の方が板式よりも横幅が大きい類例が目立つ理由としては、母数に起因するからであり決して板式の8cm以上が未使用品で占められることを示すとは限らない。以上より法量から判断すると、この袋式と板式との差は実用、非実用の差（渡邊2008）を表していると考えにくい。

　製作方法　しかしながら、法量以外の面で、例えば製作方法からみると袋式よりも板式のほうが鉄刃製作にかんしては容易であり、折り返し部の作出工程を省いているといえる（第Ⅰ部第4章）。しかしながら、この現象は必ずしも非実用品

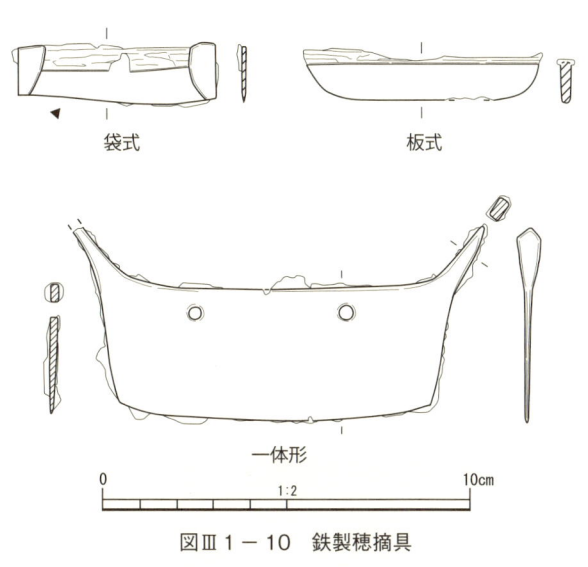

図Ⅲ1−10　鉄製穂摘具
袋式：都野原田遺跡　　板式：宇治二子山古墳北墳東槨
一体形：亀山古墳

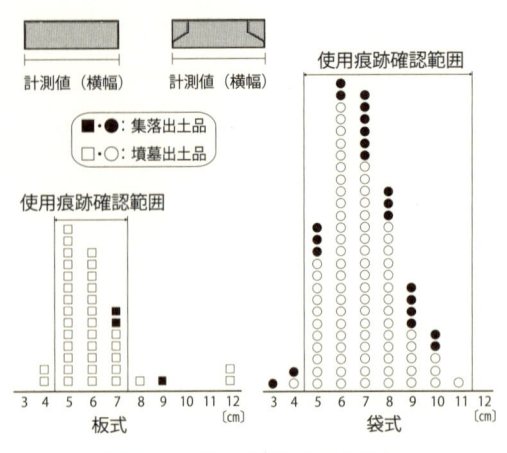

図Ⅲ1-11 鉄製穂摘具の法量

の出現と同一視することはできない。その理由は、袋式と板式とではその装着原理が異なるからである（第Ⅰ部第4章）。つまり、鉄刃の製作方法を省略化する一方で、それにあわせて新たな装着原理のものが生まれたと考えれば、板式は実用品とみなしうることができる。

集落出土品 実際のところ、板式にも使用痕跡を確認できるものが少なからずあり、また集落出土品もある。現在、横幅もわかる遺存状態のよい集落出土品は鳥取県本高弓ノ木遺跡例、徳島県大柿遺跡例などごくわずかだが、木製台部の痕跡が残らなければ横長の鉄板であり、不明鉄製品として扱わざるをえないものも多数あるのではないかと考えている。それゆえに、今後の類例の増加は期待できる。また、鉄刃ではないものの、板式の木製台部の出土事例も近年目立つ（第Ⅰ部第4章）。このように集落出土品は、祭祀遺構など特別な出土状況による限りにおいては要検討のものの、基本的に板式は通有の遺構から出土するため実用品とみて問題なかろう。なお、袋式は横幅3～10cm台にかけて集落出土品が分布しており、墳墓出土品とほぼ同じ傾向を示しているといえる。

非実用的要素 これまでの検討により、板式と袋式の差は実用と非実用の差を示すものではないことを証明した。しかしながら、鉄製穂摘具には非実用品が含まれないと考えているわけではない。

鉄製穂摘具の非実用的な要素として考えうるものは、鉄板の薄さと刃部縦断面コ字形である。もともと厚さが薄いものが多いため判然としないものの、大阪府西墓山古墳例は厚さが1mmほどしかなく刃も確認することができない（第Ⅰ部第4章）。あきらかに実用には向いていない事例として挙げることができよう。なお、袋式の着装部の脆弱さの度合いについては確かに指摘できるが、筆者の実見する限りにおいて図や数値など客観的なデータを提示することが難しいため今回は分析の対象に加えていない。

一体形 最後に、類例が限られるため検討してこなかった一体形であるが、そのうち兵庫県亀山古墳例のみは非実用品とみて間違いないと考えている（図10）。石田大輔氏の評価するように、あきらかに袋式の木製台部を鉄に置き換えたものである（石田2006）。この木製台部を鉄に置き換えることは、軽いという鉄製穂摘具の使いやすさと相反する現象である（第Ⅰ部第4章）。おそらくは、古墳時代前期後半から中期に盛行した鉄柄付の鉄製品の影響を受けて成立したものと考える。

小　結 鉄製穂摘具の場合、板式と袋式はこれまでの鉄鍬や鉄鎌とは異なり、法量から実用と非実用を判断できない。製作方法では板式のほうが袋式よりも簡単であるが、装着原理が異なるため一概に比較して板式が非実用品といえない。以上より、板式と袋式の差は実用品と非実用品の差

とは考えにくい。

まとめ

　本論では、農具鉄製刃先の実用品と非実用品について検討した。使用状況から実用性について議論したことはこれまでにない試みである。さらに、製作方法や非実用的な要素を複合してみて資料を詳細に観察した。また、特別な出土状況でない限り、実際使用されたであろう集落出土品をも参考資料に加えてみて、数量の多い墳墓出土品と比較した。

　結果として、鉄鍬の方形板刃先とU字形刃先、鉄鎌の直刃鎌と曲刃鎌は法量からある程度、非実用品を抽出できることが判明した。方形板刃先は横幅7cm未満、U字形刃先は横幅7cm未満、直刃鎌は横幅8cm未満、曲刃鎌は横幅10cm未満が非実用品の可能性が高い。いずれも相対的に小型品であり器種を超えて共通する。また、上記の数値以上は実用品としてみてよいが、なかには非実用的な要素をもつ非実用品が含まれる。

　なお、鉄製穂摘具にかんしては、研究史で指摘されるような袋式が実用品であり、板式が非実用品とは考えない。いずれも基本的に実用品であり、非実用的な要素があるものに限り非実用品と捉えるのが妥当である。

　以上のような基礎研究を通して、古墳時代の農具鉄製刃先の非実用品を抽出することができた。本研究によって古墳時代史を農具から再構築する研究基盤の一つが整った。例えば非実用品を用いてはじめて古墳時代祭祀の問題にまで深く言及することが可能になる。また、古墳時代の農業について考える場合は、逆に非実用品を分析対象から外すことでより精緻な分析ができる。今後は、この分析を基礎として第Ⅳ部にあるように、農具からみた古墳時代の歴史にかんして言及していきたい。

第2章　農具鉄製刃先の変遷

はじめに

　農具は工夫次第で生産力の向上や作業の効率化に貢献する。生産力が向上すれば、社会や経済に与える影響も大きい。とりわけ古墳時代は、農具の鉄製刃先に曲刃鎌やU字形刃先をもちいるという画期があり、近世までその形状は大きくかわることはなかった（上原2000）。これから検討する農具も古墳時代のものであり、土掘り具としての鉄鍬、収穫具としての鉄鎌や鉄製穂摘具を対象とする。これら農具鉄製刃先が、古墳時代にどのように変化するのかみることで、当時の社会経済を再構築することが期待される。しかしながら、その変遷について研究史を振り返ると検討の余地は残しており、その基礎的な研究基盤が整わなければ、農具から見た歴史について語ることは決してできない。そこで本章では、古墳時代における農具鉄製刃先の変遷について考えてみたい。

第1節　研究史

（1）概　　観

　基礎研究　古墳時代における農具鉄製刃先の変遷についてはじめて体系的に論じたのは都出比呂志氏である。都出氏によると、古墳時代中期に鉄鍬は方形からU字形へ、鉄鎌は直刃から曲刃へと変化する。その変化は、やや遅れて導入した畜力耕具とともに、朝鮮半島からの体系的な技術導入の一環と捉えられる（都出1967・1989）。この都出氏の研究以降、型式を細分化する方向で研究が進展した。

　鉄　　鍬　まず、鉄鍬は製作技術の単純な方形板刃先よりも、複雑なU字形刃先の細分研究が進展した（都出1967・1989、土井1971、松井1987・2001、魚津2003aほか）。そのU字形刃先の細分の際、とくに形態が注目されてきた。

　都出比呂志氏は、外湾刃を刃先部の長さにより細分して、刃先部の長いものは高度な鍛造技術が必要なため遅れて出現したと理解した。そして、刃先部が長くなる変化は、土にたいする貫通力（摩擦抵抗力）の変化と呼応する現象であると、機能向上と型式変化とを関連づけた（都出1967・1989）。

　その後、第Ⅰ部第2章で紹介したようにU字形刃先の製作方法について研究が活発になるものの（白木原1960、松本1969、中村編1995、古瀬2002ほか）、その成果を分類に応用する研究はあらわれなかった。その一方で、形態を細分することで、その変遷を共伴遺物からあきらかにする研究

が進展しており、魚津知克氏による11型式の細分案がその代表として挙げることができる（魚津2003aほか）。

鉄　　鎌　U字形刃先と同様に、鉄鎌も形態からみた細分が進んでいる（土井1971、山口1978、寺澤1991、魚津2003aほか）。関東地方の古墳時代後期資料を中心に扱った土井義夫氏と山口直樹氏によると、鉄鎌には時期差と機能差を示す属性があり、土井氏は4類9種に、山口氏は8系列13類に細分した（土井1971、山口1978）。

しかしながら、両者の分類は刃縁形状を分類の一根拠としており、刃縁は研ぎ減りによる形状変化が想定できることから、山口氏自身も指摘するように分類に主観的な要素が入りこむ余地を残している（山口1978）。そこで魚津知克氏は客観的な分類を目指すため、研ぎ減りの影響の少ないであろう背や基端付近の形状から、あらたに直刃鎌を5型式に曲刃鎌を9型式に細分している（魚津2003a）。

このほか寺澤薫氏が形態的特徴から直刃鎌を5型式に、曲刃鎌を8型式に細分を試みている。魚津氏の分類と異なるのは、素材となる鉄板や製作方法までも視野にいれている点であろう（寺澤1991）。

鉄製穂摘具　最後に鉄製穂摘具の分類は、おもに折り返しの有無により第Ⅰ部第4章で紹介した組合形と一体形とに大別でき、さらに組合形は袋式と板式とに細別される。また、板式は穿孔の有無や穿孔の形状によって細別できる（魚津2003a）。近年、魚津知克氏は自身の分類をさらに形態細分して、その変遷案を提示した（魚津2009）。

（2）問題点の指摘

従来の研究では、形態的特徴を重視して分類をおこない、既存の古墳編年や土器編年にあてはめて各類型の時期幅を決めることが主流であった。この方法を使うと、細分をしつくしても、時空間的に位置づけることは可能である。しかしながら、類型や「型式」をいたずらに多く設定しても事態は複雑になるばかりである。時空間的に位置づけることに成功しても、それら細分した類型が何を意味するのか議論する余地は残している。類型の意味を探る一手段として、製作方法に立脚した型式学的検討をおこない、類型間の系統的なつながりを説明する方法がある。研究史にあるように製作についての研究は進んでいるものの、製作方法を踏まえた型式学的検討は、前述のようにほとんどおこなわれていないのが現状である。そこで本章では、農具鉄製刃先の製作方法も検討材料に加えて変遷について言及する。

なお、研究史でも懸念している研ぎ減りによる形状変化を考慮する必要があろう。これまで鉄鎌の背側など変化しにくい部分の属性で分類する配慮もされてきた。この研究を継承し、筆者がこれまで検討した使用状況を踏まえたうえで（第Ⅱ部）、とくに未使用品を中心に型式学的な検討をおこないたい。

第2節　型式学的検討

研究史で指摘した問題点や着眼点をふまえ、本節では古墳時代における農具鉄製刃先の型式学的検討をおこなう。なお、対象とする地域は西日本であり、基本的に未使用品をつかって分析する。

（1）鉄鍬の変遷

分　類　古墳時代中期に、弥生時代以来の方形板刃先に代わりU字形刃先が登場することは、先学によって指摘されているとおりである（都出1967・1989）。筆者は第Ⅰ部第1章にて方形板刃先の製作方法を復原して、第Ⅱ部第1章にて方形板刃先の使用状況をみた。この成果を参考にして、方形板刃先を下記のように分類する（図1）。

分類の基準としては、刃縁形状で外湾刃類型と直線刃類型とにわける。次に、全体の形状が整った方形もしくは長方形（1類）と、整っていない方形もしくは長方形（2類）でわける。外湾刃は後述する奈良県寺口忍海D-27号墳例をのぞきいずれも1類である。直線刃は1類のほか2類も目立つ。ここでは外湾刃1類・外湾刃2類・直線刃1類・直線刃2類の4類型に設定する。

型式学的検討　この4類型は、製作方法と密接なかかわりがあると考える。図1は、方形板刃先の各類型を製作する過程を示した模式図である。

外湾刃1類は、素材を長方形に整えて成形したのち、刃縁にあたる下半部全体が弧を描くよう鍛打することで、刃縁を外湾状にしている。その外湾刃にする下半部全体を加工する工程を省略したのが直線刃1類である。その直線刃1類の素材を長方形に整える行為を省略したのが直線刃2類と捉えている。なお、外湾刃2類は、外湾刃1類の素材を長方形に整える行為を省略化したものである。このように方形板刃先の4類型は、形状差であるとともに製作方法の差も示しているといえる。そこで、これら各類型の前後関係についてみると、もっとも製作に手間がか

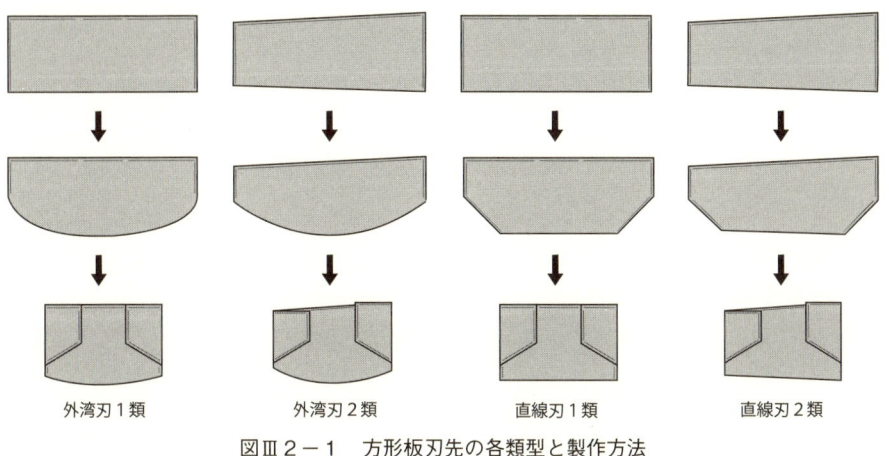

図Ⅲ2-1　方形板刃先の各類型と製作方法

第Ⅲ部　農具鉄製刃先の変化

表Ⅲ2-1　方形板刃先各類型の組み合わせ

都道府県	墳墓名	埋葬施設名	方形板刃先			
			外1	外2	直1	直2
京都	八幡東車塚古墳	第1主体	■		■	
大阪	豊中大塚古墳	第2主体部西槨	■		■	
奈良	マエ塚古墳	-	■		■	
奈良	上殿古墳	-	■		■	
岡山	金蔵山古墳	中央石室副室	■		■	
大阪	野中アリ山古墳	北施設	■		■	
奈良	寺口忍海D-27号墳	-		■		■
京都	私市円山古墳	第2主体部			■	■
京都	上人ヶ平7号墳	副室			■	■
大阪	西墓山古墳	西列鉄器埋納施設			■	■
兵庫	茶すり山古墳	第2主体部			■	■
奈良	大和6号墳	-			■	■

かっているのは外湾刃1類であり、直線刃1類→直線刃2類と続く。外湾刃2類は製作方法の省略化から外湾刃1類よりは新しいが、直線刃1・2類との新古は判断できない。

検　証　そこで、上記の変化についての仮説を検証するために、複数の類型が一埋葬施設内で共伴する組み合わせをみたい（表1）。製作に手間のかかっている外湾刃1類は、直線刃1類と組合せが強固であり、直線刃2類とは基本的に組み合わない。外湾刃類型のなかでも新しい外湾刃2類のみ直線刃類型のなかでも製作を省略化している直線刃2類と組み合う。このようにみると、外湾刃1類→直線刃1類→直線刃2類と、外湾刃1類→外湾刃2類の変化の方向性は正しいといえる。

（2）鉄鎌の変遷

分　類　古墳時代中期に、直刃鎌に代わり曲刃鎌が普及することは、先学によって指摘されているとおりである（都出1967・1989）。曲刃鎌は弥生時代から普及しており、古墳時代前期にも消滅することなく一定量認められるが（第Ⅲ部第3章）、墳墓出土資料に限ると古墳時代前期に直刃鎌が盛行するという理解に変わりない。

筆者は第Ⅰ部第3章にて直刃鎌の製作方法を復原して、第Ⅱ部第2章にて直刃鎌の使用状況をみた。その際に、直刃鎌を8類型に形態分類した。重複を避けるため、ここでは各類型についての定義は省略する。

この直刃鎌の各類型のうち、直線刃1類、直線刃2類、外湾刃1類、外湾刃2類が使用痕跡の少ない短冊形の鉄鎌である。非短冊形の鉄鎌は、直線刃3類、外湾刃3～5類が該当して、そのうち直線刃3類は使用痕跡が少なく、逆に外湾刃3～5類の使用痕跡は目立つ。そこで、鉄鎌の変遷を考えるにあたり、使用痕跡の少ない製作時の形状を比較的よく留めている直線刃1～3類、外湾刃1～2類を対象として以下検討したい。

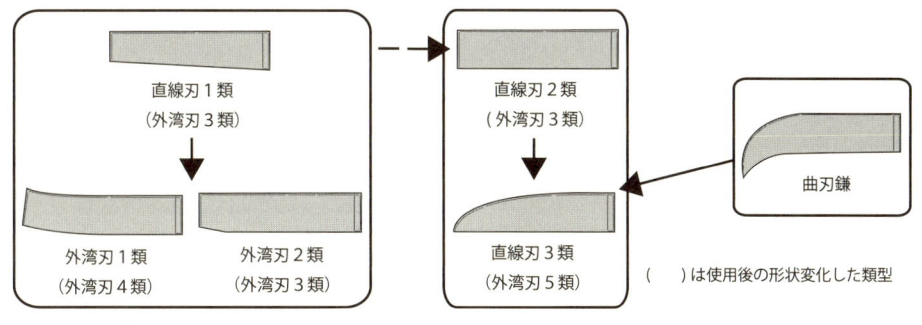

図Ⅲ2-2　鉄鎌各類型の変化

　型式学的検討　刃縁が直線的で水平であるもの（＝直線刃2類、直線刃3類）と、外湾するもしくは直線的で外側に傾くもの（＝直線刃1類、外湾刃1類、外湾刃2類）とでは、使用方法が異なる可能性がある。具体的にどのように異なるのか判然とはしないものの、前者は刈るのに適しており、後者は払うのに適している可能性がある。そこで、直線刃1類、外湾刃1～2類と、直線刃2～3類を仮に別系統として理解し、製作方法からみた新古について考えてみたい（図2）。

　まず、直線刃1類と外湾刃1類の前後関係を検討する。刃縁はいずれも外側に傾いている点は共通するものの直線刃1類の背は直線的である。第Ⅰ部第3章で検討したように、刃縁が外側に傾くよう加工した場合、背は外湾する傾向にある。そのため、背が直線的になっている直線刃1類は、背を直線的にするように加工したと想定される。一方で、背が外湾する外湾刃1類は、背を直線的に補正する工程を省略している。つまり、製作方法の省略化からみると、外湾刃1類のほうが直線刃1類よりも新しく出現したと考える。

　そして、外湾刃2類をみると、背が直線的であるので背を補正したと考えられる。その点は直線刃1類と共通するが、刃縁をみると先端付近のみわずかに外湾するのみであり、当初の外湾刃にする利点が機能に退化しているといえる。そのため直線刃1類よりも外湾刃2類のほうが新しく捉えることができる。しかしながら、なお、直線刃1類よりも背からみて外湾刃1類が、刃縁からみて外湾刃2類が製作方法の省略化を指摘できるが、基準が背と刃縁と別の属性のため、外湾刃1類と外湾刃2類の新古は指摘できない。以上より、直線刃1類よりも外湾刃1類と外湾刃2類のほうが新しいと指摘できる。

　次に、直線刃2類と直線刃3類の前後関係を検討する。製作方法をみると、成形の工程の際、長方形鉄板にした後、刃縁を下に向けて刃先側の背を叩くことで直線刃3類を製作することから、直線刃2類よりも直線刃3類の手間がかかっているといえる。そのため、さきほどと同じように製作方法の省略化という見方だと直線刃3類→直線刃2類の前後関係を指摘できるが、ここでは採用しない。なぜならば、直線刃3類の内湾する背の機能的な優位さが現段階では不透明だからである。むしろ、鈴木一有氏が指摘するように直線刃3類は、曲刃鎌の影響で成立したとする見解（鈴木1999）を支持したい。つまり、曲刃鎌における背の形状を模倣した結果、直線刃3類が成立したと

表Ⅲ2-2　鉄鎌の組成

	直2	直3
直1	92%（11）	8%（1）
外1・外2	80%（16）	20%（4）
曲刃	45%（5）	55%（6）

考えるならば、直線刃3類は曲刃鎌の普及とともにある。古墳時代では前期から曲刃鎌が認められるものの、墳墓事例の大半が直刃鎌から曲刃鎌へという変遷がたどれるので（都出1967・1989）、直線刃2類が古く、直線刃3類が新しいと考えるのが整合的である。

　検　　証　そこで上記の変化についての仮説を検証するために、複数の類型が一埋葬施設内で共伴する組み合わせをみたい（表2）。

　直刃鎌→曲刃鎌と、直刃鎌のなかで直線刃1類→外湾刃1類・外湾刃2類という前後関係と、直線刃2類→直線刃3類という前後関係とが整合するのかどうか調べてみた。結果として、直線刃1類に組み合うのは圧倒的に直線刃2類であり、外湾刃1類・外湾刃2類では直線刃3類の割合が増え、曲刃鎌では直線刃2類よりも直線刃3類の組合せが目立つ。つまり、組成からみた場合の前後関係は整合的であるため、さきほどの変遷案は正しいといえる。

（3）鉄製穂摘具の変遷

　分　　類　筆者は第Ⅰ部第4章にて鉄製穂摘具の分類を試み、装着方法を重視して組合形と一体形とに大別した。さらに、組合形を袋式と板式に細別した。

　そのなかで袋式は、「折り返しの形状」、「全長に対する折り返しの比率」、「全長と幅との比率」を複合的に組み合わせることで細分する研究がある（魚津2009）。鉄製穂摘具を時空間的に位置づけるうえで魚津氏の研究はとても貢献しているが、製作方法と形状との関係は判然とはせず筆者も解決策を持ち合わせていない。

　また、板式も「穿孔の有無」「背と刃の形状」を複合的に組み合わせることで細分されるものの（魚津2009）、とくに穿孔にかんしては孔の用途が不明であることから、孔の有無が構造的に及ぼす影響について筆者は良案がない。もともと木製台部に施される紐かけ用の孔が退化して、鉄刃に孔が穿孔されることは可能性としてあるものの、鉄刃穿孔例で木製台部が良好に遺存する事例がないため断定は難しい。このように製作技法と形状を結びつける有効な案がない以上、先行研究で取り上げられるような袋式と板式の細分はしない。

　製作方法　第Ⅰ部第4章では製作方法の復原もおこない、鉄刃のみを見た場合、袋式の方が板式よりも製作に手間がかかることを指摘した。理由としては、折り返し部が板式にはない分、折り返し部の製作にかかわる切断や折り曲げ工程を省略するというものであった。

　さらに一体形は、さまざまな形状のものがあるゆえ一概に同じ製作方法を取ったとはいえないものの、突起や孔の作出工程があるため、少なくとも板式よりは手間がかかったのではないかと考えた。

　型式学的検討　そこで鉄製穂摘具の前後関係をみると、鉄刃の製作方法省力化という点から袋式→板式という変化の方向性を指摘できる。

一方で、一体形は多様な形状をもつものが多く、一括りに型式学的な検討を行うことは難しい。例えば、石製穂摘具を模倣したものは、石製穂摘具→一体形という前後関係を指摘できるが、木製台部を装着した袋式を模倣したものは、袋式→一体形という前後関係があるからである。そのため、一体形については以降、個々の事例を補足的に取り上げるに留める。

検　　証　鉄鍬や鉄鎌は分類した類型の数が多いため、一器種内の組合せをみることで前後関係の検証ができた。しかし、鉄製穂摘具は基本的に袋式と板式しかなく、器種内の検証は不可能である。そこで各器種を横断した検証が必要と考える。

（4）複数器種の組合せからみた検証

分析の方法　ここでは鉄鍬、鉄鎌、鉄製穂摘具の3器種の組合せをみることで、製作方法に基づいた型式学的検討の正しさをさらに検証したい。

検証する手段として組成をもちいる。竪穴系の埋葬施設からの出土品は、追葬の恐れがないため廃棄の一括性が保証できる。そこで、この竪穴系の埋葬施設の特性を利用して、出土品一括を組成として把握する。なお、追葬の影響で複数の段階にわたり廃棄されうる横穴系の埋葬施設は、今回の分析では一部を除きほとんど取りあげない。

このように横の繋がりを把握して、つぎに鉄鎌各類型の変遷案から、鉄鎌各組成の前後関係が整合的に並ぶように配列する。そして、鉄鎌の組成を軸として、共伴する鉄鍬や鉄製穂摘具が整合的に並ぶならば、鉄鍬・鉄鎌・鉄製穂摘具の変遷案が検証されたものとする。なお、検証には2器種以上が共伴する、108埋葬施設から出土した資料をもちいる（表3・4）。

さきほどの変遷案から、鉄鎌を4つの組成に配分する。鉄鎌組成Ⅰは、直線刃1類と直線刃2類からなるもの。鉄鎌組成Ⅱは、組成Ⅰに外湾刃1類と外湾刃2類が加わるもの。鉄鎌組成Ⅲは、鉄鎌組成Ⅱに直線刃3類と曲刃鎌が加わる。さらに直刃鎌と曲刃鎌とが共伴する事例も含める。鉄鎌組成Ⅳは、曲刃鎌のみからなる。この鉄鎌組成ⅠからⅣの差が絶対的な時期差とはなりえないにせよ、数字が増えるにつれて大まかに新しい時期に属する鉄鎌が増えると考える。

その鉄鎌組成に含まれる鉄鍬の各類型をみたい（表5）。鉄鍬の外湾刃1類は、組成Ⅰから組成Ⅲまであり、組成Ⅳにはない。外湾刃2類は組成Ⅳに含まれる。直線刃1類は、組成Ⅰがもっとも多く、組成Ⅳがもっとも少ない。直線刃2類は、直線刃1類と異なり組成Ⅰの割合が少なく、組成Ⅱ・Ⅲでは直線刃1類よりもやや少ないものの、組成Ⅳでは逆転する。U字形刃先は、その大半が組成Ⅳであり40例もある。このように、鉄鎌の組成と照らし合わせた場合、組成Ⅰ→Ⅳへと行くに従い、外湾刃1類→直線刃1類→直線刃2類→U字形刃先、外湾刃1類→外湾刃2類へと割合の比重が変化することから、鉄鍬の新古と整合的であり、鉄鍬の変化の方向性は正しいと判断する。

同様に鉄鎌組成に含まれる鉄製穂摘具の各類型をみたい（表5）。袋式は、組成Ⅰ→Ⅲまでをみると袋式が徐々に割合を減じているのに対し、板式の割合が増える。そのため袋式→板式という変化の方向性は正しい。しかしながら、組成Ⅳでは袋式が10例で、板式が1例と逆転する。これは

第Ⅲ部　農具鉄製刃先の変化

表Ⅲ2-3　農具鉄製刃先の組成（1）

都道府県	墳墓名	埋葬施設名	組成	鉄鎌 直刃	鉄鎌 曲刃	鉄鍬 方形	鉄鍬 U字	鉄製穂摘具 袋	鉄製穂摘具 板
京都	私市円山古墳	第3主体部	I	直2	－	直1	－	－	－
京都	ヒル塚古墳	第2主体部	I	直1	－	直2	－	－	－
京都	園部垣内古墳	－	I	直1	－	直1	－	－	－
大阪	弁天山B3号墳	前方部西槨	I	直2	－	○	－	－	－
大阪	盾塚古墳	－	I	直1	－	－	－	○	－
奈良	マエ塚古墳	－	I	直1 直2	－	外1 直1	－	－	－
奈良	上殿古墳	－	I	直1 直2	－	外1 直1	－	－	－
奈良	新沢千塚500号墳	後円部粘土槨副槨	I	直1 直2	－	直1	－	－	－
鳥取	伯耆国分寺古墳	－	I	直1 直2	－	直1	－	－	－
島根	神原神社古墳	－	I	直2	－	○	－	○	－
岡山	浦間茶臼山古墳	－	I	直1	－	○	－	－	－
岡山	神宮寺山古墳	－	I	直1 直2	－	直1	－	○	－
岡山	宗形神社古墳	－	I	直2	－	○	－	－	－
広島	上安井古墳	－	I	直2	－	○	－	－	－
徳島	長谷古墳	－	I	直1	－	直1	－	－	－
福岡	潜塚古墳	2号棺	I	直2	－	直1	－	－	－
福岡	宮司井出ノ上古墳	2号主体部	I	直2	－	－	○	－	－
大分	別府・折戸ノ上1号方形周溝墓	－	I	直1	－	○	－	－	－
三重	石山古墳	西槨	Ⅱ	直1 直2 外1 外2	－	直1	－	○	－
京都	岩谷2号墳	－	Ⅱ	外1	－	－	－	－	－
京都	庵寺山古墳	－	Ⅱ	直2 外1 外2	－	直1	－	○	○
京都	芝ヶ原11号墳	第1主体部	Ⅱ	直1 直2 外1	－	－	－	○	○
大阪	豊中大塚古墳	第2主体部西槨	Ⅱ	外1	－	外1 直1	－	－	○
大阪	紫金山古墳	－	Ⅱ	直1 外1	－	○	－	－	－
大阪	交野東車塚古墳	第1号棺	Ⅱ	直1 直2 外1	－	直1	－	－	○
大阪	寛弘寺1号墳	－	Ⅱ	直2 外1	－	直1	－	○	－
奈良	住川2号墳	－	Ⅱ	外2	－	直2	－	－	－
奈良	北原西古墳	－	Ⅱ	外1	－	○	－	○	－
岡山	金蔵山古墳	中央石室副室	Ⅱ	直2 外1 外2	－	外1 直1	－	○	－
山口	天神山第1号墳	－	Ⅱ	外2 直2	－	直2	－	○	－
大分	免ヶ平古墳	－	Ⅱ	直1 外1	－	－	－	○	－
三重	わき塚1号墳		Ⅲ	○	○	直2	－	－	○
京都	私市円山古墳	第2主体部	Ⅲ	直3 外1 外2	－	直1 直2	－	－	○
京都	宇治二子山古墳北墳	東槨	Ⅲ	直2 直3 外2	－	○	－	－	○
京都	宇治二子山古墳北墳	中央槨	Ⅲ	直2 外2	－	○	－	直2	－
京都	梶塚古墳	－	Ⅲ	直3 外2	－	○	－	直2	－
京都	八幡東車塚古墳	第1主体	Ⅲ	直1	○	外1 直1	－	－	－
京都	左坂C21号墳	西室	Ⅲ	外1	○	－	－	－	－
大阪	野中アリ山古墳	北施設	Ⅲ	直2 外2	○	外1 直1	－	－	－
大阪	珠金塚古墳	南槨	Ⅲ	直3	○	－	－	○	－
大阪	西墓山古墳	西列鉄器埋納施設	Ⅲ	直2 直3	－	直1 直2	－	－	○
兵庫	行者塚古墳	西副葬品箱	Ⅲ	直1 直2 外2	○	直1	－	－	－
兵庫	茶すり山古墳	第2主体部	Ⅲ	直2 直3	○	直1 直2	－	－	－
奈良	大和6号墳	－	Ⅲ	直3	○	直1 直2	－	－	－
奈良	新沢千塚213号墳	－	Ⅲ	○	○	直1	－	－	－
奈良	五条猫塚古墳	－	Ⅲ	直3	－	○	－	○	－
奈良	北原古墳	北棺	Ⅲ	直1 直3	○	○	－	○	－
和歌山	大谷古墳	－	Ⅲ	○	○	－	○	－	－
福岡	朝町妙見第2号墳	－	Ⅲ	○	○	－	－	－	－
福岡	萱葉2号墳	－	Ⅲ	直3	－	○	－	－	－

表Ⅲ2-4　農具鉄製刃先の組成（2）

都道府県	墳墓名	埋葬施設名	組成	鉄鎌 直刃	鉄鎌 曲刃	鉄鍬 方形	鉄鍬 U字	鉄製穂摘具 袋	鉄製穂摘具 板
三重	落合10号墳	埋葬施設1		−	○	−	○	−	−
三重	木ノ下古墳	第2主体		−	○	−	○	−	−
京都	今林7号墳	−		−	○	−	○	−	−
京都	園部岸ヶ前2号墳	埋葬施設1		−	○	直2	−	−	○
京都	徳雲寺北2号墳	−		−	○	−	−	−	−
京都	上人ヶ平7号墳	副室		−	○	直1 直2	−	−	−
大阪	湯の山古墳	−		−	○	直2	−	○	−
大阪	御獅子塚古墳	第1主体部		−	○	−	−	○	−
大阪	狐塚古墳	−		−	○	−	−	○	−
大阪	堂山1号墳	副棺		−	○	直2	−	−	−
大阪	河内野中古墳	−		−	○	直2	−	−	−
大阪	珠金塚古墳	北槨		−	○	直1	−	−	−
大阪	長持山古墳	−		−	○	−	○	−	−
大阪	土師の里8号墳	第1主体部		−	○	−	○	−	−
兵庫	宮山古墳	第1主体		−	○	−	○	○	−
兵庫	宮山古墳	第2主体		−	○	−	○	−	−
兵庫	宮山古墳	第3主体		−	○	−	○	−	−
兵庫	ホウジ1号墳	−		−	○	−	○	−	−
兵庫	亀山古墳	副葬品埋納施設		−	○	−	○	−	−
兵庫	黍田E号墳	−		−	○	−	○	−	−
奈良	新沢千塚139号墳	−		−	○	直2	−	−	−
奈良	新沢千塚178号墳	−		−	○	−	○	−	−
奈良	外谷山1号墳	第4埋葬施設		−	○	○	−	−	−
奈良	石光山25号墳	埋葬施設1		−	○	−	○	−	−
奈良	石光山30号墳	埋葬施設1		−	○	−	○	−	−
奈良	石光山38号墳	埋葬施設1		−	○	−	○	−	−
奈良	寺口忍海D-27号墳	−		−	○	外2 直2	−	−	−
奈良	南阪奈道路予定地内遺跡5号地点古墳	−		−	○	−	○	−	−
奈良	野山遺跡群野山支群10号墳	南棺	Ⅳ	−	○	−	○	−	−
奈良	峯ノ阪古墳	−		−	○	−	○	−	−
奈良	八尾寺第1号墳	−		−	○	−	○	−	−
鳥取	里仁33号墳	第1埋葬施設		−	○	○	−	−	−
島根	宮山4号墳	−		−	○	−	○	−	−
岡山	東塚	前方部主体		−	○	−	○	−	−
岡山	中山6号墳	第1主体		−	○	−	○	−	−
岡山	中山6号墳	第2主体		−	○	−	○	−	−
広島	池の内遺跡	第5号主体		−	○	−	○	−	−
広島	寺山第3号古墳	−		−	○	−	○	−	−
広島	地蔵堂山第1号古墳	−		−	○	−	○	−	−
広島	中小田第2号古墳	−		−	○	−	−	○	−
広島	城ノ下第1古墳	−		−	○	直2	−	−	−
山口	兜山古墳	−		−	○	−	−	○	−
山口	為弘1号墳	−		−	○	−	○	−	−
山口	常森1号墳	2号石棺		−	○	○	−	−	−
山口	花岡3号墳	−		−	○	−	○	−	−
愛媛	東山鳶が森3号墳	−		−	○	−	○	−	−
香川	原間6号墳	−		−	○	−	○	−	−
香川	岡の御堂1号墳	−		−	○	−	○	−	−
福岡	唐原ST-02	−		−	○	−	○	−	−
福岡	柏原古墳群A-2号墳	−		−	○	−	○	○	−
福岡	吉武S群11号墳	−		−	○	−	○	−	−
福岡	奴山5号古墳	−		−	○	○	−	−	−
福岡	柿原古墳群C-14	−		−	○	−	○	−	−
福岡	古寺墳墓群D-6	−		−	○	−	○	−	−
大分	勘助野地1号墳	1号主体部		−	○	○	−	−	−
大分	夕田古墳	1号主体部		−	○	−	○	−	−
大分	岬古墳	−		−	○	−	○	−	−
大分	伊美崎遺跡2号墓	−		−	○	−	○	−	−

第Ⅲ部　農具鉄製刃先の変化

表Ⅲ2-5　鉄鎌と鉄鍬・鉄製穂摘具の相関

	鉄鍬						鉄製穂摘具	
	外1	外2	直1	直2	方形	U字形	袋	板
鉄鎌組成Ⅰ	15％（2）	0％（0）	69％（9）	8％（1）	94％（16）	6％（1）	100％（2）	0％（0）
鉄鎌組成Ⅱ	20％（2）	0％（0）	60％（6）	20％（2）	100％（11）	0％（0）	64％（7）	36％（4）
鉄鎌組成Ⅲ	12％（2）	0％（0）	47％（8）	35％（6）	94％（15）	6％（1）	25％（3）	75％（9）
鉄鎌組成Ⅳ	0％（2）	0％（0）	4％（2）	14％（8）	26％（14）	74％（40）	91％（10）	9％（1）

板式の衰退が袋式よりも早かったと解釈すれば問題ない。以上より、鉄製穂摘具の変化の方向性は正しいと判断する。

（5）時期比定

次に、農具鉄製刃先の各類型を古墳時代の編年と照合し、時期比定を行う。今回分析対象としている墳墓の場合、一般的に墳丘、埴輪や葺石、土器、副葬品などの組合せから編年が試みられてきた。各種ある編年案のうち、本章では全国各地の研究者が携わった『前方後円墳集成』編年（広瀬1991）を採用する。以下では、1期を前期前葉（特殊器台形埴輪）、2期を前期中葉（円筒埴輪Ⅰ式）、3期を前期後葉（円筒埴輪Ⅱ式）、4期を前期末葉〜中期初頭（円筒埴輪Ⅱ式）、5期を中期前葉（円筒埴輪Ⅲ式、須恵器TG232型式）、6期を中期中葉（円筒埴輪Ⅳ式、須恵器TK73型式）、7期を中期後葉（円筒埴輪Ⅳ式、須恵器TK216〜208型式）、8期を後期前葉（円筒埴輪Ⅴ式、須恵器TK23〜47型式）、9期を後期中葉（円筒埴輪Ⅴ式、須恵器MT15〜TK10型式）、10期を後期後葉（須恵器TK43〜TK209型式）とする（図3）。

鉄　鍬　さきほど方形板刃先からU字形刃先へ、そして方形板刃先は外湾刃1類→直線刃1類→直線刃2類、および外湾刃1類→外湾刃2類へ変化すると指摘した。ここでは、これら類型の古墳時代墳墓例の存続時期について言及する。

外湾刃1類は、奈良県マエ塚古墳や奈良県上殿古墳の前期後葉から出現する。大阪府野中アリ山古墳の中期中葉まで類例が少ないものの、時期毎に量が偏ることなく存続する。なお、弥生時代の方形板刃先の大半が外湾刃1類であることから（川越1993）、前期後葉以前にも外湾刃1類が今後みつかる可能性が高い。

外湾刃2類は、奈良県寺口忍海D-27号墳しか類例がない。後期前葉に比定される。

直線刃1類は、島根県社日1号墳の前期前葉からみることができるが、本格的に普及するのは京都府園部垣内古墳や奈良県新沢千塚500号墳など前期後葉からである。前期後葉以降も中期中葉までは類例が多く、大阪府珠金塚古墳北槨の中期後葉まで継続して確認できる。

直線刃2類は、直線刃1類より遅れて山口県天神山1号墳の中期前葉からみることができ、中期のなかでも中期中葉から中期後葉ごろに普及する。

U字形刃先は、古墳時代前期の類例は確認できず、前期末葉〜中期初頭の福岡県老司古墳3号石室が古墳時代の墳墓例としてもっとも古く遡る可能性が高い。しかしながら、中期中葉まではほと

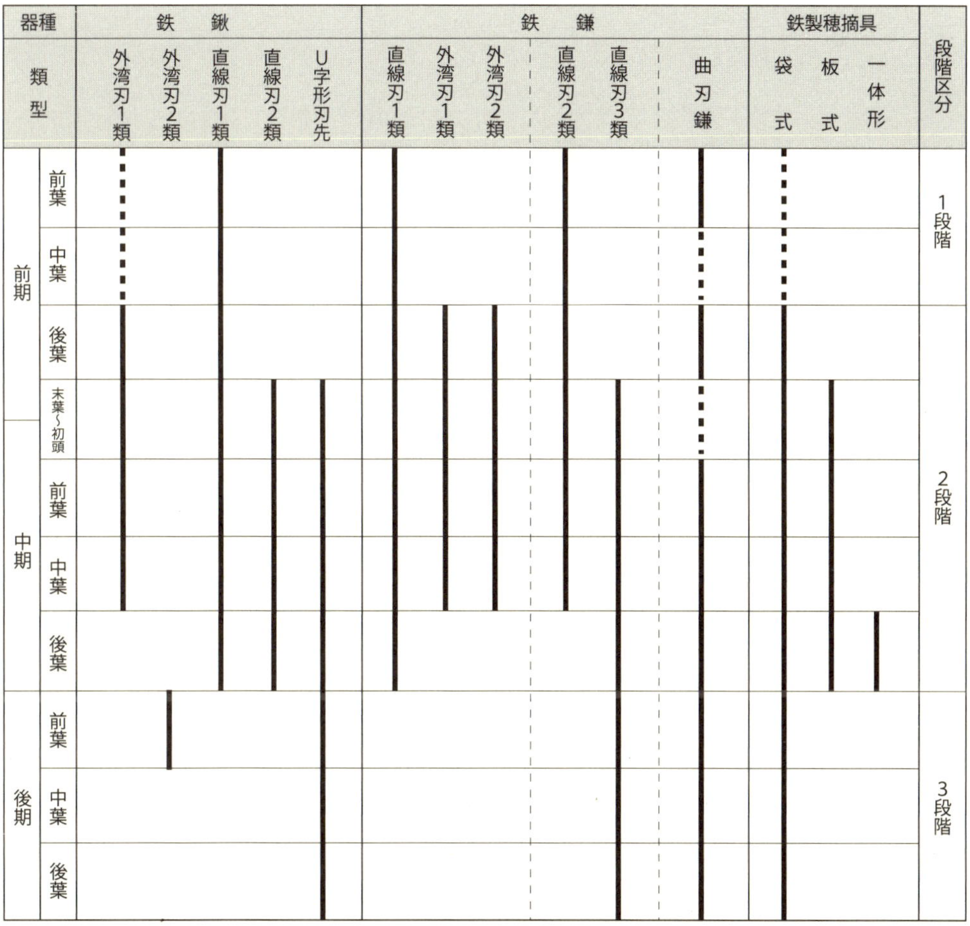

図Ⅲ2-3　農具鉄製刃先各類型の変遷

んどなく、大阪府河内野中古墳の中期後葉以降から本格的に普及しはじめ、後期になると方形板刃先からU字形刃先にとって代わる。

　以上のように未使用品の鉄鍬は変遷するが、製作方法からみた新古と古墳の年代とが整合しているのがわかる。さらに、使用品である方形板刃先の隅丸形（第Ⅱ部第1章）をみると基本的に前期前葉から中期後葉ごろに位置づけることができることから、未使用品の変遷とも整合的といえる。

　鉄　　鎌　さきほど直刃鎌から曲刃鎌へと変遷し、直刃鎌のなかでは直線刃1類→外湾刃1類・外湾刃2類と、直線刃2類→直線刃3類という前後関係があり、曲刃鎌の影響で直線刃3類が成立すると述べた。

　そこで曲刃鎌をまずみると、古墳時代前期における事例は、前期前葉の兵庫県権現山51号墳と、前期後葉の福岡県舞松原古墳がある（第Ⅲ部第3章）。前期では直刃鎌が圧倒的に多く、その大半を占める。それが古墳時代中期になると兵庫県行者塚古墳のように中期前葉から曲刃鎌が目立ちはじめ、後期には鉄鎌の大半を占めるようになる。

第Ⅲ部　農具鉄製刃先の変化

　次に、直線刃1類→外湾刃1類・外湾刃2類をみたい。直線刃1類は大阪府安満宮山古墳や岡山県浦間茶臼山古墳など前期前葉からみることができる。奈良県新沢千塚500号墳など前期後葉ごろの事例がもっとも多く、中期後葉の大阪府長持山古墳まで継続してある。外湾刃1類は、大阪府紫金山古墳など前期後葉から出現する。中期前葉の事例が目立ち、大阪府豊中大塚古墳や山口県天神山1号墳などを挙げることができる。中期中葉の京都府私市円山古墳まで確認できる。外湾刃2類は、滋賀県安土瓢箪山古墳など前期後葉から出現する。中期中葉の京都府私市円山古墳まで確認でき、ほとんど外湾刃1類と同じ消長をたどる。

　最後に、直線刃2類→直線刃3類をみたい。直線刃2類は京都府椿井大塚山古墳や島根県神原神社古墳など前期前葉からみることができる。前期後葉から中期前葉までの類例が目立ち、中期中葉の大阪府西墓山古墳や兵庫県茶すり山古墳まで継続して確認できる。それゆえに直線刃2類は外湾刃とは仮に別系統として扱ったものの、そのなかには外湾刃各類型を省略化したものも含まれている可能性がある。直線刃3類は福岡県萱葉2号墳のように前期末葉から中期初頭にかけてものが古い。中期に目立つ類型であるが、後期後葉の山口県惣ヶ迫古墳の事例もある。

　以上のように未使用品の鉄鎌は変遷するが、使用品で直線刃1類・直線刃2類・外湾刃2類からの形状変化が想定される外湾刃3類は、前期中葉の兵庫県龍子三ツ塚1号墳から後期前葉の和歌山県大谷古墳まで確認できる。次に、直線刃3類からの形状変化が想定される外湾刃5類は、福岡県竹並15号墳など前期からの事例が確認できるものの、前期のいつ頃に上限がくるのかまでは不明である。下限は和歌山県大谷古墳の後期前葉にもとめることができる。このことから使用品であっても、もとの形状の未使用品類型の時間幅と整合的といえる。

　鉄製穂摘具　さきほど袋式→板式へと変化して、袋式を模倣した一体形は後出すると指摘した。そこで袋式をみると、前期後葉の奈良県メスリ山古墳がもっとも古い事例である。なお、福岡県藤崎遺跡第1号方形周溝墓は、それより古くなる可能性がある。前期後葉以降、継続的に類例を確認でき、福岡県柏原A-2号墳の後期後葉まで存続するが、後期の類例は少ない。

　板式は、京都府庵寺山古墳の前期末葉から中期初頭がもっとも古い。中期前葉から中葉にかけて目立ち、京都府園部岸ヶ前古墳のように中期後葉まで確認できる。

　一体形は、墳墓例では兵庫県亀山古墳しかない。この亀山古墳は中期後葉に位置づけることができる。

　画　期　これまで鉄鍬、鉄鎌、鉄製穂摘具の各類型の変遷についてみてきたが、それらをまとめると大きく3つの段階にわけることができる。そのうち2番目の段階が前期後葉から中期後葉であり、方形板刃先の直線刃1類や直線刃2類、直刃鎌の外湾刃1・2類、鉄製穂摘具の板式のように製作方法が省略化した類型が目立つ。第2段階より前の第1段階（前期前葉から中葉）は、類例が少ないものの省略化する前の製品が主流である。第2段階より後の第3段階（後期前葉から後葉）は方形板刃先や直刃鎌、鉄製穂摘具の板式のように省略化した類型が衰退し、U字形刃先と曲刃鎌が主流を占めるようになる。このように製作方法の省略化という観点からみると、器種を横断して

同じような現象をみることができるという点は重要である。

（6）製作方法の省略化と非実用品

非実用品　最後に、農具鉄製刃先の変遷について、より具体的内容を追及するために実用性について検討したい。筆者は第Ⅲ部第1章にて、鉄鍬の方形板刃先とU字形刃先、鉄鎌の直刃鎌と曲刃鎌は法量から非実用品を抽出できることを示した。方形板刃先の横幅7cm未満、U字形刃先の横幅7cm未満、直刃鎌の横幅8cm未満、曲刃鎌の横幅10cm未満では使用痕跡を確認できず非実用品と認識できる。また、上記の数値以上は法量からして実用品とみてよいが、なかには非実用的な要素をもつ非実用品も含まれる。そのうちU字形刃先と曲刃鎌は、非実用品が奈良盆地など一部集中的にあるものの、そのほとんどが実用品で占められる。

段階区分　このようにして農具鉄製刃先の実用品と非実用品とを区別したが、今回の3段階区分にあてはめて推移を確かめたところ以下のような結果になった。

第1段階では、非実用品をほとんど確認できなかった。島根県社日1号墳から出土した方形板刃先の折り返しが非実用的要素をもつものの他に類例がなく、ほぼすべて実用品で占められる。

第2段階では、前期後葉から非実用品が本格的に出現する。前期後葉の事例として例えば、方形板刃先だと滋賀県安土瓢箪山古墳西北室例は横幅2.8cmとあきらかに小型の非実用品である。また、鳥取県伯耆国寺古墳例は横幅12.6cmや10.6cmと法量からみると実用的であるが、b類であることから非実用品である。このほか奈良県新沢千塚500号墳例や京都府園部垣内古墳例など折り返しのない鉄鎌がみられるのもこの時期からである（第Ⅱ部第3章）。この非実用品は、中期に入ると盛行し、大阪府西墓山古墳例のように大量に埋納される事例も目立つ。

第3段階は、基本的にU字形刃先や曲刃鎌が盛行するということもあり、非実用品は極端に少なくなる。

以上のことから、第2段階は製作方法の省略化した農具鉄製刃先が出現し盛行するのにあわせて、非実用品も出現・盛行することは、相関する現象と理解する。つまり、実際農作業に使用しない非実用品が作られることと、製作方法が省略化した製品が現れることは密接に関連するといえる。

課題　このように理解すると、同じ類型に属する鉄製品であっても、時間的変化によってより細分できる可能性が高い。具体的には、鉄鍬の直線刃1類は第1段階から第2段階と複数段階に及ぶが、第1段階の実用品と、第2段階の非実用品とは別類型として分類できる余地を残している。これについての詳細は別稿に譲るとして、本章では大まかな変遷案を提示するにとどめておきたい。

しかしながら、この型式学的検討で大まかな変遷案しか提示できなかったことは、古墳時代の他の鉄製品、例えば甲冑や金工品といった詳細な変遷案と比較して異質である。これは、比較的近接した地域で集約的に生産されているか、もしくはかなり広い地域で重層的に生産されているかの違いと考える。もちろん今回検討した農具は後者に属するため、甲冑のような詳細な検討は不可能である。この重層的な生産体制の解明は急務であり、今後の課題としたい。

第Ⅲ部　農具鉄製刃先の変化

まとめ

　本章では、農具鉄製刃先の変遷について墳墓出土資料を対象に議論した。議論の前提として未使用品を軸に置いたことは、これまでの研究とは一線を画する点である。また、古墳編年に形態分類を当てはめることで時期を決めるのが主流であるなか、製作方法をもとに型式学的検討をおこなったことも新しい点といえよう。
　結果として、製作方法をもとにした型式学的検討の有効性を示すことができた。第２段階（前期後葉～中期後葉）には、製作方法の省略化したものが器種を横断して現れることも明らかになった。さらには、非実用品の普及と製作方法の省略化とには密接な関連があることも突き止めることができた。これらの成果により、農具鉄製刃先の具体的性格を調べる基盤が整ったといえる。

第3章　古墳時代前期の曲刃鎌

―事例研究②山口県秋根遺跡例―

はじめに

　山口県秋根遺跡は、旧石器時代から中世にわたる複合遺跡であり、古代では地方官衙があったとして著名である。

　2007年8月2日と2010年5月17日、筆者は下関市立考古博物館にて、秋根遺跡から出土した鉄鎌を詳細に観察する機会を得た。その結果、秋根遺跡例は従来の認識とは異なり、大型の曲刃鎌

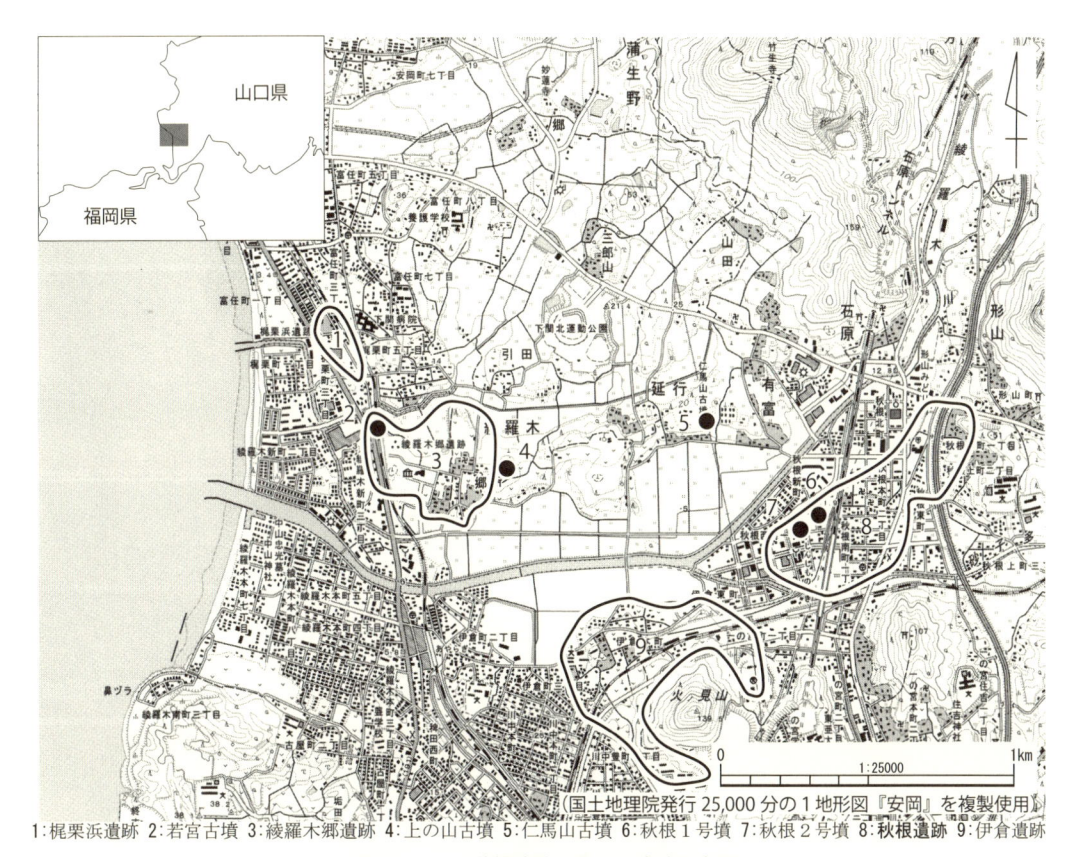

1：梶栗浜遺跡　2：若宮古墳　3：綾羅木郷遺跡　4：上の山古墳　5：仁馬山古墳　6：秋根1号墳　7：秋根2号墳　8：秋根遺跡　9：伊倉遺跡

図Ⅲ3－1　秋根遺跡と周辺の遺跡分布図

に復原できることが判明した。

　この曲刃鎌が出土した遺構は、弥生時代終末期から古墳時代前期に位置づけられる。鉄鎌の時期を決める場合、古墳時代前期には直刃鎌が普及するため、秋根遺跡例のような曲刃鎌を古墳時代前期に位置づけることには躊躇を覚える。曲刃鎌は弥生時代中期から終末期、もしくは古墳時代中期以降に時期比定でき、古墳時代前期に存在しないと考える研究者も多いのではないだろうか。そのため、秋根遺跡例を弥生時代終末期と位置づけることが一見妥当にみえる。

　しかし古墳時代前期には、曲刃鎌は存在しないとする意見がある一方で、寺澤薫氏は、古墳時代前期にも曲刃鎌が存在すると指摘する（寺澤1991）。つまり、曲刃鎌は古墳時代前期に断絶せず、弥生時代から古墳時代にかけて連続的にみられると理解できよう。しかしながら、寺澤氏の認識は卓見ではあったものの、同論文で指摘した鉄鎌の機能差が注目される結果となり、古墳時代前期の曲刃鎌については以降、深く追求されることはなかった。

　そこで本章では、あまり検討されてこなかった古墳時代前期の曲刃鎌について詳しく紹介するとともに、その特徴についてまとめたい。

第1節　秋根遺跡の概要

　秋根遺跡は、山口県下関市秋根に所在し、県西部の響灘沿岸から綾羅木川を約3kmさかのぼった標高約10mの低段丘上に立地する（図1）。近隣には著名な遺跡として、弥生時代前期末葉から中期初頭の大規模な集落遺跡である綾羅木郷遺跡が所在する。

　秋根遺跡は、1970年と1972〜76年に下関市教育委員会により発掘調査がおこなわれ、1977年に発掘調査報告書として『秋根遺跡』が刊行された（金関ほか1977）。

　本章に関連する古墳時代を中心に挙げると、秋根遺跡は前期から後期までの竪穴建物23棟、掘立柱建物31棟以上、溝4条、土坑17基からなる。また、古墳時代後期には3基の古墳が認められる。古墳は埋葬施設に横穴式石室をもつ円墳であり、馬具や鉄鏃などの鉄製品が出土する。

第2節　秋根遺跡出土鉄鎌

　従来の見解　1974年に刊行した秋根遺跡の発掘調査概報である『新下関駅周辺遺跡発掘調査概報』（下関市教育委員会1974）のなかに、今回取り上げる鉄鎌が詳しく紹介されている（図2）。その報告書によれば、鉄鎌は溝（D-1）から出土した。この溝は、出土土器から弥生時代終末期から古墳時代前期に比定される。鉄鎌の報告については、以下に報告書の文章をそのまま引用する。

　「1はほぼ完形に近いが、刃部の先端を欠失している。現存する全長は約16.8cm、刃部の幅4.5cm、基部の幅は約4cmで、着柄用の折り返しがあるが、さびのため明瞭ではない。刃部の中ほどから先端にかけて内彎する。

　2は刃部の中ほどから先端を欠乏している。残存する長さは約10.8cm、刃部の幅は5.2cmで1

第 3 章　古墳時代前期の曲刃鎌

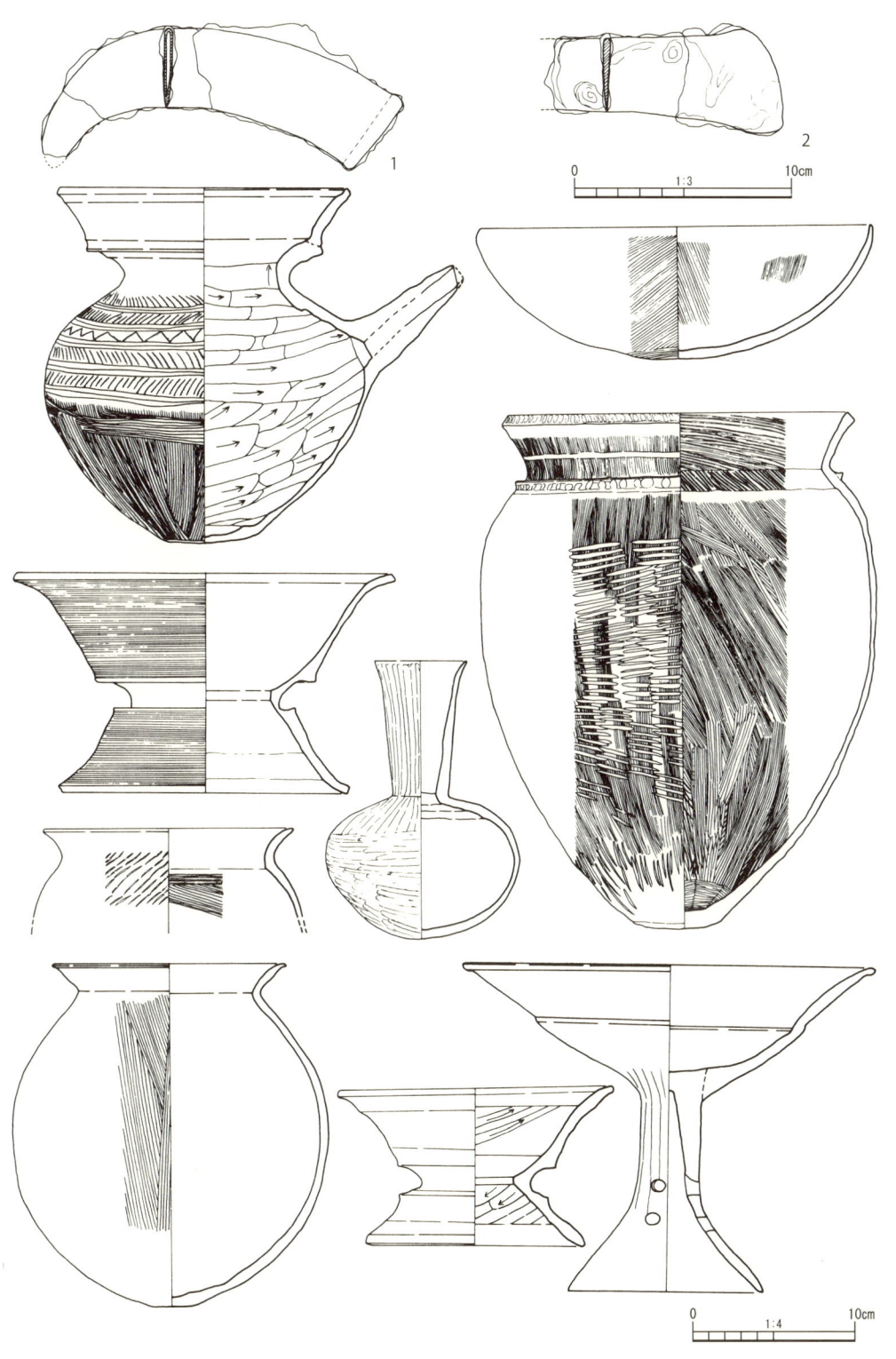

図Ⅲ 3 - 2　秋根遺跡 D1 出土遺物（旧報告）

より幅が広い。上方に張り出すように基部がつけられており、折返しは、さびのため明瞭でない。」

　この報告文から、秋根遺跡Ｄ－１から出土した鉄鎌は全部で２点あることがわかる。この２点は、きわめて近接して出土したことが出土状況写真からよみとれる（図３）。
　しかし資料を実見すると、上の報告とは異なる所見を得ることができた。以下では、この鉄鎌を再検討してみたい。
　新たな見解　鉄鎌は、１がほぼ完形であると報告されていることから、上記の２点はこれまで別個体と考えられてきたようだ。しかしながら、明瞭な接点はないものの２点は、折損した部分の縦幅・厚さ・断面形状が一致する。さらに、折損付近の銹が細部にわたり近似するため、同一個体と考えられる。
　出土状況写真をみるかぎり、この２点は近接している（図３）。写真を正面からみた場合、右側は基端付近の破片に、左側は刃先付近の破片に相当する。いずれも裏面であり、実測図の破片の向きとも一致する。
　これらのことから、この鉄鎌は同一個体と認識でき、背・刃縁ともに内湾する、完形に近い曲刃鎌とわかる（図４）。以下では、その特徴を詳述する。

　特　徴　ほぼ完形の大型曲刃鎌である。身中央付近で２片にわかれる。法量は、横幅23.3cm以上、最大縦幅4.1cm、背厚約３mmである。基端よりも身中央付近が幅広く、身中央付近から刃先にいくに従い幅が狭くなる。刃先はおおきく内湾して鉤状になる。
　側面をみれば、刃先付近が手前側に反るのがわかる。刃先から基端にかけての縦断面形は楔形である。折り返しは、基端全体を鈍角に弱く折り返す。着柄角度はおよそ90度である。刃を手前にして、折り返しを左に向けたとき、折り返しが上を向く乙技法（都出1967）に属する。
　基端付近には、柄に由来する木質は観察できない。判然とはしないため図化はしていないが、刃先付近の背側には木質と異なる有機質が銹着している。この有機質は、表面・裏面ともに確認できるが、何を反映するのか不明である。
　以上より、この秋根遺跡出土鉄鎌は一個体に復原でき、大型の曲刃鎌であることが、今回判明した重要な所見である。

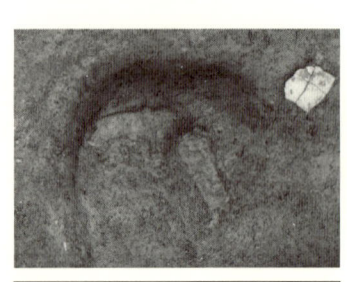

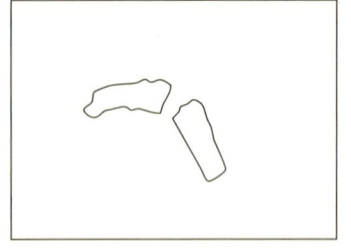

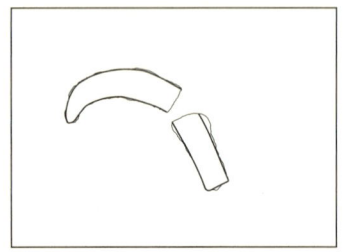

図Ⅲ３－３　鉄鎌出土状況

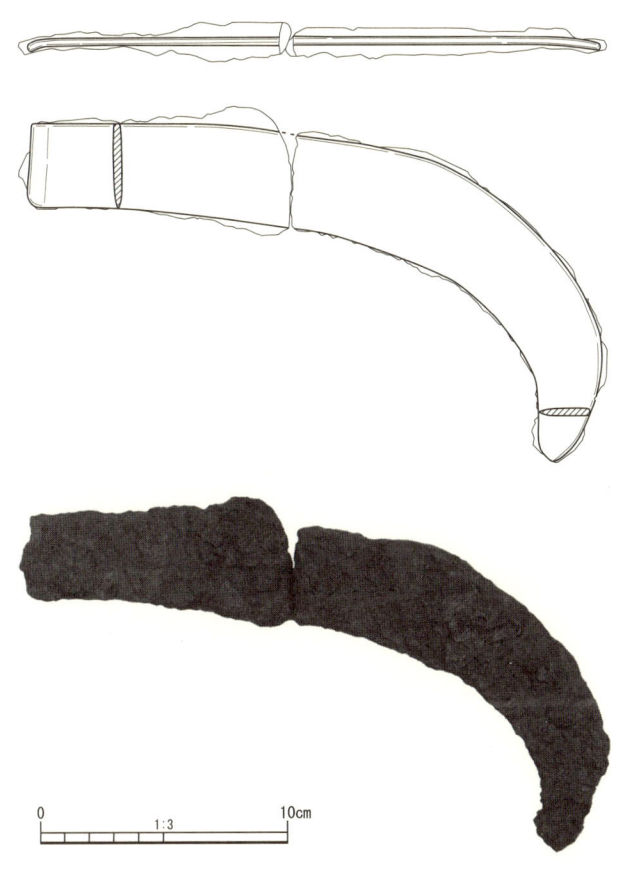

図Ⅲ3－4　秋根遺跡出土鉄鎌

第3節　古墳時代前期曲刃鎌の様相

　古墳時代前期における鉄鎌は墳墓から出土する事例が多い。集落出土品もあるが、数は多くない。墳墓出土品の大半は、刃が直線的な直刃鎌である。古墳時代は、前期に直刃鎌が普及しており、中期以降に曲刃鎌が出現するという一般的な理解がある（都出1967ほか）。

　しかしながら、古墳時代前期は曲刃鎌の類例が皆無ではない。寺澤薫氏によれば、古墳時代前期にも曲刃鎌が出土するという（寺澤1991）。さらに、筆者はかつて前期古墳出土鉄鎌を検討する際に、弥生時代の曲刃鎌と形状が似る直刃鎌が福岡県の萱葉2号墳や立野A11号墓で出土することや、福岡県舞松原古墳にて朝鮮半島との関係の深い曲刃鎌について指摘したことがある（河野2010・第Ⅱ部第2章）。

　ここでは古墳時代前期の曲刃鎌の類例にあたり、古墳時代前期における曲刃鎌の様相をあきらかにする。

（1）古墳時代前期の曲刃鎌

　西日本を対象に古墳時代前期の曲刃鎌を集落・墳墓を問わず集成したところ、6点が確認できた。以下、個々の曲刃鎌を紹介したい（図5）。

　1は、和歌山県徳蔵地区遺跡竪穴住居400の貯蔵穴から出土した（渋谷・佐伯編2005）。刃先や基端付近の刃縁が若干欠ける。横幅19.4cm、最大縦幅3.0cm、背厚3mmであり、刃先付近が鉤状に屈曲する。基端付近がやや幅広となり、刃縁にあるゆるやかな段は研ぎ減りを反映すると考える。側面を観察すると、身中央付近から刃先にかけて反りがみられる。刃先から基端にかけての縦断面形は楔形である。折り返しは、基端全体を鋭角に強く折り返す。着柄角度は95度である。刃を手前にして、折り返しを右に向けたとき、折り返しが下を向く乙技法に属する。身中央付近には木質が銹着しており、刃先付近には革のようなものがみられるが、鉄鎌とこれらの有機質がどのように関連するのか不明である。

　2は、兵庫県権現山51号墳の埋葬施設内から出土した（近藤編1991）。報告書では、直刃鎌として扱われているが、背と刃がほぼ平行して内湾することから、製作当初から曲刃であった可能性が高い。横幅15.6cm、最大縦幅4.0cm、背厚3mmである。身中央付近からわずかに内湾して、刃先に向かって徐々に細くなる。刃先は不整形ながら丸くおさまる。側面を観察すると、反りはみられず直線的である。基端付近の刃縁が窪むため、研ぎ減りしていると考えられる。縦断面形は基本的に楔形であるが、基端付近のみは長方形である。折り返しは、基端全体を鈍角に弱く折り返す。着柄角度はほぼ90度である。刃を手前にして、折り返しを右に向けたとき、折り返しが上を向く甲技法に属する。木質は基端付近にわずかに認められる。

　3は、島根県前立山遺跡第11号住居跡の壁付近から出土した（内田・勝部1980）。ほぼ完形品であるが、フクレの影響で非常に厚くなっている。横幅28.6cm、最大縦幅4.9cmである。背と刃縁は、基端から身中央付近までは直線的であるが、身中央付近から刃先に向かっては徐々に内湾する。縦断面形は基本的に楔形であるものの、基端付近のみは長方形である。折り返しは、基端の上半を鋭角に強く折り返す。着柄角度は120度である。甲技法に属する。木質などの有機質は認められない。

　4は、岡山県津寺三本木遺跡溝16から出土した（高畑編1999）。完形品である。横幅11.4cm、最大縦幅3.3cm、背厚3.5mmである。背と刃縁がともに、基端付近から刃先に向かって徐々に内湾する。基端付近の刃縁が窪むため、研ぎ減りしていると考えられる。側面を観察すると、身中央付近から刃先にかけて反りがみられる。縦断面形は基本的に楔形であるが、基端付近のみは長方形である。折り返しは、基端上半を直角に、基端下半を鋭角に折り返す。着柄角度は90度である。甲技法に属する。木質などの有機質は認められない。

　5は、福岡県舞松原古墳の埋葬施設内から出土した（久住編1997）。身中央付近の欠損が著しいが、全体の形状を復原できる。横幅14.0cm、基端付近の最小縦幅2.3cm、刃先付近の最大縦幅3.7cm、背厚2mmである。基端よりも、刃先側の縦幅が広い。側面を観察すると、反りはみられず直線的であ

第3章　古墳時代前期の曲刃鎌

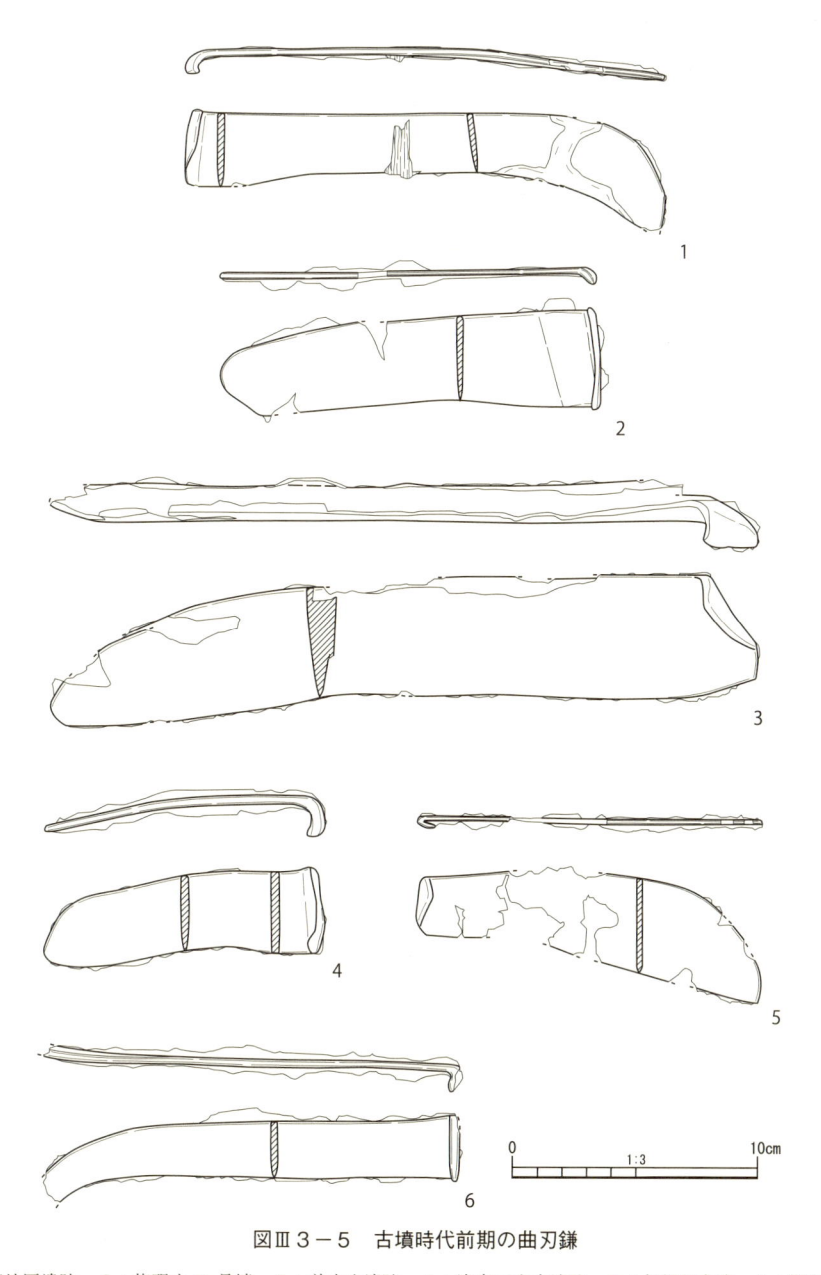

図Ⅲ3-5　古墳時代前期の曲刃鎌

1：徳蔵地区遺跡　2：権現山51号墳　3：前立山遺跡　4：津寺三本木遺跡　5：舞松原古墳　6：御床松原遺跡

る。刃先から基端にかけての縦断面形は楔形である。折り返しは、基端全体を鋭角に非常に強く折り返す。着柄角度は90度である。乙技法に属する。木質などの有機質は認められない。

　6は、福岡県御床松原遺跡67号住居跡から出土した（井上編1983）。刃先をわずかに欠損する。残存横幅16.9cm、最大縦幅2.5cm、背厚3mmである。背と刃縁がともに基端から身中央付近にかけて直線的であり、刃先のみ鉤状に湾曲する。側面を観察すると、身中央付近から刃先にかけて反りがみられる。刃先から基端にかけての縦断面形は楔形である。折り返しは、基端全体を直角に折り

返す。着柄角度は90度である。甲技法に属する。木質などの有機質は認められない。

（2）前期曲刃鎌の特徴

前節にて紹介した前期曲刃鎌の特徴をまとめたい。

　法　　量　寺澤薫氏の分類に従い、横幅10〜12cm以下を小型品、12〜18cmを中形品、20cm以上を大型品として、便宜的に説明する（寺澤1991）。その場合、津寺三本木遺跡例は小型品に、権現山51号墳例、舞松原古墳例、御床松原遺跡例は中型品に分類される。徳蔵地区遺跡例と前立山遺跡例は大型品である。つまり、さまざまな大きさの曲刃鎌があるといえる。

　形　　状　形状に注目すると、刃先に向かって徐々に細くなるもの、刃先に向かって広がるものがある。刃先に向かって徐々に細くなるものは、基端付近から内湾するもの、身中央付近から内湾するもの、刃先付近で内湾するものがある。その内湾の角度をみると、緩いもの、急なものがある。つまり、さまざまな形状のものがあるといえる。研ぎ減りの影響が少ない背の形状でみても、一定しない。

　研ぎ減り　刃縁が窪むことで研ぎ減りしていることが認識できたのは、徳蔵地区遺跡例、権現山51号墳例、津寺三本木遺跡例である。これらは確実に使用されたものとして捉えられる。

　また、前立山遺跡例や御床松原遺跡例はいずれも住居跡内からの出土である。そのため、この2例は明確な研ぎ減りは確認できなかったものの、使用品であった可能性が考えられる。

　反　　り　側面を観察すると、鉄板がどのように反るのかわかる。鉄鎌の機能を考えると、刃を手前に向けた際に使用者側に鉄板が反る方が都合よい。このことから、徳蔵地区遺跡例、御床松原遺跡例は、刃先を右側に向けると、使用者側に鉄板が反る。つまり、使用者は左利きであった可能性が考えられる。一方で、津寺三本木遺跡例は刃先を左側に向けると、使用者側に鉄板が反る。つまり、使用者は右利きであった可能性が考えられる。

　折り返し　前立山遺跡例のみ、基端の上半を鋭角に強く折り返す。そのため着柄角度は120度となり、ほかの曲刃鎌の着柄角度が90度前後であるなか異質である。この前立山遺跡例は横幅28.6cmと、曲刃鎌のなかではもっとも大型である。寺澤薫氏は、大型品が下草・柴・枝払い用の除伐用大鎌や鉈として使用されたと推定する（寺澤1991）。鉈として利用する場合は斜め上方から振り下ろすため、着柄角度は鈍角のほうが有効である（古瀬1991b）。同様に、除伐用大鎌として残程をなぎ払う場合には、刃が柄にたいして鈍角に装着されるのが都合よい（川越1977）。前立山遺跡例のように大型品の着柄角度が鈍角になる背景には、中小型品とは異なる機能的な要因があった可能性が考えられる。

　甲乙技法　甲技法は4例、乙技法は2例みられる。この甲乙技法の相違は、機能的な差よりも工人の癖の差として捉えるのが妥当である。乙技法は朝鮮半島南部の曲刃鎌によくみられる特徴であり、逆に甲技法は日本列島によくみられることから、ある程度の工人系統を反映している可能性がある（都出1989、金田1996）。

出土状況 建物跡や溝から出土する一方、古墳の埋葬施設内からも出土する。つまり、集落・墳墓問わず、さまざまな遺構からみつかるといえる。

小　結 以上をまとめると、個々の形状や法量などの属性に、まとまりがないことに気づく。この背景として、曲刃鎌は複数の生産地があると捉えることができる。なお、形状が異なる別の要因として、使用による研ぎ減りも挙げることができよう。

第4節　古墳時代前期曲刃鎌の成立過程

直刃鎌が主流の古墳時代前期で、曲刃鎌が廃棄・副葬された背景を探るには、前期曲刃鎌の成立過程について検討することが有効であろうと考える。そこで、ここでは弥生時代や朝鮮半島南部の類例を調べてみたい。

（1）弥生時代の曲刃鎌

弥生時代の大型曲刃鎌は類例が多い（寺澤1991）。この大型曲刃鎌は弥生時代中期の出現当初、朝鮮半島南部の影響が強くほとんど乙技法であったが、弥生時代後期から甲技法が主流になる（都出1989）。つまり、佐賀県城ノ上遺跡例（図6-1）のような甲技法の大型曲刃鎌は、弥生時代後期から終末期にかけてよく出土する。このことから、前立山遺跡例のような甲技法の大型曲刃鎌は、弥生時代からの連続で理解できる。

次に、中小型品の曲刃鎌をみる。筆者はかつて、権現山51号墳例のように背と刃がわずかに湾曲する曲刃鎌は、岡山県桃山遺跡302号住居跡例（図6-2）のように、弥生時代に類例があると指摘した（河野2010・第Ⅱ部第2章）。津寺三本木遺跡例は、権現山51号墳と形状が類似し、かつ甲技法という共通点もある。そのため、このような事例は弥生時代からの連続で理解できる。同様に、中型品で甲技法に属する御床松原遺跡例をみると、大板井遺跡Ⅱ区18号住居跡例など弥生時

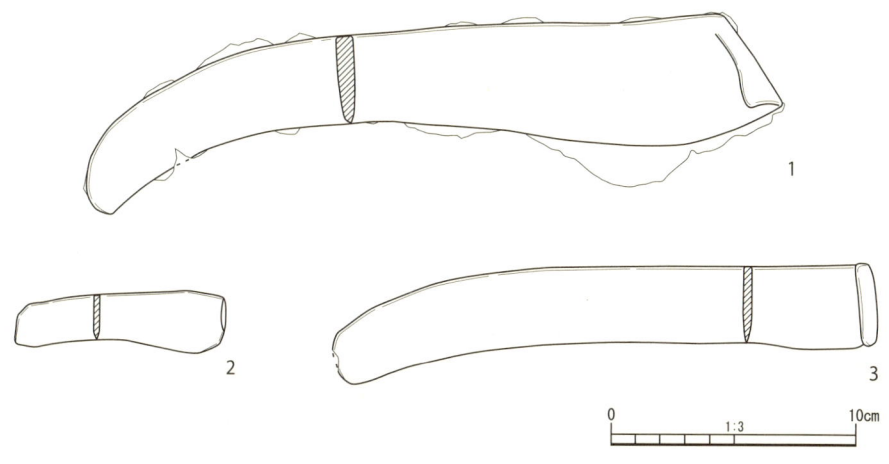

図Ⅲ3-6　弥生時代の曲刃鎌
1：城ノ上遺跡　2：桃山遺跡　3：大板井遺跡

代に類例が認められる（図6-3）。

　以上から、前立山遺跡例、権現山51号墳例、津寺三本木遺跡例、御床松原遺跡例の4例は、弥生時代の日本列島に類例があるといえる。そのおもな根拠として、形状の類似性のほかに甲技法を挙げることができる。しかしながら、朝鮮半島において甲技法の曲刃鎌は類例が少ないものの、ある程度存在することがわかっている（徐1990）。それゆえに、上記の4例は、朝鮮半島の関係下で製作された可能性が残ることを断っておきたい。

（2）朝鮮半島南部の曲刃鎌

　弥生時代からの連続で理解できる前期曲刃鎌がある一方で、舞松原古墳例のように朝鮮半島との関係が考えられる曲刃鎌もある（河野2010）。舞松原古墳例は、刃先付近に最大幅がある。この類例は、朝鮮半島では原三国時代から5世紀まで確認されている（千1994）（図7-1）。弥生時代の日本列島には類例がなく、古墳時代前期では舞松原古墳1例のみしか確認できないことから、朝鮮半島と関係があったと理解でき、搬入品の可能性もある。

　また、徳蔵地区遺跡例のように乙技法をもつ大型曲刃鎌は、朝鮮半島南部で類例が多く（図7-2）、朝鮮半島南部との関係を指摘できる。

　このように、朝鮮半島南部との関係で理解できる曲刃鎌も存在したとわかる。しかしながら、西日本の弥生時代において、刃先に向かって徐々に細くなる乙技法の曲刃鎌がある程度存在する。そのため、徳蔵地区遺跡例は、弥生時代からの連続としても理解できることを断っておきたい。

（3）小　　結

　以上より、古墳時代前期曲刃鎌の成立過程を考えると、弥生時代曲刃鎌との連続性で理解できるもの、もしくは朝鮮半島との関係で理解できるもの、どちらかに該当することが判明した。つまり、

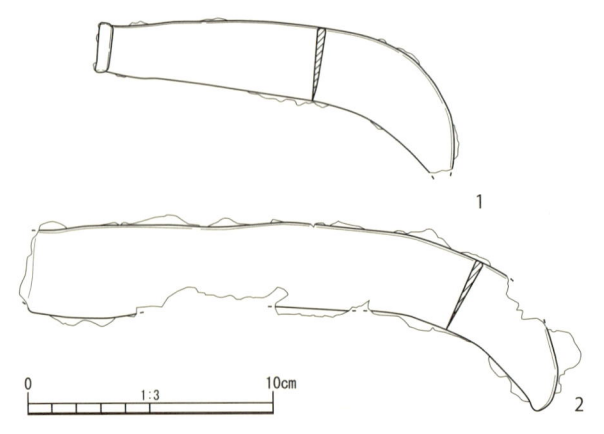

図Ⅲ3-7　朝鮮半島南部の曲刃鎌
1：中山里ⅠA-23号墳　2：礼安里138号墳

短冊形の鉄鎌（河野2010・第Ⅱ部第2章）のように古墳時代前期から、列島独自に出現・普及する状況ではないことを強調したい。

第5節　秋根遺跡出土鉄鎌の評価

　徳蔵地区遺跡例と前立山遺跡例のような大型曲刃鎌があることから、秋根遺跡例のような大型曲刃鎌が古墳時代前期に出土しても不思議ではない。

　また、乙技法を積極的に評価すると、秋根遺跡例は朝鮮半島との関連下で製作された可能性が高いといえよう。秋根遺跡周辺の遺跡として、無文土器が出土した綾羅木郷遺跡、多紐細文鏡や細形銅剣が出土した梶栗浜遺跡（山口県2008）を挙げることができる。秋根遺跡の立地する響灘沿岸地域は、朝鮮半島と関係のある遺物が比較的多く出土する。そのため、朝鮮半島と関係のある鉄鎌が秋根遺跡から出土することは充分ありうる。

　以上から、秋根遺跡出土鉄鎌は、朝鮮半島からの関係下で製作された曲刃鎌の可能性が高いといえる。さらに、その時期は弥生時代終末期に限定できず、古墳時代前期まで下る可能性が考えられる。

　なお、秋根遺跡例ほど刃先がおおきく内湾して鉤状になる形状は、弥生時代から古墳時代前期にかけての日本列島には類例がなく、さらに朝鮮半島においても管見による限り類例がない。そのため、今後の資料増加や研究の進展により秋根遺跡例の系譜が明らかになれば、地域間交流等の議論に貢献できるものと期待される。

まとめ

　本章では、まず秋根遺跡出土鉄鎌の再検討をおこなった。その結果、これまで別個体と認識していた破片が、同一個体と判明した。この個体識別から、秋根遺跡例は大型曲刃鎌であることが明らかになった。秋根遺跡例は、遺構の年代より、弥生時代終末期から古墳時代前期に位置づけることが可能である。古墳時代前期には一般的な理解として曲刃鎌は認められないとする意見が大半を占める一方、なかには曲刃鎌が存在するとの意見もある。

　そこで、古墳時代前期の曲刃鎌の類例を集めたところ、西日本で6例が確認された。古墳時代前期曲刃鎌の基礎的な情報を得る目的のもと、法量・形状・研ぎ減り・反り・折り返し・甲乙技法・出土状況による特徴を把握した。また、前期曲刃鎌の成立過程は、弥生時代曲刃鎌との連続や、朝鮮半島との関連で理解できることが判明した。

　以上から、古墳時代前期において直刃鎌が主流のなか、ある程度の曲刃鎌が存在していたことを改めて認識できた。そして、秋根遺跡例は朝鮮半島との関連下で製作された可能性が考えられ、その時期は弥生時代終末期から古墳時代前期の間のなかで理解できることを示した。

　最後に、本研究の意義について、まとめることにしたい。

　1つ目の意義は、古墳時代前期における鉄鎌の成立過程の問題である。かつて筆者は、前期古墳

に副葬された短冊形以外の鉄鎌が、弥生時代から連続的にみられる傾向があると指摘したことがある（河野 2010）。今回分析した曲刃鎌にも、弥生時代からの連続で理解できるものが含まれ、それが墳墓出土品のみならず集落出土品においても確認できたことは、古瀬清秀氏による弥生時代的な鉄製品生産が古墳時代においても継続的にみられるという指摘（古瀬 1991a）を、集落出土の鉄鎌から追検証できたという点で意義がある。この弥生時代的な鉄製品生産とは、集落内部で操業をおこなう小規模生産のことを指す。曲刃鎌の法量や形状にばらつきがみられるのも、このような小規模生産が背景の一つとしてあったと考えることができよう。

　2つ目の意義は、時期比定の問題である。これまで曲刃鎌が出土したという点を根拠に、墳墓や建物跡の時期を弥生時代に、もしくは古墳時代中期以降に位置づける報告書や研究が比較的よくみられた。しかしながら、前期に曲刃鎌が存在することは明らかであり、曲刃鎌を根拠に時期を決める際には、これまで以上に慎重さが求められると確信した。

　同じことは鉄鍬のU字形刃先からでも指摘できる。古墳時代中期以降から出現するとされたU字形刃先が、弥生時代でも出土することが明らかになってきており、曲刃鎌の状況と比較的似ている。しかしながら、柳本照男氏が指摘したように、弥生時代のU字形刃先は古墳時代中期の形状や大きさとは異なる（柳本・河野編 2009）。また、製作方法についても沸し着けの差異が明らかになってきた（第Ⅰ部第2章）。

　これらの研究成果を参考にすると、今後の研究の進展により、古墳時代前期の曲刃鎌と中期以降の曲刃鎌との相違について明らかにすることができれば、時期を決める際に有効であると考える。これは今後の課題としたい。

第Ⅳ部

農具鉄製刃先の所有と管理

第1章　農具鉄製刃先の所有

はじめに

　農具鉄製刃先を持つものと、持たざるものとの差はなにか、これまで所有について数多くの検討がなされ、古墳時代の社会経済を紐解く上でひとつの鍵となってきた。

　しかしながら、農具鉄製刃先の大半は墳墓出土品であり、集落出土品の事例は極めて少ない。それゆえに、この墳墓出土品がどの程度、農具鉄製刃先の所有を反映しているのか、解釈が難しかった。この解釈の困難さの主要因として、墳墓出土品のなかに非実用品が含まれることが挙げられる。この非実用品をもってして所有を議論できるのかどうか曖昧であるので、所有についての議論を避ける研究者がいる。一方で、積極的に農具鉄製刃先の有無に注目し、議論を進める研究者もいる。

　これまでの検討で、農具鉄製刃先には未使用品と使用品とがあり、未使用品には非実用品が含まれることが判明した。しかも客観的に、使用品と未使用品、実用品と非実用品とを区分できること示しえたことは、大きな成果である（第Ⅱ・Ⅲ部）。当然、同じ農具鉄製刃先であっても使用状況が異なれば、これらを所有する意味も異なるに違いない。実用品と非実用品も同様である。

　そこで、本章ではどのような性格の墳墓に、どのような性格の農具鉄製刃先が出土するのか探ることで、農具鉄製刃先の所有について具体的に考えたい。

第1節　研究史と問題の所在

（1）支配階級による独占物としての農具鉄製刃先

　岡崎敬氏の研究　日本における初期鉄製品の問題について議論した岡崎敬氏によると、生産用具としての農具鉄製刃先の普及は、農業生産を飛躍的に増大せしめるとともに、農具鉄製刃先を所有するものと、これを使用し生産するものとの二つの階級分化を促したと指摘した。さらに、古墳時代前期では階層の高い墳墓に副葬される傾向にあることから、支配階級がかかる鉄を占有したとも考えた（岡崎1956）。

　小林行雄氏の研究　この岡崎氏による指摘は、のちに小林行雄氏によって追認され、弥生時代後期に農具鉄製刃先が普及したことで、農地の開墾が容易になり、さらには古墳の築造が可能になる等の恩恵をもたらしたと解釈されるに至る。そして、生産力の急激な増大とともに、無階級社会から階級社会（古墳時代社会）への道を急速に推し進めることになった。その新しい動きの中心は大和地域が担ったという歴史的意義にまで論が発展する（小林1976）。

都出比呂志氏の研究　この小林氏の研究をうける形で、都出比呂志氏は弥生時代後期に農具鉄製刃先が、開墾と収穫の過程に使用され、鉄生産の小規模性からくる鉄器の僅少性によって、その所有は農業共同体の集団的所有ないしその首長への集中とならざるをえなかったと指摘した。ただし、石製穂摘具の消滅の背景にかわる鉄鎌があるとなると、その所有は別物かもしれないと含みつつも、農業共同体の果たす役割を考慮に入れれば、農業共同体を構成する世帯共同体は鉄鎌の入手に際しても農業共同体から自由ではなかったとも考えた。そして、この集団的労働（農業共同体）と個別労働（世帯共同体）との間には、収穫稲の配分をめぐって矛盾がある。そのため集団的労働形態の一つの支柱としての、集団的所有（ないしは首長への集中）が崩れる。そして、農具鉄製刃先の所有が世帯共同体単位に及べば、集団的労働形態をも揺るがす。その矛盾の展開は古墳時代後期以降、鉄器の量産化開始、普及拡大とともに始まると主張した（都出1967）。

上原真人氏の研究　木製品研究からの視点で、上原真人氏は、豪族居館や水辺の祭祀遺跡から出土する木器群に農具が多く含まれ、それが8世紀初頭の里長館の木器組成にも共通し、奈良時代の宮殿・官衙遺跡の木器組成と質を異にすることから、古墳の被葬者は農業経営に深く関係していたと指摘した。その上で、鉄鍬のうち方形板刃先が集落から出土せず墳墓から多量に出土し、集落出土の木製台部に鉄刃を装着した痕跡が少ないのは、古墳の被葬者がこれらの鉄器を独占し、自らが主導する土木・開墾・耕作に際してのみ、一時的に貸し与えるという体制が古墳時代中期前半以前には一般的であったからだと指摘した（上原1997）。

野島永氏の研究　弥生時代中期後半から後期にかけて北部九州地域では多量の農具鉄製刃先が出土しているが、その多くは一般的な竪穴建物からの出土である（野島2009）。その竪穴建物は、規模からみて社会的に優越があるとわかる。そこで、建物の規模と鉄製品の出土量や比率を調べたところ、北部九州地域では大型建物跡に鉄製品が偏在しないことから、上位階層による鉄製品の占有はないといえる。一方で、それ以外の中国地方より西の地域では、大型建物跡に鉄製品が偏在する傾向にあることから、より上位の階層による鉄器の占有があるともいえる（野島2010）。

小　結　以上のように、古墳時代の農具鉄製刃先は首長によって独占されていたことが指摘されてきたといえる。その論拠の大半は、墳墓出土品の多さに加え、集落出土品の少なさからきている。しかしながら弥生時代にかんしては、基本的に墳墓から農具鉄製刃先が出土することなく、集落出土品が大半を占める。それゆえに、今回検討しないが野島永氏の分析にあるように、建物の規模から独占管理を追及する方法が所有を追及する場合、有効といえる。

（2）関東地方における集落出土品の分析

原島礼二氏の研究　文献史学の石母田正氏は、『出雲国風土記』の分析から、古墳時代中期以前の首長が多量の農具鉄製刃先を所有し、集団の労働を率いて大地をすき返していたと主張した（石母田1959）。この石母田氏の研究をうけて、原島礼二氏は考古資料をもちいて、所有について議論している。その方法は、鉄製品を出土する竪穴建物と出土しない竪穴建物の比率を時期別にみるこ

とで、鉄製品の普及の度合いを測るものであった。結果として、時期が新しくなるにつれて、鉄製品を出土する竪穴建物が増加することがわかり、農民による農具鉄製刃先の私有化が進展したと解釈した。さらに、古墳時代では農具鉄製刃先の使用が支配的になっているにもかかわらず、竪穴建物からの出土が稀であるのは、首長が農具鉄製刃先を独占し、それを農民に季節的に貸与したためと指摘した。しかしながら、その体制は農具鉄製刃先の量産化による私的労働と集団労働との矛盾の顕在化にもとづき、農具鉄製刃先が次第に個別に貸与され、その結果として耕起から収穫までの稲作の直接的生産過程が、世帯共同体の私的労働に独占されていくに至った（原島1968）。

原島氏の研究批判 うえの原島氏の研究は文献史学者のみならず考古学者にも少なからず影響をあたえ、とても画期的であったといえる。しかしながら、資料操作という点で問題があり、多くの批判を浴びる結果となった。おもだった批判を挙げると、竪穴建物から出土した鉄製品は廃絶時に置き忘れたものや破損の結果捨てられたものであり、それが当時の所有を表しているのか疑問であるという点。また、鉄製品は再加工することができ、また腐錆して消滅する可能性も考えられる点。以上の2点から、個々の竪穴建物の出土状態から直接には鉄製品の所有を明らかにできないという批判である（都出1969）。

このほかに、すべての鉄製品を一括して扱ってしまうことに疑問を感じる研究者も多い。宮原武夫氏は鉄製品の種類別の出土について分析し、鉄鍬の出土は鉄鎌や鉄刀子よりも低調であるので、鉄鍬は奈良時代にいたるまで農民の間では普及しておらず、高い階級の独占物であることを明らかにした（宮原1970）。この鉄鍬がほかの農具鉄製刃先と異なり、独占物でありつづけたことを集落出土品の比率や文献史学の成果から主張する研究者は多い（土井1971、伊達1974、高橋1976、山口1977、古庄1994ほか）。

なお、原島氏自身は、これら批判をうけて、確かに鉄鍬のほうが鉄鎌よりも出土量が少ないが、奈良時代の鉄鎌と鉄鍬の価格が2：3とさほど変わらないことから首長による独占物ではないと主張した。つまり、鉄鍬は農民が所有していなかったのではなく何度も加工され、そのまま捨て去る習慣がなかっただけと指摘する（原島1972）。しかしこの主張も、農民が購入できるような金額ではないことから、鉄鍬の農民所有は否定されている（高橋1976）。

小　結 これまで関東地方の竪穴建物から出土した鉄製品、もしくは農具鉄製刃先を対象として、所有について活発に議論されてきた。なぜ近畿地方や九州地方ではなく、関東地方なのかは、分析の難易度が関係していると考える。おそらく関東地方の出土量がもっとも豊富であるから、分析するに都合がよかったのであろう。なお、この鉄製品の地域的偏差が生じる原因については実はよくわかっておらず、単純に竪穴建物の検出数からきているのかどうかさえ不明である。

しかしながら、関東地方だけでも一地方内の相対的な出土量の推移をみることで、各種農具鉄製刃先の所有を明らかにする視点は重要である。近年さらに関東地方では出土量が増えているので、さらなる検討が進むものと期待される。

（3）問題点の指摘

対象資料　冒頭でも言及したが、農具鉄製刃先には使用品と未使用品、実用品と非実用品とがあり、それぞれ意味合いが異なる。これまでの検討では、墳墓出土品や集落出土品のいずれにせよ、使用状況や実用性をみることなく、その器種の有無や量からみた分析が主だったといえる。そのため、使用状況や実用性などの農具鉄製刃先の性格を具体化した上で分析すれば、より豊かな歴史像を構築できると期待される。

さらに、古墳時代の農具鉄製刃先の所有を分析するならば、豊富な出土量をほこる墳墓出土品を対象に加える必要があろう。集落出土品では、やはり再利用や廃棄の偶然性に出土量が左右されるので、たとえある時期に出土がないからといって首長の独占管理を証明することはできないからである（都出1969、大村1996）。ないことを根拠に議論を組み立てるのではなく、むしろ墳墓出土品のようにある資料を使って議論することのほうが生産的であり、説得力に富むと考える。

所有の重層性　従来の分析では、「農業共同体・世帯共同体・世帯」「首長・農民」といった、どの集団や個人に農具鉄製刃先が所有されうるのかという議論に終始してきたといえる。しかしながら、寺澤薫氏が指摘するように、倉の管理には、世帯共同体による管理と首長による管理とが両立する（寺澤1994）。この寺澤氏の指摘を参考にすると、農具鉄製刃先にも所有における重層性があっても不思議ではなく、これまでの分析に欠けていた視点といえよう。

古墳時代は集落における大規模な環濠集落の解体と首長居館の出現、墓制における首長墓の独立大型化と最下層の民衆の共同墓地である密集土壙墓群があらわれるなど階層化が進展する。墳墓では、墳丘の形態によって首長の系譜や格式を表現し、またその規模によって実力を示すという二重原理による身分表示方式が成立する（都出1991・2005）。つまり、重層化した社会においては、首長と一括して議論するのではなく、階層毎に所有を探ることが具体的な歴史像を構築するうえで役立つと考える。

以上のような問題点を解消しつつ、次節においては古墳時代の墳墓出土品をつかい、古墳時代の農具鉄製刃先の所有について考えてみたい。

第2節　古墳時代墳墓出土品からみた所有

（1）墳形と規模からみた農具鉄製刃先の出土量

古墳時代には墳形と規模による二重原理による身分表示方式が成立していた（都出1991・2005）。そこで、墳墓の階層性と農具鉄製刃先の出土量がどのような関係にあるのか、最初に調べたい。

分析の前提　農具鉄製刃先のうち、鉄鍬は方形板刃先とU字形刃先に、鉄鎌は直刃鎌と曲刃鎌に、鉄製穂摘具は袋式と板式とにわけた。前方後円形・前方後方形・円形・方形といった墳形に組み合う51m以上・21〜50m・20m以下の墳丘をもつ古墳、周溝墓と、さらには埋葬施設のみで墳丘がない無墳丘墓といった各種墳墓に、先述した農具鉄製刃先がどう組み合うのかを調べた。さらに、

1埋葬施設内にある各種農具鉄製刃先の出土量についても調べ、その平均値を示した。この出土量は例えば鉄鍬の場合、1埋葬施設内で方形板刃先が3点、U字形刃先が1点共伴すれば、合計の4点ではなく、各形式の出土量でカウントした。

なお、陪塚からの出土品は主墳に従属する可能性が充分考えられるため（北野1976）、分析から除外した。具体的には、京都府久津川車塚古墳の陪塚である梶塚古墳、大阪府誉田御廟山古墳の陪塚である野中アリ山古墳、大阪府墓山古墳の陪塚である河内野中古墳と西墓山古墳、大阪府市野山古墳の陪塚である長持山古墳、奈良県ウワナベ古墳の陪塚である大和6号墳は対象外である（山田1997）。なお、陪塚にかんしては第3節で別に議論する。

鉄　　鍬　まず、鉄鍬の方形板刃先とU字形刃先をみたい（図1上）。最初に注目できるのが、方形板刃先をもつ墳墓の方がU字形刃先をもつ墳墓よりも階層が高い点である。具体的には、51m以上の前方後方墳・円墳・方墳にはU字形刃先を確認できない。一方で、U字形刃先は20m以下の円墳と方墳、無墳丘墓の出土量が増え、とくに円墳は方形板刃先が21基であったのに対し、96基になる。このほか、同じ階層に位置する墳墓をみると方形板刃先よりもU字形刃先のほうの出土量が減る点も指摘できる。例えば、51mの前方後円墳ならば方形板刃先が3.7個であったのに対し、U字形刃先は2.2個と少なくなる。

次に、方形板刃先のなかでみると、墳形よりも墳丘規模における出土量に有意な差を確認できる。例えば、前方後円墳では51m以上で3.7個であったのが、21～50mでは1.0個になる。同様に円墳では51m以上（3.8個）→21～50m（2.5個）→20m以下（1.3個）と少なくなる。方墳では51m以上（11.0個）→21～50m（2.0個）→20m以下（1.3個）→周溝墓（1.0個）である。しかしながら、規模を軸にしてみると前方後円墳や前方後方墳よりも円墳や方墳の出土量が多い。例えば、21～50mの古墳では前方後円墳が1.0個であるのに対し、円墳では2.5個、方墳では2.0個となる。

U字形刃先も同様であり、墳丘規模からみると前方後円墳では51m以上（2.2個）→21～50m（1.4個）。円墳では21～50m（1.5個）→20m以下（1.1個）となる。方墳も21～50m（1.5個）→20m以下（1.2個）である。このように墳丘規模の差と出土量の差が相関しているが、一方で墳形をみると21～50mの規模の古墳では、前方後円墳（1.4個）→前方後方墳（1.0個）→円墳（1.5個）→方墳（1.5個）とほとんど差がない。

このように墳形と墳丘規模とでみた場合、墳丘規模の差と農具鉄製刃先の出土量とは相関することがわかったが、墳形の差と農具鉄製刃先の出土量とには有意な差を見出すことはできなかった。

鉄　　鎌　つぎに鉄鎌は、直刃鎌と曲刃鎌とにわけて分析を進めることにしたい（図1中）。まずは、直刃鎌よりも曲刃鎌をもつ墳墓の階層が高い点は注目に値する。具体的にいうと、51m以上の前方後方墳・円墳・方墳が曲刃鎌のほうには確認できない。さらに、曲刃鎌では20m以下の円墳と方墳、無墳丘墓の出土量が増え、とくに円墳は直刃鎌が38基であったのに対し、210基と増加する。また、同じ階層に位置する墳墓をみると直刃鎌よりも曲刃鎌のほうの出土量が減る傾向にある。例えば、21～50mの円墳ならば直刃鎌が5.1個であったのに対し、曲刃鎌は1.8個と少

なくなる。
　次に、直刃鎌のなかでみると、墳形よりも墳丘規模における出土量に有意な差を確認することができる。例えば、前方後円墳ならば51m以上で5.3個であったのが、21～50mでは1.9個になる。同様に円墳では51m以上（6.8個）→21～50m（5.1個）→20m以下（1.1個）である。方墳では51m以上（6.0個）→21～50m（1.4個）→20m以下（1.4個）→周溝墓（1.0個）である。しかしながら、規模を軸にしてみると前方後円墳よりも円墳や方墳の出土量が多い傾向にある。例えば、21～50mの古墳では前方後円墳が1.9個であるのに対し、円墳では5.1個となる。
　曲刃鎌も同様であり、墳丘規模からみると前方後円墳では51m以上（3.0個）→21～50m（1.1個）である。円墳では21～50m（1.8個）→20m以下（1.2個）となる。方墳も21～50m（4.1個）→20m以下（1.3個）→周溝墓（1.0個）である。このように墳丘規模の差が出土量の差となって表れているが、一方で墳形をみると21～50mの規模の古墳では、前方後円墳（1.1個）→前方後方墳（1.5個）→円墳（1.8個）→方墳（4.1個）と前方後円墳や前方後方墳よりも円墳や方墳の出土量が多い。
　このように墳形と墳丘規模とでみた場合、墳丘規模の差と農具鉄製刃先の出土量とは相関することがわかったが、墳形の差と農具鉄製刃先の出土量には有意な差を見出すことはできなかった。鉄鍬とまったく同じ傾向といえる。

　鉄製穂摘具　最後に鉄製穂摘具は、袋式と板式とにわけて分析を進めることにしたい（図1下）。まずは、袋式よりも板式をもつ墳墓の階層が高い点に注目する。具体的にいうと、51m以上の前方後方墳・円墳が板式のみに確認できる。逆に、板式では50m以下の前方後円墳と前方後方墳、20m以下の円墳、方形周溝墓が袋式と異なり確認できない。なお、重なりは少ないが同じ階層に位置する墳墓をみると21～50mの円墳ならば袋式が3.2個であり、板式は3.4個と、出土量にほとんど差がないといえる。
　次に、袋式のなかでみると、墳形よりも墳丘規模における出土量に有意な差を認めることができる。例えば、前方後円墳ならば51m以上で7.5個であったのが、21～50mでは1.5個になる。同様に円墳では21～50m（3.2個）→20m以下（1.3個）である。方墳では21～50m（2.3個）→20m以下（1.8個）→周溝墓（1.7個）である。しかしながら、規模を軸にしてみると前方後円墳よりも円墳や方墳の出土量が多い傾向にある。例えば、21～50mの古墳では前方後円墳や前方後方墳が1.5個であるのに対し、円墳では3.2個、方墳では2.3個となる。
　板式については、分析資料数が少ないため、積極的な解釈は難しい。円墳のなかでみると、51m以上が10.0個で21～50mは3.4個というのは、資料数が各5基しかないため判然としないものの有意な差であると判断できる。それ以外に、例えば51m以上の古墳で前方後円墳が43.0個、前方後方墳が9.0個と比較的出土量は多いものの、資料数が1基や2基と限られているためこれを積極的に評価することには躊躇を覚える。
　このように墳形と墳丘規模とでみた場合、墳丘規模の差と農具鉄製刃先の出土量とは相関するこ

第1章　農具鉄製刃先の所有

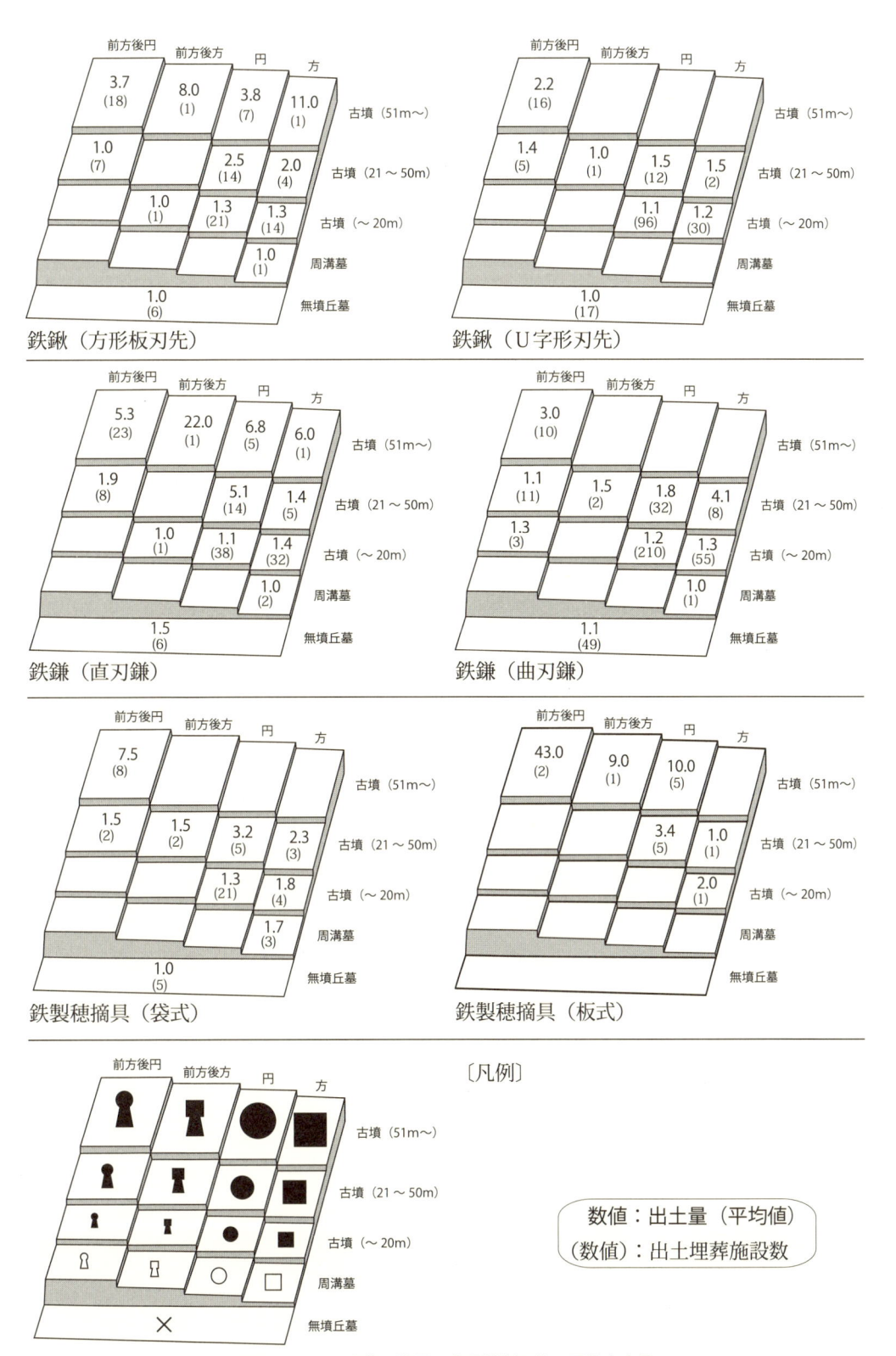

図Ⅳ1－1　墳墓の階層と農具鉄製刃先の平均出土量

とがわかったが、板式は判然とはしないものの墳形には有意な差を見出すことはできなかった。

小　結　結果として、鉄鍬・鉄鎌・鉄製穂摘具ともに墳形と墳丘規模とでみた場合、墳丘規模の差と農具鉄製刃先の出土量とは相関することがわかったが、墳形と農具鉄製刃先の出土量には有意な差を見出すことはできなかった。墳丘の形態は首長の系譜や格式を表現し、墳丘規模は実力を示すという（都出1991・2005）。農具鉄製刃先の出土量は、首長の格式や系譜よりも、首長の実力の優劣に左右されるといえる。

（2）使用品・未使用品および実用品・非実用品の所有

これまで農具鉄製刃先の量について分析をしてきたが、ここでは農具鉄製刃先の質について検討する。具体的には、使用品と未使用品、実用品と非実用品という異なる質の農具鉄製刃先がどのような階層の墳墓から出土するのか調べたい。その際に、墳丘形態と墳丘規模とを視覚的に表現できるよう模式図をつかい、さらに地域的な差異があるか検討するために九州地方、中国・四国地方、近畿地方にわけて説明する。なお、鉄製穂摘具の使用状況や実用・非実用の区別は判然としないことが多く、今回の分析では対象外とする。

鉄鍬（方形板刃先）　方形板刃先は、未使用品の隅角形と使用品の隅丸形とに大別できる（図2）。この隅角形と隅丸形とを共伴する墳墓は、滋賀県安土瓢箪山古墳、兵庫県行者塚古墳、福岡県老司古墳のみであり、そのうち安土瓢箪山古墳と老司古墳は出土した埋葬施設が異なる。こうした使用状況の異なる方形板刃先が同一埋葬施設で共伴する例は稀であり、セットとして排他的な関係にあることがわかる。

次に、近畿地方や中国・四国地方ではあきらかに、九州地方よりも墳形と規模からみた高い階層の墳墓が分布しており、なかでも近畿地方がより上位に属する傾向にある。具体的には、51m以上の前方後円墳の場合、中国・四国地方では5基あるのにたいして、近畿地方では9基である。また、同様に51m以上の円墳は、近畿地方では6基あるのにたいして、中国・四国地方ではみられない。なお、九州地方では墳形51m以上の古墳は確認できない。

また、各地方内を詳細にみると近畿地方の前方後円墳の場合、隅角形のみを出土する51m以上の墳墓が6基もみられる。しかしながら、隅丸形は1基が51mを超えるのみである。円墳も同様に、隅角形は51m以上が6基であり、21～50mが5基もある。一方で隅丸形では51m以上はなく、21～50mが3基しか確認できていない。方墳も同様であり、規模の大きいものは隅角形に、逆に規模が小さいものは隅丸形によくみられる。なお、横幅7cm未満の非実用品を含む墳墓をみると、じつは近畿地方では隅角形の大半を占めることがわかる。

中国・四国地方では、51m以上の前方後円墳が隅角形では5基あるものの、隅丸形では前方後円墳が認められない。円墳では、21～50mが隅角形では3基あるのにたいし、隅丸形では1基である。20m以下になると逆に隅丸形のほうが目立つ。方墳では、21～50mが隅丸形で1基のみ確認できる。20m以下は隅角形で1基、隅丸形で3基である。無墳丘墓は、隅丸形でのみ出土する。

図Ⅳ1－2　方形板刃先出土墳墓の墳形と規模

※黒：横幅7cm以上のみ
　灰：横幅7cm未満を含む

　横幅7cm未満の非実用品は、わずか3例しかなく、前方後円墳や円墳でも規模の大きい墳墓に確認できる傾向がある。
　九州地方では、隅角形が圧倒的に少ない。しかしながら、その内容をみると隅角形のみを出土する墳墓は前方後円墳1基、前方後方墳1基、21～50mの円墳1基、20m以下の円墳1基と、隅丸形よりも相対的に階層の高い墳墓から出土する傾向にある。隅丸形のみを出土する墳墓では、もちろん前方後円墳も1基確認できるが、その大半が20m以下の円墳や方墳、無墳丘墓で占められて

163

いる。横幅7cm未満の非実用品は、わずか1例しかなく21〜50mの円墳からの出土である。

　以上より、あきらかに高い階層の墳墓に隅角形が出土するとわかる。隅角形を出土する墳墓は、近畿地方を中心に分布するためおのずと階層は高い傾向にある。九州地方に分布の中心のある隅丸形は必然的に階層の低い墳墓が目立つ。さらに近畿、中国・四国、九州地方の各地方内でみた場合、同じ墳形であっても、隅角形を出土する墳墓の階層が高い。このように墳墓からみた重層的な階層差と、隅角形と隅丸形の出土とは、相関することが判明した。さらに非実用品は、近畿地方の隅角形の大半を占めることがわかった。地方においても比較的上位階層に非実用品が出土する傾向にあると指摘できる。

　なお、以下では同じ視点で分析しており、煩雑さを避けるために分析過程について詳しい説明を省略する。

　鉄鍬（U字形刃先）　U字形刃先は、方形板刃先とは異なり刃隅のような決め手になる特定の使用痕跡を確認できない。あくまでも使用痕跡を探るとなると、個別の検討に留まるといってよい。そのため、使用・未使用の区別をすることなく一括りにして分析した。方形板刃先はU字形刃先よりも時期が古いので、このU字形刃先の様相は時期的な所有の変化をも示し得ると考える。方形板刃先の状況と比較しつつ、U字形刃先の傾向をみたい（図3）。

　まず、近畿地方や中国・四国地方、九州地方それぞれみると、方形板刃先とは異なり地方によって高い階層の墳墓が偏ることはなくなる。

　また、各地方内を詳細にみると近畿地方では、20m以下の円墳や方墳が非常に目立つ。なかには前方後円墳や帆立貝古墳もあるが、この比較的上位階層の墳墓に非実用品が出土する傾向がある。しかしながら、方形板刃先とは異なり、全体としての非実用品の出土は少ない。

　中国・四国地方でも近畿地方と同様に、20m以下の円墳や方墳が目立ち、とくに円墳からの出土が多い。非実用品の出土もわずかである。

　九州地方では50m以上の前方後円墳があるものの、わずかであり、その大半は20m以下の円墳と無墳丘墓である。非実用品の出土は、方形板刃先と同様に少ない。

　以上より、方形板刃先よりも低階層の墳墓にU字形刃先が出土する傾向があるとわかる。さらに、地方ごとに出土傾向が偏るという現象もなくなる。非実用品の出土は低調になるものの、方形板刃先と同様に、近畿地方では比較的上位階層の墳墓から出土する傾向がある。なお、中国・四国地方や九州地方ではほとんど非実用品は出土しない。

　鉄鎌（直刃鎌）　鉄鎌のうち直刃鎌は、短冊形の直線刃1類・直線刃2類・外湾刃1類・外湾刃2類と、非短冊形の外湾刃3類・外湾刃4類・外湾刃5類に分けることができる。この短冊形と非短冊形は、例外はあるものの基本的に前者は未使用品であり、後者は使用品である。なお、直線刃3類は非短冊形であるが、むしろ未使用品の可能性が高い類型であるから、直線刃3類は分析から除外する。分析する類型が全部で7類型あるので、鉄鍬のようにそれぞれ組み合う墳墓を挙げると煩雑になることからここでは取り上げず、短冊形、非短冊形という枠で以下検討する（図4・5）。

図Ⅳ1-3　U字形刃先出土墳墓の墳形と規模

※黒：横幅7cm以上のみ
　灰：横幅7cm未満を含む

凡例（数値：墳丘規模）
× 無墳丘　● ■ ～20m　♁ ♁ ● ■ 21～50m　♁ 51m～

　短冊形の鉄鎌は、近畿地方での出土がもっとも多く、中国・四国地方から九州地方へと西にいくに従い少なくなる。いずれの地方でも墳形と規模からみて高い階層の墳墓が目立つ点は注目されよう。一方で、横幅8cm未満の非実用品を含む墳墓をみると、その大半が近畿地方に限られることがわかる。しかも、高い階層の墳墓からの出土が目立ち、とくに51m以上の前方後円墳や円墳が際立っている。
　非短冊形の鉄鎌は、近畿地方が突出して数が多いというわけではなく、どの地方でも少なからず出土する。近畿地方のほうが高い階層の墳墓からの出土が目立ち、西にいくに従い階層が低くなる傾向がある。しかしながら、短冊形と比べると、高い階層の墳墓は減っているといえる。横幅8cm未満の非実用品を含む墳墓をみると、少ないながらも近畿地方で目立ち、中国・四国地方や九州地方では確認できない。そのうち近畿地方では、比較的階層の高い墳墓から非実用品が出土する傾向を指摘できる。
　以上より、あきらかに階層の高い墳墓に短冊形の鉄鎌が出土するとわかる。短冊形を出土する墳墓は、各地方ともに階層は高い傾向にある。非短冊形は、短冊形よりも階層の低い墳墓からの出土が目立つ。このように墳墓からみた階層差と、短冊形と非短冊形の出土とは、相関することが判明

第Ⅳ部　農具鉄製刃先の所有と管理

※黒・白：横幅8cm以上のみ
　灰：横幅8cm未満を含む

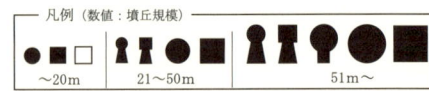

図Ⅳ1-4　直刃鎌出土墳墓の墳形と規模（1）

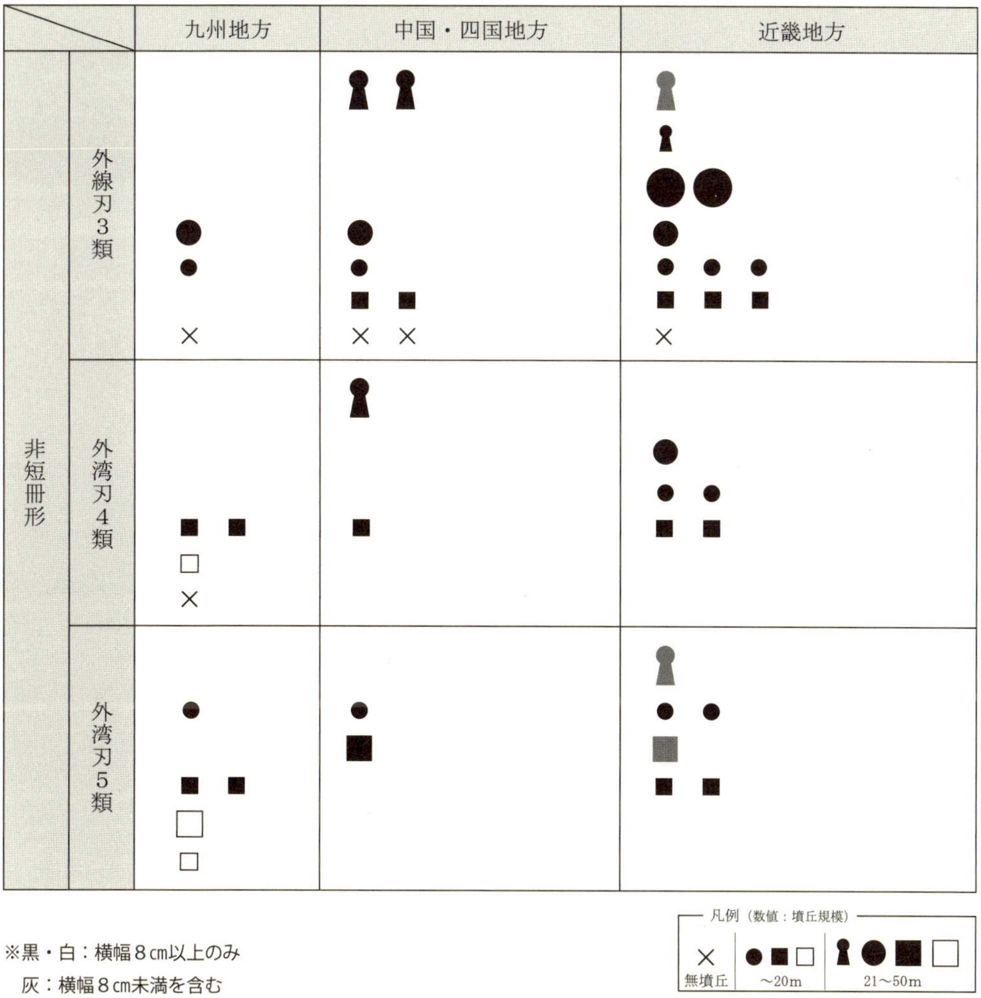

図Ⅳ1−5　直刃鎌出土墳墓の墳形と規模（2）

※黒・白：横幅8cm以上のみ
　灰：横幅8cm未満を含む

　した。さらに8cm未満の非実用品は、近畿地方の短冊形に集中し、階層の高い墳墓から出土が目立つことがわかった。非短冊形も事例は少なくなるものの、比較的階層の高い墳墓から出土するといえる。

　鉄鎌（曲刃鎌）　曲刃鎌は、直刃鎌とは異なり細分形式からみた使用・未使用の判断はできない。そのため、曲刃鎌という枠で一括りにして分析をしている。墳墓出土品に限ると大半の曲刃鎌は直刃鎌よりも時期が新しく、この曲刃鎌の所有をみることは時期的な所有の変化をも示し得ると考える。直刃鎌の様相と比較しつつ、曲刃鎌の傾向をみたい（図6）。

　まず、近畿地方や中国・四国地方、九州地方それぞれみると、直刃鎌よりもあきらかに20m以下の円墳や方墳、無墳丘墓が多く、どの地方でもこれら墳墓が主体を占める。近畿地方では依然として階層の高い墳墓が目立つが、直刃鎌と比べると相対的に少ない。

非実用品の出土はわずかであり、全体に占める割合は直刃鎌に比べると減る。とくに中国・四国地方は3例しかなく、九州地方では皆無である。近畿地方をみると、20m以下の円墳がもっとも多いが、帆立貝古墳や51m以上の円墳、21～50mの円墳や方墳からも少なからず出土している。

以上より、直刃鎌よりも低階層の墳墓に曲刃鎌が出土する傾向とわかる。さらに、近畿地方で依然として階層の高い墳墓が確認できるものの、直刃鎌に比べ地方ごとに出土傾向が偏るような現象はなくなるとみてよい。さらに非実用品の出土は低調になるが、直刃鎌と同様に、近畿地方では比較的上位階層の墳墓から出土する傾向がある。なお、中国・四国地方や九州地方ではほとんど非実用品は出土しない。

小　結　これまで方形板刃先とU字形刃先、直刃鎌と曲刃鎌の所有について、出土する墳墓の階層を手掛かりに検討した。これらの形式は、筆者の段階区分で1段階では方形板刃先と直刃鎌とが主流であり、2段階になると加えてU字形刃先や曲刃鎌が確認されるようになり、3段階になるとU字形刃先や曲刃鎌が主流となる。そのため、これらの形式毎の所有は、ある程度の所有の時期的な変遷をも示し得ると考える。

そのような時期差も踏まえてみると、方形板刃先と直刃鎌、U字形刃先と曲刃鎌では所有状況が共通していることに気づく。

まず方形板刃先と直刃鎌は、全般的に高い階層からの出土が目立つ。しかしながら、使用品と未使用品とで比較すると階層差はあきらかであり、使用品が低い階層に、未使用品が高い階層から出土する。非実用品は、各地方でみると近畿地方の高い階層の墳墓で圧倒的に多い。なお、非実用品を含む未使用品は西に行くに従い出土量が減る傾向にある。

つぎにU字形刃先と曲刃鎌は、全般的に低い階層からの出土が目立つ。近畿地方では比較的高い階層からの出土があるものの、方形板刃先や直刃鎌よりもあきらかに少なくなる。使用状況から類型を設定できないため、使用品と未使用品とで今回分類していないが、少なくともその大半は実用品と考えられる（第Ⅲ部第1章）。少ないながらも非実用品は確認でき、近畿地方では比較的上位階層の墳墓から出土するが、それより西ではほとんど出土しない。

以上のように、方形板刃先とU字形刃先、直刃鎌と曲刃鎌とでは出土する墳墓が異なることがわかり、さらに使用状況や実用性でみても差が明確にあらわれることが判明した。

（3）陪塚から出土する農具鉄製刃先の性格

主墳と陪塚　これまで陪塚からの出土品（表1）は、主墳に従属する可能性が充分考えられるため（北野1976）、分析から除外した。この陪塚出土品は、主墳である京都府久津川車塚古墳（前方後円墳・230m）、大阪府誉田御廟山古墳（前方後円墳・425m）、大阪府墓山古墳（前方後円墳・225m）、大阪府市野山古墳（前方後円墳・230m）、奈良県ウワナベ古墳（前方後円墳・270m）に従属する。墓山古墳の陪塚である河内野中古墳は一辺28mほどの方墳であるが、上述した21～50mの方墳と同一視することはできず、むしろ墓山古墳を基準として51m以上の前方後円墳に所有が帰属す

第1章　農具鉄製刃先の所有

※黒：横幅10cm以上のみ
　灰：横幅10cm未満を含む

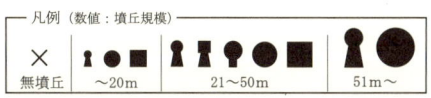

図Ⅳ1－6　曲刃鎌出土墳墓の墳形と規模

第Ⅳ部　農具鉄製刃先の所有と管理

表Ⅳ1－1　陪塚出土農具鉄製刃先

都道府県	陪塚（墳形・墳丘規模m）	主墳（墳形・墳丘規模m）	鉄鍬 方形	鉄鍬 U字	鉄鎌 直刃	鉄鎌 曲刃	鉄製穂摘具 袋	鉄製穂摘具 溝
京都	梶塚古墳（方・64×61）	久津川車塚古墳（前方後円・230）	11＋	－	6＋		－	11＋
大阪	野中アリ山古墳（方・45）	誉田御廟山古墳（前方後円・425）	51	－	71	68	－	－
大阪	河内野中古墳（方・28）	墓山古墳（前方後円・225）	11＋	4＋	－	2	35	－
大阪	西墓山古墳（方・20）		284＋	－	35＋	96＋	10	72＋
大阪	長持山古墳（円・40）	市野山古墳（前方後円・230）	－	1	－	3＋	－	－
奈良	大和6号墳（円・30）	ウワナベ古墳（前方後円・270）	139	－	134		－	○

※網かけの数字は非実用品を含む

る可能性がある。一方で、主墳の被葬者に仕えるいわゆる原初的官僚層（西川1961、藤田2006）の所有の可能性もある。

　この陪塚6基のうち4基は、人体の埋葬はせずに多量の鉄製品のみを埋納する施設からみつかっている（図7）。大阪府野中アリ山古墳、大阪府河内野中古墳、大阪府西墓山古墳、奈良県大和6号墳が該当する（豊島2000）。人体の埋葬がないことから、確実に主墳に関連する施設とみてよい。つまり、そこから出土した農具鉄製刃先は、主墳からの出土と同じ扱いをしても異論はなかろう。このほか京都府梶塚古墳と大阪府長持山古墳は鉄器埋納施設ではないが、少なくとも主墳と関係があると考えることができる。

　これら主墳は、いずれも200m以上の前方後円墳にあたり、これまで分析したなかでもっとも階層が高い。この高い階層が所有する農具鉄製刃先の性格について検討したい。

　出土量　まず、鉄鍬・鉄鎌・鉄製穂摘具それぞれの出土量をみたい。もっとも多いのが大阪府西墓山古墳であり、方形板刃先が284点以上、直刃鎌が35点以上、曲刃鎌が96点以上、袋式が10点、板式が72点以上である。日本列島内で最多数の出土量をほこる。このほか奈良県大和6号墳も各形式100点以上出土し、大阪府野中アリ山古墳も50点以上出土するなど突出して出土量が多い。また、京都府梶塚古墳や大阪府河内野中古墳でも方形板刃先や鉄製穂摘具をみると10点以上出土しており比較的多いといえる。しかしながら、河内野中古墳のU字形刃先は4点以上であり、曲刃鎌は2点のみと相対的に出土量が少ない。同様にU字形刃先がみられる大阪府長持山古墳もU字形刃先が1点、曲刃鎌3点以上と出土量は少ない。

　つまり、U字形刃先や曲刃鎌が組み合う新しい組成のものは、方形板刃先や直刃鎌が組み合う古い組成よりも相対的に出土量が減っている。逆により古い組成は、日本列島屈指の出土量を認めることができる。

　非実用品　そこで、次にこれら農具鉄製刃先の質について個々の事例をみることにしたい（図8）。
　京都府梶塚古墳例は、すべて刃がなく小型であるため非実用品と判断できる。
　大阪府野中アリ山古墳例はすべて未使用品である。そのなかで方形板刃先や直刃鎌、曲刃鎌ともに小型の非実用品を含む。さらに大きなものでも穿孔されている点は注目でき、同時期の石製模造品の影響が考えられる。そのため、小型品以外でも非実用品とみてよいが、1点のみ「大鎌」と報

告される明らかに法量が異なる曲刃鎌があり、それは非実用的な要素がなく実用品の可能性が高いといえる。

　大阪府河内野中古墳例は、方形板刃先の法量がほぼ同じである。そのため、同じ工房で作られた可能性が高い。その製作は雑であり、折り返し部の左右の形状が異なったりする。なかには木柄の痕跡が残るものがあり、木柄の差し込みの深さをみるとわずかであることから非実用品と認定できる。一方、U字形刃先と袋式は、非実用的な要素がなく実用的である。

　大阪府西墓山古墳例は、非常に厚さが薄く大半が1.0～1.5mmほどである。さらに刃がなく、小型のものが大半を占めるため非実用品と認定できる。なお、鉄製穂摘具のなかには、鉄鋸の退化したものも含まれており、鉄製穂摘具なのか鉄鋸なのかを区別することが非常に難しくなっている。

　大阪府長持山古墳例は、U字形刃先が耳部破片のみであり、実用・非実用を判断できない。曲刃鎌も破片であるが、横幅13cm以上になり非実用的要素も確認できないことから実用品と判断する。

　奈良県大和6号墳例は、方形板刃先と直刃鎌・曲刃鎌の大半が刃のない小型品である一方で、鉄製穂摘具は横幅10cm以上と通有のものよりはるかに大きく非実用的である。しかも木製台部の形状から判断する限り、鉄鋸の退化形式もなかに含む可能性がある。

　以上のように大阪府河内野中古墳のU字形刃先・曲刃鎌・袋式、大阪府長持山古墳のU字形刃先・曲刃鎌は実用品かつ未使用品とわかる。一方で、それ以外はすべて非実用品といえる。つまり、陪塚から出土する大量の農具鉄製刃先は、河内野中古墳の一部と長持山古墳を除き非実用品で占められる。

　小　　結　陪塚から出土する農具鉄製刃先は、主墳との関わりで理解したほうがよいことを指摘した。もちろん主墳は、古墳時代のなかでも最も階層が高く、この上位層の所有について分析するのに陪塚出土品は有効である。

　そこで陪塚出土農具鉄製刃先の出土量をみると、方形板刃先や直刃鎌が組み合うものは極めて数が多い一方で、U字形刃先や曲刃鎌が組み合うものは相対的に減ることがわかった。また、実用性や使用状況をみると、U字形刃先と曲刃鎌で出土量の少ないものは実用品かつ未使用品であるものの、方形板刃先や鉄鎌、鉄製穂摘具で量が多いものは非実用品で占められることがわかった。この傾向は、（1）や（2）で検討した陪塚以外の埋葬施設から出土す

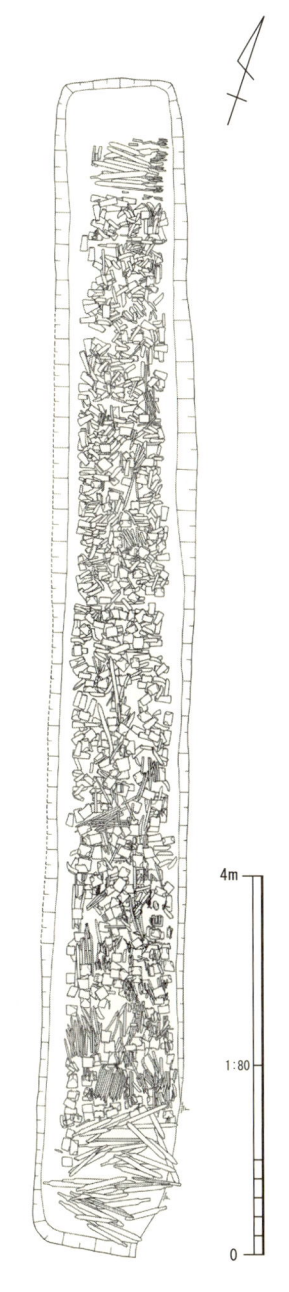

図Ⅳ1－7　大阪府西墓山古墳西列鉄器埋納施設

第Ⅳ部　農具鉄製刃先の所有と管理

る農具鉄製刃先の動向と一致する。

まとめ

　農具鉄製刃先の所有について、墳墓出土品を中心に議論してきた。結果として、階層別にみた農具鉄製刃先の所有の重層性を明らかにできた。

　農具鉄製刃先の量　墳丘形態と墳丘規模とでみた場合、格式や系譜をあらわす墳丘形態よりも、実力をあらわす墳丘規模のほうが、農具鉄製刃先の出土量と相関することを突き止めた。つまり、首長の実力によってその所有量が左右され、実力の高い首長ほどより多くの農具鉄製刃先を所有できたと考えた。一方で、実力の低い首長も少ないながら農具鉄製刃先を所有する。このように階層別に見た場合の所有の重層性が具体的に明らかになった点は重要である。

　農具鉄製刃先の質　さらに、実用品と非実用品、使用品と未使用品という農具鉄製刃先の性格を踏まえて地域別に墳墓の階層性について検討した。結果として、使用品と未使用品をみると明らかに階層が高い墳墓に未使用品が出土することがわかる。さらに、未使用品のなかでも非実用品は、陪塚に代表されるように、より高い階層から出土する。このように、全体の傾向から判断する限りにおいて、非実用品（未使用品）→実用品（未使用品）→実用品（使用品）の順番で、出土する階層が低くなる傾向を指摘できよう。この傾向は重要であり、非実用品（未使用品）の製作は、祭祀や副葬をするために作られたものであるので、そのようなものを製作できるだけの鉄の余剰を高い階層はもっていたと解釈できる。同様に、おなじ実用品でも未使用品では、実際土掘り具として仕えうるものを副葬・埋納するだけの余裕が背景にあったと考えられる。逆に使用品の大半が、例えば方形板刃先の場合、刃縁と折り返し部下端の位置とが近いものが多く、使用に際して土への摩擦抵抗が大きく、農作業に支障をきたすものが目立つ。つまり、再加工されるか廃棄されるかの使用品を埋葬施設に入れるということは、背景にある鉄の余剰が少ないとみてよいのではないだろうか。このように考えた場合、階層が高くなるほど、質からみた農具鉄製刃先の所有の優位性を指摘できよう。

　以上のように、質量からみて階層が高い首長は、より多くの農具鉄製刃先を所有したとわかる。さらに、この所有状況は、時期別、地域別にみると様相が異なることも今回新たに判明したことである。

　時　期　時期別にみると、古い方形板刃先や直刃鎌は、新しいU字形刃先や曲刃鎌よりも1埋葬施設における所有量が多い傾向がある。一方で、古いほど階層が高い墳墓が目立ち、新しいほど20m以下の円墳など低い階層の墳墓が急増するという傾向も指摘できる。これらの傾向は、高い階層の首長が多量の農具鉄製刃先を所有していたのが、より低い階層の首長が相対的に少量もつようになるという変動があったと捉えることができる。しかも後者は前者よりも出土する墳墓数が極めて多くなっており、所有のシステム自体が大きくかわったことを示しているといえよう。なお、第Ⅲ部で検討したように、非実用品は筆者の設定した第1段階（前期前葉から中葉）にはほぼ確認

第1章 農具鉄製刃先の所有

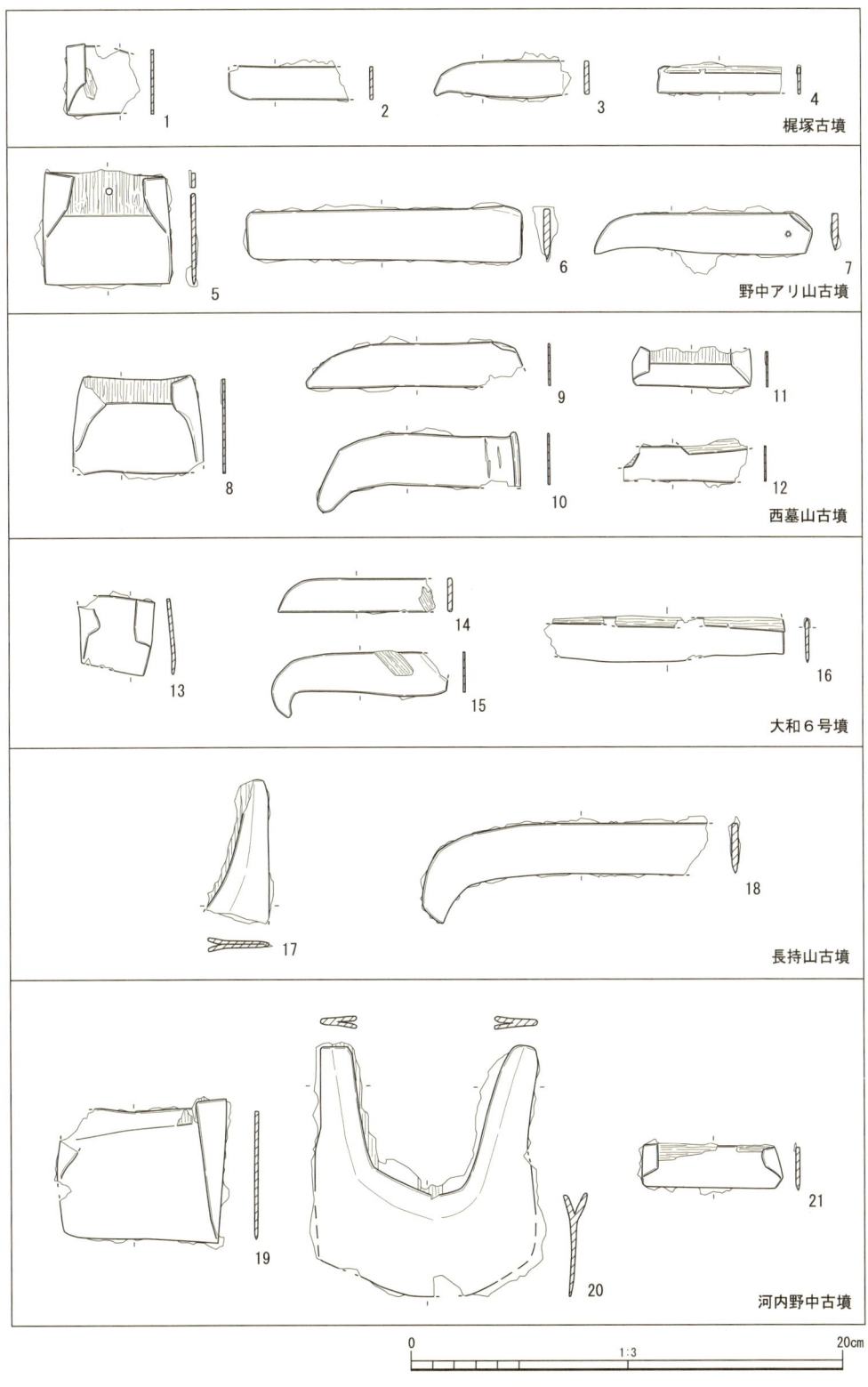

図Ⅳ1-8 陪塚出土農具鉄製刃先

できず、第２段階（前期後葉から中期後葉）に盛行する。この現象を積極的に評価すると、この第１段階よりも第２段階のほうが農具鉄製刃先をより多く所有しうる体制があったと捉えることができる。出土量からみても、大量の陪塚出土品がすべて第２段階に含まれる点とも整合する。

　地　　域　　地域別にみると、非実用品は近畿地方に多く西に行くに従い減る傾向にある。近畿地方では階層の高い墳墓が良くみられる点を踏まえると、近畿地方の農具鉄製刃先の所有量の優位性をみてとらえることができる。ただし、Ｕ字形刃先や曲刃鎌では非実用品はほとんどなくなる。この点を積極的に評価すれば、前の段階とは異なり地方ごとの所有の格差が解消されつつあると考えることができる。

　総　　括　　この時期別・地域別の動向を総括すると、近畿地方を頂点に広がる階層化社会があって、その階層の高低に応じて首長が農具鉄製刃先を独占する体制があったといえる。その体制は第１段階（前期前葉から前期中葉）から認められ、第２段階（前期後葉から中期後葉）には盛行するに至ったと考えられる。一方で、第２段階からはＵ字形刃先や曲刃鎌も少なからず認められはじめ、この新しい道具が盛行する第３段階（後期）に入ると、農具鉄製刃先を独占する体制に変化が生じた。より低い階層の首長に広く農具鉄製刃先がいきわたるようになり、前段階の様相とは明らかに異なる。第１～２段階のように階層の高い首長がそれぞれの階層に応じて農具鉄製刃先を大量に独占するという体制が解消に向かったのが、第３段階であったと位置づけることができる。

第2章　地方からみた鉄の管理体制
—事例研究③鳥取県長瀬高浜遺跡—

はじめに

　長瀬高浜遺跡は、鳥取県中部の湯梨浜町長瀬に所在する。弥生時代から近世にかけての複合遺跡であり、古墳時代前期から中期前葉（以下、古墳時代前半期）が中心の遺跡である。

　筆者は 2011～2012 年にかけて湯梨浜町教育委員会（羽合町歴史民俗資料館）と鳥取県埋蔵文化財センターで長瀬高浜遺跡出土鉄製品を見学する機会を得た。その結果、これらの鉄製品は古墳時

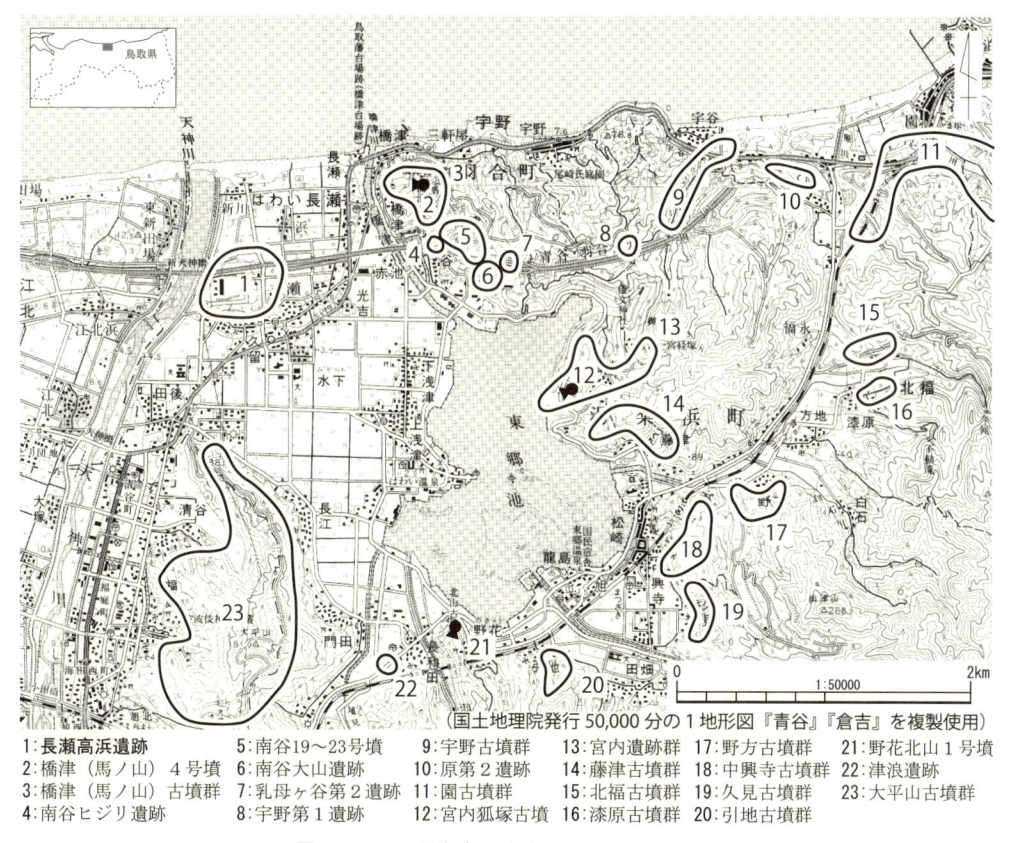

1：長瀬高浜遺跡	5：南谷19～23号墳	9：宇野古墳群	13：宮内遺跡群	17：野方古墳群	21：野花北山1号墳
2：橋津（馬ノ山）4号墳	6：南谷大山遺跡	10：原第2遺跡	14：藤津古墳群	18：中興寺古墳群	22：津浪遺跡
3：橋津（馬ノ山）古墳群	7：乳母ヶ谷第2遺跡	11：園古墳群	15：北福古墳群	19：久見古墳群	23：大平山古墳群
4：南谷ヒジリ遺跡	8：宇野第1遺跡	12：宮内狐塚古墳	16：漆原遺跡	20：引地古墳群	

図Ⅳ2-1　長瀬高浜遺跡と周辺の古墳時代遺跡

代前半期集落のなかでも際立って質・量ともに豊富であると認識した。また、古墳時代前半期の集落出土鉄製品からみた地域間交流を考えるうえで、重要な資料であるとも確信した。

しかしながら、これまでの研究史を振り返る限り、長瀬高浜遺跡は特殊な埴輪祭祀や「神殿」建築がとりだてて全国的に注目されてきた経緯がある。そのため鉄製品については、池淵俊一氏（2005）はじめ山陰地域の一部研究者が位置づけを試みているが、全国的に鉄製品の重要性が周知されているとは言い難い面がある。筆者は、古墳時代前半期の集落出土鉄製品を考えるうえで、この長瀬高浜遺跡は一級資料であると考えている。そこで本章では、この長瀬高浜遺跡から出土した鉄製品を紹介することを第一の目的として掲げ、集落から鉄製品が豊富に出土する背景について当時の社会構造を踏まえつつ考えてみたい。

なお、この背景を探るには、鉄製品からの分析が不可欠であることは言うまでもない。しかしながら、鉄製品のみからの分析では不十分とも考える。鉄製品以外の遺物や遺構、さらに長瀬高浜遺跡周辺の様相、また王権との関わり方など、集落全体としての脈絡のなかで鉄製品を位置づける視点は、これまでの鉄製品研究のなかでは不十分であった。本章では、鉄製品以外の遺物として土器や青銅製品や埴輪など、また遺構や周辺の遺跡環境についても先行研究を大いに参考としながら分析対象に加え、長瀬高浜遺跡の性格を解明するとともに、鉄製品が豊富に出土した歴史的な背景について考察する。

第1節　長瀬高浜遺跡の概要

ここでは、長瀬高浜遺跡について概説する。最初に、立地について長瀬高浜遺跡が所在する東郷池周辺の遺跡を中心にまとめたい。次に、過去の調査成果について振り返り、出土遺構についてふれる。また、鉄製品以外の出土遺物の特質についても言及したい。

（1）立　　地

長瀬高浜遺跡が立地するのは日本海に面する鳥取県の中央部、天神川が形成する北条砂丘の東端である。遺跡からみると西には天神川、北には日本海、東には橋津川と東郷池や馬ノ山丘陵、南には旧天神川の作るデルタ地帯が位置する（図1）。現在、遺跡の西側を流れる天神川は近世以降のものであり、それより前は遺跡の南側を流れ東郷池とつながっていた。長瀬高浜遺跡は、海岸に近い砂丘地の遺跡として、全国的にみて稀である。

図1に示したのは、本章で主に取り扱う古墳時代の遺跡である。長瀬高浜遺跡のような大規模集落は、この東郷池周辺には確認されていない。一方で、墳墓については馬ノ山丘陵を中心として多数みつかっており、なかには発掘調査や測量調査により詳細な情報がわかっているものがある。以下では、古墳時代前半期における個々の遺跡について概説する。

馬ノ山古墳群　鳥取県東伯郡湯梨浜町上橋津に所在する（図1‐3）。日本海を見渡すことができる丘陵上に立地する。これまで5基の前方後円墳のほか、20基の古墳が築造されたことがわかっ

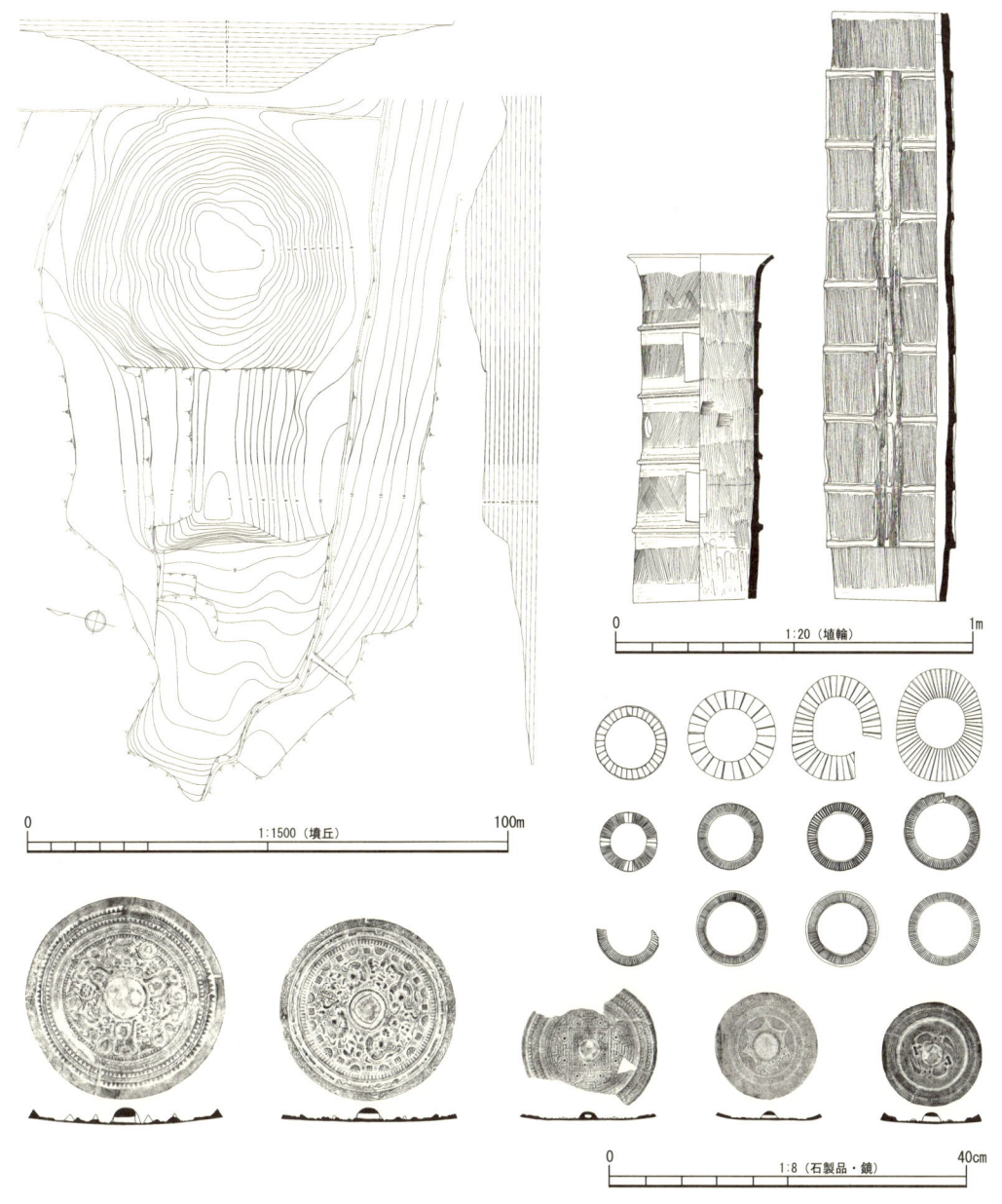

図Ⅳ2-2　馬ノ山4号墳

ている。時期は、古墳時代前期から後期までと幅広い。なお、前方後円墳のうち2号墳は全長70m、5号墳は全長38m、8号墳は41m、11号墳は30mである。2号墳は、前方後方墳になる可能性が指摘されている。

　この馬ノ山古墳群のなかで最大規模をほこる前方後円墳である馬ノ山4号墳は、前期後半の重要古墳として全国的に著名である。現存長約88mあり、推定110mに復原される（図2）。高さはおよそ6mになる。埋葬施設は12基あると考えられており、第1・2主体は後円部に、第3～8主

第IV部　農具鉄製刃先の所有と管理

図IV2－3　長瀬高浜遺跡からみた馬ノ山古墳群

体は前方部に位置する。第1主体は竪穴式石槨、第2・4～6主体は箱式石棺、第3・7～12主体は円筒埴輪棺である。ただし、第10～12主体は出土が伝えられる円筒埴輪を埴輪棺とみなしたうえで存在が想定されたものであり、もとより正確な場所は不明である。

　第1主体は後円部中央に位置し、長さ8.5mの長大な竪穴式石槨であるため、馬ノ山4号墳の中心埋葬施設と考えられる。割竹形木棺が安置されており、そこから舶載三角縁二神二獣鏡1、方格規矩鳥文鏡1、仿製画文帯神獣鏡1、内行花文鏡1、変形二獣文鏡1、碧玉製車輪石4、石釧8、管玉17、硬玉製勾玉1、鉄刀1、鉄剣1、鉄鏃多数、鉄斧1、鉄鉇1などが出土した。これらの出土品は質量ともに畿内地域でみられる古式の大型古墳の内容に近似する点から、被葬者は畿内地域とのつながりがあったと考えられる（山陰考古学研究所 1978）。

　さらに、出土した円筒埴輪の特徴は、畿内地域の円筒埴輪と類似している点も注目される（東方編 2008）。また、高橋克壽氏は、馬ノ山4号墳が伯耆地域での埴輪導入のきっかけになり、その背景には大和地域、とくに大和北部地域との関係が強く作用していると評価する（高橋 2010）。

　北山1号墳　鳥取県東伯郡湯梨浜町野花・長和田に所在する（図1－21）。東郷池南岸につらなる北山丘陵上に立地する。全長110mの前方後円墳であり、島根県と鳥取県のなかでは最大規模の中期古墳として著名である。埋葬施設は後円部に2基確認できる。後円部中央にある第1主体は竪穴式石槨であり、その南側には第2主体の箱式石棺がある。

　そして、第1主体からは短甲破片27、管玉1が出土した。第2主体からは龍虎鏡1、勾玉6、棗玉1、管玉67、鉄斧1、鉄刀6などが出土した。墳丘からは円筒・朝顔形埴輪や盾・甲冑・鶏形埴輪もみつかっている（山陰考古学研究所 1978）。

　なかでも第1主体から出土した短甲は、王権から配布された製品であったと考えられ（北野 1969）、東郷池周辺の首長と王権との関係を探る上で重要である。

　宮内狐塚古墳　鳥取県東伯郡湯梨浜町宮内に所在する（図1－12）。東郷池の東に位置する宮内岬に立地する。全長96mの前方後円墳である。発掘調査が行われていないため詳細は不明であるが、埋葬施設は竪穴式石槨と想定されている。また、大型の埴輪が出土しているという。出土した土器の年代は古墳時代中期である（山陰考古学研究所 1978）。

　大平山古墳群　鳥取県東伯郡湯梨浜町から倉吉市にかけて所在する（図1－23）。118号墳、148号墳、150墳、157号墳、166号墳、171号墳の計6基の前方後円墳が古墳群中に含まれる。前方後円墳の規模は、いずれもおよそ30～40mである。148号墳は箱式石棺であり、このほか横穴式石

表Ⅳ2-1　長瀬高浜遺跡時期別遺構数（牧本2010）

	竪穴住居	掘立柱建物	井戸	古墳
天神川Ⅰ期（前期前葉）	15	5	1	-
天神川Ⅱ期（前期中葉）	54	3	3	-
天神川Ⅲ期（前期後葉）	58	1	2	-
天神川Ⅳ期（前期末葉～中期初頭）	61	1	3	-
天神川Ⅴ期（中期前葉）	37	2	2	1
天神川Ⅵ期（中期中葉）	5	1	-	4
天神川Ⅶ期（中期後葉）	2	-	-	5
天神川Ⅷ期（後期前葉）	-	-	-	5
天神川Ⅸ期（後期中葉）	1	-	-	7

室をもつ古墳を含む可能性がある（山陰考古学研究所1978）。

　南谷大山遺跡　鳥取県東伯郡湯梨浜町南谷に所在する（図1-6）。東郷池の北に位置する集落遺跡である。竪穴住居96棟、掘立柱建物5棟、袋状土坑26基、不明土坑21基、段上遺構11基、溝状遺構25条がみつかっている。標高60～90mに立地し、現在の水田面からの比高差約58～88mの高地性集落である。長瀬高浜遺跡が存続する時期に営まれた集落であり、低地の長瀬高浜遺跡と立地条件がまったく異なる点は注目に値する（牧本編1994）。

　小　結　長瀬高浜遺跡周辺の遺跡をみると、馬ノ山古墳群、北山1号墳、宮内狐塚古墳のように山陰地方のなかでも大規模といえる前方後円墳が存在する。このほか東郷池を囲む丘陵上には、古墳時代前期から後期にかけてあわせて12基もの30～40mほどの前方後円墳が立地する。潟湖である東郷池を港として海上交通を掌握する東伯地域の首長がいたと考えられる（清水1978）。そのうち、もっとも早く出現したのが馬ノ山4号墳であり、北山1号墳へと首長墓系譜が継続しており、いずれも畿内地域との関係が強くうかがえる点は注目に値する。東郷池周辺では長瀬高浜遺跡を除いて大規模な集落遺跡は存在しないことから、馬ノ山4号墳などの首長墓と対応する集落遺跡として、長瀬高浜遺跡が候補として挙げられる（清水1999ほか）。なお、長瀬高浜遺跡は小高い丘陵上に立地するが、遺跡からは馬ノ山4号墳が所在する馬ノ山古墳群をよく見上げることができる（図3）。

（2）長瀬高浜遺跡の遺構

　長瀬高浜遺跡は、天神川東岸の湯梨浜町長瀬北浜の高浜に下水処理の天神浄化センターが建築されることになり、予定地内に大量の土器片が散布していることから1977年に鳥取県教育文化財団による発掘調査が始まった（野田・清水1983）。それ以降、継続的に発掘調査がおこなわれ、古墳時代前半期を中心とする遺構が検出されている。

　1999年の報告段階では、集落関連の遺構として、竪穴住居跡262棟、掘立柱建物63棟、井戸跡12基がみつかっている（岡野1999）。さらに、遺跡内の長瀬高浜古墳群は計44基以上の古墳からなり、無墳丘の箱式石棺墓、土壙墓、円筒埴輪棺を含めると101基の埋葬施設が確認できる。その内、時期がわかるものについては、牧本哲雄氏が作成した表1のように遺構が推移する。古墳時代

前期前葉(もしくは弥生時代終末期)以前となると、弥生時代前期前葉まで集落の痕跡は確認できない。表1によれば、長瀬高浜古墳群は、おおむね古墳時代中期から後期にかけて造営され、集落関連遺構が減少するのに反比例して墳墓が増加するという傾向を指摘できる(牧本1999・2010)。以下では、本章に関連する遺構について、先行研究を参考にしつつ紹介したい。

1 1 I 地区 SB40 大型建物 4本柱建物を中心とする古墳時代前期の大型建物である(図4)。SB40は、外側に前方後方形の区画が施され、さらに外側には一辺約60mの柵がめぐる。後方部に相当する中心に1間×1間の4本柱建物(4.8m×5.1m)がある。その南側には階段状の柱穴列が確認できる(清水1999ほか)。この建物の上部構造は不明であるが、直径約50cmと太い柱が5m間隔で配置されることから高床建物が想定されており、なかには「神殿」とみる見解もある(広瀬1996)。一方で、高田健一氏は建物の構造を再検討した結果、高床建物にならず床面積100㎡を超える大規模な竪穴建物を想定している(高田2010)。

高床建物であるか竪穴住居であるのか今後の議論に注目したいが、いずれにせよ岡野雅則氏が指摘するように、区画をともなう同様の遺構が弥生時代終末期以前に天神川流域にはみられないことから、技術的に外部からもたらされた可能性が高い(岡野1999)。このような大型建物にかんして広瀬和雄氏は、大阪府池上曽根遺跡や滋賀県下鈎遺跡のように弥生時代には柵などの囲繞施設がなかったのに対して、弥生時代終末期ごろから兵庫県松野遺跡の二重の柵や京都府中海遺跡の溝といった囲繞施設が確認できることに注目している(広瀬1996)。つまり、SB40は東伯地域で独自に出現したものとは考えにくく、東伯地域以外との関係のもとで出現したと理解できよう。

なお、このSB40周辺からは櫛歯文鏡や素文鏡といった小型倭製鏡のほか、小銅鐸などが出土している(清水1999)。

1 5 I 地区 SP01 祭祀遺構 長瀬高浜遺跡のなかで最も標高が高い地区に属する。古墳時代前期の小土坑周辺から剣先形鉄製品がまとまって出土しており、さらに素文鏡が3点もみつかっている(図5)(清水1999)。報告書では39点の鉄製品が図化されているが、その大半が剣先形鉄製品と呼ばれるものであり、さらに有稜系の鑿頭式鉄鏃が1点確認できる。

1 6 K 地区形象埴輪集積遺構 16K地区から6L地区にかけて最大南北10m、東西8mの範囲において、埴輪群がまとまって出土した(図6)。この埴輪群は、家形埴輪5個体以上、甲冑形埴輪3個体、盾形埴輪3個体、靫形埴輪2個体、蓋形埴輪10個体、朝顔形埴輪52個体(推定70個体以上)、普通円筒埴輪10個体程度からなる。集落がほぼ廃絶した中期後葉から後期前葉ごろ(東方2010)の資

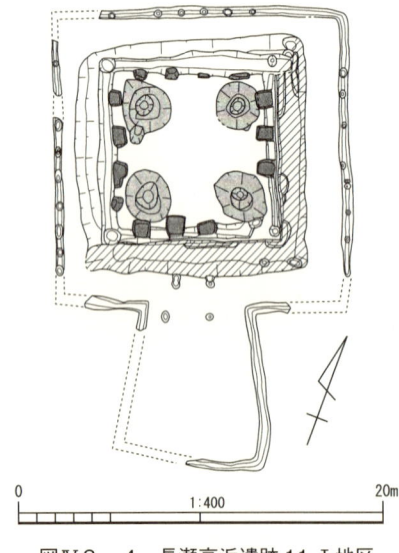

図Ⅳ2-4 長瀬高浜遺跡11 I 地区
　　　　SB40大型建物(高田2010)

第2章　地方からみた鉄の管理体制

銅鏡　　　　　　　　　玉　　　　鉄鏃

剣先形鉄製品

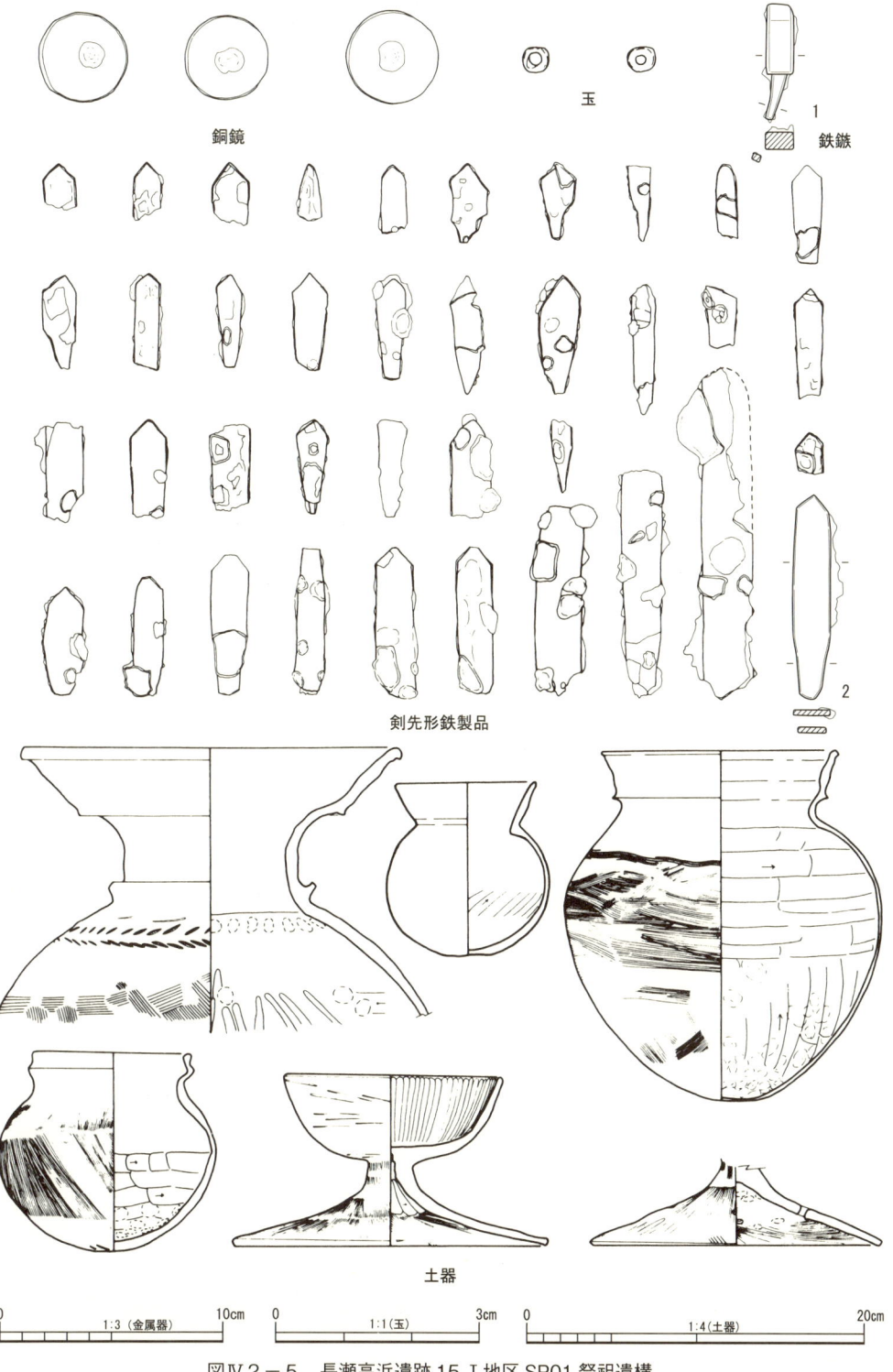

土器

図Ⅳ2-5　長瀬高浜遺跡15Ⅰ地区SP01祭祀遺構

料である。古墳からではなく、集落のなかからこのような埴輪群が出土する例は全国的に見てもなく、その埴輪群の解釈については諸説わかれている。

かつては集落が廃絶して墓域へと移行する際に、埴輪をつかって地鎮祭をおこなったとする説（鳥取県教育文化財団1982）や、埴輪群の下には井戸があることから水にかかわる祭祀をおこなったとする説（野田・清水1983）など、何かしらの祭祀に埴輪が使われたと考えられてきた。一方で、水野正好氏は埴輪生産地から古墳へ運ぶ際に中継地として収納したものが、造墓作業を中止する、践祚即位を中止する、践祚即位を了としたがその表示である埴輪の樹立を中止する、収納段階で埴輪群が触穢するなどの様々な事情により、そのまま捨て置かれたと指摘した（水野1986）。この埴輪廃棄説は、牧本哲雄氏や東方仁史氏によって追認され、現状では最も有力な説といえる（牧本1999、東方編2008）。

円筒埴輪棺 長瀬高浜1号墳で4基、遺跡全体では12基の円筒埴輪棺を検出している。山陰地方のなかでみると、円筒埴輪棺の出土事例としては、突出して長瀬高浜遺跡が多い。近隣の馬ノ山4号墳においても円筒埴輪棺が出土しており、東郷池周辺の円筒埴輪棺の出土数の多さは注目されてきた（野田・清水1983）。

この円筒埴輪棺は周辺埋葬に用いられる事例が多く、長瀬高浜1号墳や馬ノ山4号墳の中心埋葬施設は円筒埴輪棺ではない。この周辺埋葬に円筒埴輪棺が用いられるのは畿内地域が多く、畿内地域以西では箱式石棺などが多い（石部1975）。古墳時代前期の首長墓クラスに限れば、周辺埋葬の9割以上が埴輪棺を占める。そのため、このような斉一的な現象は、周辺埋葬も古墳祭式の一部として前方後円墳などとセットになって首長に受け入れられたと解釈される（清家1999）。さらに、円筒埴輪棺の分布は、前期後半の鰭付円筒埴輪や畿内地域的な埴輪の拡がりとも密接に関係しており、各地域における円筒埴輪棺の定型化は、畿内地域的な埴輪の拡散とも連動していた可能性が高い（川口2000）。以上のような性格をもつ円筒埴輪棺が長瀬高浜遺跡で出土しているのは、畿内地域とのつながりのなかで理解できよう。

小　結 このほかにも長瀬高浜遺跡では、弥生時代前期の玉作り関連遺構（清水1982）など重要な遺構が出土しているが、本章とは関係ないため説明を省略する。

この長瀬高浜遺跡の遺構の特質として古墳時代に限ると、その遺構数の多さをまず挙げることができる。これは山陰地方のなかでも大規模集落に含めてよい規模である。さらに、祭祀関連遺構が目立つことも特色の一つに加えてよい。とくにSB40のような大型建物は、通有の集落では確認できない。

さらに、大型建物の囲繞施設や円筒埴輪棺など、山陰地方ではなく外部からの影響があってはじめて成立した遺構があることも注目に値する。とくに、畿内地域とのつながりが強さは、円筒埴輪棺の分析からわかる。

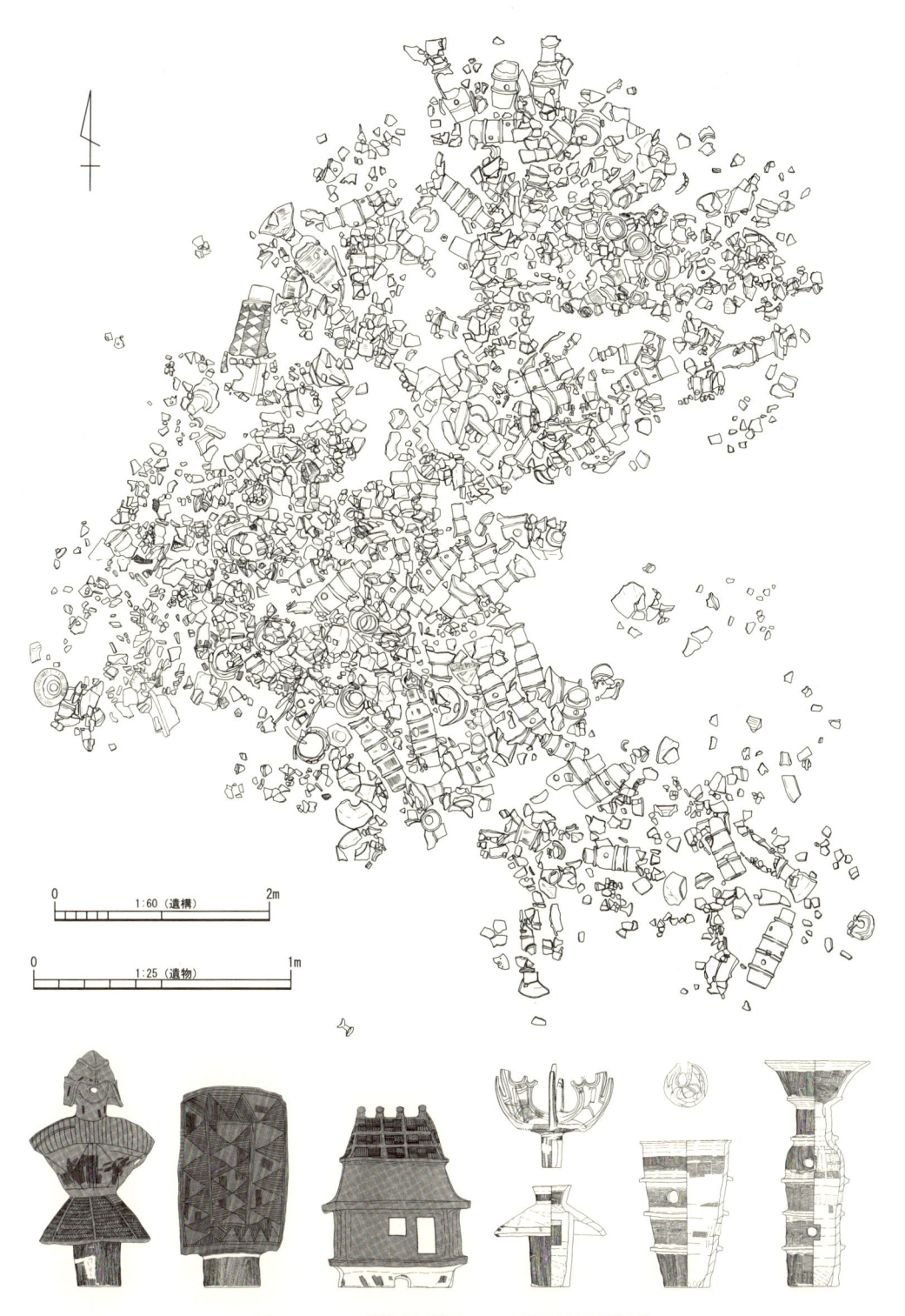

第2章 地方からみた鉄の管理体制

図Ⅳ2-6　長瀬高浜遺跡16K地区埴輪集積遺構

（3）長瀬高浜遺跡出土の土器

　ここでは長瀬高浜遺跡から出土した土器ついて、先行研究を参照しつつ紹介したい。

　土　　器　長瀬高浜遺跡からは古墳時代前期を中心とする大量の土器が出土している。そのうち布留式土器は、土器形式によって胎土が対応せず、外部からの搬入品と推定されるものが含まれる点は注目される。そこで、三辻利一氏は蛍光Ｘ線分析を用いて分析したところ、以下のような結果となった。

　まず、長瀬高浜遺跡から出土した土師器の胎土は「布留式くの字口縁甕」型（Ａ群型）と、「二重口縁甕」型（Ｂ群型）の２主成分にわかれ、そのほかにいくつかの型の胎土があることがわかった。胎土が異なれば土器製作場所が異なる一般原則をもちいると、長瀬高浜遺跡にはいくつもの場所で作られた土師器が供給されていたことがわかる。明確に断言はできないものの「二重口縁甕」は在地型であり、「布留式くの字口縁甕」は畿内地域からの搬入品あるいは伯耆地域で作られた在地型である二つの可能性が考えられる。その場合、「布留式くの字口縁甕」がたとえ伯耆地域産であっても、形式が畿内地域の土器と類似するということは、工人が畿内地域から伯耆地域へと移ってきたことを示唆するという。また、畿内地域からの搬入品ならば、その出土量の多さからみて、長瀬高浜遺跡は王権との深いつながりがあったと主張する（三辻1997a）。

　なお、三辻利一氏は長瀬高浜遺跡７Ｎ地区から出土した初期須恵器壺の胎土も分析しており、地元産ではなく大阪陶邑産であると指摘した（三辻1997b）。

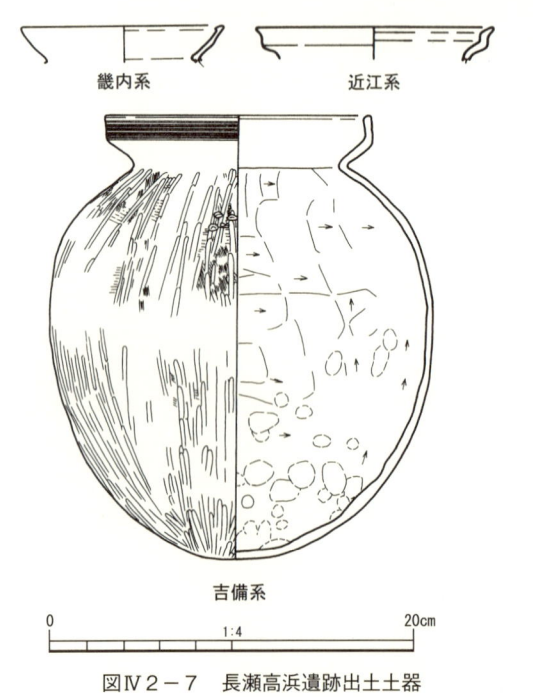

　このほか土師器について長瀬高浜遺跡からは西日本各地の土器がもちこまれていることがわかっている（図７）。もっとも多いのが畿内系土器であり、Ⅴ様式系甕、庄内系甕、布留系甕がある。また、吉備系甕、近江系受口状口縁も出土している（牧本1999）。畿内系土器の出土数の多さから、岡野雅則氏は長瀬高浜遺跡が畿内地域とつながりが強かったことを主張している（岡野1999）。

　小　　結　この長瀬高浜遺跡から出土した土器の特質として古墳時代に限ると、他地域から搬入した製品の多さを挙げることができ、様々な地域と交流していたことが伺える。そして、畿内地域に系譜が追える土器が在地で作られたのかどうか検討の余地をのこすが、たとえ在地産であっても出土数の多さは際立つ。直接的や間接的にせよ、様々な地域との交流の中で長瀬高浜遺跡は畿内地

図Ⅳ２-７　長瀬高浜遺跡出土土器

域との結びつきが相対的に強かったといえる。

（4）長瀬高浜遺跡出土の青銅製品

　ここでは長瀬高浜遺跡から出土した青銅製品について、先行研究を参照しつつ紹介したい。とくに銅剣、巴形銅器、銅鏡、小銅鐸について詳しくみる（図8）。なお、今回採り上げないが、銅鏃や銅釧、鉇状青銅製品なども長瀬高浜遺跡から出土している。

　銅　　剣　全長21.7cmである。弥生時代特有の樋の部分がなく、鉄剣を模倣した可能性が高い古墳時代の青銅製品である。香川県石清尾山猫塚古墳で17本以上出土したほか、和歌山県山崎5号墳など近畿地方や四国地方から類例が出土しており、畿内地域では出土しない。なお、山陰地方では長瀬高浜遺跡でしか確認できない（野田・清水1983）。

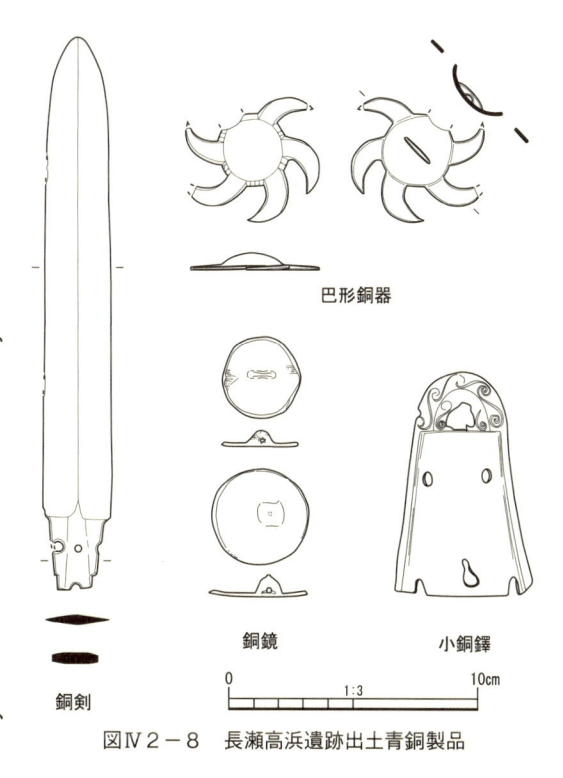

図Ⅳ2-8　長瀬高浜遺跡出土青銅製品

　巴形銅器　弥生時代と古墳時代のものとでは巴形銅器の形が異なる。弥生時代のものは、脚数が5～8脚であり、扁平形、ドーム形、截頭円錐形の体部をもつ。ドーム形では左捩りの5脚もしくは6脚が一般的である。内面の紐は瘤状と棒状とがあり、棒状は九州地方にはなくそれより東で独自に生み出されたものである。一方で、古墳時代のものは、ほとんどが三角錐形体部に4脚をもつ。脚は左捩りと右捩りの両方がある（安藤2003）。かつて報告文でも指摘されているが、脚の数とドーム形の体部は弥生時代に多い形状であり、脚の右捩りは古墳時代に多い形状といえる。

　この巴形銅器は古墳時代前期後半の土器と共伴することから、この時期に使用されたと考える。福永伸哉氏によると、前期後半に一般的にみられる三角錐形体部に4脚をもつ新式巴形銅器は、大和北部地域や河内地域の勢力からの配布品である。この新式巴形銅器の脚は基本的に右捩りである（福永2005）。しかしながら、長瀬高浜遺跡例は古墳時代的な要素が認められつつ弥生時代的な要素も強くのこしているため、配布品ではなく長瀬高浜遺跡もしくはその周辺で作られた可能性が高い資料といえる。

　銅　　鏡　古墳時代の小型倭鏡である。この鏡については林正憲氏がすでに詳しく検討しており、鈕の形や位置をみると、他の倭鏡とは異なる製作方法で作られたとわかる。すなわち、長瀬高浜遺跡周辺で独自の技法を用いて鏡を製作していた工人集団の存在が浮かび上がる。その製作集団は、大和地域に本拠地を置いていた製作工人集団ではないことから、配布などの行為から推定されるような政治的な要素は希薄であったとする（林2005）。

小 銅 鐸　古墳時代前期の竪穴住居の上層から出土した。渦巻文様を施す小銅鐸である。周辺からは銅鏃、小型倭鏡も出土するため、小銅鐸も一連の小型銅製品として位置づけることができる（野田・清水 1983）。小銅鐸も弥生時代に目立つ遺物といえる。

　小　　結　以上、青銅製品についてまとめると、銅剣や巴形銅器のように通常古墳から出土する遺物が集落からみつかっており、全国的にみても稀な事例といえる。また、銅鏡や巴形銅器は、古墳時代の青銅製品生産の様相から判断すると、長瀬高浜遺跡もしくはその周辺地域で独自に製作したものである。さらに、銅剣、銅鏡、小銅鐸、巴形銅器は、弥生時代からすでに確認できる器種であるが、なかには弥生時代の形状をそのまま継承することなく古墳時代に入ってから独自に変容しているものがある。

第2節　長瀬高浜遺跡出土鉄製品の検討

　つぎに長瀬高浜遺跡から出土した古墳時代前半期を中心とする鉄製品について検討する。長瀬高浜遺跡では、多種多様の鉄製品が出土しているが、今回は網羅的に扱うわけではなく、遺跡の性格を雄弁に語る鉄製品に絞り分析を進めたい。農工具では鉄鍬、鉄鎌、鍛造・鋳造鉄斧を扱う。武器では鉄鏃と剣先形鉄製品について言及する。漁具では鉄製釣針を対象とする。以下、器種別に説明したい。

（1）農工具

　鉄　　鍬　方形板刃先が出土している。今回紹介する3点の内、2点は通有の大きさであり、もう1点は小型品である（図9）。

　通有の大きさのものの内、鉄鍬1は、13G地区から出土した。縦幅9.8cm、横幅9.4cmである。刃隅が角になる隅角形であり、背と刃縁がともに直線的である。未使用品、もしくは研ぎ減りするほど頻繁に使用されなかった使用品と考えられる資料である。なお、折り返し部下端の位置は刃縁よりも上にくる（第Ⅰ部第1章）。

　鉄鍬2は、12F地区SI57から出土した。縦幅5.8cm、横幅13.0cmである。刃隅が丸くなる隅丸形であり、刃縁の左側が大きく斜めに弧を描いている。使用品と考えられる資料であるが、折り返し部下端が刃縁よりも上にくることから、なお使用に耐える製品といえる（第Ⅰ部第1章）。

　鉄鍬3は、土器溜2から出土した。縦幅2.6cm、横幅3.9cmであり、方形板刃先のなかでは小型品に属し、非実用品とみて問題ない（第Ⅲ部第1章）。刃隅が角になる隅角形であり、背と刃縁はともに直線的である。折り返し下端が刃縁と一致することから、製作当初から使用を意図していないことがわかる。なお、若干表面に木質が錆着しているが、折り返し部下半よりも下に位置することから、木製台部の痕跡ではない。

　この方形板刃先の小型品は、このほか10Gや13HSK05、包含層から2点、今回の報告分を含めると計5点も出土している。このように1遺跡内に方形板刃先の非実用的な小型品がまとまって出

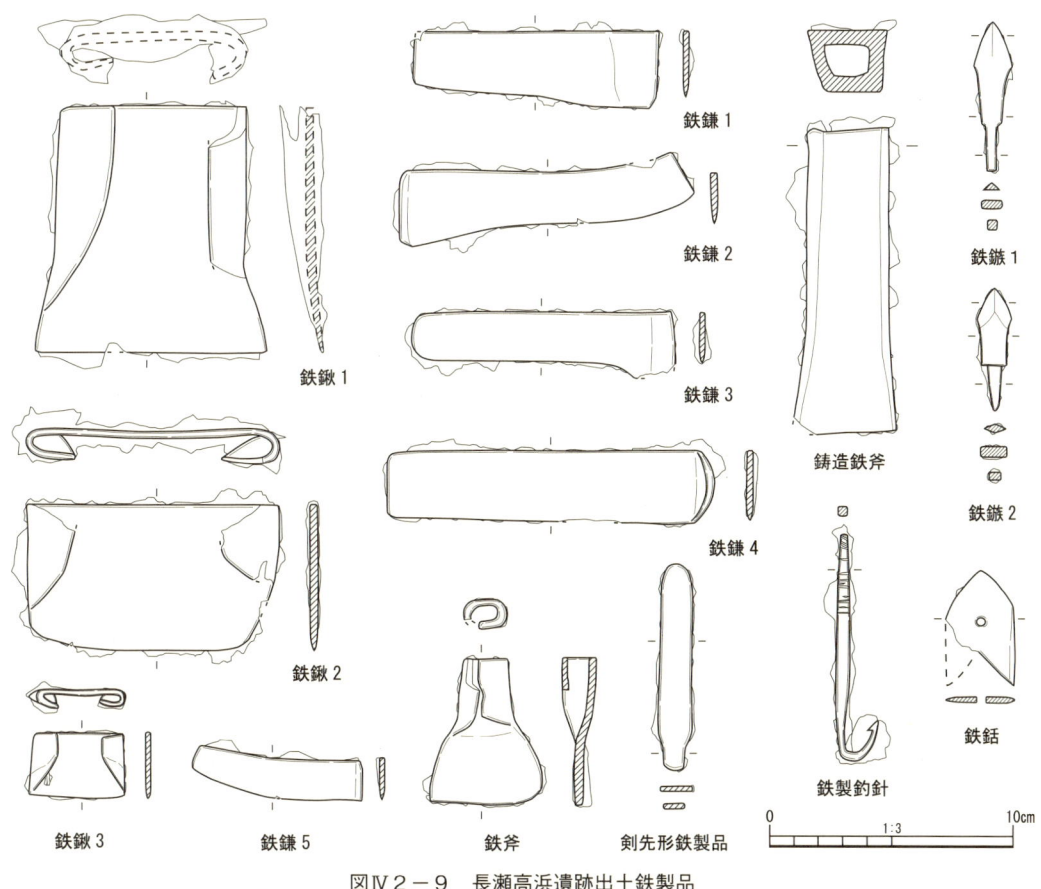

図Ⅳ2-9　長瀬高浜遺跡出土鉄製品

土する事例はなく貴重である。

　鉄　　鎌　古墳時代に属する鉄鎌は、報告書で確認するかぎり全部で26点出土している。そのうち14点が短冊形の直刃鎌である。短冊形以外の直刃鎌は5点、曲刃鎌が2点、形状不明のものが5点確認できる（図9）。今回は、実見することができた資料のうち、遺存状態のよい資料を紹介したい。

　鉄鎌1は、2O地区SI249から出土した。横幅9.9cm、最大縦幅3.0cm、最大厚2.5mmある。幅は基端付近が先端よりも広い形状をなす。刃先は「コ」の字状となる。基端付近の刃縁が窪むため、研ぎ減りが考えられる。縦断面形は基本的に楔形であるが、基端付近は長方形である。やや基端から離れた位置に折り返しが鋭角に弱く施される。折り返しからみた着柄角度はおよそ100度である。刃を手前にして、折り返しを右に向けたとき、折り返しが上を向く甲技法（都出1967）に属する。木質などの有機質は認められない。短冊形鉄鎌（河野2010、第Ⅱ部第2章）として位置づけられる資料である。

　鉄鎌2は、13G地区SI29から出土した。横幅12.0cm、最大縦幅3.1cm、最大厚3mmである。基端付近のほうが先端よりも広い形状をなす。背と刃がともに外反して、先端は「コ」の字状となる。

第Ⅳ部　農具鉄製刃先の所有と管理

　基端付近の刃縁には緩やかな段が認められるため、研ぎ減りの可能性が高い。縦断面形は楔形である。折り返しは、基端を鋭角に弱く折り返すものであり、その着柄角度はおよそ90度である。刃を手前にして、折り返しを左に向けたとき、折り返しが上を向く乙技法（都出1967）に属する。木質などの有機質は認められない。厳密には短冊形鉄鎌ではないが、先端が「コ」字状をなすなど、短冊形に近い形状を呈する鉄鎌である。

　鉄鎌3は、古墳時代前期包含層から出土した。横幅10.7cm、最大縦幅2.6cm、最大厚3mmである。基端付近のほうが先端よりも広い形状をなす。先端はやや弧をえがく。基端付近の刃縁には明確な段が認められるため、研ぎ減りの可能性が高い。縦断面形は楔形である。折り返しは、基端を鋭角に弱く折り返すものであり、その着柄角度はおよそ90度である。甲技法に属する。木質などの有機質は認められない。これも厳密には短冊形鉄鎌ではないが、全体の形状として短冊形に近い形状を呈する鉄鎌である。

　鉄鎌4は、古墳時代前期包含層から出土した。横幅13.4cm、最大縦幅2.9cm、最大厚3mmである。基端から先端にかけてほぼ同じ縦幅である。先端は「コ」字状となる。縦断面形は楔形である。折り返しは、基端を鋭角に弱く折り返すものであり、その着柄角度はおよそ90度である。乙技法に属する。木質などの有機質は認められない。短冊形鉄鎌であり、刃縁に窪みや段がないことから未使用品の可能性が高い資料である。

　鉄鎌5は、出土地不明である。横幅7.0cm、最大縦幅1.5cm、最大厚2mmである。これまで紹介した4点よりもあきらかに小型である。ほぼ基端から先端にかけて同じ縦幅であり、背と刃縁ともに外反する。先端は「コ」字状となる。縦断面形は楔形である。折り返しは、基端を鋭角に弱く折り返すものであり、その着柄角度はおよそ90度である。甲技法に属する。木質などの有機質は認められない。短冊形の鉄鎌と捉えてよく、刃縁に窪みや段がないことから未使用品の可能性が高く、さらに小型であることから非実用的な資料といえる。

　以上、基本的にこれらの鉄鎌は竪穴建物から単独で出土することが多いが、このように短冊形鉄鎌や短冊形に比較的近い形状をもつ鉄鎌が集落からまとまって出土する事例は、全国的にみて類例がない。それら資料の多くが、未使用品かもしくは使用したといっても短冊形のなごりを残しているので、さらに使用可能な製品といえる。なお、短冊形鉄鎌の小型品も含まれている点は重要であり、かつて岩崎康子氏が評価したように非実用品と考える（岩崎1999）。

　鉄　　斧　鉄斧はE4地区SI02例のように通有の大きさのものがある一方で、長瀬高浜遺跡では小型品が目立つ点は注目に値する。小型品は、第3工区、12J地区SI02、13H地区SI16、13G地区SI29、13O地区SI187から出土する。

　今回紹介する鉄斧は、10E地区から出土した有袋鉄斧である（図9）。袋部の一部を欠損する以外の遺存状況は良好である。全長5.8cm、刃部幅4.5cm、基部幅1.8cmである。袋部から刃部にかけて肩をもつ有肩鉄斧である。刃部縦断面形はコ字形をなし、刃がないのが特徴的である。また、袋部から刃部にかけての厚さがほぼ3mmと同じであり、一般的な鉄斧の刃部が肥厚するのと比べ異質

である。以上のことから、使用を意図した作りとは言えず、非実用的な小型品と評価できる。

鋳造鉄斧　8～9P 地区 SI192 から 1 点出土している（図9）。報告書によれば、鋳造鉄斧は全国的に見て古墳、祭祀遺構から出土する例が多く、副葬品的、祭祀的な意味合いをもつものがほとんどであり、長瀬高浜遺跡例のように竪穴建物から出土することは珍しいという。このことから、長瀬高浜遺跡例は竪穴建物から出土するとはいっても実際として使用されたとは考えにくく、鍛造品を製作するための鉄素材としての意味合いか、もしくは有力者の富や権力を象徴する意味合いがあったとする（八峠編 1997）。

日高慎氏によると鋳造鉄斧が比較的集中して発見されている地域は、渡来系の人々が多く住んでいた地や、朝鮮半島との行き来のルートと一致する（日高 2005・2006）。なお、鋳造鉄斧が、再利用されうるとしても、一般的な鉄素材とは考えにくいという意見もあり、筆者も支持している（村上 2007）。

実際のところ、この鋳造鉄斧が鍛冶関連遺物であるのか、それとも朝鮮半島との交易ルートにのっていたのかまで特定することは、遺物そのものの分析からは難しく、遺跡の性格なども加味した上で位置づけてみる必要があろう。

（2）武　　器

鉄　　鏃　長瀬高浜遺跡からは各種鉄鏃が出土しているが、そのなかでも定角式鉄鏃が出土していることは極めて重要である。今回、2点ほど実見できたので、紹介したい（図9）。

鉄鏃1は、16K 地区から出土した完形品である。茎部に矢柄の口巻きなどの有機質は残っていない。全長 5.9cm、鏃身長 4.1cm、刃部幅 1.6cm、刃部最大厚 3 mm、茎部長 1.8cm、茎部最大幅 4 mm、茎部厚 3 mm である。定角式としては長い部類に入り、全体として細長い印象を与える。刃部の外形ラインは緩やかな膨らみを有するものであり、断面三角形であり片鎬を形成する。鏃身部下半の断面は長方形である。関部は斜角関であり、鏃身部と茎部との境に段差は存在しない。茎部の幅は先端まで変わらず、断面形は方形である。

鉄鏃2は、3O 地区 SI255 から出土した。茎部に矢柄の口巻きなどの有機質は残っていない。全長 4.8cm、鏃身長 3.1cm、刃部幅 1.4cm、刃部最大厚 5 mm、茎部長 1.7cm、茎部最大幅 6 mm、茎部厚 3 mm である。刃部の外形ラインは緩やかな膨らみを有し、断面菱形であり両鎬を形成する。鏃身部下半の断面は長方形である。関部は角関であり、鏃身部と茎部との境に段差が存在する。茎部の幅は先端にいくに従い徐々に小さくなり、先細りとなる。茎部断面形は方形である。

以上のように、異なる形式の定角式鉄鏃が出土している。この定角式鉄鏃は、有稜系鉄鏃に属し、かつては王権からの配布（川西 1990）が想定されていた。確かに、松木武彦氏が検討したように、数十本単位の大量副葬を基本とし、古墳内や古墳間において規格性がみられ個体差が小さいことがあげられるので、配布や広域流通があったのは間違いない（松木 1991）。その製作主体は、分布の中心からみて奈良盆地東南部地域かもしくは山城南部地域を候補地としてみる説（池淵 2002）、必

ずしもすべてが畿内地域では作られたとは考えないとみる説（松木1994・1999、村上2003a）があった。近年、福岡県博多遺跡群で定角式鉄鏃の未成品が出土したことから、久住猛雄氏は畿内地域一元配布論が成立しないと考える（久住2007）。

久住氏は定角式鉄鏃が西日本各地をはじめ伽耶地域にも博多遺跡群から搬出されたと考え、松木氏は地方首長同士で流通したとみる（松木1994、久住2007）。

以上より、定角式鉄鏃は広域に流通する財であり、流通の背景には地方首長との密接な関わりがあることが少なくともわかる。基本的には地域の有力古墳の埋葬施設から出土する遺物であるが、埋葬施設以外から出土した長瀬高浜遺跡の事例は貴重である。

剣先形鉄製品　15I地区祭祀遺構からは、直径約3mの範囲内に剣先形鉄製品が30数点出土した（図5）。岩崎康子氏による集成によれば、古墳時代前期の剣先形鉄製品が出土した遺構は28基あり、その大半が竪穴建物からみつかっている。前期のなかでも天神川I期（古墳時代前期前葉、もしくは弥生時代終末期）から出土がみられ、全国的に見ても非実用的な小型鉄製品のかなり古い事例として重要である（岩崎1999）。

図5－2は、15I地区SP01祭祀遺構から出土した。全長8.9cm、刃部長6.0cm、刃部幅1.7cm、茎部長2.9cm、茎部幅0.9～1.3cmである。刃部、茎部ともに厚さが2.5mmと薄い。刃部は刃が作出されておらず、断面長方形である。切先は鋭利であるが、刃がないため突き刺すことはできない。関はナデ関である。茎部も断面長方形であり、非常に長さが短い。茎尻は弧を描いている。

図9の剣先形鉄製品は、12F地区SI58から出土した。全長8.2cm、刃部長7.3cm、刃部幅1.3cm、茎部長9mm、茎部幅9mmである。刃部、茎部ともに厚さが2mmと薄い。刃部は刃が作出されておらず、断面長方形である。切先は弧を描き、突き刺すことはできない。関は斜角関である。茎部も断面長方形であり、非常に長さが短い。茎尻は弧を描いている。

以上のように、形は鉄剣に類似するが、非常に小型である点、刃が形成されていない点、実用に耐えるには薄い点、などを総合すると非実用品として評価して問題ない資料である。

（3）漁　具

長瀬高浜遺跡からは、漁具として鉄製釣針や鉄銛が出土している（図9）。今回は、とくに鉄製釣針に注目して検討したい。

鉄製釣針　清水真一氏が長瀬高浜遺跡の鉄製釣針について検討しており紹介する。1983年の時点で34本出土しており、そのうち竪穴建物から出土したものが26本あることから、基本的に長瀬高浜遺跡の人々が使用したと考える。その鉄製釣針のほとんどが通有のものよりも重く、かつ魚の口径にたいして針の懐が広い点で、飲み込ますよりも針先に引っ掛ける印象が強い。また、軸が長く巻糸の幅が広い点、疑似餌をつけていたとみられる点などもあわせると、海岸での磯釣り程度のものではなく、外洋性漁業がおこなわれていたことを推定できる（清水1983）。

第3節　古墳時代前半期の地域間関係

　前節までは、長瀬高浜遺跡の立地および検出遺構、出土遺物について具体的な議論を進めてきた。本節では、これまでの成果をふまえながら、おもに長瀬高浜遺跡と外的な集団との関係について焦点をあてて考察を試みる。

（1）豊かな鉄製品

　農具の使用状況　長瀬高浜遺跡の特徴のひとつとして、今回筆者が注目するのは鉄製品である。とくに農具は、集落から出土する事例が少ない方形板刃先の隅角形と短冊形鉄鎌が出土している。いずれも未使用品の範疇でとらえられるものである。
　また、方形板刃先の隅丸形も出土しているが、依然として使用することができる製品である。同様に、短冊形以外の鉄鎌もさらなる使用が可能である。
　このように、鉄鍬と鉄鎌からみた場合、使用可能な製品が廃棄されているという点は、集落内における鉄製品の余剰が大きいことを物語っているといえる。
　非実用品　さらに、方形板刃先や鉄鎌、鉄斧の一部と、剣先形鉄製品が非実用的な小型品であるという点も重要である。これらは農作業や木工作業、武器としての使用を前提とせず作られた祭祀品である。
　おそらく、方形板刃先や鉄斧、剣先形鉄製品を非実用品とみる点は異論が出ないであろうが、鉄鎌については大きさが小型であるからといって、非実用品として位置づけることに躊躇を覚える研究者もいるだろう。例えば、寺澤薫氏は横幅10～12cm、縦幅2cm以下の小型品を桑刈り用の実用品と位置づけ、古瀬清秀氏は鉄刀子に近い切削能力を持つ加工具として位置づけるからである（寺澤1991、古瀬1991b）。両者の見解としては、あくまで小型品を即、非実用品として位置づける安易さについて警告を示したものといえる。しかしながら、使用から廃棄にいたるまでの脈絡を踏まえたうえで長瀬高浜遺跡の鉄鎌について検討すると、研ぎ減りといった使用痕跡が確認できないことから未使用品の可能性が高い。さらに、鉄鎌以外にも集落からは鉄鍬、鉄斧、剣先形鉄製品の非実用品が出土していることも重要である。また、これらの非実用品は竪穴建物から出土する事例も多いが、15I地区SP01のように祭祀遺構からの出土も目立つ。
　以上の脈絡から判断すると、小型の鉄鎌5は実際に農作業に使用をしていたと考えるよりも、非実用品として祭祀に利用された製品として位置づける方が妥当である。
　このように、長瀬高浜遺跡からは多種多様の非実用品が出土しているといえる。とくに剣先形鉄製品は15I地区SP01から30数点出土するなど集落のいたるところで確認でき、それが一過性のものではなく集落の存続時期全般にみられるという状況から判断すると（岩崎1999）、恒常的に非実用品を製作していたとみて間違いない。この非実用品は祭祀に利用するための製品であり、実際の農作業をする上でまったく関係のない使用を前提とせずに作られた製品でもある。

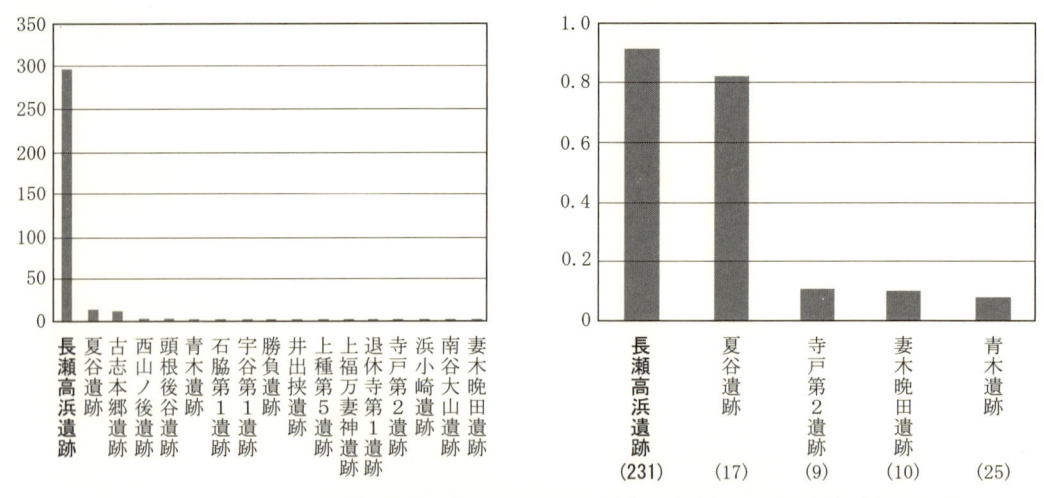

第Ⅳ部　農具鉄製刃先の所有と管理

図Ⅳ2－10　古墳時代前半期の集落別鉄製品出土点数（左）と鉄製品出現率（右）（池淵 2005）

　以上のように、非実用品を製作し、さらに使用可能な製品を廃棄できうる現象は、背景に鉄製品の大きな余剰がある可能性が高い。余裕があるからこそ、惜しげもなく捨てることができ、直接生活とは関係のない製品をもつくることができるのだろう。つまり、長瀬高浜遺跡は鉄製品の質からみて、鉄の余剰が大きい集落と考えざるを得ない。

　鉄製品の出土量　そこで豊富な鉄をもつ集落が長瀬高浜遺跡だけに限られるのか、それとも古墳時代前半期の周辺の集落にもみられるのか池淵俊一氏の研究成果を参考にしながら検討したい（池淵 2005）。以下、長くなるが池淵氏の研究成果を引用する。

　図10左は、山陰地方古墳時代前半期の集落別鉄製品出土点数である。長瀬高浜遺跡がおよそ300点と圧倒的に多く、倉吉市夏谷遺跡と古志本郷遺跡の上位3遺跡の合計出土鉄製品数は当該期鉄製品出土量の約94％を占め、現状では極めて限定された集落から鉄製品が集中してみつかっている。

　しかしながら、集落からの鉄製品出土量は遺跡および調査の規模により左右されるため、上記の数字を鉄製品所有の実態としてみなすことはできない。そこで池淵氏は鉄製品出土集落を対象として、集落単位で各時期の1竪穴建物あたりの出土鉄製品の点数を算出したところ、古墳時代前半期は長瀬高浜遺跡や夏谷遺跡では出土率が0.8を超え、そのほかは0.2以下であることをつきとめた（図10右）。

　長瀬高浜遺跡は剣先形鉄製品など非実用品が比較的多量に出土するため、この数値が鉄製品消費量を直接的に反映しているとはいえないものの、周辺の遺跡よりも鉄製品を入手するうえで優位であったといえる。

　小　結　使用可能な農具を惜しげもなく廃棄する点、祭祀に非実用品を使用する点、周辺遺跡の鉄製品所有数との比較から、長瀬高浜遺跡は古墳時代前半期において極めて豊富な鉄製品を所有していたことがわかる。鉄製品所有の背景には、相当な鉄の余剰があったことは間違いない。そこ

で、どうして長瀬高浜遺跡にこのような豊富な鉄があったのか次に検討したい。

（2）集落の性格

　地方首長の支配が及ぶ集落　長瀬高浜遺跡の性格を考えるにあたり参考になるのは、東郷池周辺の古墳である。馬ノ山4号墳からはじまり、北山1号墳や宮内狐塚古墳など山陰地方のなかで大規模ともいえる古墳が、長瀬高浜遺跡周辺からみつかっている。これらの古墳と対応する大規模集落はいまのところ長瀬高浜遺跡以外ではみつかっていない。例えば、馬ノ山4号墳と近接する南谷大山遺跡がある。しかしながら、長瀬高浜遺跡の存続する時期には、建物数や出土遺物からみて南谷大山遺跡ははるかに劣る。そのため、南谷大山遺跡を馬ノ山4号墳のような大型古墳の被葬者と関連して捉えるのは難しい。

　そのようなこともあって、馬ノ山4号墳と長瀬高浜遺跡との関係性について指摘する研究者は多い（清水1999、岡野1999ほか）。長瀬高浜遺跡の盛行期が前期後半であり、馬ノ山4号墳も同様の時期に築造時期を求めることができるから、両遺跡が関係をもつ可能性は極めて高い。なかでも、長瀬高浜遺跡の集落規模は巨大であり、大型建物といった中核施設が存在することも、周辺集落とは性格が異なる。また、出土遺物をみても定角式鉄鏃が遺跡内からみつかっていることは重要である。定角式鉄鏃は有力首長墳からよくみつかり、階層が下位の墳墓には基本的に出土しない。さらに、時期は新しくなるが、16K地区形象埴輪集積遺構をみると、家形埴輪、甲冑形埴輪、盾形埴輪、靫形埴輪、蓋形埴輪など多種多様の形象埴輪がセットをなしている。セットの内容をみると、階層の高い古墳に樹立されるのと同様である。これらの形象埴輪は、埴輪生産地から古墳へ運ぶ際の中継地として一時的に長瀬高浜遺跡に運ばれたという説がもっとも有力であるが、その場合、階層の高い古墳と長瀬高浜遺跡との関係を指摘できる。

　以上より、これまでの先行研究のとおり、長瀬高浜遺跡は馬ノ山4号墳の被葬者のような地方首長と関係が深いと考えてよい。首長が居住していたのかどうかまでは断言できないが、少なくとも首長の支配が及んでいたことは間違いないであろう。

　王権との関係　そこでいかに長瀬高浜遺跡が鉄製品を豊富に獲得した理由を探るために、当時の社会背景を探る必要がある。ここでは王権とのかかわりの中で考えてみたい。

　長瀬高浜遺跡のSB40大型建物や円筒埴輪棺は、外部から導入された遺構であり、円筒埴輪棺は畿内地域とのつながりを指摘できる。また、土器は他地域からの搬入や系譜が追えるものが多く、なかでも畿内地域との関係が最も深い。

　長瀬高浜遺跡周辺の遺跡をみると、馬ノ山4号墳の三角縁神獣鏡や埴輪の特徴から畿内地域との関係は極めて強いとわかる。さらに、馬ノ山4号墳に後続する北山1号墳の短甲も王権から配布された製品である（北野1969）。東郷池周辺には数多くの前方後円墳が分布していることもあわせ、王権との積極的な関係をうかがうことができる。

　以上のように、長瀬高浜遺跡内外から判断する限りにおいて、先行研究で指摘されているように、

王権とのつながりは深かったと判断せざるをえない。

　古墳時代前半期は朝鮮半島からの鉄に依存していた時期であり、鉄の獲得に王権の関与があったと考える研究者は多い（都出1989、白石1999ほか）。長瀬高浜遺跡の人々は、王権との関与があってはじめて豊富な鉄を獲得することができたのかもしれない。一方で鉄の豊富さゆえに力を得た地方首長が王権と積極的に結びつくことによって、首長自身の権力をさらに向上させたという見方もできる。

　後者の場合、長瀬高浜遺跡が所在する山陰地方の沿岸部は、弥生時代の鳥取県青谷上寺地遺跡に代表されるように、集落別の鉄製品出土量において他地域よりも際立って多いことが注目される（水村編2011）。このため、山陰地方では弥生時代以来、朝鮮半島を経由して鉄の流通が積極的におこなわれていた蓋然性は高い。そのような鉄流通の核となる地域だからこそ、長瀬高浜遺跡は鉄流通でさかえて馬ノ山4号墳を築造できるほどの強い権力を得ることができ、ひいては王権と結びつくことができたのかもしれない。

　前者の場合、長瀬高浜遺跡は弥生時代後期から終末期にかけての遺構はなく、古墳時代に入ってはじめて盛行する。そのため弥生時代からの連続性で鉄の流入を理解するよりも、王権が積極的に関与してはじめて、長瀬高浜遺跡や馬ノ山4号墳のような近畿地方と関係の深い集落や墓が成立したと考えることもできる。

　いずれの考えをとるかは長瀬高浜遺跡の成立過程を詳細にみる必要がある。そこに関しては今後の課題として、ここでは少なくとも長瀬高浜遺跡と王権との関与は認めてよいと判断し、以下議論を進める。

　海上交通の要衝　長瀬高浜遺跡の王権との関与についてこれまで議論してきたが、次に海上交通という視点から長瀬高浜遺跡の性格について考えたい。

　かつて森浩一氏は、日本海沿岸の潟港として利用したと推定できる土地では、古墳が集中するだけでなく、その地域最大の前方後円墳や円墳が多いと指摘したことがある（森1986）。このように潟湖としての東郷池が海上交通の要衝として機能していたことは、誰しもが認めるところである。藤原宏志氏は長瀬高浜遺跡が海に近い砂丘上に立地することから塩害、風害、高温障害があって稲作不適地であると主張する（藤原1997）。遺跡周辺には可耕地となりえるような平野が少ないこともあわせると、海上交通を利用して遺跡が発展したと考えざるをえない。

　長瀬高浜遺跡からは、外洋性漁業に使ったと考えられる大型の鉄製釣針が出土する（清水1983）。池淵俊一氏は、この鉄製釣針の出土から外洋航海術に長けた海人集団の存在を指摘しているが、筆者も従いたい（池淵2005）。

　これらを総合すると、長瀬高浜遺跡周辺は海上交通の要衝であった可能性が高い。そこで、海上交通となると海を介してどの地域とつながっていたのであろうか。筆者は、鋳造鉄斧が出土している点、豊富な鉄製品がみつかっている点を総合して朝鮮半島であった可能性が高いと考える。しかしながら、土器やほかの遺物をみると、半島と関連があるものはほとんどない。そのため直接的に

朝鮮半島とつながっていたのか、つまり朝鮮半島と長瀬高浜遺跡との直接的な交通があったかは疑問である。長瀬高浜遺跡の鉄の豊富さからみて朝鮮半島産の鉄が海上交通によりもたらされたのであろうが、北部九州や山陰地域の一中継地であったと理解すれば、朝鮮半島産の遺物の少なさを説明できる。森浩一氏が指摘するように、日本海沿岸地域の潟湖周辺では、地域最大の古墳が分布する傾向（森1986）があるから、これら古墳下の集落は同じように海の交通の要衝であったと指摘できる。このような交通の一中継地として長瀬高浜遺跡は重要であったと考える。

　小　　結　長瀬高浜遺跡が豊富な鉄をもっている背景としてまず挙げられるのが地方首長との関連である。伯耆地域のなかでも極めて有力な首長が、長瀬高浜遺跡集落とつながりをもっていたことについて今回改めて検証した。

　その鉄の流通をつかさどる首長は、王権との関係を維持していたと考える。長瀬高浜遺跡周辺には、潟湖である東郷池という良好な港があり、外洋航海術に長けた人々が居住していた。つまり、重要な海上交通の要衝であったからこそ長瀬高浜遺跡は、鉄の消費状況に代表されるように、周辺集落遺跡とは異なる様相をもちえたと理解できる。

（3）古墳時代首長制論からみた長瀬高浜遺跡の自律性

　首長制　長瀬高浜遺跡における鉄の豊富さの背景には、王権との関係をもつ地方首長の関与があったと理解できる。しかしながら、王権と地方首長の関係性とで理解する場合、おのずと中央からみた地方の一方的解釈になりがちであり、そのような理解のみでは古墳時代像を構築するには不十分である。中央と地方との双方からみた視点が必要であり、筆者はどちらか一方をことさら重視する立場ではない。

　近年、ヘンリー＝ライトの方法論を日本に紹介した佐々木憲一氏は、中央と地方、双方の立場から研究を進めている。佐々木氏によると首長制と国家を区分するためには、官僚機構の有無が重要な指標である。それを考古学的にみると、地方における自律性が高ければ首長制であり、自律性が低ければ国家である。具体的には西日本の前期土師器や関東の後期古墳を対象に検討して、古墳時代は首長制の段階であると指摘した（佐々木2002・2003・2007・2010）。

　独自の祭祀　この佐々木氏が重視した地方における自律性の高さの度合いについて、長瀬高浜遺跡の場合どの程度か以下で検討したい。

　まず、弥生時代から連続してみられる青銅製品の出土が目立つことから、長瀬高浜遺跡では古墳時代に入っても弥生時代的な祭祀が継続していたと考える。王権の所在する畿内地域では弥生時代的な青銅製品の出土は低調であり、長瀬高浜遺跡は畿内地域と一線を画している。

　さらに、鉄製品も同様であり、剣先形鉄製品の場合、畿内地域では基本的に出土しない独特な遺物である。類例は、京都府舞鶴市千歳下遺跡（野島2009）など日本海沿岸地域で散見でき、日本海沿岸の海上交通と関係のある集落特有の祭祀遺物かもしれない。少なくとも剣先形鉄製品は、地域独特の祭祀遺物といえる。

第Ⅳ部　農具鉄製刃先の所有と管理

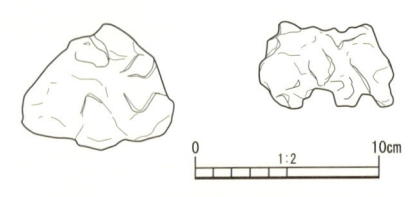

図Ⅳ2-11　長瀬高浜遺跡出土鉄滓

図Ⅳ2-12　長瀬高浜遺跡出土鞴羽口

　以上より、長瀬高浜遺跡の人々は、金属製品をもちいる在地的な祭祀からみるかぎりにおいて、自身の立てた規範に従って行動していたと判断できる。つまり、自律性を保ちえたと考える。

　鞴羽口、鉄滓、棒状鉄器の出土から鍛冶工房（岩崎 1999）があったと考えられ、集落内でこれら金属器が製作されたと理解できる（図11・12）。小型倭鏡は長瀬高浜遺跡特有のものであることも、集落内で金属製品が製作された説を補強する材料となる。このことから、長瀬高浜遺跡では独自に金属製品を製作して、中央とは異なる祭祀をおこなっていたと指摘できる。

　鉄管理体制　佐々木氏の指摘するように古墳時代は首長制社会であるとすると、意思決定機構は中央と地方の二つのレベルにのみ存在する。そして、個々の地方ではさまざまな運営に責任をもち、したがって、中央の意思とは別に、独自の行動をとることが可能である。すなわち、地方首長、その下にある成員たちは、自律的に行動できる（佐々木 2003）。

　筆者は、この長瀬高浜遺跡で鉄製品が大量に出土するのは、その地方首長の自律性ゆえと考えている。鉄流通の中継地を担った長瀬高浜遺跡の地方首長は、独自に鉄を入手できた可能性が高い。たとえ鉄流通は究極的に王権が管理していたとしても、地方では徹底しているわけではない。つまり、流通している鉄を地方首長が独自に入手できる体制があったと解釈する。このように王権と地方首長の関係をみると、長瀬高浜遺跡が存続する古墳時代前半期は比較的緩やかであったととらえることができる。

　長瀬高浜遺跡が古墳時代前半期に周辺の遺跡と比べ盛行した理由は、流通している鉄を地方首長が入手し管理できたからであろう。そのような背景があって、長瀬高浜遺跡は周辺集落よりも豊かになり、地方首長も相対的に大きな力をもつことができた。それゆえに、馬ノ山4号墳のような大規模古墳を長瀬高浜遺跡周辺では築造しえたと理解する。

まとめ

　鳥取県長瀬長浜遺跡から出土した鉄製品を軸に、古墳時代前半期の首長制における鉄製品流通と地方首長の自律性について検討した。

　最初に、長瀬高浜遺跡の概要についてまとめた。その際に、長瀬高浜遺跡は周辺に大型古墳が集中して分布することを確認して、それら古墳と遺跡の関係について言及した。遺構をみると、山陰地方のなかでも大規模集落に含めてよい規模である。また、祭祀遺構を遺跡の特色として挙げるこ

とができ、円筒埴輪棺など畿内地域の影響がつよい遺構もある。遺物は、畿内地域を中心とする他地域からの搬入土器や影響を受けた土器、銅剣や巴形銅器などの青銅製品の出土が目立つ。

次に、遺跡から出土した鉄製品の検討をおこない、未使用品や非実用品の存在、出土量という質・量両面から集落内における鉄の余剰を指摘した。その鉄が豊富である背景について検討したところ、東郷池という潟湖があり、重要な海上交通の要衝であったことを確認した。馬ノ山4号墳の地方首長がこの海上交通に関与していたと考えるが、この点を定角式鉄鏃などもちい指摘した。

最後に、古墳時代首長制論のなかで長瀬高浜遺跡の位置づけを試みた。古墳時代に入っても弥生時代的な青銅製品が多く、さらに剣先形鉄製品の出土から、長瀬高浜遺跡内では地方独自の祭祀をおこなっていたと判断した。このことから、長瀬高浜遺跡は中央の意思とは別に独自の行動を保ちえた首長制社会の集落といえる。以上をふまえて、地方における鉄管理体制について考えてみた。長瀬高浜遺跡で鉄を豊富にもつ背景として、王権と地方首長の関係は緩やかであったために、地方首長が流通していた鉄を独自に入手し管理できた体制があったと理解した。

終章　総括と課題

　本書では、古墳時代における主要農具鉄製刃先である鉄鍬、鉄鎌、鉄製穂摘具を対象として、その歴史的意義を議論するうえで前提条件となる構造、使用、変化について言及した。また、管理や所有の問題にまで踏み込んで論を発展することもできた。

　本章では、あらためて、本書の内容をふりかえるとともに、残された課題について述べ、まとめとしたい。

（1）農具鉄製刃先の構造

　第Ⅰ部では鉄鍬、鉄鎌、鉄製穂摘具の基礎的な構造について把握する目的のもと、分析をすすめた。いずれも名称を規定し、製作方法を追求し、木製台部や木柄との組合せについて検討した。

　名　　称　これまで研究者が採用する名称が一定しない問題点を指摘し、今回改めて体系的に名称を規定した。基本的に先学の研究からもっとも妥当な名称を採用したが、鉄製穂摘具のみは、装着原理から新たに形式名称を提示した。

　製作方法　鉄板素材と鉄塊素材のように素材によって製作方法が異なることを示し得た。さらに、製作方法が異なることにより製品の形状が変わりうることも指摘した。以下では、特に注目される個別器種の成果について報告する。

　鉄鍬のうちＵ字形刃先は弥生時代と古墳時代とでは製作方法が異なる。具体的には、沸し着けを採用するのが古墳時代である。この沸し着けの有無は、断面を観察することで判断でき、弥生時代と古墳時代のＵ字形刃先を区分しうる。

　鉄鎌では、再加工品があることをはじめて指摘した。再加工品といっても直刃鎌と曲刃鎌では様相が異なる。直刃鎌は鉄刀子や甲冑の部材をそのまま利用しており、もとの形状を留めている。一方で曲刃鎌には鍛接事例があり、直刃鎌よりも高温操業を必要とした再加工とわかる。なお、直刃鎌で甲冑の部材を再加工したものがあるのは重要であり、鉄鎌製作にあたり近くに甲冑の部材があった証拠となりうる。今回追求していないが、今後の農具生産を考えるにあたり極めて貴重な事例として注目できよう。

　装　　着　装着する原理について、鉄刃と木製台部・木柄それぞれの視点から検討した。

　鉄鍬は方形板刃先とＵ字形刃先とでは、まったく原理が異なることを示した。方形板刃先では、地獄止めではなく弾性をもちい装着していることを指摘した。その上で、つぶしの役割は装着を強固にするほか、土に対する摩擦抵抗力の軽減があったと言及した。さらに、鉄刃と組み合う利点

は木鍬そのものの機能的な特性をより生かすことができる点と捉え、例えば曲柄平鍬と鋤ならば掘削力の強化が、曲柄又鍬ならば砕土の強化が期待されると考えた。次にU字形刃先も同様に、弾性による装着原理を考えたが、方形板刃先とは異なり2方向からの弾性が働くことでより装着が強固になるといえる。耳部の長さからより長い方が、強い固定ができることからU字形刃先のなかでも耳部が短い弥生時代のものよりも、耳部が長い古墳時代の装着が強固であったといえる。このほかU字形刃先のほうが方形板刃先よりも土に対する摩擦抵抗力が弱いこともわかった。つまり、方形板刃先よりもU字形刃先、弥生時代よりも古墳時代のU字形刃先が、製作に手間がかかるものの、より丈夫であり、より使いやすいことが明らかになった。

　鉄鎌の装着原理は、地獄止めは一般的ではなく、楔を利用した固定を指摘した。このほか木柄には短柄と長柄があり、それぞれ機能が異なる点を確認した。

　鉄製穂摘具の装着原理は、組合形は方形板刃先と同様に弾性によるものと考えた。一方で板式は、膠などの接着剤を使い、基端を木製台部に突き刺す固定が現段階でもっとも妥当といえる。このほか、鉄刃と木製台部との組合せについても今回改めて整理した。なお、芋引具として用いられたかどうかについても検討して、転用される可能性は認めつつも、鉄製穂摘具の製作当初は穂摘みの用途を意識して作られたことを明らかにした。

（2）農具鉄製刃先の使用

　第Ⅱ部では、農具鉄製刃先のうち鉄鍬の方形板刃先、鉄鎌の直刃鎌を対象に、その使用状況を明らかにした。

　方形板刃先の使用　刃隅の形状を観察し、丸いものを隅丸形、角になるものを隅角形と分類した。そのうち隅丸形は、刃縁の使用痕跡が良くのこる点と、左右の鉄板を折り返す前の展開図を検討することで、基本的に使用品とみて間違いないことを示した。一方で、隅角形は製作時の形状をそのまま残しており、刃縁の使用痕跡がほとんどないことから、まったく使用しなかったかもしくは形状変化するほど頻繁に使用されなかったものと考えた。このように刃隅を観察することで、使用・未使用を判断する基準を提示したことは重要である。

　このほか製作から副葬・埋納に至るまでのライフサイクルについてみたところ、未使用品の隅角形は製作から副葬・埋納にいたるまでの期間が短かった点、逆に使用品は期間が長かった点を、墳墓内で複数出土する場合の規格性から判断した。

　なお、隅丸形の京都府岩谷2号墳例は、明らかに台からはずしたことがわかる資料であり貴重である。方形板刃先は木鍬の木製台部先端を加工したうえで装着するが、一旦装着するとそのまま廃棄まで木鍬と組み合うことはなく、鉄刃は取りはずされうることがわかった。この使用状況は、第Ⅰ部で検討した方形板刃先の装着原理が弾性であるということと整合している。

　直刃鎌の使用　形態から全部で8類型に分類した。短冊形の4類型と非短冊形の1類型は、使用痕跡があまりないことから未使用品といえる。一方で、非短冊形の3類型は使用痕跡が頻繁に確認

できることから使用品と判断した。

　このほか方形板刃先同様に製作から使用、そして副葬・埋納に至るまでのライフサイクルについて考えたところ、未使用品の短冊形は製作から副葬・埋納にいたるまでの期間が短い点を、規格性の検討から導いた。一方で、使用品の非短冊形はその製作から廃棄までの期間が短冊形と比較すると長いことも示した。

　なお、未使用品である短冊形の京都府岩谷2号墳例は、折り返しがない事例であり注目される。折り返しがないということは、使用前の実用品か、製作方法の一部を省略化した非実用品かの二通りの解釈が与えられる。筆者は、木柄に装着した類例があることから、後者の可能性が高いとみている。

（3）農具鉄製刃先の変化

　第Ⅲ部では、農具鉄製刃先の変遷について考えた。また、実用品と非実用品の認定方法と、非実用品の出現から展開にいたる過程を追及した。

　実用品と非実用品　農具鉄製刃先の実用性については様々な研究者によって追求されてきたといえる。本書ではそれらの研究とは一線を画し、使用状況を踏まえたうえで実用性を検討した。

　結果として、鉄鍬では横幅7cm未満、鉄鎌のうち直刃鎌は横幅8cm未満、曲刃鎌は横幅10cm未満で使用痕跡が確認できないことから、これら小型品は非実用品として認定できる。一方で、これらの法量より大きいものはすべて実用品というわけではなく、なかには非実用的な要素をもつものがあり、それは非実用品として認識する。その非実用的要素は各器種によってさまざまあるが、製作方法や刃の有無、着装部の脆弱さ、厚さなどから判断できる。

　変　遷　議論の前提として第Ⅱ部で検討した使用状況を踏まえる。形状変化した使用品と変化していない未使用品とを混在して変遷をみるよりも、製作時のままの未使用品のみで議論を進めた方が変遷についての理解がより正しくなると考えたからである。方形板刃先と直刃鎌は未使用品が判断できるので、この2器種の未使用品を軸に変遷をみた。そして、製作方法の省略化という視点を新たに導入して型式学的検討をおこない、農具鉄製刃先全体の変遷案を提示し、古墳時代には変遷からみて3つの画期があることを突き止めた。製作方法を省略化した類型は、どの器種でも第2段階（前期後葉から中期後葉）に出現し盛行することがわかり、その前段階にはほとんどなく、後段階には衰退することがわかった。このように鉄鍬、鉄鎌、鉄製穂摘具と異なる器種であっても、時期別にみて共通した変遷を遂げることがわかったことは大きな成果といえる。そして非実用品が、第2段階に出現し盛行することから、この製作方法の省略化と非実用品の出現には密接な関係があると指摘した。

　なお、これまで曲刃鎌については、弥生時代と古墳時代中期以降にあるとする一方で古墳時代前期には普及していないとみる意見が大半を占めていたが、筆者の集成による限りにおいて、集落出土品を中心に古墳時代前期にも認められることがわかった。

（4）農具鉄製刃先の所有と管理

　第Ⅳ部では、これまでの基礎的な研究を踏まえたうえで農具鉄製刃先の歴史的な意義の一面を明らかにする目的のもと、その所有と管理の問題について議論した。

　所有の重層性　これまでの議論では、農具鉄製刃先は首長による独占物であったという解釈がとられてきたといえる。しかしながら、首長といっても古墳時代は重層的な階層社会であるので、一概に首長として一括りにすることはできない。

　そこで、墳丘形態と墳丘規模からみた墳墓の階層性と、その墳墓から出土する農具鉄製刃先の質と量について検討した。結果として、墳丘規模と農具鉄製刃先の出土量とが相関することがわかり、首長の実力によってその所有量が左右される傾向を突き止めた。つまり、実力の高い首長ほどより多くの農具鉄製刃先を所有していたといえる。さらに、質的な面をみると「非実用品→未使用品でかつ実用品→使用品でかつ実用品」をもつ順に墳墓の階層が低くなるという傾向を指摘した。使用品と未使用品とを比べた場合、まだ仕えうるものを副葬・埋納する点で未使用品をもつ墳墓が、より多くの鉄をもっていたと解釈できる。また、未使用品のなかでも非実用品はあきらかに使用を前提とせず製作しているので、非実用品をもつ首長はさらなる鉄をもっていたと捉えることができる。このことから、階層が高くなるほど農具鉄製刃先の所有の優位性があったと指摘でき、古墳時代社会のなかで一般化できる現象である。

　古墳時代社会の多様性　しかしながら、この農具鉄製刃先の所有は、時期別や地域別にみると状況が異なる。具体的には、近畿地方を頂点に広がる階層化社会があって、その階層の高低に応じて首長が重層的に農具鉄製刃先を独占する体制があった。第1段階（前期前葉から前期中葉）から認められ、第2段階（前期後葉から中期後葉）にはその体制が盛行する。一方で、第3段階（後期）にはより低い階層の首長に、広く農具鉄製刃先がいきわたるという変化が生じる。さらに、前述したように第2段階には非実用品をもっとも高い階層の首長がもつようになる。このもっとも高い階層の首長は鉄の究極的な管理を行っていると考えられる一方で、実際の農業経営はより下位の首長が担っていたとも考えられる。また、その下位の首長による農業経営が徹底するようになったのが、第3段階からだと捉えられる。つまり、第2段階から第3段階にかけてのもっとも階層の高い首長は、農具鉄製刃先を使って祭祀や儀礼をおこなっていたとしても、実際に農具鉄製刃先を農民に貸し出すといった農業経営には関わっていないと考えた。このように農具鉄製刃先の所有や管理は、古墳時代の出現から終焉までひとつの枠組みでとらえることができず、古墳時代社会が変動したことを示している。

　中央と地方　このほか古墳時代の所有や管理のあり方を探るために、中央からみた視点、地方からみた視点の双方から追求している。さきほど述べた近畿地方を頂点とした階層化社会のなかで所有や管理を探る方法は、中央からの見方である。そこで古墳時代前半期に通有の集落とは一線を画する出土量を誇る鳥取県長瀬高浜遺跡を取りあげ、鉄を豊富にもつ背景について地方からの見方で、

農具鉄製刃先の所有や管理を探った。

　結果として、王権にとって重要な交易拠点であった長瀬高浜遺跡を支配する地方の首長は、弥生時代的な青銅製品のほか剣先形鉄製品の出土にみるように王権を介さない独自の祭祀を行っていることがわかった。このことからわかるように中央の意思とは別に自律的な行動を保ちえた地方首長は、流通していた鉄の一部を独自に入手し管理しえたのではないかと指摘した。王権が鉄流通を管理しえたとしても、地方首長と王権との関係が緩やかであったために、地方首長も鉄を豊富にもちえたのである。

　この理解に立つと、第3段階で重層的な所有の階層差が解消に向かい、20m以下級の円墳にみられる低い階層の首長に広く農具鉄製刃先がいきわたるということは、王権による鉄流通の管理が徹底しているとも解釈できる。つまり、第1～2段階とは異なり、地方首長と王権との緩やかな関係が解消に向かったと理解できる。

　このように中央・地方それぞれの立場によることで、古墳時代における所有と管理の実態について、これまで以上に具体的に言及できた。

（5）今後の課題と農具鉄製刃先研究の方向性

　本書では、農具鉄製刃先の歴史的意義を探るための基礎的検討に紙数を費やしたため、実際のところ所有と管理については言及したものの、このほかの歴史的解釈にまで踏み込んで議論していない。

　そこで、最後に今後の課題について述べて、農具鉄製刃先研究の方向性を探ってから、筆をおくことにしたい。

　まず、本書では使用品と未使用品、実用品と非実用品の抽出に成功した。そこで農具鉄製刃先をつかう祭祀や儀礼について、この成果を踏まえ非実用品を中心に再検討することは可能である。また、使用品や実用品を中心に古墳時代の土木事業や農業についても、より具体的に言及することはできるとも考える。さらに、このほか農具鉄製刃先は技術系譜から研究を進めることもでき、朝鮮半島と日本列島との相互関係を追及することもできる。日本列島内であっても西日本と東日本とを比較検討することで、地方の特性を明らかにすることも期待される。

　以上のように、農具鉄製刃先の研究アプローチは枚挙にいとまがなく、歴史研究にも大きく貢献できうるとも考える。本書はあくまで農具鉄製刃先の歴史的意義を解明する基礎的な土台ともいえる論考を数多く収録している。この本書を軸として以降研究が進展することを願うとともに、筆者自身も研究を深めていきたい。

参 考 文 献

日本語（五十音順）

【あ行】

朝岡康二　2000『鍛冶の民俗技術　増補版』慶友社

東　　潮　1987「鉄鋌の基礎的研究」『考古学論攷』第12冊　奈良県立橿原考古学研究所　pp.70-179

東　　潮　1993「出作遺跡出土の鉄鋌をめぐって」『出作遺跡』Ⅰ　松前町教育委員会　pp.185-190

足立克己　1999『姫原西遺跡』建設省松江国道工事事務所・島根県教育委員会

有光教一　1967「朝鮮半島における鉄製農具の変遷について」『末永先生古稀記念古代学論叢』末永先生古稀記念会　pp.65-75

安藤広道　2003「弥生・古墳時代の各種青銅製品」『考古資料大観』第6巻（弥生・古墳時代　青銅・ガラス製品）　小学館　pp.291-306

安間拓巳　2004「金床石と古代の鍛冶」『考古論集－河瀬正利先生退官記念論文集－』河瀬正利先生退官記念事業会　pp.733-746

井上祐弘編　1983『御床松原遺跡』志摩町教育委員会　志摩町文化財調査報告書第3集

井口一三　1998「岩谷2号墳」『京都府綾部市文化財調査報告』第26集　綾部市教育委員会　pp.47-51

池ノ上宏編　2001『新原・奴山古墳群Ⅱ』津屋崎町教育委員会　津屋崎町文化財調査報告書第17集

池淵俊一　2002「第6節　神原神社古墳出土鑿頭式鉄鏃に関する試論」『神原神社古墳』加茂町教育委員会　pp.212-242

池淵俊一　2005「山陰における古墳時代前半期鉄器の様相－集落出土資料を中心に－」『考古論集－川越哲志先生退官記念論文集－』川越哲志先生退官記念事業会　pp.435-454

石田大輔　2006「第3章2e　小結」『玉丘古墳群Ⅱ－亀山古墳1・笹塚古墳－』兵庫県加西市教育委員会　加西市埋蔵文化財報告57　pp.48-53

石部正志　1975「前期古墳における特殊な多葬について」『橿原考古学研究所論集』吉川弘文館　pp.161-196

石母田正　1959「日本神話と歴史」『岩波講座日本文学史』第3巻　岩波書店　pp.27-67

市村高規　1984「鎌」『鳥坂古墳群』兵庫県龍野市教育委員会　p.28

伊藤祐偉ほか編　2004『河曲の遺跡』三重県埋蔵文化財センター　三重県埋蔵文化財調査報告第247集

伊藤・実　1993「日本古代の鋸」『考古論集』潮見浩先生退官記念事業会　pp.535-562

今田治代編　1999『野津古墳群Ⅱ』竜北町教育委員会　竜北町文化財調査報告書第1集

岩崎康子　1999「長瀬高浜遺跡出土の古墳時代前期の鉄器」『長瀬高浜遺跡Ⅷ　園第6遺跡』財団法人鳥取県教育文化財団・建設省倉吉工事事務所　鳥取県教育文化財団調査報告書61　pp.179-180

岩崎卓也　1985「鉄製鍬・鋤先の周辺」『日本史の黎明』六興出版　pp.413-433

岩本　崇　2006「伯耆国分寺古墳の再検討」『大手前大学史学研究所紀要』第6号　大手前大学史学研究所　pp.123-142

岩本崇・河野正訓・土屋隆史　2010「西播磨地域における前期古墳出土資料の再検討」『龍子三ツ塚古墳群の研究－揖保川流域における前期古墳群の調査－』真陽社　pp.259-280

上原真人　1993『木器集成図録』（近畿原始編）　奈良国立文化財研究所　奈良国立文化財研究所史料第36冊

上原真人　1997「農具の画期としての5世紀」『王者の武装－5世紀の金工技術－』京都大学総合博物館　pp.88-95

上原真人　2000「農具の変革」『古代史の論点』1（環境と食糧生産）　小学館　pp.220-242

魚津知克　2000「鉄製農工具副葬についての試論」『表象としての鉄器副葬』第7回鉄器文化研究集会　pp.105-120

魚津知克　2003a「曲刃鎌とU字形鍬鋤先―「農具の画期」の再検討―」『帝京大学山梨文化財研究所　研究報告』第11集　帝京大学山梨文化財研究所　pp.29-48

魚津知克　2003b「8．鉄製品群の検討」『史跡　昼飯大塚古墳』大垣市教育委員会　大垣市埋蔵文化財調査報告書第12集　pp.455-464

魚津知克　2009「弥生・古墳時代の手鎌～全形復原と用途の推定～」『木・ひと・文化～出土木器研究会論集～』出土木器研究会　pp.163-180

内田律雄・勝部昭　1980『中国縦貫自動車道建設に伴う埋蔵文化財発掘調査報告書』島根県教育委員会

内山敏行　1991「ⅱ　鉄鎌」『権現山51号墳』権現山51号墳刊行会　p.115

卜部行弘　2006「4　農工具」『大和の古墳』Ⅱ　奈良県立橿原考古学研究所　pp.120-128

大賀克彦　2002「古墳時代の時期区分」『小羽山古墳群』清水町教育委員会　清水町埋蔵文化財発掘調査報告書Ⅴ　pp.1-20

大澤正己　1994「出作遺跡出土鉄器の金属学的調査」『出作遺跡とそのマツリ』松前町教育委員会　p.34

太田三喜編　2006『布留遺跡　豊井（宇久保）地区発掘調査報告書』埋蔵文化財天理教調査団　考古学調査研究中間報告24

大村　直　1996「鉄製農工具の組成比」『史館』第28号　史館同人　pp.76-105

岡崎　敬　1956「日本における初期鉄製品の問題」『考古学雑誌』第42巻1号　日本考古学会　pp.14-29

岡田文男　2005「紫金山古墳出土有機質遺物の材質調査」『紫金山古墳の研究－古墳時代前期における対外交渉の考古学的研究－』京都大学大学院文学研究科　pp.243-252

岡野雅則　1999「古墳時代集落について」『長瀬高浜遺跡Ⅷ　園第6遺跡』財団法人鳥取県教育文化財団・建設省倉吉工事事務所　鳥取県教育文化財団調査報告書61　pp.161-166

【か行】

片岡宏二編　1981『大板井遺跡』Ⅰ　小郡市教育委員会　小郡市文化財調査報告書第11集

金関恕ほか　1977『秋根遺跡』下関市教育委員会

鐘ヶ江一朗　2000「鎌」『安満宮山古墳』高槻市教育委員会　p.65

金田善敬　1996「古墳時代後期における鍛冶集団の動向－大和地方を中心に－」『考古学研究』第43巻第2号　考古学研究会　pp.109-118

金田善敬　2005「岡山県における木製土木具の鉄器化」『待兼山考古学論集－都出比呂志先生退任記念－』大阪大学考古学研究室　pp.199-208

川口修実　2000「畿内における埴輪棺の展開についての一試論」『古代学研究』第149号　古代学研究会　pp.1-22

川越哲志　1974「金属器の製作と技術」『古代史発掘』4　講談社　pp.104-116

川越哲志　1977「弥生時代の鉄製収穫具について」『考古論集』松崎寿和先生退官記念事業会　pp.181-202

川越哲志　1983「弥生時代の鉄刃農耕具」『日本製鉄史論集』たたら研究会　pp.43-84

川越哲志　1993『弥生時代の鉄器文化』雄山閣出版

川西宏幸　1990「儀仗の矢鏃－古墳時代開始論として－」『考古学雑誌』第76巻第2号　日本考古学会　pp.36-62

河野一隆　2003「石製模造品の編年と儀礼の展開」『帝京大学山梨文化財研究所研究報告』第11集　帝京大学山梨文化財研究所　pp.15-27

河野正訓　2010「前期古墳副葬鉄鎌の性格」『龍子三ツ塚古墳群の研究－播磨揖保川流域における前期古墳群の調査－』真陽社　pp.329-342

河野正訓　2011「前期古墳に副葬された方形板刃先の性格」『駿台史学』第141号　駿台史学会　pp.337-356

岸本道昭　2000「播磨の前方後円墳研究序説—測量調査と集成による基礎作業—」『播磨学紀要』第6号　播磨学研究所　pp.38-105

北浩明ほか編　2011『本高弓ノ木遺跡（1区～3区）』鳥取県埋蔵文化財センター・国土交通省鳥取河川国道事務所　鳥取県埋蔵文化財センター調査報告書38

北野耕平　1969「五世紀における甲冑出土古墳の諸問題」『考古学雑誌』第54巻第4号　日本考古学会　pp.1-39

北野耕平　1976「第7章　古墳の年代と被葬者の性格」『河内野中古墳の研究』大阪大学　大阪大学文学部国史研究室研究報告第2冊　pp.225-236

久住猛雄　2007「「博多湾貿易」の成立と解体」『考古学研究』第53巻第4号　考古学研究会　pp.20-36

久住猛雄編　1997『舞松原古墳』福岡市教育委員会　福岡市埋蔵文化財調査報告書第533集

桐原　健　2007「摘鎌と芋引具」『信濃』第59巻第12号　信濃史学会　pp.915-922

工楽善通　1985「木製穂摘具」『弥生文化の研究』第5巻　雄山閣　pp.116-120

黒崎　直　1976「古墳時代の農耕具－ナスビ形着柄鋤を中心として－」『研究論集』Ⅲ　奈良国立文化財研究所　奈良国立文化財研究所学報第28冊　pp.1-36

黒崎　直　1996『日本の美術357　古代の農具』至文堂

黒須亜希子・上本志穂　2006「讃良郡条里遺跡出土の木製品について」『大阪文化財研究』第29号　財団法人大阪府文化財センター　pp.73-84

黒須亜希子　2007「交北城ノ山遺跡・出屋敷遺跡の出土木製品について」『大阪文化財研究』第31号　財団法人大阪府文化財センター　pp.13-22

窪田蔵郎　1973『鉄の考古学』雄山閣出版

小池史哲　1984「鉄鎌」『萱葉古墳群』志免町教育委員会　p.20

甲元眞之　1975「農耕民の技術と社会①　鎌による収穫法」『えとのす』3　新日本教育図書株式会社　pp.92-95

甲元眞之　1988「幡種と収穫」『弥生文化の研究』第2巻　雄山閣　pp.62-68

小林行雄　1976『古墳文化論考』平凡社

近藤義郎　1957「初期水稲農業の技術的達成について」『私たちの考古学』第4巻3号　考古学研究会　pp.2-12

近藤義郎・岡本明郎　1957「日本における初期農業生産の発展」『私たちの考古学』第4巻第2号　考古学研究会　pp.14-15

近藤義郎　1961「石庖丁の歴史的意義」『考古学研究』第8巻第1号　考古学研究会　pp.7-9

近藤義郎編　1991『権現山51号墳』権現山51号墳刊行会

【さ行】

酒井仁夫　1984「鉄鎌」『花見遺跡』古賀町教育委員会　p.38

阪口英毅編　2005『紫金山古墳の研究－古墳時代前期における対外交渉の考古学的研究－』京都大学大学院文学研究科

佐々木和博　1977「「半月形鉄製品」について－住居跡出土品を中心に－」『史館』第8号　史館同人　pp.49-59

佐々木憲一　2002「古墳出現前後の墓と集落－西日本の事例から－」『弥生の「ムラ」から古墳の「クニ」へ』学生社　pp.194-207

佐々木憲一　2003「弥生から古墳へ－世界史のなかで－」『古墳時代の日本列島』青木書店　pp.3-22

佐々木憲一　2007「国家形成期における関東」『関東の後期古墳群』六一書房　pp.218-226

佐々木憲一　2010「古墳出現前後における畿内型甕形土器の西方拡散に関する研究」『明治大学人文科学研究所紀要』第66集　明治大学人文科学研究所　pp.252-312

佐々木憲一　2011「古墳時代像と国家概念」『季刊考古学』第117号　雄山閣　pp.48-53

佐原　眞　1977「石斧論－横斧から縦斧へ－」『考古論集－慶祝松崎寿和先生六十三歳論文集－』松崎寿和

先生退官記念事業会　pp.45-86

佐原　眞　1982「石斧再論」『森貞次郎博士古稀記念　古文化論集』上巻　森貞次郎博士古稀記念論文集刊行会　pp.161-186

山陰考古学研究所　1978『山陰の前期古墳文化の研究』Ⅰ（東伯耆Ⅰ・東郷池周辺）

静岡県埋蔵文化財調査研究所編　1996『角江遺跡　遺物編2（木製品）』静岡県埋蔵文化財調査研究所調査報告第69集

篠原　徹　1988「苗族の穂摘具」『鎌木義昌先生古稀記念論集　考古学と関連科学』鎌木義昌先生古稀記念論文集刊行会　pp.505-520

渋谷高秀・佐伯和也編　2005『徳蔵地区遺跡』財団法人和歌山県文化財センター

島崎　東ほか　2003『津島遺跡』4　岡山県教育委員会　岡山県埋蔵文化財発掘調査報告173

清水真一　1978「山陰地方の池」『日本古代文化の探求　池』社会思想社　pp.45-64

清水真一　1981「『長瀬高浜だより』号外編」『考古学研究』第27巻第4号　考古学研究会　pp.1-12

清水真一　1982「鳥取県下の玉作遺跡について」『考古学研究』第28巻第4号　考古学研究会　pp.80-103

清水真一　1983「長瀬高浜遺跡と鉄製釣針について」『東アジアの古代文化』35号　pp.46-57

清水真一　1999「鳥取県羽合町・長瀬高浜遺跡の祭祀遺構と儀鏡」『考古学ジャーナル』No.446　ニュー・サイエンス社　pp.21-24

下関市教育委員会　1974『新下関駅周辺遺跡発掘調査概報』

白石太一郎　1985「神まつりと古墳の祭祀－古墳出土の石製模造品を中心として－」『国立歴史民俗博物館研究報告』第7集　国立歴史民俗博物館　pp.79-114

白石太一郎　1997「藤ノ木古墳出土農工具の提起する問題」『国立歴史民俗博物館研究報告』第70集　国立歴史民俗博物館　pp.267-290

白石太一郎　1999『古墳とヤマト政権』文芸春秋

白木原和美　1960「クワやスキについての研究ノート」『歴史評論』118　歴史科学協議会　pp.2-12

新東晃一ほか　1973「下市瀬遺跡」『中国縦貫自動車道建設に伴う発掘調査』1　岡山県文化財保護協会　岡山県埋蔵文化財発掘調査報告（3）　pp.82-146

末永雅雄　1941『日本上代の武器』弘文堂書房

末永雅雄　1944『日本上代の甲冑』創元社

杉井　健　1994「山陰型甑形土器と山陰地方」『古文化談叢』第33集　九州古文化研究会　pp.95-116

鈴木一有　1999「2　副葬遺物にみる先進性と特殊性」『五ヶ山B2号墳』浅羽町教育委員会　pp.76-84

炭田知子　1974「「手鎌」についての雑考」『古代学研究』第73号　古代学研究会　pp.39-44

清喜祐二　1999「鎌」『野毛大塚古墳』世田谷区教育委員会・野毛大塚古墳調査会　pp.263-264

清家　章　1999「古墳時代周辺埋葬墓考」『国家形成期の考古学』大阪大学考古学研究室　pp.231-260

【た行】

田井中洋介　1998「収穫具−石庖丁と木庖丁−」『平成10年度春季特別展　ムラの変貌−稲作と弥生文化−』滋賀県安土城考古博物館　pp.37-40

大日本農会編　1979『日本の鍬・鎌・犂』農政調査委員会

高倉洋彰　1985「初期鉄器の普及と画期」『九州歴史資料館　研究論集』10　九州歴史資料館　pp.21-50

高田健一　2010「第四節　古墳時代集落と掘立柱建物」『出雲大社の建築考古学』同成社　pp.49-73

高橋一夫　1976「製鉄遺跡と鉄製農具」『考古学研究』第22巻第3号　考古学研究会　pp.92-102

高橋克壽　2010「山陰の古墳時代前期埴輪の特質」『遠古登攀』遠山昭登追悼考古学論集　遠古登攀刊行会　pp.375-387

高畑知功編　1999『津寺三本木遺跡　津寺一軒屋遺跡』岡山県教育委員会　岡山県埋蔵文化財発掘調査報告142

立平　進　1986「五島の穂摘具」『日本民俗文化大系』第14巻（技術と民俗　下）小学館　pp.178-179

伊達祥子　1974「律令制社会における鉄鍬の生産と流通について」『寧楽史苑』第20号　pp.20-45

伊達宗泰編　1981『新沢千塚古墳群』奈良県教育委員会　奈良県史蹟名勝天然記念物調査報告第39集

田中新史　1995「使用具の古墳埋納（下）」『古代』第100号　早稲田大学考古学会　pp.5-87

田仲満雄編　1976『中国縦貫自動車道建設に伴う発掘調査』7　岡山県文化財保護協会　岡山県埋蔵文化財発掘調査報告12

谷口恭子　2003「横枕61号墳」『横枕古墳群』Ⅱ　鳥取市文化財団　pp.67-72

谷口　肇　1995「「貝庖丁」への疑義」『古代』第99号　早稲田大学考古学会　pp.74-98

谷若倫郎編　1993『出作遺跡』Ⅰ　松前町教育委員会

崔榮柱　2010「三国・古墳時代における土製煙筒研究」『立命館大学考古学論集』Ⅴ　立命館大学考古学論集刊行会　pp.425-452

塚本敏夫　1995「製作技術から見た古墳時代の金属器生産」『鉄器文化研究集会』鉄器文化研究会発表要旨

都出比呂志　1967「農具鉄器化の二つの画期」『考古学研究』第13巻第4号　考古学研究会　pp.36-51

都出比呂志　1969「−書評−原島礼二著『日本古代社会の基礎構造』」『日本史研究』107　日本史研究会　pp.66-71

都出比呂志　1989『日本農耕社会の成立過程』岩波書店

都出比呂志　1991「日本古代の国家形成論序説」『日本史研究』343　日本史研究会　pp.5-39

寺澤　薫　1991「収穫と貯蔵」『古墳時代の研究』第4巻　雄山閣　pp.50-69

寺澤　薫　1994「穂刈りから根刈りへ」『古代における農具の変遷−稲作技術史を農具から見る−（発表要旨集）』財団法人静岡県埋蔵文化財調査研究所　pp.61-73

寺沢知子　1979「鉄製農工具副葬の意義」『橿原考古学研究所論集』第四　吉川弘文館　pp.347-373

寺沢知子　1986「祭祀の変化と民衆」『季刊　考古学』16　雄山閣　pp.56-61

土井義夫　1971「関東地方における住居址出土の鉄製農具について」『物質文化』18　物質文化研究会

pp.14-27

鳥取県教育文化財団　1982『長瀬高浜遺跡発掘調査報告書Ⅳ』鳥取県教育文化財団報告書11

豊島直博　2000「鉄器埋納施設の性格」『考古学研究』第46巻第4号　考古学研究会　pp.76-92

豊島直博　2008「古墳時代前期におけるヤリの編年と流通」『東国史論』第23号　群馬県考古学研究会　pp.1-26

【な行】

中川　寧　2000「出雲における木製耕起具の変遷について」『島根考古学会誌』第17集　島根考古学会　pp.73-98

長瀬高浜遺跡調査事務所　1982「鳥取県東伯郡羽合町・長瀬高浜遺跡出土の小銅鐸について」『考古学雑誌』第68巻第1号　pp.106-112

中田　英　1989「「左鎌」について－特に神奈川県内の出土例を中心にして－」『国学院大学考古学資料館紀要』第5集　国学院大学考古学資料館　pp.89-98

長友朋子　2008「弥生時代終末期における丸底土器の成立とその歴史的意義」『吾々の考古学』和田晴吾先生還暦記念論集刊行会　pp.95-124

仲原知之　2010「和歌山県の手鎌木製台（木庖丁）の検討」『紀伊考古学研究』第13号　紀伊考古学研究会　pp.1-10

中村光司編　1995『西岡古墳発掘調査報告』三重県埋蔵文化財センター　三重県埋蔵文化財調査報告書115-5

新村　出編　1998『広辞苑（第5版）』岩波書店

新納　泉　1992「古墳時代　時代概説」『図解・日本の人類遺跡』東京大学出版会　pp.152-155

仁木　聡編　2005『大寺1号墳発掘調査報告書』島根県教育庁古代文化センター

西川　宏　1961「陪塚論序説」『考古学研究』第8巻第2号　考古学研究会　pp.10-30

西谷眞治・鎌木義昌　1959『金蔵山古墳』倉敷考古館　倉敷考古館研究報告第1冊

西村　歩編　1996『下田遺跡』財団法人大阪府文化財調査研究センター　（財）大阪府文化財調査研究センター調査報告書第18集

西本安秀ほか　2003『吹田市五反島遺跡発掘調査報告書　遺物編』吹田市教育委員会

沼沢　豊　1977「3．鉄製模造品について」『千葉市東寺山石神遺跡』財団法人千葉県文化財センターほか　pp.135-139

野島　永　2008「弥生時代の初期鉄器」『弥生時代における初期鉄器の舶載時期とその流通構造の解明』広島大学大学院文学研究科地表圏システム学講座　pp.1-34

野島　永　2009『初期国家形成過程の鉄器文化』雄山閣

野島　永　2010「弥生時代における鉄器保有の一様相－九州・中国地方の集落遺跡を中心として－」『京都府埋蔵文化財論集』第6集　（財）京都府埋蔵文化財調査研究センター　pp.41-54

野田久男・清水真一　1983『日本の古代遺跡9　鳥取』保育社

【は行】

橋口達也　1983「ふたたび初期鉄製品をめぐる二・三の問題について」『日本製鉄史論集』たたら研究会
　pp.1-42

八峠　興編　1997『長瀬高浜遺跡』Ⅶ　財団法人鳥取県教育文化財団・建設省倉吉工事事務所　鳥取県教育文化財団調査報告書49

原島礼二　1965「日本古代国家成立期の農業労働形態」『日本史研究』第76号　日本史研究会　pp.57-71

原島礼二　1968『日本古代社会の基礎構造』未来社

原島礼二　1972「4　鉄資源の利用」『古代の地方史』第7巻　朝倉書店　pp.106-129

林　正憲　2005「小型倭鏡の系譜と社会的意義」『待兼山考古学論集』大阪大学考古学研究室　pp.267-290

坂　靖　1988「Ⅴ付論－奈良県出土の小型農工具について－」『市尾・新渕古墳群発掘調査報告書』高取町教育委員会・奈良県立橿原考古学研究所　高取町文化財報告第7冊　pp.27-35

東影　愁編　2011『巣山古墳・寺戸遺跡』奈良県立橿原考古学研究所　奈良県文化財調査報告書第142集

東方仁史編　2008『因幡・伯耆の王者たち』鳥取県立博物館

東方仁史　2010「鳥取県の家形埴輪」『出雲大社の建築考古学』同成社　pp.141-144

樋上　昇ほか　2008「特集　弥生・古墳時代の木製農具」『季刊考古学』第104巻　雄山閣　pp.14-82

樋口隆康ほか　1959『大谷古墳』京都大学文学部考古学研究室

菱田淳子編　1994『玉津田中遺跡』第2分冊　兵庫県教育委員会　兵庫県文化財調査報告第135冊

菱田淳子　2002「鎌と穂摘み具」『梅田古墳群Ⅰ』兵庫県教育委員会　兵庫県文化財調査報告第240冊　pp.70-71

日高　慎　2005「松戸市行人台遺跡の鋳造鉄斧と多孔式甑－東京湾沿岸地域と渡来系文物－」『海と考古学』海交史研究会考古学論集刊行会　pp.355-368

日高　慎　2006「香川県丸亀市綾歌町岡田万塚出土の鋳造鉄斧」『考古学雑誌』第90巻第4号　日本考古学会　pp.54-64

広瀬和雄　1991「前方後円墳の畿内編年」『前方後円墳集成』（中国・四国編）山川出版社　pp.24-26

広瀬和雄　1996「神殿と農耕祭祀」『弥生の環濠都市と巨大神殿』池上曽根遺跡史跡指定20周年記念事業実行委員　pp.110-123

福永伸哉　2005『三角縁神獣鏡の研究』大阪大学出版会

藤田和尊　2006『古墳時代の王権と軍事』学生社

藤田憲司ほか　1974「第Ⅲ部　上東遺跡の調査」『山陽新幹線建設に伴う調査』Ⅱ　岡山県文化財保護協会　岡山県埋蔵文化財発掘調査報告書第2集　pp.97-235

藤田三郎編　2003『保津・宮古遺跡　第3次発掘調査報告』奈良県立橿原考古学研究所　奈良県文化財調査報告書第100集

藤原敏晃　1986「谷内遺跡出土の木製穂摘具について」『京都府埋蔵文化財情報』第22号　（財）京都府埋蔵文化財調査研究センター　pp.31-32

藤原宏志　1997「鳥取：長瀬高浜遺跡における畠作遺構について」『長瀬高浜遺跡』Ⅶ（第2分冊）財団法人鳥取県教育文化財団・建設省倉吉工事事務所　鳥取県教育文化財団調査報告書49　pp.62-69

古庄浩明　1994「古代における鉄製農工具の所有形態－6世紀から10世紀の南関東を中心として－」『考古学雑誌』第79巻第3号　日本考古学会　pp.257-311

古瀬清秀　1991a「鉄器の生産」『古墳時代の研究』第5巻　雄山閣　pp.37-51

古瀬清秀　1991b「農工具」『古墳時代の研究』第8巻　雄山閣　pp.71-91

古瀬清秀　2000「古墳時代前半期における鉄鍛冶技術」『製鉄史論文集－たたら研究会創立40周年記念－』たたら研究会　pp.91-116

古瀬清秀　2002「見て触って知る古墳時代の鉄・鉄器生産」『研究紀要』第6号　下関市立考古博物館　pp.33-49

古瀬清秀編　2004「奈良県・大和第6号墳出土鉄鋌に関する調査報告」『東アジアにおける古代鉄鍛冶技術の伝播と展開』平成12～15年度科学研究費補助金基礎研究（B）（2）研究成果報告書

【ま行】

間壁忠彦　1973「笠岡市走出弓場山古墳」『倉敷考古館研究集報』第8号　財団法人倉敷考古館　pp.27-30

牧本哲雄　1999「第1節　古墳時代の土器について」『長瀬高浜遺跡Ⅷ　圏第6遺跡』財団法人鳥取県教育文化財団・建設省倉吉工事事務所　鳥取県教育文化財団調査報告書61　pp.151-160

牧本哲雄　2010「第四節　長瀬高浜遺跡とその周辺」『出雲大社の建築考古学』同成社　pp.110-123

牧本哲雄編　1994『南谷大山遺跡Ⅱ　南谷29号墳』財団法人鳥取県教育文化財団　建設省倉吉工事事務所

松井和幸　1987「古代の鉄製鍬先・鋤先について」『考古学雑誌』第72巻第3号　日本考古学会　pp.30-58

松井和幸　1993「鉄鎌について」『考古論集－潮見浩先生退官記念論文集－』潮見浩先生退官記念事業会　pp.563-580

松井和幸　2001『日本古代の鉄文化』雄山閣

松下勝編　1978『播磨・長越遺跡』兵庫県教育委員会　兵庫県文化財調査報告書第12冊

松尾吉高編　1977『城ノ上遺跡』基山町教育委員会　基山町文化財調査報告書第1集

松木武彦　1991「前期古墳副葬鏃の成立と展開」『考古学研究』第37巻第4号　考古学研究会　pp.29-58

松木武彦　1994「山陽の前期古墳と鏡」『倭人と鏡　その2-3・4世紀の鏡と墳墓－』埋蔵文化財研究会　pp.157-164

松木武彦　1999「岡山地域における弥生時代鉄鏃の展開」『古代吉備』第21集　古代吉備研究会　pp.58-78

松本正信ほか　1960『天坊山古墳』加古川市教育委員会　加古川市文化財調査報告5

松本正信　1969「U字形鍬（鋤）先論」『考古学研究』第15巻第4号　考古学研究会　pp.42-47

三木　弘　1986「古墳出土の鉄製雛形農工具について」『史学研究集録』第11号　国学院大学日本史学専

攻大学院会　pp.1-21

三木　弘　1994「第2節　堂山1号墳出土の鉄製農・工具とその副葬にかかわる評価」『堂山古墳群－本文編－』大阪府教育委員会　大阪府文化財調査報告書第45集　pp.90-101

三木　弘　2004「鍬・鋤先からみた玉手山10号墳」『玉手山古墳群の研究』Ⅳ　柏原市教育委員会　pp.125-149

水野敏典　2009『古墳時代鉄鏃の変遷にみる儀仗的武装の基礎的研究』基盤研究C（課題番号18520598）

水野正好　1986「長瀬高浜遺跡埴輪群との語りと交感」『長瀬高浜遺跡のはにわ』羽合町教育委員会・羽合町歴史民俗資料館　pp.14-23

水村直人編　2011『青谷上寺地遺跡出土品調査研究報告』6（金属製品）鳥取県埋蔵文化財センター　鳥取県埋蔵文化財センター調査報告39

三辻利一　1997a「長瀬高浜遺跡出土土師器の蛍光X線分析」『長瀬高浜遺跡』Ⅶ（第2分冊）財団法人鳥取県教育文化財団・建設省倉吉工事事務所　鳥取県教育文化財団調査報告書49　pp.70-79

三辻利一　1997b「長瀬高浜遺跡出土初期須恵器の蛍光X線分析」『長瀬高浜遺跡』Ⅶ（第2分冊）財団法人鳥取県教育文化財団・建設省倉吉工事事務所　鳥取県教育文化財団調査報告書49　p.70

宮内克己編　1999『板切遺跡群（第Ⅰ～Ⅴ）・小原田遺跡』大分県久住町教育委員会　久住町文化財調査報告書第6集

宮内克己編　2001『都野原田遺跡』久住町教育委員会・大分県教育委員会　大分県文化財調査報告書第128集・久住町文化財調査報告書第9集

宮原武夫　1970「原島礼二著「日本古代社会の基礎構造」」『歴史学研究』364　歴史学研究会　pp.43-47

宮本一夫編　1991『文京遺跡第10次調査－文京遺跡における弥生時代遺跡の調査－』愛媛大学埋蔵文化財調査室　愛媛大学埋蔵文化財調査報告Ⅲ

村上恭通　1993「麻生小学校南遺跡出土の鉄製U字形鍬・鋤先について」『砥部町内埋蔵文化財調査報告書』Ⅲ　愛媛県砥部町教育委員会　砥部町埋蔵文化財調査報告書第9集　pp.119-122

村上恭通　1994a「出作遺跡における鍛冶と祭祀」『出作遺跡とそのマツリ－古墳時代松山平野の祭祀と政治－』愛媛県松前町教育委員会　pp.28-29

村上恭通　1994b「弥生時代における鍛冶遺構の研究」『考古学研究』第41巻第3号　考古学研究会　pp.60-87

村上恭通　1998『倭人と鉄の考古学』青木書店

村上恭通　2001「朝鮮半島における凹字形鉄器－おひきがね（芋引金）との関連で－」『久保和士君追悼考古論文集』久保和士君追悼考古論文集刊行会　pp.219-226

村上恭通　2003a「古墳時代前期における鉄器生産の諸問題」『東アジアの古代文化』114号　古代学研究所　pp.28-42

村上恭通　2003b「大和における古墳副葬鏃の形成－ホケノ山古墳出土品を中心に－」『初期古墳と大和の考古学』学生社　pp.340-350

村上恭通　2007『古代国家成立過程と鉄器生産』青木書店

村上恭通・山村芳貴　2003「農工具」『考古資料大観』7（弥生・古墳時代　鉄・金銅　製品）小学館　pp.265-271

村上由美子　2009「木製刈払具の検討－木器の「使い下し」に関する一考察－」『木・ひと・文化～出土木器研究会論集～』出土木器研究会　pp.147-162

森　浩一　1986「潟と港を発掘する」『日本の古代3　海をこえての交流』中央公論社　pp.39-82

門田誠一　1999「古墳時代の鉄製模型農工具と渡来系集団」『史学論集』佛教大学文学部史学科創設30周年記念論文集刊行会　pp.15-35

【や行】

柳田晴子編　2006『山崎上ノ原第2遺跡Ⅱ』宮崎県埋蔵文化財センター　宮崎県埋蔵文化財センター発掘調査報告書第130集

柳本照男・河野正訓編　2009『立明寺地区遺跡B地点』（株）島田組

山口県　2008『山口県史』通史編（原始・古代）

山口譲治　1989「手鎌の把手について」『那珂君休遺跡Ⅳ』福岡市教育委員会　福岡市埋蔵文化財調査報告書第208集　pp.83-84

山口譲治　1991「比恵遺跡群出土の弥生時代の木器について」『比恵遺跡群』（10）　福岡市教育委員会　福岡市埋蔵文化財調査報告書第255集　pp.243-246

山口直樹　1977「Ⅲ　出土鉄製品の集成と考察」『山田水呑遺跡』日本道路公団・山田遺跡調査会　pp.821-843

山口直樹　1978「関東時代土師器時代後・晩Ⅰ・晩Ⅱ期における農具について」『駿台史学』45　駿台史学会　pp.71-124

山崎頼人　2000「木製穂摘具の研究（上）－木製穂摘具における二者－」『大阪文化財研究』第19号　財団法人大阪府文化財調査研究センター　pp.21-30

山崎頼人　2001「木製穂摘具の研究（下）－木製穂摘具における二者－」『大阪文化財研究』第20号　財団法人大阪府文化財調査研究センター　pp.31-40

山崎頼人　2003「石庖丁と木庖丁－木庖丁の機能推定－」『水野正好先生古稀記念論文集　続文化財学論集』文化財学論集刊行会　pp.5-14

山下孝司　1992「「芋引金」覚書」『山梨県考古学協会誌』第5号　山梨県考古学協会　pp.135-139

山田孝治編　1994『美和古墳群発掘調査報告書』鳥取市教育福祉振興会

山田幸弘編　1997『西墓山古墳』藤井寺市教育委員会　藤井寺市文化財報告第16集

八幡浩二　2005「鉄器生産における研磨工程」『たたら研究』第44号　たたら研究会　pp.19-39

【わ行】

和田晴吾　1987「古墳時代の時期区分をめぐって」『考古学研究』第34巻第2号　考古学研究会　pp.44-55

渡邊芳貴　2008「鉄製農工具から見た古墳祭祀の変容」『地域・文化の考古学－下條信行先生退任記念論文集－』下條信行先生退任記念事業会　pp.435-456

ハングル（カナダ順）

釜山大学校博物館　1990『金海礼安里古墳群』Ⅱ　釜山大学校博物館学術調査報告第15集

徐姶男　1990「（3）鉄鎌에 대하여」『東莱 福泉洞古墳群』Ⅱ　釜山大学校博物館　釜山大学校博物館学術調査報告第14集　pp.97-100

昌原大学校博物館　2006『蔚山中山里遺蹟』Ⅰ　昌原大学校博物館学術調査報告第40冊

千末仙　1994「鉄製農具에 대한 考察－原三國．三國時代墳墓出土品을 으로－」『嶺南考古学』15　嶺南考古学会　pp.1-51

分　析　表

分析表1　方形板刃先（隅角形）①

都道府県	墳墓名	埋葬施設名	墳形	墳丘規模（m）	横幅	類型	刃縁
三重	石山古墳	西槨	前方後円	120	8.0	直1b	直窪
					8.7	直1b	
					7.5	直1b	
					7.8	直1b	
三重	石山古墳	東槨	前方後円	120	8.0	外1a	弧
三重	わき塚1号墳	-	方	24×22	5.0	直2a	（直斜）
					4.8	直2a	
滋賀	安土瓢箪山古墳	西北室	前方後円	134	2.8	直1a	直
京都	私市円山古墳	第2主体部	円	71	5.8	直2a	直
					3.6	直2a	
					3.6	直1a	
京都	私市円山古墳	第3主体部	円	71	5.2	直1a	直
					5.7	直1a	
京都	庵寺山古墳	-	円	56	5.7	直1a	直
					6.0	直1a	
					5.4	直1a	
京都	梶塚古墳	-	方	64×61	小型	直2b	-
京都	八幡東車塚古墳	第1主体	前方後円	94	7.4	直1a	直弧
					6.8	直1a	
					9.2	外1a	
京都	ヒル塚古墳	第2主体部	方	52	小型	直2a	（直）
京都	カジヤ古墳	第1主体部	円	55～73	6.7	直1a	直
京都	奈具岡南1号墳	第1主体	方	20×16	6.4	外1a	斜
京都	園部垣内古墳	-	前方後円	82	-	直1ab	直
京都	園部岸ヶ前2号墳	埋葬施設1	円	19～29	7.0	（直2a）	直
京都	上人ヶ平7号墳	副室	方	10	5.5	直2a	直
					5.8	直1b	
					4.5	直1a	
京都	鳴谷東1号墳	-	円	20	4.2	直1b	直
大阪	豊中大塚古墳	第2主体部西槨	円	56	4.6	直1a	直弧窪
					5.0	直1a	
					4.8	外1a	
					4.6	直1b	
大阪	堂山1号墳	副棺	円	25	6.2	直2a	窪
					8.6	直2a	
大阪	和泉黄金塚古墳	東槨	前方後円	85	5.2	直1b	直
					4.2	直1b	
大阪	北玉山古墳	-	前方後円	51	-	（直1a）	直
大阪	野中アリ山古墳	北施設	方	45	別	外1a、直1a	直弧
大阪	河内野中古墳	-	方	28	7.6	直2a	直窪
					7.7	直2a	
					7.3	直2a	
					7.3	直2b	
大阪	珠金塚古墳	北槨	方	27×25	7.2	直1a	直
					6.1	直1a	
大阪	長原166号墳	-	方	7+	3.1	直1b	直
大阪	西墓山古墳	西列鉄器埋納施設	?	?	別	直1ab、直2ab	直弧窪
大阪	交野東車塚古墳	第1号棺	前方後方	65+	4.2	直1a	直弧
					4.0	直1a	
					4.0	直1a	
					4.0	直1a	
					3.9	直1a	
					3.5	直1a	
					3.7	直1a	
					3.9	直1a	
大阪	湯の山古墳	-	円	20	小型	直2ab	（直）
大阪	寛弘寺1号墳	-	方	19×18	-	直1a	（直）
兵庫	行者塚古墳	西副葬品箱	前方後円	100	10.0	外1a	直
兵庫	丸山1号墳	後円部南石室	前方後円	48	10.0	外1a	弧
					5.1	外1a	
兵庫	丸山1号墳	前方部石室	前方後円	48	3.3	外1a	弧
兵庫	丸山2号墳	-	方	18×16	7.4	外1a	弧

分析表2　方形板刃先（隅角形）②

都道府県	墳墓名	埋葬施設名	墳形	墳丘規模(m)	横幅	類型	刃縁
兵庫	茶すり山古墳	第2主体部	円	78〜90	7.5	直1a	直
					4.9	直1a	
					4.5	直2a	
奈良	富雄丸山1号墳	−	円	86	−	（直1b）	直
奈良	マエ塚古墳	−	円	48〜49	8.8	外1a	直弧
					7.2	直1b	
					7.5	直1b	
					9.6	直1b	
					9.1	直1b	
					8.3	直1b	
					8.7	直1b	
					8.3	直1b	
奈良	大和4号墳	−	円	11	−	直1b	直
奈良	大和6号墳	−	円	25	4.5	直1a	直窪
					3.0	直2b	
					7.9	直1a	
奈良	上殿古墳	−	円	23	5.1	直1a	直弧
					6.4	直1a	
					6.4	直1a	
					8.1	外1a	
奈良	新沢千塚500号墳	後円部粘土槨副槨	前方後円	62	7.1	直1a	直弧
					6.6	直1a	
					6.6	直1a	
					7.0	直1a	
					6.7	直1a	
					6.4	直1a	
					6.9	直1a	
					7.0	直1a	
					7.1	直1a	
					6.0	直1a	
					7.5	直1a	
					6.5	直1a	
					6.0	直1a	
					6.6	直1a	
					6.4	直1a	
奈良	新沢千塚139号墳	−	方	23×20	4.2	直2a	直
					6.2	直2a	
					5.4	直2a	
奈良	新沢千塚213号墳	−	前方後円	26	8.5	直2a	直
奈良	住川2号墳	−	方	15	5.0	直2a	直
奈良	寺口忍海D-27号墳	−	円	17	6.0	直2a	弧窪
					5.5	直2a	
					6.8	外2a	
奈良	タニグチ1号墳	−	円	20	5.5	直1a	直
鳥取	伯耆国分寺古墳	−	前方後円	60	12.0	直1b	直
					10.6	直1b	
鳥取	上神大将塚古墳	−	円	29	−	直1b	直
島根	社日1号墳	第1主体部	方	20×15	11.7	直1b	直
島根	大寺1号墳	−	前方後円	52	17.5	直1a	直
岡山	神宮寺山古墳	−	前方後円	150	7.0	直1a	直窪
					7.7	直1a	
					8.0	直1a	
					7.5	直1a	
					7.8	直1a	
					8.1	直1a	
					7.3	直1a	
					7.2	直1a	
					7.5	直1a	
					7.8	直1a	
					8.0	直1a	
					8.0	直1a	
					7.4	直1a	

分析表3　方形板刃先（隅角形）③

都道府県	墳墓名	埋葬施設名	墳形	墳丘規模（m）	横幅	類型	刃縁
岡山	神宮寺山古墳	-	前方後円	150	7.2	直1a	直窪
					7.8	直1a	
					8.0	直1a	
岡山	金蔵山古墳	中央石室副室	前方後円	165	8.2	直1b	直弧
					8.6	直1b	
広島	城ノ下第1古墳	-	円	21	5.4	直2a	直
山口	松崎古墳	-	円	27～28	6.1	直1a	直
					7.3	直1a	
山口	天神山第1号墳	-	円	15	8.1	直2a	（直）
					8.1	直2a	
徳島	大代古墳	-	前方後円	54	-	（直1b）	直
徳島	長谷古墳	-	円	13	9.5	直1a	直
福岡	老司古墳	3号石室	前方後円	75～76	8.8	直1b	直窪
					9.4	直1b	
福岡	潜塚古墳	2号棺	円	?	10.9	直1b	直
福岡	田久瓜ヶ坂1号墳	第2主体部	前方後円	31	8.0	外1a	弧
福岡	稲葉2号墳	-	前方後方	20	10.0	直1a	直
熊本	ヤンボシ塚古墳	-	円	20	7.2	直1b	窪
熊本	小坂大塚古墳	-	円	36	5.8	直1b	直
					6.8	直1b	

都道府県	遺跡名（地区名）	遺構名	遺構種類	横幅	類型	刃縁
奈良	布留遺跡（豊井（宇久保）地区北地区）	土器溜まり遺構	土器溜	4.2	（直1b）	直
鳥取	長瀬高浜遺跡	土器溜2	土器溜	3.9	直1b	直
鳥取	長瀬高浜遺跡	10G		3.6	（直1b）	直
鳥取	長瀬高浜遺跡	13HSK05	土坑	-	直2a	直
鳥取	長瀬高浜遺跡	13G		9.4	直2a	直
福岡	御床松原遺跡	-	-	-	直1b	直

分析表4　方形板刃先（隅丸形）①

都道府県	墳墓名	埋葬施設名	墳丘形態	墳丘規模（m）	横幅	類型	刃縁
三重	八重田1号墳	東棺	円	24	-	-	（弧）
三重	東山古墳	-	円	21	4.6	-	斜弧
					7.4	-	
滋賀	野瀬古墳	-	円	30	8.6	-	斜
滋賀	安土瓢箪山古墳	西北室	前方後円	134	7.1	-	窪
京都	岩谷2号墳	-	方	13	11.7	-	窪
京都	左坂G3号墳	-	方	8×3	-	-	-
京都	三坂神社裏6号墳	第3主体部	方	16×13	8.8	-	弧
大阪	弁天山B3号墳	前方部西槨	前方後円	41	10.3	-	弧
大阪	河内松岳山古墳	-	前方後円	130	9.8	-	斜
兵庫	駄坂・舟隠3号墳	第1主体	方	14	11.0	-	窪
兵庫	行者塚古墳	西副葬品箱	前方後円	100	-	-	弧
兵庫	竜山5号墳	-	前方後円	36	8.1	-	直
兵庫	梅田31号墳	-	円	4～5	9.4	-	窪
兵庫	西野山第3号墳	-	円	17	6.6	-	斜
奈良	北原古墳	北棺	方	16×15	13.0	-	直
					12.0	-	
鳥取	里仁33号墳	第1埋葬施設	方	14×12	7.8	-	弧
鳥取	本高19号墳	-	方	12×8	7.0	-	窪
鳥取	八坂古墳群	-	?	?	8.2	-	直
鳥取	妻木山11号墳	-	円	9	10.8	-	斜
島根	神原神社古墳	-	方	22～30	11.8	-	窪
岡山	新市谷遺跡土坑墓	-	×	×	10.4	-	窪
広島	坊迫A第3号墳	-	円	14	9.8	-	窪
広島	上安井古墳	-	円	14～15	7.8	-	（斜）
山口	花岡3号墳	-	?	?	11.0	-	-
山口	木ノ井山古墳	-	円	27	11.1	-	（弧）
徳島	恵解山8号墳	西棺	円	8～9	15.4	-	弧
徳島	蓮華谷1号墳	-	円	12	17.3	-	窪

分析表5　方形板刃先（隅丸形）②

都道府県	墳墓名	埋葬施設名	墳丘形態	墳丘規模（m）	横幅	類型	刃縁
愛媛	高月山第2号古墳	−	方	16×10	12.0	−	窪
高知	長畝2号墳	1号主体部	?	?	−	−	−
福岡	舞松原古墳	−	帆立	37	11.4	−	弧
福岡	老司古墳	1号石室	前方後円	75〜76	12.4	−	斜
福岡	赤坂1号墳	−	円	19	10.3	−	直
福岡	竹並15号古墳	−	方	6	9.1	−	窪
福岡	古剣塚第3号墳	−	方	6	10.4	−	斜
福岡	大井平野遺跡SO1	第1主体部	円	23	11.8	−	窪
福岡	冨地原梅木17号墳	−	?	8	11.5	−	窪
福岡	菖蒲浦1号墳	1号主体部	（円）	15〜16	10.5	−	直
福岡	千鳥7号墳	−	円	15	11.3	−	窪
福岡	花見第1号墳	−	円	14	8.7	−	直
福岡	汐井掛第11号古墳	−	円	12	−	−	（直）
福岡	神蔵古墳	−	帆立	40	10.0	−	直
福岡	萱葉2号墳	−	前方後円	26	9.5	−	直
佐賀	久保泉丸山ST001古墳	−	円	14	−	−	（斜）
佐賀	森ノ上古墳	−	円	?	−	−	窪
佐賀	西一本杉ST009古墳	−	（円）	?	9.7	−	直
熊本	大見観音崎古墳	第11号石棺	×	×	−	−	−
熊本	将軍塚古墳	−	円	33	10.7	−	（直）
大分	別府・折戸ノ上1号方形周溝墓	−	方	15	7.2	−	（窪）
宮崎	後曹木箱式石棺群	6号石棺	×	×	−	−	−
宮崎	新田場5号地下式横穴墓	−	×	×	9.2	−	窪
宮崎	新田場7号地下式横穴墓	−	×	×	9.2	−	窪
宮崎	立切65号地下式横穴墓	−	×	×	13.2	−	（窪）
鹿児島	岡崎18号墳	2号地下式横穴墓	円	20	14.4	−	窪

都道府県	遺跡名（地区名）	遺構名	遺構種類	横幅	類型	刃縁
鳥取	長瀬高浜遺跡	12FSI57	竪穴建物	13.0	−	斜
鳥取	妻木晩田遺跡（妻木山地区）	第70竪穴住居跡	竪穴建物	−	−	窪
岡山	百間川沢田遺跡（高縄手A）	井戸B	井戸	10.0	−	窪
広島	布掛遺跡	SBII-2	竪穴建物	9.2	−	（弧）
広島	助平3号遺跡	SB7	竪穴建物	9.2	−	窪
佐賀	藪原遺跡（2区）	SD201溝	溝	11.2	−	直
大分	板切第II遺跡	45号竪穴	竪穴建物	8.8	−	−
大分	舞田原遺跡	25号竪穴遺構	竪穴建物	11.4	−	弧

分析表6　U字形刃先①

都道府県	墳墓名	埋葬施設名	墳形	墳丘規模(m)	横幅	V字溝
三重	西岡古墳	-	?	?	15.8	○
三重	落合10号墳	埋葬施設1	方	5×3	13.5	○
三重	浅間3号墳	-	円	12	15.8	○
三重	津賀23号墳	-	方	10	15.0	○
					14.0	○
三重	木ノ下古墳	第2主体	帆立	29	6.6	○
三重	平田35号墳	-	方	12	14.0	○
滋賀	大通寺第38号墳	-	円	9	13.9	○
京都	城ノ尾古墳	-	円	12	20.0	○
京都	栗ヶ丘3号墳	第1主体部	円	13	16.3	○
京都	愛宕神社3号墳	-	?	?	17.6	○
京都	左坂C15号墳	-	方	11	17.2	○
京都	馬場ノ内古墳	-	?	?	13.4	○
京都	今林7号墳	-	方	15×12	11.6	○
京都	徳雲寺北2号墳	-	方	12×8	9.5	○
大阪	河内野中古墳	-	方	28	10.2	○
大阪	土師の里8号墳	第1主体部	方	12	17.0	○
兵庫	住吉宮町2号墳	-	?	?	16.8	○
兵庫	太市中3号墳	-	円	6	9.5	○
兵庫	宮山古墳	第3主体	円	30	12.8	○
兵庫	園田大塚古墳	後円部土壙	前方後円	42	5.3	×
兵庫	ホウジ1号墳	-	?	?	4.0	×
兵庫	池尻2号墳	-	?	11	9.8	○
兵庫	年ノ神6号墳	-	方	13×10	15.0	○
兵庫	亀山古墳	副葬品埋納施設	円	48	10.3	○
					10.1	○
					10.8	○
兵庫	真南条上3号墳	SX04	?	8〜10	15.6	○
兵庫	黍田E号墳	-	方	8×6	14.8	○
兵庫	黍田F号墳	-	方	9×7	17.2	○
兵庫	西宮山古墳	-	前方後円	34	12.4	○
奈良	大和4号墳		円	11	9.5	×
奈良	新沢千塚178号墳	-	円	26	21.0	○
奈良	石光山20号墳	-	円	14	10.4	○
					10.2	○
					9.7	○
					9.6	○
奈良	石光山25号墳	埋葬施設1	円	10	6.4	×
奈良	石光山30号墳	埋葬施設1	円	11	7.5	×
奈良	石光山38号墳	埋葬施設1	円	14	8.7	×
奈良	寺口忍海E-1号墳	-	円	12	6.1	×
奈良	寺口忍海E-2号墳	-	円	14	6.9	×
奈良	寺口忍海E-3号墳	-	円	12	5.8	×
奈良	寺口忍海E-5号墳	-	円	9	9.0	×
奈良	寺口忍海E-7号墳	-	円	11	8.1	×
奈良	寺口忍海H-13号墳	-	?	?	8.5	×
奈良	寺口忍海H-16号墳	-	円	10+	7.2	×
奈良	寺口忍海H-20号墳	-	?	18	5.6	×
奈良	南阪奈道路予定地内遺跡5号地点古墳	-	?	?	8.9	×
奈良	大和二塚古墳	後円部石室	前方後円	60	18.2	○
奈良	大和二塚古墳	前方部石室	前方後円	60	6.6	○
奈良	大和二塚古墳	造り出し部石室	前方後円	60	6.5	○
					6.5	○
					5.7	○
奈良	後出6号墳	-	円	10	16.2	○
奈良	峯ノ阪古墳	-	円	18	10.2	○
					9.8	×
					10.0	×
奈良	八尾寺第1号墳	-	円	10	16.5	○
和歌山	大谷古墳	-	前方後円	70	7.4	○
和歌山	天田28号墳	-	前方後円	30	15.3	○
鳥取	南谷19号墳	盛土下埋葬施設	前方後円	29	13.6	○

分析表7　Ｕ字形刃先②

都道府県	墳墓名	埋葬施設名	墳形	墳丘規模(m)	横幅	Ｖ字溝
島根	金崎1号墳	－	(前方後方)	32	9.9	○
島根	西谷16号墓	－	円	11	12.0	○
岡山	小原1号墳	第2主体部	円	9	14.8	○
岡山	中山6号墳	第一主体	方	14×13	12.0	○
岡山	中山6号墳	第二主体	方	14×13	9.7	○
岡山	高屋B4号墳	－	円	12	15.8	○
広島	池の内遺跡	第5号主体	×	×	14.9	○
広島	寺山第3号古墳	－	円	8	13.6	○
広島	地蔵堂山第1号古墳	－	方	12×7	16.2	○
広島	月見城遺跡ST2	－	方	6	14.2	○
山口	為弘1号墳	－	円	10	16.2	○
山口	常森1号墳	2号石棺	円	17	4.1	○
山口	常森3号墳	－	円	17	6.6	×
					8.3	×
山口	木ノ井山古墳	－	円	27	16.7	○
香川	雄山5号墳	－	円	8	17.4	○
香川	原間6号墳	－	円	30	14.8	○
香川	岡の御堂1号墳	－	円	13	19.8	○
愛媛	大池東3号墳	－	円	11	17.2	○
愛媛	旦13号墳	－	?	?	18.4	○
愛媛	治平谷1号墳	第1石室	?	?	16.0	○
愛媛	治平谷2号墳	第2石室	?	?	22.2	○
愛媛	治平谷3号墳	第1石室	?	?	17.6	○
愛媛	法華寺裏山古墳	－	?	?	15.6	○
愛媛	上三谷原古墳	－	円	18	16.6	○
高知	長畝4号墳	－	円	10	16.8	○
福岡	宝満尾古墳	－	円	10	14.0	○
福岡	老司古墳	3号石室	前方後円	76	15.8	○
福岡	広石Ⅱ-2号墳	－	円	8	20.9	○
福岡	元岡・桑原E-2号墳	－	円	11	19.3	○
福岡	吉武塚原第2号墳	－	円	?	15.0	○
福岡	西行3号墳	－	円	12	15.8	○
福岡	長野1号墳	－	円	15	小型	○
福岡	竹並18号古墳	－	方	?	13.8	○
福岡	横隈狐塚木棺墓	－	×	×	18.4	○
福岡	砂魚塚1号墳	－	前方後円	24	17.0	○
福岡	川原庵山8号墳	－	円	10	18.6	○
福岡	柿原古墳群I-12	－	円	11	18.2	○
福岡	柿原古墳群C-14	－	×	×	15.4	○
福岡	柿原古墳群C-23	－	×	×	16.6	○
福岡	古寺墳墓群D-6	－	×	×	15.2	○
福岡	古寺墳墓群2号墳	－	円	12	14.8	○
福岡	古寺墳墓群17号墓	－	×	×	20.0	○
福岡	古寺墳墓群19号墓	－	×	×	17.2	○
福岡	小松原・堤古墳	－	?	?	13.4	○
福岡	宮司井手ノ上古墳	2号主体部	円	26	15.2	○
福岡	尾崎・天神4号墳	－	円	13	14.2	○
佐賀	金立開拓ST024古墳	－	前方後円	26	17.1	○
熊本	塚原6号墳	－	円	20	14.4	○
大分	上ノ原8号横穴墓	－	×	×	18.0	○
大分	樫野古墳	－	方	11	15.2	○
大分	岬古墳	－	?	?	12.2	○
大分	伊美崎2号墓	－	?	?	12.5	○
宮崎	池内B7号横穴墓	－	×	×	小型	○
宮崎	下北方4号地下式横穴	－	×	×	16.0	○
宮崎	元地原地下式第5号墳	－	×	×	13.8	○
宮崎	大萩B-2号地下式横穴墓	－	×	×	15.0	○
宮崎	大萩地下式横穴37号墓	－	×	×	12.6	○
宮崎	市の瀬2号地下式横穴	－	×	×	15.6	○
宮崎	市の瀬5号地下式横穴	－	×	×	16.3	○
宮崎	中迫1号地下式横穴	－	×	×	13.1	○
宮崎	宗仙寺10号地下式横穴	－	×	×	14.0	○

分析表8　U字形刃先③

都道府県	墳墓名	埋葬施設名	墳形	墳丘規模（m）	横幅	V字溝
鹿児島	岡崎18号墳	1号地下式横穴墓	円	20	15.5	○

都道府県	遺跡名（地区名）	遺構名	遺構種類	横幅	V字溝
滋賀	横受遺跡	SB06	竪穴建物	16.6	○
京都	石本遺跡	溝2	溝	−	○
京都	奥谷西遺跡	土坑	土坑	14.0	○
				16.0	○
京都	有熊遺跡	SB01	竪穴建物	11.7	○
大阪	東奈良遺跡	SD4001	溝	13.2	○
奈良	布留遺跡（西小路地区 FI17b地区）	L.N.100	土坑	−	○
鳥取	箆津乳母ヶ谷第2遺跡	土器溜り	土器溜	13.7	○
島根	渋山池遺跡	加工段9	加工段	−	○
岡山	百間川原尾島遺跡	溝80	溝	−	○
岡山	足守川矢部南向遺跡	竪穴住居76	竪穴建物	小型	○
愛媛	出作遺跡	SX01	祭祀遺構	−	○
愛媛	出作遺跡	SX03	祭祀遺構	−	○
愛媛	麻生小学校南遺跡	第2号住居址	竪穴建物	19.8	○
福岡	長野E遺跡	19号住居跡	竪穴建物	16.3	○
福岡	元岡・桑原遺跡	土器溜まり	土器溜	−	○
福岡	仁右衛門畑遺跡	25号竪穴住居	竪穴建物	16.0	○
福岡	仁右衛門畑遺跡	70号竪穴住居	竪穴建物	14.0	○
福岡	仁右衛門畑遺跡	138号土坑	土坑	14.3	○
福岡	立野遺跡	27号住居跡	竪穴建物	14.6	○
福岡	今光遺跡	溝2	溝	−	○
熊本	小園遺跡	37号竪穴	竪穴建物	−	○
大分	毛井遺跡（B地区）	2号竪穴住居跡	竪穴建物	15.0	○

分析表9　鉄鎌（直刃鎌）①

直線刃1類

都道府県	墳墓名	埋葬施設名	墳形	墳丘規模	横幅	使用痕跡	折り返し
三重	石山古墳	西槨	前方後円	120	14.0	×	角
三重	石山古墳	西槨	前方後円	120	14.4	×	角
三重	石山古墳	中央槨	前方後円	120	6.1	×	辺
三重	石山古墳	中央槨	前方後円	120	6.6	×	辺
滋賀	湧出山C号墳	-	方	16×12	9.4	×	辺
滋賀	湧出山C号墳	-	方	16×12	9.5	×	辺
滋賀	北谷11号墳	-	前方後円	105	18.1	×	辺
京都	八幡東車塚古墳	第1主体	前方後円	94	7.1	×	辺
京都	尼塚古墳	-	方	40×37	6.9	×	辺
京都	芝ヶ原11号墳	-	円	58	-	×	辺
京都	下大谷1号墳	-	方	18	12.0	○	辺
京都	ヒル塚古墳	第2主体部	方	52	9.2	×	辺
京都	今林6号墳	-	方	22×15	13.0	○	辺
京都	園部垣内古墳	-	前方後円	82	-	×	辺
京都	明石愛宕山3号墳	-	円	27	9.8	×	辺
大阪	安満宮山古墳	-	方	21×18	14.0	○	辺
大阪	弁天山B4号墳	-	?	?	12.0	○	辺
大阪	弁天山C1号墳	-	前方後円	73	7.5	×	辺
大阪	紫金山古墳	-	前方後円	100	16.6	×	辺
大阪	紫金山古墳	-	前方後円	100	16.7	×	辺
大阪	紫金山古墳	-	前方後円	100	16.8	×	辺
大阪	紫金山古墳	-	前方後円	100	17.0	○	辺
大阪	紫金山古墳	-	前方後円	100	22.5	×	角
大阪	盾塚古墳	-	帆立	64	9.8	×	辺
大阪	盾塚古墳	-	帆立	64	10.2	×	辺
大阪	盾塚古墳	-	帆立	64	10.4	×	辺
大阪	盾塚古墳	-	帆立	64	10.4	×	辺
大阪	盾塚古墳	-	帆立	64	10.4	×	辺
大阪	盾塚古墳	-	帆立	64	10.4	×	辺
大阪	盾塚古墳	-	帆立	64	10.8	×	辺
大阪	盾塚古墳	-	帆立	64	11.2	×	辺
大阪	盾塚古墳	-	帆立	64	11.3	×	辺
大阪	長持山古墳	-	円	40	7.4	×	辺
大阪	交野東車塚古墳	第1号棺	前方後円	65	6.4	×	辺
兵庫	行者塚古墳	西副葬品箱	前方後円	100	11.5	×	辺
兵庫	長慶寺山1号墳	-	前方後円	35	-	×	辺
兵庫	津村古墳	-	円	12～13	10.4	○	辺
兵庫	小山3号墳	第7主体	円	25	12.0	○	辺
奈良	マエ塚古墳	-	円	48～49	9.8	×	辺
奈良	上殿古墳	-	円	23	8.5	×	辺
奈良	上殿古墳	-	円	23	8.6	×	辺
奈良	上殿古墳	-	円	23	8.7	×	辺
奈良	上殿古墳	-	円	23	9.3	×	辺
奈良	上殿古墳	-	円	23	9.7	×	辺
奈良	上殿古墳	-	円	23	9.9	×	辺
奈良	上殿古墳	-	円	23	13.9	×	角
奈良	新沢千塚500号墳	後円部粘土槨副槨	前方後円	62	8.4	×	辺
奈良	新沢千塚500号墳	後円部粘土槨副槨	前方後円	62	9.4	×	辺
奈良	新沢千塚500号墳	後円部粘土槨副槨	前方後円	62	9.4	×	辺
奈良	新沢千塚500号墳	後円部粘土槨副槨	前方後円	62	9.6	×	辺
奈良	新沢千塚500号墳	後円部粘土槨副槨	前方後円	62	9.9	×	辺
奈良	新沢千塚500号墳	後円部粘土槨副槨	前方後円	62	10.5	×	辺
奈良	北原古墳	北棺	方	16×15	8.4	○	辺
奈良	北原古墳	北棺	方	16×15	14.8	○	辺
鳥取	面影山35号墳	-	方	15×15	13.4	○	辺
鳥取	伯耆国分寺古墳	-	（前方後円）	60	12.4	×	辺
島根	奥才56号墳	第1主体部	方	13×12	-	×	-
岡山	浦間茶臼山古墳	-	前方後円	140	-	×	-
岡山	神宮寺山古墳	-	前方後円	150	9.6	×	辺
徳島	長谷古墳	-	円	13	16.6	×	辺
香川	岩崎山4号墳	-	前方後円	49	-	×	辺

分析表10 鉄鎌（直刃鎌）②

直刃鎌1類

都道府県	墳墓名	埋葬施設名	墳形	墳丘規模	横幅	使用痕跡	折り返し
福岡	老司古墳	3号石室	前方後円	76	11.5	×	辺
					12.0	×	辺
福岡	本郷鶯塚1号墳	−	（円）	20＋	10.8	○	辺
大分	免ヶ平古墳	−	前方後円	51	−	×	辺
大分	別府・折戸ノ上1号方形周溝墓	−	方周	15	12.2	○	辺

直刃鎌2類

都道府県	墳墓名	埋葬施設名	墳形	墳丘規模	横幅	使用痕跡	折り返し
三重	石山古墳	西槨	前方後円	120	13.4	×	角
					13.8	×	角
三重	石山古墳	中央槨	前方後円	120	5.7	×	辺
滋賀	安土瓢箪山古墳	中央石室	前方後円	134	9.7	○	辺
					11.2	○	辺
滋賀	雪野山古墳	−	前方後円	70	9.4	×	辺
京都	私市円山古墳	第3主体部	円	71	7.5	×	辺
京都	宇治二子山古墳北墳	東槨	円	40	10.4	○	辺
					10.7	×	辺
					15.0	×	角
京都	庵寺山古墳	−	円	56	6.2	×	辺
					7.8	×	辺
京都	芝ヶ原11号墳	第1主体	（円）	58	4.5	×	辺
京都	椿井大塚山古墳	−	前方後円	200	10.5	×	辺
					13.1	×	辺
大阪	弁天山B3号墳	前方部西槨	前方後円	41	9.5	×	辺
大阪	野中アリ山古墳	北施設	方	45	10.6	×	角
					12.7	×	角
大阪	西墓山古墳	西列鉄器埋納施設	?	?	5.7	×	辺
					6.6	×	辺
					10.6	×	角
					14.6	×	辺
大阪	交野東車塚古墳	第1号棺	前方後方	65	8.0	×	辺
					8.0	×	辺
					8.2	×	角
					8.4	×	辺
					8.6	×	辺
					8.6	×	角
					8.8	×	辺
					8.9	×	辺
					9.0	×	辺
					9.6	×	角
大阪	寛弘寺1号墳	−	方	19×18	10.0	×	辺
					11.6	×	辺
兵庫	深谷1号墳	第6主体	方	21×19	12.6	×	辺
兵庫	行者塚古墳	西副葬品箱	前方後円	100	9.3	×	辺
					9.9	×	辺
					10.8	×	辺
					11.4	○	辺
兵庫	茶すり山古墳	第2主体部	円	78～90	11.1	×	角
兵庫	龍子三ツ塚1号墳	−	前方後円	36	−	×	辺
奈良	三陵墓西古墳	第1主体部	円	40	3.7	×	辺
					3.8	×	辺
					3.9	×	辺
					3.9	×	辺
奈良	古市方形墳	東棺	方	32	7.4	×	辺
					7.4	×	辺
					7.6	×	辺
奈良	マエ塚古墳	−	円	48～49	8.4	×	辺
奈良	上殿古墳	−	円	23	7.9	×	辺
					15.4	×	角
奈良	新沢千塚500号墳	後円部粘土槨副槨	前方後円	62	10.0	×	辺
奈良	谷畑古墳	−	円	27×24	10.6	×	辺

分析表11　鉄鎌（直刃鎌）③

直刃鎌2類

都道府県	墳墓名	埋葬施設名	墳形	墳丘規模	横幅	使用痕跡	折り返し
奈良	野山サドガバナ1号墳	北棺	円	12	10.6	×	辺
奈良	巣山古墳	円筒棺	前方後円	200＋	8.3	×	辺
鳥取	広岡73号墳	第1主体	円	8	18.3	○	辺
鳥取	伯耆国分寺古墳	−	（前方後円）	60	11.2	×	辺
島根	神原神社古墳	−	方	22～30	19.6	×	角
岡山	金蔵山古墳	中央石室副室	前方後円	165	14.6	×	辺
岡山	神宮寺山古墳	−	前方後円	150	−	×	角
岡山	宗形神社古墳	−	円	14	−	×	辺
岡山	殿山9号墳	第2主体部	方	14×12	13.6	×	辺
広島	池之坊第3号墓	−	方	16	17.0	×	角
広島	上安井古墳	−	円	14～15	14.1	×	辺
山口	天神山1号墳	−	円	15	−	×	辺
徳島	恵解山2号墳	西棺副室	円	25	9.8	×	辺
					10.3	×	辺
愛媛	治平谷2号墳	第2石室	?	?	12.3	×	辺
愛媛	治平谷3号墳	第1石室	?	?	9.4	×	辺
					9.5	×	辺
愛媛	長沢6号墳	−	円	15	8.8	×	辺
福岡	老司古墳	3号石室	前方後円	76	11.5	○	辺
福岡	宮司井手ノ上古墳	2号主体部	円	26	10.2	○	辺
福岡	潜塚古墳	1号棺	円	30	10.7	×	辺
佐賀	経塚山古墳	−	円	27	−	×	辺

直線刃3類

都道府県	墳墓名	埋葬施設名	墳形	墳丘規模	横幅	使用痕跡	折り返し
京都	私市円山古墳	第2主体部	円	71	−	×	辺
京都	宇治二子山古墳北墳	中央槨	円	40	10.3	×	辺
京都	梶塚古墳	−	方	64×61	6.3	×	辺
大阪	弁天山D1号墳	−	円	30	14.2	○	辺
大阪	珠金塚古墳	南槨	方	27×25	7.4	×	角
					8.4	×	角
大阪	西墓山古墳	西列鉄器埋納施設	?	?	9.3	×	角
					9.7	×	角
					10.1	×	角
兵庫	大師山6号墳	−	（円）	15～20	11.5	×	辺
奈良	塩塚古墳	−	前方後円	108	10.8	×	辺
					11.6	×	辺
奈良	大和6号墳	−	円	30	7.3	×	辺
奈良	五条猫塚古墳	−	方	30×27	−	×	辺
奈良	北原古墳	北棺	方	16×15	11.1	×	辺
岡山	長畝山北6号墳	−	円	11	11.7	×	辺
岡山	中原22号墳	第1主体部	円	15～16	17.8	×	辺
山口	惣ヶ迫古墳	−	円	16～17	7.8	×	辺
福岡	萱葉2号墳	−	前方後円	26	14.8	○	辺
佐賀	目貫ST01古墳	−	円	10	10.9	×	辺
大分	夕田古墳群3号墓	−	方	13	13.0	○	辺

外湾刃1類

都道府県	墳墓名	埋葬施設名	墳形	墳丘規模	横幅	使用痕跡	折り返し
三重	石山古墳	西槨	前方後円	120	12.9	×	角
					13.2	×	角
					14.9	×	角
京都	岩谷2号墳	−	方	13	12.4	×	辺
京都	私市円山古墳	第2主体部	円	71	6.0	×	辺
					7.0	×	辺
					7.2	×	辺
京都	尼塚古墳	−	方	40×37	7.8	×	辺
					8.2	×	辺
京都	芝ヶ原11号墳	−	円	58	6.8	×	辺
京都	庵寺山古墳	−	円	56	7.9	×	辺
京都	左坂C21号墳	西室	円	20	13.0	×	辺

228

分析表12　鉄鎌（直刃鎌）④

外湾刃1類

都道府県	墳墓名	埋葬施設名	墳形	墳丘規模	横幅	使用痕跡	折り返し
京都	穴ノ谷2号墳	第1主体部	方	20	16.4	×	辺
京都	小虫1号墳	1号棺	方	9×6	8.4	×	辺
					9.2	×	辺
					11.1	×	角
大阪	豊中大塚古墳	第2主体部西槨	円	56	9.5	×	角
大阪	弁天山B2号墳	東槨	円	20	11.1	×	辺
大阪	弁天山C1号墳	-	前方後円	73	9.1	×	辺
					11.6	×	辺
大阪	紫金山古墳	-	前方後円	100	22.4	×	角
大阪	交野東車塚古墳	第1号棺	前方後方	65	8.2	×	辺
大阪	寛弘寺1号墳	-	方	19×18	10.0	×	辺
兵庫	天坊山古墳	第1主体	円	16	10.4	×	辺
兵庫	駄坂・舟隠5号墳	-	?	?	9.7	×	辺
奈良	住川2号墳	-	円	15	21.4	×	角
奈良	北原西古墳	-	前方後方	31	21.6	×	角
奈良	野山シメン坂1号墳	-	円	18	9.4	×	辺
鳥取	桂見2号墳	第1主体部	方	28×22	14.2	×	辺
岡山	金蔵山古墳	中央石室副室	前方後円	165	13.2	×	辺
					15.2	×	角
岡山	神宮寺山古墳	-	前方後円	150	12.9	×	角
岡山	赤峪古墳	後円部埋葬施設	前方後円	45	6.8	×	辺
大分	免ヶ平古墳	-	前方後円	51	12.8	×	辺
					13.4	×	辺

外湾刃2類

都道府県	墳墓名	埋葬施設名	墳形	墳丘規模	横幅	使用痕跡	折り返し
三重	石山古墳	西槨	前方後円	120	7.0	×	辺
三重	石山古墳	中央槨	前方後円	120	7.4	×	辺
					7.6	×	辺
滋賀	安土瓢箪山古墳	中央石室	前方後円	134	9.2	×	辺
京都	私市円山古墳	第2主体部	円	71		×	辺
京都	宇治二子山古墳北墳	東槨	円	40	15.0	×	角
京都	庵寺山古墳	-	円	56	8.4	×	辺
京都	梶塚古墳	-	方	64×61	-	×	辺
京都	西山2号墳	西槨	方	27	9.8	×	辺
大阪	野中アリ山古墳	北施設	方	45	7.1	×	辺
兵庫	行者塚古墳	西副葬品箱	前方後円	100	10.5	○	辺
岡山	金蔵山古墳	中央石室副室	前方後円	165	12.7	×	辺
山口	天神山1号墳	-	円	15	7.6	×	辺

外湾刃3類

都道府県	墳墓名	埋葬施設名	墳形	墳丘規模	横幅	使用痕跡	折り返し
京都	庵寺山古墳	-	円	56	11.8	×	角
京都	宇治二子山古墳北墳	中央槨	円	40	-	×	辺
京都	芝ヶ原11号墳	第1主体	（円）	58	-	×	辺
京都	大内1号墳	-	円	?	17.0	×	角
京都	堤谷A1号墳	第1主体部	方	18	10.1	○	角
					18.1	○	角
京都	小虫1号墳	1号棺	方	9×6	11.4	×	辺
兵庫	北浦4号墳	-	円	8	19.8	×	辺
兵庫	中郷朝日3号墳	第2主体	×	×	17.0	○	辺
兵庫	龍子三ツ塚1号墳	-	前方後円	36	9.7	○	辺
奈良	北原古墳	北棺	方	16×15	17.5	○	角
奈良	沢野山C-6号墳	東棺	円	9	11.3	×	辺
奈良	野山シメン坂3号墳	東棺	円	9	11.2	×	辺
和歌山	大谷古墳	-	前方後円	70	4.1	×	角
鳥取	横枕61号墳	第1主体部	方	10	8.9	×	辺
岡山	神宮寺山古墳	-	前方後円	150	8.2	×	辺
岡山	有本1号墳	第二主体	方	16×13	9.3	○	辺
岡山	新市谷遺跡土坑墓	-	×	×	17.0	○	辺

分析表13　鉄鎌（直刃鎌）⑤

外湾刃3類

都道府県	墳墓名	埋葬施設名	墳形	墳丘規模	横幅	使用痕跡	折り返し
広島	上小田古墳	-	円	5	15.6	×	辺
広島	寺山遺跡	d主体	×	×	14.0	○	辺
山口	木ノ井山古墳	-	円	27	-	○	辺
香川	快天山古墳	第3号石棺	前方後円	100	11.2	×	辺
高知	長畝2号墳	1号主体部	?	?	-	×	辺
福岡	赤坂1号墳	-	円	19	19.1	×	角
熊本	小坂大塚古墳	-	円	36	9.5	×	辺
宮崎	下北方5号地下式横穴墓	-	×	×	22.0	×	辺

外湾刃4類

都道府県	墳墓名	埋葬施設名	墳形	墳丘規模	横幅	使用痕跡	折り返し
京都	宇治二子山古墳北墳	西槨	円	40	20.0	×	角
京都	保津山古墳	-	円	12	-	○	辺
京都	生野内大谷1号墳	-	方	12	22.0	×	角
兵庫	鳥坂2号墳	第1主体部	円	9	10.1	○	辺
兵庫	井の端7号墓	-	方	16×10	12.8	○	辺
鳥取	本高13号墳	埋葬施設2	前方後円	64	-	○	辺
鳥取	横枕61号墳	第2主体部	方	10	15.1	○	辺
島根	三刀屋熊谷1号墳	-	?	?	12.2	○	辺
福岡	朝町妙見第2号墳	-	方	16×5	21.2	○	角
福岡	カクチガ浦16号墳	第1主体部	方	19×16	14.4	○	辺
佐賀	織島東分下ST021	-	方周	?	18.5	○	角
宮崎	下北方5号地下式横穴墓	-	×	×	19.2	×	辺

外湾刃5類

都道府県	墳墓名	埋葬施設名	墳形	墳丘規模	横幅	使用痕跡	折り返し
大阪	野中アリ山古墳	北施設	方	45	6.0	×	辺
兵庫	高木I-5号墳	-	円	10	13.9	○	辺
兵庫	大師山6号墳	-	(円)	15～20	-	×	辺
奈良	兵家5号墳	-	方	9	21.4	×	角
奈良	兵家6号墳	西主体部	方	13	19.0	×	角
和歌山	大谷古墳	-	前方後円	70	4.1	×	角
鳥取	六部山45号墳	第8主体部	円	18	9.7	×	辺
島根	布志名大谷1号墳	-	方	23×18	11.4	○	辺
福岡	竹並15号古墳	-	方	6	15.4	○	角
福岡	朝町妙見第2号墳	-	方	16×5	14.2	○	辺
福岡	花見第1号墳	-	円	14	18.0	○	辺
福岡	立野A11号方形周溝墓	第1主体	方周	11×10	14.0	×	辺
福岡	カクチガ浦1号方形周溝墓	-	方周	8	15.4	○	辺
熊本	塚原58号方形周溝墓	-	方周	22×13	14.0	○	辺
大分	大迫26号墓	-	?	?	14.8	○	辺

分析表14　鉄鎌（直刃鎌）⑥

都道府県	遺跡名（地区名）	遺構名	遺構種類	類型	横幅	使用痕跡	折り返し
京都	森山遺跡	SX17	土坑	（直4）	13.9	○	辺
大阪	蔀屋北遺跡	大溝H11	溝	外3	(8.6)	○	辺
				外3	9.5	○	辺
鳥取	上福万妻神遺跡	SI02	竪穴建物	直1	15.0	×	辺
鳥取	長瀬高浜遺跡	SI29	竪穴建物	外4	12.0	○	辺
鳥取	長瀬高浜遺跡	SI82	竪穴建物	直1	10.3	×	辺
鳥取	長瀬高浜遺跡	SI142	竪穴建物	直1	11.2	×	辺
鳥取	長瀬高浜遺跡	SI249	竪穴建物	直1	(9.9)	○	（辺）
鳥取	長瀬高浜遺跡	SI256	竪穴建物	外1	14.4	×	辺
鳥取	長瀬高浜遺跡	土器溜2	土器溜	直2	13.7	○	辺
鳥取	長瀬高浜遺跡	SI238	竪穴建物	（外1）	11.5	−	辺
鳥取	長瀬高浜遺跡	前期包含層	包含層	直2	13.4	×	辺
鳥取	長瀬高浜遺跡	前期包含層	包含層	直2	10.7	○	辺
鳥取	長瀬高浜遺跡	出土地不明	不明	外1	7.0	×	辺
広島	塔之原遺跡	SB09	竪穴建物	（直1）	9.6	×	辺
広島	塔之原遺跡	SB14	竪穴建物	（直1）	8.0	○	辺
広島	時宗遺跡	SB01	竪穴建物	直1	−	○	辺
福岡	姪浜遺跡	SC30	竪穴建物	直1	14.0	×	辺
福岡	下稗田遺跡	古・Ⅰ・17号住居跡	竪穴建物	外5	(19.2)	○	辺
福岡	松木遺跡	37号竪穴住居跡	竪穴建物	外4	12.3	○	辺
大分	花立遺跡	6号竪穴	竪穴建物	（直1）	9.3	○	辺
大分	都野原田遺跡	56号竪穴	竪穴建物	直1	12.2	○	辺
大分	舞田原遺跡	34号竪穴遺構	竪穴建物	直1	10.7	○	辺

分析表 15　鉄鎌（曲刃鎌）①

都道府県	墳墓名	埋葬施設名	墳丘形態	墳丘規模 (m)	横幅	使用痕跡	折り返し
三重	西岡古墳	-	?	?	18.2	×	辺
三重	西岡古墳	-	?	?	18.0	×	辺
三重	浅間4号墳	第1主体部	円	16	6.9	×	辺
三重	八重田19号墳	-	方	10	12.6	○	辺
三重	八重田19号墳	-	方	10	16.2	○	辺
三重	横地高畑 SX13	-	方	9	14.7	×	辺
三重	木ノ下古墳	第2主体	帆立	29	7.5	×	辺
京都	後青寺古墳	第1主体部	方	13±	14.4	○	辺
京都	安国寺山古墳	-	円	20	16.4	○	辺
京都	栗ヶ丘3号墳	第2主体部	円	13	14.1	×	辺
京都	中山古墳	第3主体部	円	20	10.3	×	辺
京都	福垣北1号墳	-	円	10	8.9	×	辺
京都	細谷4号墳	-	円	18	15.0	○	辺
京都	宇治二子山古墳北墳	中央槨	円	40	14.7	×	辺
京都	宇治二子山古墳北墳	中央槨	円	40	8.5	×	辺
京都	宇治二子山古墳北墳	西槨	円	40	18.5	○	辺
京都	旦椋1号墳	-	円	20	12.8	×	辺
京都	霧ヶ鼻6号墳	-	円	11	16.6	×	辺
京都	余部遺跡	主体部105	?	?	17.0	○	辺
京都	北ノ庄13号墳	-	円	10	15.5	○	辺
京都	南条3号墳	-	方	12 +	16.8	○	辺
京都	赤塚古墳	第1主体部	円	23	19.7	×	辺
京都	長法寺七ツ塚4号墳	2号埋葬施設	帆立	21 +	16.8	×	辺
京都	小池B8号墳	-	円	10	14.4	×	辺
京都	左坂B4号墳	-	×	×	10.9	○	辺
京都	左坂C21号墳	西室	円	20	25.3	○	辺
京都	左坂E11号墳	-	?	?	16.2	×	辺
京都	新ヶ尾東10号墳	-	円	11	15.7	-	辺
京都	新ヶ尾東10号墳	-	円	11	14.2	×	辺
京都	奈具岡南3号墳	第1主体部	円	14	14.0	×	辺
京都	今林2号墳	第1主体部	円	15	11.8	○	辺
京都	今林7号墳	-	方	15 × 12	13.2	×	辺
京都	小谷17号墳	-	円	9	14.5	×	辺
京都	城谷口6号墳	-	方	13 × 10	10.8	×	辺
京都	城谷口6号墳	-	方	13 × 10	18.3	×	辺
京都	新堂池6号墳	-	方	11 × 10	13.8	○	辺
京都	園部岸ヶ前2号墳	埋葬施設1	円	19～29	7.4	×	辺
京都	園部岸ヶ前2号墳	埋葬施設1	円	19～29	12.6	×	辺
京都	徳雲寺北1号墳	第1主体部	方	18	11.3	○	辺
京都	徳雲寺北1号墳	第3主体部	方	18	10.4	○	辺
京都	徳雲寺北2号墳	-	方	12 × 8	17.9	○	辺
京都	徳雲寺北5号墳	第1主体部	方	8	16.3	○	辺
京都	徳雲寺北6号墳	第3主体部	方	12 × 7	17.4	○	辺
京都	町田東3号墳	-	円	12	11.9	○	辺
京都	上人ヶ平7号墳	副室	方	10	13.8	×	辺
京都	上人ヶ平7号墳	副室	方	10	7.0	×	×
京都	上人ヶ平7号墳	副室	方	10	7.4	×	×
京都	小虫1号墳	1号棺	方	9 × 6	15.4	×	辺
京都	小虫1号墳	2号棺	方	9 × 6	15.1	×	辺
京都	鳴岡南古墳	-	方	20 × 11	10.8	×	辺
大阪	西山古墳	-	円	?	19.8	×	辺
大阪	御獅子塚古墳	第1主体部	前方後円	55	12.9	×	辺
大阪	檜尾塚原9号墳	第3主体	前方後円	17	13.0	×	辺
大阪	檜尾塚原9号墳	第4主体	前方後円	17	19.8	×	辺
大阪	堂山1号墳	副棺	円	25	31.2	×	角
大阪	堂山1号墳	副棺	円	25	27.8	×	角
大阪	堂山1号墳	副棺	円	25	18.6	○	辺
大阪	堂山1号墳	副棺	円	25	15.2	×	辺
大阪	大平寺D-8号墳	-	円	9	26.0	○	辺
大阪	野中アリ山古墳	北施設	方	45	10.6	×	角
大阪	野中アリ山古墳	北施設	方	45	10.1	×	角
大阪	野中アリ山古墳	北施設	方	45	7.6	×	辺

分析表 16 鉄鎌（曲刃鎌）②

都道府県	墳墓名	埋葬施設名	墳丘形態	墳丘規模 (m)	横幅	使用痕跡	折り返し
大阪	野中アリ山古墳	北施設	方	45	9.4	×	辺
					8.0	×	辺
					15.8	×	辺
大阪	珠金塚古墳	南槨	方	27×25	8.5	×	角
					8.9	×	辺
大阪	珠金塚古墳	北槨	方	27×25	11.2	×	辺
					11.6	×	辺
大阪	西墓山古墳	西列鉄器埋納施設	?	?	9.5	×	辺
					10.0	×	辺
					9.6	×	辺
大阪	土師の里8号墳	第1主体部	方	12	14.5	○	辺
大阪	土師の里遺跡Ⅲ区	円筒棺5	×	×	11.2	○	辺
大阪	寛弘寺29-1号墓	−	×	×	15.0	○	辺
大阪	神山丑神5号墳	−	円	11	14.8	○	辺
兵庫	宮山古墳	第2主体	円	30	9.4	×	辺
					7.9	×	辺
					9.4	×	辺
					10.7	×	辺
兵庫	宮山古墳	第3主体	円	30	18.6	○	辺
兵庫	駄坂・舟隠6号墳	−	?	?	19.7	○	辺
兵庫	立石104号墳	第2主体	円	13	15.8	○	辺
兵庫	立石105号墳	−	円	16	11.6	○	辺
兵庫	北浦7号墳	−	円	7	15.5	○	辺
兵庫	北浦2号墳	−	?	?	13.3	○	辺
兵庫	行者塚古墳	西副葬品箱	前方後円	100	21.2	○	辺
兵庫	高木17号墳	−	円	13	18.9	○	辺
兵庫	高木Ⅲ−3号墳	−	円	7	16.1	○	辺
兵庫	年ノ神6号墳	−	方	13×10	15.8	○	辺
兵庫	福島平唐山SK01	−	×	×	13.6	×	辺
兵庫	亀山古墳	副葬品埋納施設	円	44〜48	10.9	○	辺
					12.9	○	辺
					12.9	○	辺
兵庫	掘山6号墳	−	方	13×12	15.0	○	辺
兵庫	真南条上3号墳	SX07	?	8〜10	14.6	×	辺
					16.4	×	辺
兵庫	火山4号墳	第1埋葬施設	円	9	14.8	○	辺
兵庫	梅田1号墳	−	（円）	28	14.3	○	辺
兵庫	梅田28号墳	−	円	9	15.3	○	辺
兵庫	梅田29号墳	−	円	6〜8	17.2	○	辺
兵庫	茶すり山古墳	第2主体部	円	78〜90	10.8	×	辺
					8.2	×	辺
					9.8	×	辺
					8.2	×	辺
兵庫	黍田E号墳	−	方	8×6	12.2	×	辺
兵庫	黍田L号墳	−	方	7	20.8	○	辺
兵庫	権現山51号墳	−	前方後方	43	15.6	○	辺
兵庫	天神山4号墳	−	方	7	22.3	×	角
兵庫	中垣内天神山4号墳	−	方	7	24.5	×	角
奈良	三陵墓西古墳	第2主体部	円	40	13.6	×	辺
奈良	塩塚古墳	−	前方後円	108	10.2	×	辺
					10.9	×	辺
					10.5	×	辺
					10.8	×	辺
					11.3	×	辺
					11.4	×	辺
奈良	大和6号墳	−	円	25	8.2	×	角
					8.7	×	辺
奈良	石峰5号墳	−	円	8〜9	14.8	×	辺
奈良	ホリノヲ6号墳	−	円	9〜10	16.0	×	辺
奈良	新沢千塚鉄砲塚古墳	−	円	6	13.1	×	辺
奈良	新沢千塚71号墳	−	円	13	15.6	×	辺
奈良	新沢千塚75号墳	−	円	10〜12	15.4	×	辺

分析表 17　鉄鎌（曲刃鎌）③

都道府県	墳墓名	埋葬施設名	墳丘形態	墳丘規模 (m)	横幅	使用痕跡	折り返し
奈良	新沢千塚112号墳	−	円	16	18.0	○	辺
奈良	新沢千塚122号墳	−	円	16〜17	18.5	○	辺
					17.6	×	辺
奈良	新沢千塚139号墳	−	方	23×20	9.0	×	辺
					9.0	×	辺
					7.0	×	辺
奈良	新沢千塚160号墳	後円部第1主体部	前方後円	30	11.2	×	辺
奈良	新沢千塚178号墳	−	円	24〜26	13.9	×	辺
奈良	新沢千塚212号墳	2号棺	前方後円	26	18.6	○	辺
奈良	新沢千塚231号墳	−	方	10×9	17.2	×	辺
奈良	新沢千塚262号墳	第2主体	円	22	18.0	○	辺
奈良	新沢千塚272号墳	第2主体	（前方後円）	35	15.1	○	辺
奈良	新沢千塚272号墳	第4主体	（前方後円）	35	13.1	○	辺
奈良	新沢千塚277号墳	−	方	15×14	16.7	−	辺
奈良	新沢千塚281号墳	−	円	20〜23	14.4	×	辺
奈良	新沢千塚327号墳	南棺	方	20	18.0	×	辺
奈良	外鎌山北麓慈恩寺第9号墳	−	円	10	16.6	×	辺
奈良	ムネサカ4号墳	−	円	18〜19	16.4	×	辺
奈良	塚山古墳	副室	方	24	18.3	×	辺
奈良	堂城山古墳	主体部1	方	12×10	13.9	×	辺
奈良	石光山6号墳	北土壙	円	12〜15	11.3	×	辺
奈良	石光山7号墳	中央土壙	円	12	7.6	×	辺
奈良	石光山14号墳	−	円	12	17.8	×	辺
奈良	石光山25号墳	埋葬施設1	円	10	8.0	×	辺
					7.6	×	辺
奈良	石光山26号墳	−	円	7〜9	14.2	○	辺
奈良	石光山30号墳	埋葬施設1	円	9〜11	19.6	○	辺
奈良	石光山38号墳	埋葬施設1	円	14	15.3	×	辺
奈良	石光山39号墳	埋葬施設1	円	8〜13	15.3	×	辺
奈良	石光山41号墳	埋葬施設1	円	10〜11	10.3	×	辺
奈良	石光山45号墳	埋葬施設1	方	12×13	19.7	×	辺
奈良	石光山46号墳	第2埋葬施設	方	15×9	11.5	×	辺
奈良	石光山47号墳	埋葬施設2	円	13	16.5	×	辺
奈良	戸毛向井7号墳	−	円	13	16.6	×	辺
					10.4	×	辺
奈良	吐田平第2号墳	−	円	18	15.8	×	辺
					18.4	×	辺
					21.1	×	辺
					26.9	×	辺
奈良	吐田平第4号墳	−	円	18	17.0	○	辺
					15.6	×	辺
奈良	寺口千塚10号墳	第1石室	円	10	14.2	×	辺
奈良	寺口千塚11号墳	第3石室	円	12	14.4	×	辺
奈良	寺口千塚14号墳	−	円	13	15.0	×	辺
					15.4	×	辺
奈良	寺口千塚15号墳	−	円	13	11.2	×	辺
奈良	寺口忍海D-27号墳	−	円	17	12.7	×	辺
					9.0	×	辺
奈良	寺口忍海E-1号墳	−	円	12	13.0	×	辺
奈良	寺口忍海E-5号墳	−	円	9	7.8	×	辺
					13.3	×	辺
					18.6	×	辺
奈良	寺口忍海E-7号墳	−	円	11	7.0	×	辺
奈良	寺口忍海H-8号墳	−	?	?	17.0	○	辺
奈良	寺口忍海H-11号墳	−	円	7	12.6	×	辺
奈良	寺口忍海H-13号墳	−	?	?	17.4	○	辺
奈良	寺口忍海H-15号墳	−	円	9〜10	8.4	×	辺
奈良	寺口忍海H-19号墳	−	円	12	13.2	×	辺
奈良	寺口忍海H-20号墳	−	?	10〜18	8.8	×	辺
奈良	寺口忍海H-24号墳	−	円	9〜14	8.8	×	辺
奈良	寺口忍海H-31号墳	−	?	?	17.6	×	辺
奈良	寺口忍海H-33号墳	−	円	7〜10	11.4	×	辺

分析表 18　鉄鎌（曲刃鎌）④

都道府県	墳墓名	埋葬施設名	墳丘形態	墳丘規模（m）	横幅	使用痕跡	折り返し
奈良	南阪奈道路予定地内遺跡5号地点古墳	-	?	?	10.7	×	辺
奈良	兵家5号墳	-	方	(9)	14.0	×	辺
					18.4	×	辺
奈良	兵家6号墳	西主体部	方	13	17.0	×	辺
					17.0	×	辺
					17.0	×	辺
奈良	大和二塚古墳	造り出し部石室	前方後円	60	10.6	×	辺
奈良	後出2号墳	-	円	14	16.8	×	辺
奈良	後出14号墳	-	円	8	16.0	×	辺
奈良	後出18号墳	-	円	18	16.2	○	辺
奈良	神木坂1号墳	第2埋葬施設	円	16	8.7	×	辺
奈良	北原古墳	北棺	方	16×15	18.4	○	辺
奈良	野山遺跡群野山支群5号墳	南棺	方	11	15.0	○	辺
奈良	野山遺跡群野山支群9号墳	北棺	円	13	19.0	○	辺
奈良	野山遺跡群野山支群10号墳	南棺	方	6	15.8	○	辺
奈良	野山遺跡群池殿奥支群4号墳	東棺	円	14	17.4	×	辺
奈良	野山遺跡群池殿奥支群5号墳	前方部北棺	前方後円	23	18.5	×	辺
奈良	見田・大沢1号墳	中央墓壙北棺	前方後方	28	16.8	×	辺
					11.0	×	辺
奈良	見田・大沢1号墳	張出部土壙墓	前方後方	28	13.6	×	辺
奈良	峯ノ阪古墳	-	円	18	17.4	○	辺
奈良	八尾寺第1号墳	-	円	8～10	18.6	×	辺
和歌山	崎山20号墳	-	円	6	12.6	×	辺
鳥取	上太夫谷B地区古墳	-	円	13	17.0	×	辺
鳥取	里仁33号墳	第1埋葬施設	方	14×12	11.5	×	辺
鳥取	里仁35号墳	-	方	18×14	17.2	-	辺
鳥取	妻木山10号墳	-	円	10～13	10.8	×	辺
鳥取	番田山1号墳	-	円	14	12.4	×	辺
鳥取	番田山2号墳	第1埋葬施設	円	20	12.0	×	辺
島根	御津中の津古墳	-	円	20	17.0	×	辺
島根	足子谷横穴墓	-	×	×	18.0	○	辺
島根	座生第7号墳	-	円	13	17.6	○	辺
岡山	一貫西3号墳	-	方	8	15.5	○	辺
岡山	押入西1号墳	-	円	13	12.8	×	辺
岡山	河辺上原2号墳	第2主体	円	11	18.0	○	辺
					14.0	○	辺
岡山	河辺上原2号墳	第3主体	円	11	16.4	○	辺
岡山	長畝山北5号墳	第1主体	円	15	16.2	○	辺
岡山	長畝山北7号墳	-	円	10	16.7	○	辺
岡山	日上畝山35号墳	-	円	9	19.0	×	辺
岡山	東塚	前方部主体	前方後円	50-	13.8	×	辺
					14.0	×	辺
岡山	中山6号墳	第一主体	方	14×13	10.4	×	角
					10.9	×	辺
岡山	法蓮37号墳	-	方	8	22.7	×	辺
岡山	山根屋5号墳	第2主体部	方	9	17.3	○	辺
岡山	山根屋7号墳	第2主体部	?	?	15.6	×	辺
岡山	正崎2号古墳	-	円	16～20	15.0	×	辺
広島	須賀谷古墳群SK2	-	×	×	21.4	○	辺
広島	池の内遺跡	第5号主体	×	×	17.5	○	辺
広島	池の内第4号古墳	-	円	8	17.0	×	辺
広島	権地古墳	第B主体	?	?	21.0	○	辺
広島	寺山第3号古墳	-	円	8	15.3	×	辺
広島	恵下B地点第1号古墳	-	?	?	17.8	○	辺
広島	恵下B地点第2号古墳	-	?	?	17.4	○	辺
広島	西願寺D地点	第2号竪穴式石室	?	?	15.0	×	辺
広島	中小田第2号古墳	-	円	15	9.2	×	辺
広島	亀山第1号古墳	-	円	28	11.7	×	辺
					12.4	×	辺
広島	城ノ下第1古墳	-	円	21	7.6	×	辺
広島	月見城遺跡ST5	-	円	3+	16.3	○	辺

分析表 19　鉄鎌（曲刃鎌）⑤

都道府県	墳墓名	埋葬施設名	墳丘形態	墳丘規模（m）	横幅	使用痕跡	折り返し
広島	月見城遺跡 ST8	−	円	8	14.2	○	辺
広島	植松第4号古墳	−	円	12	15.4	○	辺
広島	四拾貫小原第1号古墳	−	円	24〜26	19.2	○	辺
広島	寺側古墳	−	円	18	16.2	○	辺
広島	曲第2号古墳	−	円	13	8.6	×	辺
広島	中央山第2号古墳	−	円	10	16.0	×	辺
山口	朝田墳墓群第9号墳	−	×	×	16.7	○	辺
山口	白石第5号墳	−	円	7	12.2	×	辺
山口	天神山第8号墳	−	?	?	18.0	×	角
山口	上岡原7号墳	−	円	8〜9	13.4	○	辺
山口	為弘1号墳	−	円	10	15.1	○	辺
徳島	恵解山2号墳	東棺	円	25	14	×	辺
徳島	忌部山1号墳	−	円	10	18.0	×	辺
香川	雄山5号墳	−	円	8	19.2	○	辺
香川	雄山6号墳	−	円	10	12.2	○	辺
香川	喜兵衛島2号墳	−	円	10〜14	14.4	○	辺
香川	喜兵衛島13号墳	−	（円）	9	13.0	○	辺
香川	岡の御堂1号墳	−	円	13	15.4	○	辺
愛媛	王神ノ木1号墳	−	円	10	18.2	×	辺
愛媛	斉院茶臼山古墳	−	?	?	18.6	○	辺
愛媛	東山鳶が森2号墳	−	円	13	17.2	×	辺
愛媛	旦13号墳	−	?	?	23.9	×	辺
					21.4	×	辺
愛媛	治平谷2号墳	第1石室	?	?	14.0	×	辺
					12.6	×	辺
愛媛	二の谷2号墳	−	円	14	12.3	×	辺
愛媛	法華寺裏山古墳	−	?	?	23.6	×	辺
					14.0	×	辺
					13.8	×	辺
高知	長畝4号墳	−	円	10	11.4	×	辺
福岡	下月隈天神森2号墳	−	円	15	16.9	×	辺
福岡	席田大谷2号墳	−	円	12	12.8	×	辺
福岡	柏原古墳群A-2号墳	−	前方後円	30〜40	13.4	○	辺
福岡	浦江 S005	−	円	12	15.2	×	辺
福岡	浦江 S008	−	円	11	15.2	○	辺
福岡	鋤崎古墳	−	前方後円	62	13.4	○	辺
福岡	クエゾノ4号墳	−	?	?	21.2	○	辺
福岡	牛頸塚原11号墳	−	?	?	18.3	×	辺
福岡	朝町妙見第3号墳	−	?	?	16.3	×	辺
福岡	井ノ浦古墳	−	円	11	16.2	○	辺
福岡	井原上覚遺跡	9号石棺墓	×	×	23.6	○	辺
福岡	西堂四反田1号墳	−	円	14	11.7	×	辺
					14.8	×	辺
福岡	奴山5号古墳	−	円	26	18.4	○	辺
福岡	手光北6号墳	第一主体部	方	18	23.3	○	辺
福岡	楠名古墳	−	円	32	21.2	×	角
福岡	池の上墳墓群 D-1	−	×	×	10.5	×	辺
福岡	池の上墳墓群 D-4	−	×	×	22.6	×	角
福岡	池の上墳墓群 D-7	−	×	×	18.8	○	辺
福岡	池の上墳墓群 D-8	−	×	×	17.9	○	辺
福岡	池の上墳墓群 D-11	−	×	×	16.1	○	辺
福岡	池の上墳墓群 D-26	−	×	×	20.4	○	辺
福岡	柿原古墳群 I-7	−	円	11	17.4	×	辺
福岡	柿原古墳群 I-12	−	円	11	20.9	×	辺
福岡	柿原古墳群 I-19	−	円	7	18.7	○	辺
福岡	柿原古墳群 C-5	−	×	×	17.8	×	辺
福岡	柿原古墳群 C-16	−	×	×	17.7	○	辺
福岡	中野裏1号墳	−	?	?	13.2	×	辺
福岡	古寺墳墓群 D-6	−	×	×	11.2	×	辺
福岡	古寺墳墓群 14号墓	−	×	×	26.2	×	辺
福岡	古寺墳墓群 17号墓	−	×	×	20.6	×	辺
					19.2	×	辺

分析表 20　鉄鎌（曲刃鎌）⑥

都道府県	墳墓名	埋葬施設名	墳丘形態	墳丘規模（m）	横幅	使用痕跡	折り返し
福岡	古寺墳墓群 19 号墓				25.1	×	辺
福岡	野口 19 号墳	−	?	?	16.6	×	辺
福岡	野口 21 号墳	−	?	?	22.4	○	辺
福岡	萱葉 1 号墳	−	円	?	13.8	○	辺
福岡	乙植木 2 号墳	−	円	21	21.5	×	辺
福岡	笹隈 7 号墳	−	?	?	13.2	×	辺
佐賀	久保泉丸山 ST002 古墳	−	円	12	14.6	×	辺
佐賀	中原 5 号墳	−	円	15	11.2	×	辺
佐賀	永田 ST302 古墳	−	円	?	14.1	○	辺
大分	勘助野地 1 号墳	1 号主体部	方	15	(20.0)	○	角
大分	小迫第 5 号横穴墓	−	×	×	15.8	×	辺
大分	夕田古墳	1 号主体部	円	13	14.2	×	辺
大分	岬古墳	−	?	?	20.0	×	辺
大分	伊美崎遺跡 2 号墓	−	?	?	(29.7)	×	角
宮崎	新田場 5 号地下式横穴墓	−	×	×	13.6	○	辺
宮崎	新田場 7 号地下式横穴墓	−	×	×	16.9	○	辺

都道府県	遺跡名（地区名）	遺構名	遺構種類	横幅	使用痕跡	折り返し
滋賀	平阪遺跡	SB01	竪穴建物	−	○	辺
京都	石本遺跡	溝 2	溝	14.9	○	辺
京都	横道遺跡	土坑 A3	土坑	15.9	×	辺
京都	有熊遺跡	SB01	竪穴建物	12.8	○	辺
大阪	蔀屋北遺跡	土坑 A435	土坑	14.5	○	角
大阪	蔀屋北遺跡	大溝 D900	溝	16.2	○	辺
大阪	蔀屋北遺跡	大溝 E090001	溝	17.9	○	辺
				18.6	×	辺
				15.1	×	辺
				11.2	○	辺
				14.6	○	辺
和歌山	西庄遺跡	8 号竪穴住居	竪穴建物	17.0	×	辺
和歌山	徳蔵地区遺跡	住居 400	竪穴建物	19.4	○	辺
島根	前立山遺跡	第 11 号住居跡	竪穴建物	28.6	○	角
岡山	高塚遺跡	竪穴住居 172	竪穴建物	17.4	×	辺
岡山	高塚遺跡	河道 7	河道	11.4	○	辺
岡山	津寺三本木遺跡	溝 16	溝	11.4	○	辺
岡山	大開遺跡	住居址 6	竪穴建物	13.7	○	辺
岡山	久田原遺跡	竪穴住居 30	竪穴建物	18.6	○	辺
岡山	夏栗遺跡	溝 7	溝	10.3	×	辺
岡山	宮ノ上遺跡	竪穴住居 27	竪穴建物	13.6	○	辺
広島	土森遺跡	SB22	竪穴建物	14.2	○	辺
山口	向田遺跡	SB01	竪穴建物	13.9	○	辺
徳島	大柿遺跡（カワラケメン地区）	SB7061	竪穴建物	18.3	○	辺
徳島	大柿遺跡（松吉地区）	SB7143	竪穴建物	15.0	○	辺
愛媛	北井門遺跡	MSK3 SI18	竪穴建物	17.1	−	辺
愛媛	出作遺跡	SX01	祭祀遺構	13.0	×	辺
				12.8	○	辺
福岡	比恵遺跡	18 次 − 第 16 号竪穴住居跡	竪穴建物	18.3	○	辺
福岡	下稗田遺跡	古・Ⅰ・90 号住居跡	竪穴建物	(15.0)	○	辺
福岡	永岡岸元遺跡（Ⅱ区）	谷部	谷	−	○	辺
福岡	三雲遺跡（寺口Ⅱ− 17 地区）	6 号住居跡	竪穴建物	27.5	○	辺
福岡	立野遺跡	50 号住居跡	竪穴建物	−	×	辺
福岡	御床松原遺跡	67 号住居跡	竪穴建物	−	○	辺

分析表21　鉄製穂摘具①

都道府県	墳墓名	埋葬施設名	墳形	墳丘規模	形式	横幅	使用痕跡
三重	石山古墳	西槨	前方後円	120	袋式	5.1	×
三重	わき塚1号墳	-	方	24×22	板式	6.8	×
京都	私市円山古墳	第2主体部	円	71	板式	5.4	×
京都	庵寺山古墳	-	円	56	板式	5.8	×
京都	宇治二子山古墳北墳	東槨	円	40	板式	12.4	×
京都	芝ヶ原10号墳	第1主体	円	35	袋式	5.8	×
京都	芝ヶ原11号墳	-	円	58	袋式	5.8	×
					板式	5.4	○
					板式	5.6	×
					板式	5.4	×
京都	園部岸ヶ前2号墳	埋葬施設1	円	19～29	板式	7.2	○
京都	八幡東車塚古墳	第1主体	前方後円	94	板式	12.4	×
大阪	御獅子塚古墳	第1主体部	前方後円	55	袋式	8.5	×
大阪	狐塚古墳	-	?	?	袋式	6.4	×
大阪	豊中大塚古墳	第2主体部西槨	円	56	袋式	4.7	×
					板式	4.8	-
大阪	長原166号墳	-	方	7+	袋式	7.0	○
大阪	和泉黄金塚古墳	東槨	前方後円	85	袋式	6.0	×
					袋式	6.3	×
大阪	河内野中古墳	-	方	28	袋式	7.2	×
					袋式	7.3	×
					袋式	6.8	×
					袋式	6.3	×
					袋式	6.9	×
					袋式	6.4	×
					袋式	7.5	×
大阪	珠金塚古墳	南槨	方	27×25	袋式	6.4	×
					袋式	6.2	○
					袋式	6.2	○
大阪	珠金塚古墳	北槨	方	27×25	袋式	8.2	×
大阪	盾塚古墳	-	帆立	64	袋式	7.6	○
					袋式	6.6	×
					袋式	6.5	×
					袋式	6.2	×
					袋式	6.3	×
大阪	西墓山古墳	西列鉄器埋納施設	?	?	袋式	5.6	×
大阪	交野東車塚古墳	第1号棺	前方後方	65+	板式	6.6	×
					板式	6.6	×
					板式	6.3	×
					板式	5.8	×
					板式	6.5	×
					板式	6.4	×
					板式	7.0	×
大阪	寛弘寺1号墳	-	方	19×18	袋式	6.1	×
					袋式	5.8	×
兵庫	行者塚古墳	西副葬品箱	前方後円	100	板式	8.0	×
					板式	7.7	×
兵庫	梅田1号墳	-	(円)	28	板式	7.4	×
					板式	6.4	×
					板式	5.8	×
					板式	7.0	×
					板式	6.5	×
					板式	5.6	×
					板式	6.8	×
					板式	5.8	×
兵庫	茶すり山古墳	第2主体部	円	78～90	板式	6.0	○
					板式	5.8	○
					板式	6.2	○
					板式	5.6	×
					板式	6.0	×
					板式	5.5	○
					板式	5.3	×

分析表 22　鉄製穂摘具②

都道府県	墳墓名	埋葬施設名	墳形	墳丘規模	形式	横幅	使用痕跡
兵庫	茶すり山古墳	第2主体部	円	78～90	板式	5.4	×
奈良	ムネサカ4号墳	－	円	18～19	袋式	5.8	×
					袋式	7.8	×
奈良	メスリ山古墳	副室	前方後円	224	袋式	8.8	×
					袋式	6.6	○
					袋式	7.4	×
					袋式	7.8	○
					袋式	7.7	×
					袋式	8.2	×
					袋式	7.4	×
					袋式	7.2	×
					袋式	7.8	×
					袋式	7.0	×
					袋式	7.6	×
					袋式	7.0	×
奈良	北原古墳	北棺	方	15×16	袋式	8.2	○
岡山	金蔵山古墳	中央石室副室	前方後円	165	袋式	6.8	×
					袋式	8.0	×
岡山	神宮寺山古墳	－	前方後円	150	袋式	5.5	×
岡山	大畑遺跡土壙墓12	－	×	×	袋式	8.3	○
岡山	中山6号墳	第1主体	方	14×13	袋式	5.4	×
岡山	久米三成4号墳	－	前方後方	35	袋式	6.2	×
広島	中小田第2号古墳	－	円	15	袋式	7.0	×
広島	吹越第3号古墳	－	円	12～14	袋式	6.4	×
広島	川東大仙山第6号古墳	－	円	6	袋式	8.2	×
広島	川東大仙山第9号古墳	－	円	9	袋式	9.1	○
広島	川東大仙山第10号古墳	第2主体	円	9	袋式	8.8	○
広島	和田原D地点遺跡ST8	－	円	6	袋式	8.8	○
広島	和田原D地点遺跡ST2	－	円	8	袋式	8.8	○
広島	金口第2号古墳	－	円	4	袋式	7.4	×
広島	壬生西谷古墳	－	(円)	?	袋式	8.0	○
山口	兜山古墳	－	円	20	袋式	6.6	×
					袋式	6.1	×
					袋式	5.8	×
					袋式	6.0	×
山口	天神山第1号墳	－	円	15	袋式	5.2	×
福岡	老司古墳	1号石室	前方後円	75～76	袋式	9.8	○
福岡	老司古墳	4号石室	前方後円	75～76	袋式	10.4	○
福岡	吉武塚原第4号墳	－	円	?	袋式	10.2	○
福岡	藤崎第1号方形周溝墓	第4号主体部	方周	8	袋式	10.3	×
					袋式	9.8	×
					袋式	8.8	×
福岡	井原1号墳	－	前方後円	43	袋式	6.2	×
福岡	祇園山古墳裾部外周	D23	×	×	袋式	6.2	×
福岡	松ノ尾9号墳	－	?	?	袋式	9.9	○
福岡	二塚6-3号横穴墓	－	×	×	袋式	11.6	○
福岡	徳永川ノ上41号墓	－	?	?	袋式	9.3	○
佐賀	中原5号墳	－	円	15	袋式	7.8	×
熊本	塚原41号方形周溝墓	－	方周	14	袋式	7.6	○
熊本	小坂大塚古墳	－	円	36	袋式	4.0	×
大分	飛山第17号横穴	－	×	×	袋式	8.6	○
大分	免ヶ平古墳	－	前方後円	51	袋式	5.3	×

分析表23 鉄製穂摘具③

都道府県	遺跡名（地区名）	遺構名	遺構種類	形式	横幅	使用痕跡
愛媛	出作遺跡	SX01	祭祀遺構	袋式	8.0	×
愛媛	福音小学校構内遺跡	SB96	竪穴建物	袋式	7.6	×
徳島	大柿遺跡（新貝地区）	SB7174	竪穴建物	板式	9.6	○
鳥取	長瀬高浜遺跡	SI153	竪穴建物	袋式	5.4	○
岡山	高塚遺跡	竪穴住居141	竪穴建物	袋式	8.1	×
広島	助平3号遺跡	SB 7	竪穴建物	袋式	6.4	○
広島	助平3号遺跡	SB15	竪穴建物	袋式	7.9	○
山口	毛割遺跡	第5号住居跡	竪穴建物	袋式	10.2	×
福岡	尾崎・天神遺跡	27号竪穴住居跡	竪穴建物	袋式	9.5	×
福岡	御床松原遺跡	15号住居跡	竪穴建物	袋式	6.7	×
福岡	長野E遺跡	21号住居跡	竪穴建物	袋式	9.3	×
福岡	西新町遺跡	17次－7号竪穴住居	竪穴建物	袋式	9.4	○
福岡	西新町遺跡	17次－9号竪穴住居	竪穴建物	袋式	9.0	×
福岡	塚堂遺跡（A地区）	1号A（新）住居跡	竪穴建物	袋式	7.4	○
福岡	塚堂（D地区）	17号A（新）住居	竪穴建物	袋式	7.2	○
福岡	立野遺跡	50号住居跡	竪穴建物	袋式	10.0	×
福岡	三雲（南小路地区）	1号住居跡	竪穴建物	袋式	7.0	×
				袋式	7.7	×
大分	鹿道原遺跡	39号竪穴	竪穴建物	袋式	5.7	○
大分	舞田原遺跡	25号竪穴遺構	竪穴建物	袋式	3.3	－
大分	花立遺跡	4号竪穴	竪穴建物	袋式	8.0	○
大分	上城遺跡	1号竪穴	竪穴建物	袋式	4.2	×
大分	都野原田遺跡	213号竪穴	竪穴建物	袋式	5.1	×
宮崎	上薗F地区遺跡	1号住居	竪穴建物	板式	7.9	×

遺跡文献（墳墓）

【三重県】

〔津市〕

　西岡古墳　三重県埋蔵文化財センター 1995『西岡古墳発掘調査報告』三重県埋蔵文化財調査報告書 115-5

〔伊勢市〕

　落合 10 号墳　三重県埋蔵文化財センター 1992『落合古墳群』三重県埋蔵文化財調査報告書 101-7

〔松阪市〕

　八重田古墳群　松阪市教育委員会 1981『八重田古墳群発掘調査報告書』松阪市文化財調査報告 2

　浅間古墳群　松阪市教育委員会 1995『浅間古墳群発掘調査報告書』

　横地高畑遺跡　三重県埋蔵文化財センター 1998『横地高畑遺跡発掘調査報告書』三重県埋蔵文化財調査報告 167

〔鈴鹿市〕

　津賀 23 号墳　三重県埋蔵文化財センター 2000『北蟻越遺跡（第 2 次）・津賀古墳群発掘調査報告』三重県埋蔵文化財発掘調査報告 216

〔亀山市〕

　木ノ下古墳　三重大学歴史研究会原始古代史部会 1982「亀山市木ノ下古墳の発掘調査概要」『考古学雑誌』第 67 巻第 3 号　日本考古学会　pp.1-21

〔伊賀市〕

　石山古墳　京都大学文学部博物館 1993『紫金山古墳と石山古墳』

　平田 35 号墳　南山大学人類学博物館 1987『平田古墳群』人類学博物館紀要第 9 号

　東山古墳　仁保晋作 1992「阿山町東山古墳の遺構と遺物」『研究紀要』三重県埋蔵文化財センター pp.141-174

　わき塚 1 号墳　森浩一ほか 1973「三重県わき塚古墳の調査」『古代学研究』第 66 号　古代学研究会 pp.14-37

【滋賀県】

〔大津市〕

　大通寺第 38 号墳　滋賀県教育委員会・財団法人滋賀県文化財保護協会 1995『大通寺古墳群』

〔長浜市〕

　野瀬古墳　高月町教育委員会 2001『古保利古墳群』高月町埋蔵文化財調査報告書第 5 集

湧出山Ｃ号墳　　高月町教育委員会 2007『高月の主要古墳Ⅲ』

〔近江八幡市〕

　　安土瓢箪山古墳　　滋賀県 1938『滋賀県史蹟調査報告第 7 冊』

〔草津市〕

　　北谷 11 号墳　　中司照世ほか 1980「滋賀県北谷 11 号墳の研究」『考古学雑誌』第 66 巻第 2 号　pp.1-31

〔北近江市〕

　　雪野山古墳　　雪野山古墳発掘調査団 1996『雪野山古墳の研究』

【京都府】

〔福知山市〕

　　後青寺古墳　　京都府埋蔵文化財調査研究センター 1988『京都府遺跡調査報告書』第 10 冊

　　城ノ尾古墳　　京都府埋蔵文化財調査研究センター 1988『京都府遺跡調査報告書』第 10 冊

〔綾部市〕

　　岩谷 2 号墳　　綾部市教育委員会 1998『京都府 綾部市文化財調査報告』第 26 集

　　　　　　　　　河野正訓 2010「農具鉄製刃先の使用品と未使用品」『太邇波考古』第 29 号　両丹考古学研究会　pp.1-9

　　私市円山古墳　　京都府埋蔵文化財調査研究センター 1989『京都府遺跡調査概報』第 36 冊

　　中山古墳　　綾部市教育委員会 1983『京都府 綾部市文化財調査報告』第 10 集

　　安国寺山古墳　　綾部市教育委員会 1987『京都府 綾部市文化財調査報告』第 14 集

　　細谷 4 号墳　　京都府教育委員会 1993『埋蔵文化財発掘調査概報（1993）』

　　栗ヶ丘 3 号墳　　京都府埋蔵文化財調査研究センター 1989『京都府遺跡調査報告書』第 13 冊

　　福垣北 1 号墳　　京都府埋蔵文化財調査研究センター 1992『京都府遺跡調査報告書』第 17 冊

〔宇治市〕

　　宇治二子山古墳北墳　　宇治市教育委員会 1991『宇治二子山古墳発掘調査報告』宇治市文化財調査報告第 2 冊

　　旦椋 1 号墳　　宇治市教育委員会 1995『旦椋遺跡第 1 次発掘調査概報』宇治市埋蔵文化財調査概報第 28 集

　　庵寺山古墳　　京都府埋蔵文化財調査研究センター 1998『京都府埋蔵文化財情報』第 68 号

〔宮津市〕

　　霧ヶ鼻 6 号墳　　宮津市教育委員会 1991『霧ヶ鼻古墳群第 2 次発掘調査概要』宮津市文化財調査報告第 21 集

〔亀岡市〕

　　北ノ庄 13 号墳　　亀岡市 2000『新修 亀岡市史』（資料編 第 1 巻）

　　保津山古墳　　亀岡市 2000『新修 亀岡市史』（資料編 第 1 巻）

　　南条 3 号墳　　亀岡市 2000『新修 亀岡市史』（資料編 第 1 巻）

　　余部遺跡　　京都府埋蔵文化財調査研究センター 1998・1999『京都府遺跡調査概報』第 81・88 冊

〔城陽市〕

　尼塚古墳　尼塚古墳刊行会 2005『尼塚古墳　付宇治一本松古墳』

　赤塚古墳　城陽市 1999『城陽市史』第3巻（考古編・古代編・中世編1）

　梶塚古墳　城陽市 1999『城陽市史』第3巻（考古編・古代編・中世編1）

　下大谷1号墳　城陽市 1999『城陽市史』第3巻（考古編・古代編・中世編1）

　西山2号墳　城陽市 1999『城陽市史』第3巻（考古編・古代編・中世編1）

　芝ヶ原古墳群　城陽市教育委員会 1986『城陽市埋蔵文化財調査報告書』第15集

〔長岡京市〕

　長法寺七ツ塚4号墳　大阪大学稲荷塚古墳発掘調査団 2005『井ノ内稲荷塚古墳の研究』大阪大学文学研究科考古学研究報告第3冊

〔八幡市〕

　八幡東車塚古墳　京都大学総合博物館 1997『王者の武装』

　ヒル塚古墳　八幡市教育委員会 1990『ヒル塚古墳発掘調査概報』

〔京丹後市〕

　大内1号墳　大宮町教育委員会 1983『大内1号墳発掘調査概報』大宮町文化財調査報告第2集

　小池B8号墳　大宮町教育委員会 1984『小池古墳群』大宮町文化財調査報告第3集

　三坂神社裏6号墳　大宮町教育委員会 1998『三坂神社墳墓群・三坂神社裏古墳群・有明古墳群・有明横穴群』大宮町文化財調査報告書第14集

　馬場ノ内古墳　京都府教育委員会 1970『埋蔵文化財発掘調査概報（1970）』

　新ヶ尾東10号墳　京都府埋蔵文化財調査研究センター 1988『京都府遺跡調査概報』第29冊

　左坂古墳群　京都府埋蔵文化財調査研究センター 1994『京都府遺跡調査概報』第60冊

　　　　　　大宮町教育委員会 2001『左坂古墳（墳墓）群G支群』京都府大宮町文化財調査報告第20集

　奈具岡南3号墳　京都府埋蔵文化財調査研究センター 1997『京都府遺跡調査概報』第79冊

　愛宕神社3号墳　京都府埋蔵文化財調査研究センター 1998『京都府遺跡調査概報』第83冊

　カジヤ古墳　峰山町教育委員会 1972『カジヤ古墳発掘調査報告書』京都府峰山町文化財調査報告第1集

　奈具岡南1号墳　弥栄町教育委員会 1997『奈具岡南1号墳発掘調査報告書』京都府弥栄町文化財調査報告第11集

　堤谷A1号墳　京都府教育委員会 1992『埋蔵文化財発掘調査概報（1992）』

　生野内大谷1号墳　京都府教育委員会 1992『埋蔵文化財発掘調査概報（1992）』

　穴ノ谷2号墳　京都府教育委員会 1998『埋蔵文化財発掘調査概報』

〔南丹市〕

　小谷17号墳　京都府埋蔵文化財調査研究センター 1992『京都府遺跡調査概報』第51冊

　今林古墳群　京都府埋蔵文化財調査研究センター 1996『京都府遺跡調査概報』第68冊

　　　　　　京都府埋蔵文化財調査研究センター 2001『京都府遺跡調査概報』第97冊

新堂池6号墳　京都府埋蔵文化財調査研究センター2003『京都府遺跡調査概報』第108冊

徳雲寺北古墳群　園部町教育委員会1997『園部町小山東町土地区画整理事業に伴う発掘調査報告書（徳雲寺谷遺跡群）』園部町文化財調査報告第13集

園部垣内古墳　同志社大学文学部考古学研究室1990『園部垣内古墳』同志社大学文学部考古学調査報告第6冊

園部岸ヶ前2号墳　佛教大学校地調査委員会2001『園部岸ヶ前古墳群発掘調査報告書』

町田東3号墳　園部町教育委員会1991『船坂・黒田工業団地予定地内遺跡群発掘調査概報』園部町文化財調査報告書第8集

城谷口6号墳　京都府埋蔵文化財調査研究センター2007『京都府遺跡調査概報』第125冊

〔相楽郡〕

椿井大塚山古墳　山城町教育委員会1998『椿井大塚山古墳発掘調査報告』京都府山城町埋蔵文化財調査報告書第20集

上人ヶ平7号墳　京都府埋蔵文化財調査研究センター1989『京都府遺跡調査概報』第32冊

〔与謝郡〕

明石愛宕山3号墳　加悦町教育委員会1975『愛宕山9号墳発掘調査報告書』加悦町文化財調査報告第1集

小虫1号墳　加悦町教育委員会1985『小虫古墳群－調査の概要－』加悦町文化財調査概要3

嗚岡南古墳　京都府埋蔵文化財調査研究センター1994『京都府遺跡調査概報』第57冊

鴫谷東1号墳　立命館大学文学部学芸員課程1989『立命館大学文学部学芸員課程研究報告』第2冊

【大阪府】

〔大阪市〕

長原166号墳　財団法人大阪市文化財協会2006『長原遺跡発掘調査報告XV』

〔堺市〕

檜尾塚原9号墳　大阪府教育委員会1990『陶邑Ⅶ』大阪府文化財調査報告書第37集

湯の山古墳　堺市博物館2005『堺市・美原町合併記念秋季特別展　百舌鳥古墳群と黒姫山古墳』

〔岸和田市〕

西山古墳　大阪府教育委員会1990『陶邑Ⅶ』大阪府文化財調査報告書第37集

〔豊中市〕

狐塚古墳　豊中市2005『新修 豊中市史』（第4巻 考古）

豊中大塚古墳　豊中市教育委員会1987『摂津豊中大塚古墳』豊中市文化財調査報告第20集

御獅子塚古墳　豊中市教育委員会1990『御獅子塚古墳』

〔高槻市〕

弁天山古墳群　大阪府教育委員会1967『弁天山古墳群の調査』大阪府文化財調査報告第17集

安満宮山古墳　高槻市教育委員会2000『安満宮山古墳』高槻市埋蔵文化財調査センター第21冊

〔茨木市〕
　紫金山古墳　　京都大学文学部博物館 1993『紫金山古墳と石山古墳』
〔大東市〕
　堂山 1 号墳　　大阪府教育委員会 1994『堂山古墳群』大阪府文化財調査報告書第 45 集
〔和泉市〕
　和泉黄金塚古墳　　末永雅雄ほか 1954『和泉黄金塚古墳』
〔柏原市〕
　河内松岳山古墳　　大阪府教育委員会 1957『河内松岳山古墳の調査』大阪府文化財調査報告書第 5 集
　大平寺 D-8 号墳　　柏原市教育委員会 1983『太平寺古墳群』柏原市埋蔵文化財発掘調査概報 82-4
　北玉山古墳　　関西大学考古学研究室 1963『北玉山古墳』関西大学文学部考古学研究紀要第 1 冊
〔羽曳野市〕
　野中アリ山古墳　　大阪大学文学部国史研究室 1964『河内における古墳の調査』大阪大学文学部国史研究室研究報告第 1 冊
〔藤井寺市〕
　河内野中古墳　　大阪大学文学部国史研究室 1976『河内野中古墳の研究』大阪大学文学部国史研究室研究報告第 2 冊
　土師の里遺跡　　大阪府教育委員会 1999『土師の里遺跡』大阪府埋蔵文化財調査報告 1998-2
　長持山古墳　　京都大学総合博物館 1997『王者の武装』
　土師の里 8 号墳　　藤井寺市教育委員会 1994『土師の里 8 号墳』藤井寺市文化財報告第 11 集
　珠金塚古墳　　由良大和古代文化研究協会 1991『盾塚 鞍塚 珠金塚古墳』
　盾塚古墳　　由良大和古代文化研究協会 1991『盾塚 鞍塚 珠金塚古墳』
　西墓山古墳　　藤井寺市教育委員会 1997『西墓山古墳』藤井寺市文化財報告第 16 集
〔交野市〕
　交野東車塚古墳　　交野市教育委員会 2000『交野東車塚古墳〔調査編〕』交野市埋蔵文化財調査報告 1999-1
〔南河内郡〕
　寛弘寺 29-1 号墓　　大阪府教育委員会 1987『寛弘寺遺跡発掘調査概要・Ⅴ』
　神山丑神 5 号墳　　大阪府教育委員会 1992『神山丑神遺跡発掘調査概要・Ⅰ』
　寛弘寺 1 号墳　　大阪府教育委員会 2001『寛弘寺 1 号墳』大阪府埋蔵文化財調査報告 2000-2

【兵庫県】
〔神戸市〕
　住吉宮町 2 号墳　　神戸市教育委員会 2001『住吉宮町遺跡 第 24 次・第 32 次発掘調査報告書』
〔姫路市〕
　宮山古墳　　姫路市教育委員会 1970『宮山古墳発掘調査概報』姫路市文化財調査報告Ⅰ
　　　　　　　姫路市教育委員会 1972『宮山古墳第 2 次発掘調査概報』姫路市文化財調査報告Ⅳ

太市中3号墳　　兵庫県教育委員会 2003『太市中古墳群』兵庫県文化財調査報告第258冊
〔尼崎市〕
　　園田大塚古墳　　兵庫県 1941『兵庫県史蹟名勝天然記念物調査報告』第15集
〔豊岡市〕
　　立石古墳群　　豊岡市教育委員会 1979『立石古墳群発掘調査報告』兵庫県埋蔵文化財発掘調査集報第4集
　　ホウジ1号墳　　豊岡市教育委員会 1986『長谷・ホウジ古墳群　妙楽寺・見手山横穴墓群』豊岡市文化財
　　　調査報告書14
　　北浦古墳群　　豊岡市教育委員会 1987『北浦古墳群・立石墳墓群』豊岡中核工業団地予定地内埋蔵文化財
　　　発掘調査報告3
　　駄坂・舟隠古墳群　　豊岡市教育委員会 1989『駄坂・舟隠遺跡群』豊岡市文化財調査報告書22
　　中郷朝日3号墳　　豊岡市教育委員会 2002『中郷朝日遺跡群』豊岡市文化財調査報告書第33集
　　深谷1号墳　　但馬考古研究会 1985『中ノ郷・深谷古墳群』但馬考古学研究会調査報告2
〔加古川市〕
　　長慶寺山1号墳　　加古川市 1996『加古川市史』第4巻（史料編1）
　　池尻2号墳　　加古川市教育委員会 1965『印南野』加古川市文化財調査報告3
　　天坊山古墳　　加古川市教育委員会 1970『天坊山古墳』加古川市文化財調査報告5
　　行者塚古墳　　加古川市教育委員会 1997『行者塚古墳発掘調査概報』加古川市文化財調査報告15
〔赤穂市〕
　　津村古墳　　赤穂市教育委員会 1995『津村古墳』赤穂市文化財調査報告書42
　　西野山第3号墳　　有年考古館 1952『兵庫県赤穂郡西野山第3号墳』有年考古館研究報告第1集
　　　　　　大手前大学史学研究所・龍子三ツ塚古墳群調査団 2010『龍子三ツ塚古墳群の研究』大
　　　　　　手前大学史学研究所オープン・リサーチ・センター研究報告第9号
〔三木市〕
　　年ノ神6号墳　　兵庫県教育委員会 2002『年ノ神古墳群』兵庫県文化財調査報告第234冊
　　高木古墳群　　三木市教育委員会 1966『三木市高木古墳群発掘調査報告』
　　　　　　三木市教育委員会 2000『高木古墳群・高木多重土塁1』三木市文化研究資料第15集
〔高砂市〕
　　竜山5号墳　　高砂市教育委員会 1978『播磨・竜山5号墳発掘調査報告書』高砂市文化財調査報告6
〔三田市〕
　　福島平唐山遺跡　　兵庫県教育委員会 1999『埋蔵文化財発掘調査報告書 福島平唐山遺跡 福島古墳群 福島
　　　龍王谷遺跡』兵庫県文化財調査報告第192冊
〔加西市〕
　　亀山古墳　　加西市教育委員会 2005『玉丘古墳群Ⅰ－亀山古墳－』加西市埋蔵文化財報告55
　　堀山6号墳　　兵庫県教育委員会 2006『加西南産業団地内遺跡調査報告書』兵庫県文化財調査報告第302冊

〔篠山市〕
　大師山6号墳　　西紀町・丹南町教育委員会 1993『大師山6号墳・宮田1号墳発掘調査概報報告書』西紀町・丹南町文化財調査報告書第14集
　真南条上3号墳　　兵庫県教育委員会 1995『真南条上3号墳』兵庫県文化財調査報告書第148冊
〔養父市〕
　小山3号墳　　八鹿町教育委員会 1990『小山古墳群・東家の上遺跡』兵庫県八鹿町文化財調査報告書第9集
〔丹波市〕
　火山4号墳　　兵庫県教育委員会 2005『火山古墳群　火山城跡　火山遺跡』兵庫県文化財調査報告第283冊
　丸山古墳群　　山南町 1977『兵庫県氷上郡山南町丸山古墳群－調査の概要－』
〔朝来市〕
　梅田古墳群　　兵庫県教育委員会 2002『梅田古墳群Ⅰ』兵庫県文化財調査報告第240冊
　　　　　　　　兵庫県教育委員会 2003『梅田古墳群Ⅱ』兵庫県文化財調査報告第257冊
　茶すり山古墳　　兵庫県教育委員会 2010『史跡　茶すり山古墳』兵庫県文化財調査報告第383冊
〔たつの市〕
　黍田古墳群　　揖保川町教育委員会 2000『山津屋・黍田・原』揖保川町文化財報告書Ⅷ
　龍子三ツ塚1号墳　　大手前大学史学研究所・龍子三ツ塚古墳群調査団 2010『龍子三ツ塚古墳群の研究』大手前大学史学研究所オープン・リサーチ・センター研究報告第9号
　西宮山古墳　　京都国立博物館 1982『富雄丸山古墳　西宮山古墳　出土遺物』
　権現山51号墳　　権現山51号墳刊行会 1991『権現山51号墳』
　鳥坂2号墳　　龍野市教育委員会 1984『鳥坂古墳群』龍野市文化財調査報告書Ⅴ
　中垣内天神山4号墳　　龍野市教育委員会 1998『中垣内天神山・三昧山古墳群』龍野市文化財調査報告19
　井の端7号墓　　大手前大学史学研究所・龍子三ツ塚古墳群調査団 2010『龍子三ツ塚古墳群の研究』大手前大学史学研究所オープン・リサーチ・センター研究報告第9号

【奈良県】
〔奈良市〕
　三陵墓西古墳　　都祁村教育委員会 1999『三陵墓西古墳』
　マエ塚古墳　　奈良県教育委員会 1969『マエ塚古墳』奈良県史跡名勝天然記念物調査報告第24冊
　富雄丸山古墳群　　奈良県教育委員会 1973『富雄丸山古墳』奈良県文化財調査報告書第19集
　古市方形墳　　奈良市 1971『奈良市史（考古編）』
　大和4号墳　　奈良県教育委員会 1945『奈良県史蹟名勝天然記念物調査抄報第4集』
　大和6号墳　　奈良県教育委員会 1945『奈良県史蹟名勝天然記念物調査抄報第4集』
　塩塚古墳　　奈良県教育委員会 1957『奈良県埋蔵文化財調査報告書第1集』
〔天理市〕
　石峰5号墳　　奈良県教育委員会 1965『石上・豊田古墳群発掘調査報告書』奈良県文化財調査報告書第

  20集
 ホリノヲ6号墳 奈良県教育委員会 1965『石上・豊田古墳群発掘調査報告書』奈良県文化財調査報告書第 20 集
 上殿古墳 奈良県教育委員会 1966『奈良県史蹟名勝天然記念物調査報告第 23 冊』

〔橿原市〕
 新沢千塚古墳群 奈良県教育委員会 1981『新沢千塚古墳群』奈良県史蹟名勝天然記念物調査報告第 39 冊
  奈良県立橿原考古学研究所 1981『奈良県遺跡調査概報（1979 年度）』

〔桜井市〕
 ムネサカ4号墳 奈良県教育委員会 1976『奈良県古墳発掘調査集報Ⅰ』奈良県文化財調査報告書第 28 集
 メスリ山古墳 奈良県教育委員会 1977『メスリ山古墳』奈良県史跡名勝天然記念物調査報告第 35 冊
 外鎌山北麓慈恩寺古墳群 奈良県教育委員会 1978『桜井市外鎌山古墳群』奈良県史蹟名勝天然記念物調査報告第 34 冊

〔五條市〕
 五条猫塚古墳 奈良県教育委員会 1962『五条猫塚古墳』奈良県史跡名勝天然記念物調査報告書第 20 冊
 堂城山古墳 奈良県教育委員会 1991『近内古墳群』奈良県文化財調査報告書第 62 冊
 住川2号墳 奈良県立橿原考古学研究所 1993『奈良県遺跡調査概報（1992 年度）』
 塚山古墳 奈良県教育委員会 1957『奈良県埋蔵文化財調査報告書第 1 集』

〔御所市〕
 石光山古墳群 奈良県教育委員会 1976『葛城・石光山古墳群』奈良県史蹟名勝天然記念物調査報告書第 31 冊
 戸毛向井7号墳 奈良県立橿原考古学研究所 1990『奈良県遺跡調査概報（1989 年度）』
 吐田平古墳群 奈良県立橿原考古学研究所 1961『奈良県文化財調査報告第 4 集』

〔葛城市〕
 寺口忍海古墳群 新庄町教育委員会 1988『寺口忍海古墳群』新庄町文化財調査報告第 1 冊
 大和二塚古墳 奈良県教育委員会 1962『大和二塚古墳』奈良県史跡名勝天然記念物調査報告第 21 冊
 兵家古墳群 奈良県教育委員会 1978『兵家古墳群』奈良県史跡名勝天然記念物調査報告第 37 冊
 寺口千塚古墳群 奈良県教育委員会 1991『寺口千塚古墳群』奈良県史跡名勝天然記念物調査報告第 62 冊
 南阪奈道路予定地内遺跡5号地点古墳 奈良県立橿原考古学研究所 1979『奈良県遺跡調査概報（1978 年度）』

〔宇陀市〕
 北原西古墳 宇陀古墳文化研究会 1993『大和宇陀地域における古墳の研究』
 北原古墳 大宇陀町 1986『宇陀 北原古墳』大宇陀町文化財調査報告書第 1 集
 谷畑古墳 奈良県宇陀郡榛原町教育委員会 1974『谷畑古墳』
 見田・大沢1号墳 奈良県教育委員会 1982『見田・大沢古墳群』奈良県史跡名勝天然記念物調査報告第

44冊

野山遺跡群　奈良県教育委員会 1989『野山遺跡群』奈良県史跡名勝天然記念物調査報告書第 59 冊

後出古墳群　奈良県教育委員会 2003『後出古墳群』奈良県史跡名勝天然記念物調査報告第 61 冊

神木坂 1 号墳　榛原町教育委員会 1986『神木坂古墳群』榛原町文化財調査報告第 2 集

沢野山 C-6 号墳　奈良県立橿原考古学研究所 1986『奈良県遺跡調査概報（1985 年度）』

〔生駒郡〕

峯ノ阪古墳　奈良県立橿原考古学研究所 1999『奈良県遺跡調査概報（1998 年度）』

〔高市郡〕

八尾寺第 1 号墳　高取町教育委員会 1982『八尾寺・トヨオカ古墳群』

タニグチ 1 号墳　高取町教育委員会 1996『タニグチ古墳群（付 タニグチ墳墓群）発掘調査報告書』高取町文化財調査報告書第 17 冊

〔北葛城郡〕

巣山古墳　奈良県立橿原考古学研究所 2011『巣山古墳・寺戸遺跡』奈良県文化財調査報告書第 142 集

【和歌山県】

〔和歌山市〕

大谷古墳　京都大学文学部考古学研究室 1959『大谷古墳』

大日山 43 号墳　和歌山県教育委員会 2000『岩橋千塚周辺古墳群緊急確認調査報告書』

〔御坊市〕

天田 28 号墳　御坊市教育委員会 1985『富安Ⅰ遺跡他発掘概報』

〔日高郡〕

崎山 20 号墳　和歌山県教育委員会 1966『和歌山県文化財学術調査報告第 1 冊』

【鳥取県】

〔鳥取市〕

本高古墳群　鳥取県教育委員会 2010『本高古墳群』鳥取県文化財調査報告書 21

里仁古墳群　鳥取県教育文化財団 1985『里仁古墳群』鳥取県教育文化財団報告書 18

桂見 2 号墳　鳥取市教育委員会・鳥取市遺跡調査団 1984『桂見墳墓群』

広岡 73 号墳　鳥取市教育委員会 1989『広岡古墳群発掘調査概要報告』

八坂古墳群　鳥取市教育委員会 1994『平成 5 年度 鳥取市内遺跡発掘調査概要報告書』

六部山 45 号墳　鳥取市教育福祉振興会 1994『六部山古墳群』

面影山 35 号墳　鳥取市教育福祉振興会 1996『平成 7 年度 面影山古墳群発掘調査報告』

横枕 61 号墳　鳥取市文化財団 2003『横枕古墳群Ⅱ』

〔倉吉市〕

伯耆国分寺古墳　岩本崇 2006「伯耆国分寺古墳の再検討」『大手前大学史学研究所紀要第 6 号』　大手前大学史学研究所　pp.123-142

上神大将塚古墳　鳥取県 1923『因伯二國に於ける古墳の調査』鳥取県史蹟勝地調査報告 2

〔岩美郡〕

上太夫谷B地区古墳　岩美町教育委員会 1991『上太夫谷遺跡発掘調査報告書』岩美町文化財報告書第 16 集

〔東伯郡〕

南谷 19 号墳　鳥取県教育文化財団 1991『南谷ヒジリ遺跡・南谷夫婦塚遺跡・南谷 19 ～ 23 号墳・乳母ヶ谷第 2 遺跡・宇野 3 ～ 9 号墳』鳥取県教育文化財団調査報告書 26

〔西伯郡〕

妻木山古墳群　大山町教育委員会 2000『妻木晩田遺跡発掘調査報告Ⅱ＜妻木山地区＞』大山町埋蔵文化財調査報告書第 17 集

番田山古墳群　大山町教育委員会 2000『妻木晩田遺跡発掘調査報告Ⅱ＜妻木山地区＞』大山町埋蔵文化財調査報告書第 17 集

【島根県】

〔松江市〕

奥才 56 号墳　鹿島町教育委員会 2002『奥才古墳群第 8 支群』

社日 1 号墳　建設省松江国道工事事務所・島根県教育委員会 2000『社日古墳』

布志名大谷 1 号墳　国土交通省松江国道工事事務所・島根県教育委員会 2001『布志名大谷Ⅰ遺跡（1 号墳）』

御津中の津古墳　島根県松江農林事務所・鹿島町教育委員会 1985『御津中の津古墳発掘調査報告書』

金崎 1 号墳　松江市教育委員会 1978『史跡金崎古墳群』

〔出雲市〕

西谷 16 号墓　出雲市教育委員会 1993『西谷 15・16 号墓発掘調査報告』

大寺 1 号墳　島根県教育庁古代文化センター・島根県教育庁埋蔵文化財調査センター 2005『大寺 1 号墳発掘調査報告書』島根県古代文化センター調査研究報告書 29

〔安来市〕

座生第 7 号墳　伯太町教育委員会 1981『岩屋谷古墳群他発掘調査』

足子谷横穴墓　広瀬町教育委員会 1997『足子谷横穴墓』

〔雲南市〕

神原神社古墳　加茂町教育委員会 2002『神原神社古墳』

三刀屋熊谷 1 号墳　日本道路公団中国支社・島根県教育委員会 2001『熊谷遺跡・要害遺跡』

【岡山県】

〔岡山市〕

浦間茶臼山古墳　浦間茶臼山古墳発掘調査団 1991『岡山市浦間茶臼山古墳』

神宮寺山古墳　岡山市 1960『岡山市史（古代編）』

宗形神社古墳　岡山市教育委員会 1999『宗形神社古墳』

金蔵山古墳　倉敷考古館 1989『金蔵山古墳』倉敷考古館研究報告第 1 冊

〔津山市〕

押入西 1 号墳　岡山県教育委員会 1973『中国縦貫自動車道建設に伴う発掘調査 1』岡山県埋蔵文化財発掘調査報告 3

久米三成 4 号墳　岡山県教育委員会 1979『久米三成 4 号墳』岡山県埋蔵文化財発掘調査報告 30

一貫西 3 号墳　津山市教育委員会 1990『一貫西遺跡』津山市埋蔵文化財発掘調査報告書第 33 集

小原 1 号墳　津山市教育委員会 1991『小原遺跡』津山市埋蔵文化財発掘調査報告第 38 集

長畝山北古墳群　津山市教育委員会 1992『長畝山北古墳群』津山市埋蔵文化財発掘調査報告第 45 集

大畑遺跡　津山市教育委員会 1993『大畑遺跡』津山市埋蔵文化財発掘調査報告第 47 集

河辺上原古墳群　津山市教育委員会 1994『河辺上原遺跡』津山市埋蔵文化財発掘調査報告第 54 集

有本 1 号墳　津山市教育委員会 1997『有本古墳群』津山市埋蔵文化財発掘調査報告第 59 集

日上畝山 35 号墳　津山市教育委員会 1998『日上畝山古墳群』津山市埋蔵文化財発掘調査報告第 63 集

〔笠岡市〕

東塚　長福寺山古墳群関戸廃寺跡調査推進委員会 1965『長福寺山古墳群　附 関戸廃寺跡』

〔総社市〕

殿山 9 号墳　岡山県教育委員会 1982『殿山遺跡 殿山古墳群』岡山県埋蔵文化財発掘調査報告 47

中山 6 号墳　岡山県教育委員会 1997『中国横断自動車道建設に伴う発掘調査 4』岡山県埋蔵文化財発掘調査報告 121

法蓮 37 号墳　総社市教育委員会 1985『法蓮古墳群』総社市埋蔵文化財発掘調査報告 2

〔新見市〕

新市谷遺跡　岡山県教育委員会 1977『中国縦貫自動車道建設に伴う発掘調査 9』岡山県埋蔵文化財発掘調査報告 15

山根屋古墳群　岡山県教育委員会 1977『中国縦貫自動車道建設に伴う発掘調査 12』岡山県埋蔵文化財発掘調査報告 22

〔赤磐市〕

正崎 2 号古墳　山陽町教育委員会 1989『正崎 24 号古墳』

〔真庭市〕

中原 22 号墳　岡山県教育委員会 1995『中国横断自動車道建設に伴う発掘調査 2』岡山県埋蔵文化財発掘調査報告 93

高屋 B4 号墳　落合町教育委員会 1983『福田 A 遺跡・高屋 B 遺跡』

〔苫田郡〕

赤峪古墳　鏡野町史編集委員会 2000『赤峪古墳』鏡野町埋蔵文化財発掘調査報告第 6 集

【広島県】
〔広島市〕
　須賀谷古墳群　広島県埋蔵文化財調査センター 1985『須賀谷古墳群・畳谷東遺跡発掘調査報告書』広島県埋蔵文化財センター調査報告書第 41 集
　寺山遺跡　広島市歴史科学教育事業団 1997『寺山遺跡発掘調査報告』広島市歴史科学教育事業団調査報告書第 19 集
　権地古墳　広島市教育委員会 1984『九郎杖遺跡 権地遺跡 発掘調査報告』広島市の文化財第 26 集
　池の内遺跡　広島市教育委員会 1985『池の内遺跡発掘調査報告』広島市の文化財第 32 集
　上小田古墳　広島県 1979『広島県史（考古編）』
　西願寺遺跡群　広島県教育委員会 1974『西願寺遺跡群』
　恵下Ｂ古墳群　広島県埋蔵文化財調査センター 2003『灰塚ダム建設に伴う埋蔵文化財発掘調査報告（Ⅴ）』広島県埋蔵文化財センター調査報告書第 203 集
　地蔵堂山第 1 号古墳　広島県埋蔵文化財調査センター 2003『灰塚ダム建設に伴う埋蔵文化財発掘調査報告（Ⅴ）』広島県埋蔵文化財センター調査報告書第 203 集
　中小田第 2 号古墳　広島市教育委員会 1982『中小田古墳群』広島市の文化財第 16 集
　月見城遺跡　広島県埋蔵文化財調査センター 1987『月見城遺跡』広島県埋蔵文化財センター調査報告書第 54 集
　城ノ下第 1 古墳　広島市歴史科学教育事業団 1991『城ノ下Ａ地点遺跡発掘調査報告書』広島市歴史科学教育事業団調査報告書第 2 集
〔福山市〕
　吹越第 3 号古墳　広島県教育委員会 1981『石鎚山古墳群』
　亀山第 1 号古墳　広島県教育委員会 1983『亀山遺跡－第 2 次発掘調査概報－』
　池之坊第 3 号墓　神辺町教育委員会 2004『神辺町内遺跡発掘調査調査概要（2002 年度）』神辺町埋蔵文化財調査報告第 27 集
〔府中市〕
　坊迫Ａ第 3 号墳　府中市教育委員会 2001『坊迫古墳群』府中市埋蔵文化財調査報告書第 13 冊
〔三次市〕
　植松第 4 号古墳　広島県埋蔵文化財調査センター 1987『植松遺跡群』広島県埋蔵文化財センター調査報告書第 58 集
　寺側古墳　広島県埋蔵文化財調査センター 1995『寺側古墳』広島県埋蔵文化財センター調査報告書第 133 集
　四拾貫小原第 1 号古墳　四拾貫小原発掘調査団 1969『四拾貫小原』
〔庄原市〕
　曲第 2 号古墳　広島県教育事業団 2011『中国横断自動車道尾道松江線建設に伴う埋蔵文化財発掘調査報

告 (16) 曲第2～5号古墳』広島県教育事業団発掘調査報告書第39集
　川東大仙山古墳群　広島県埋蔵文化財調査センター 1994『川東大仙山古墳群－第6号・第9号古墳発掘調査報告書』
　和田原D地点遺跡　広島県埋蔵文化財調査センター 1999『和田原D地点遺跡発掘調査報告書』広島県埋蔵文化財調査センター調査報告書第186集
　中央山第2号古墳　広島大学文学部考古学研究室 1978『中央山古墳群の発掘調査』
〔東広島市〕
　金口第2号古墳　広島県埋蔵文化財調査センター 1997『金口古墳群』広島県埋蔵文化財センター調査報告書第145集
〔安芸郡〕
　上安井古墳　広島県埋蔵文化財調査センター 2001『上安井古墳発掘調査報告書』広島県埋蔵文化財センター調査報告書第191集
〔山県郡〕
　壬生西谷古墳　広島県埋蔵文化財調査センター 1989『壬生西谷遺跡』広島県埋蔵文化財センター調査報告書第75集

【山口県】
〔宇部市〕
　松崎古墳　宇部市教育委員会 1981『松崎古墳』宇部市文化財資料第1集
〔山口市〕
　兜山古墳　山口県 2000『山口県史（資料編・考古1）』
　朝田9号墳　山口県教育委員会 1982『朝田墳墓群Ⅴ』山口県埋蔵文化財調査報告第64集
　白石第5号墳　山口県教育委員会 1993『白石第5号墳 白石近世墓』山口県埋蔵文化財調査報告第155集
　天神山第1号墳　山口市教育委員会 1979『天神山古墳』山口市埋蔵文化財調査報告第8集
　　　　　　　　河野正訓 2009「山口市天神山1号墳出土農具について」『山口県立山口博物館研究報告』第35号　山口県立山口博物館　pp.55-62
　天神山第8号墳　山口市教育委員会 1982『天神山古墳Ⅱ』山口市埋蔵文化財調査報告第14集
〔下松市〕
　惣ヶ迫古墳　下松市教育委員会 1998『惣ヶ迫古墳』
　為弘1号墳　下松市教育委員会 1999『為弘古墳群』
　常森古墳群　下松市土地開発公社・土井ヶ浜遺跡人類学ミュージアム）2000『常森古墳群』
　花岡3号墳　山口県 2000『山口県史（資料編・考古1）』
　上岡原7号墳　山口県教育委員会 1989『上岡原古墳群』山口県埋蔵文化財調査報告第117集
〔熊毛郡〕
　木ノ井山古墳　山口県教育委員会 1994『木ノ井山古墳』山口県埋蔵文化財調査報告第166集

【徳島県】
〔徳島市〕
　恵解山古墳群　徳島県教育委員会 1966『眉山周辺の古墳−恵解山古墳群・節句山古墳群−』徳島県文化財調査報告書第9集
〔鳴門市〕
　大代古墳　徳島県埋蔵文化財センター 2005『四国横断自動車道に伴う埋蔵文化財発掘調査報告』徳島県埋蔵文化財センター調査報告書第62集
〔吉野川市〕
　忌部山1号墳　徳島県立博物館 1983『忌部山古墳群』
〔名西郡〕
　長谷古墳　徳島県博物館 1983『徳島県博物館紀要第15集』
〔板野郡〕
　蓮華谷1号墳　徳島県埋蔵文化財センター 1995『四国縦貫自動車道建設に伴う埋蔵文化財発掘調査報告書13』徳島県埋蔵文化財センター調査報告書第13集

【香川県】
〔丸亀市〕
　快天山古墳　香川県津田町教育委員会・綾歌町教育委員会 2002『岩崎山第4号古墳・快天山古墳発掘調査報告書』
〔坂出市〕
　雄山古墳群　香川県教育委員会 2000『県道高松王越坂出線道路改良事業に伴う埋蔵文化財発掘調査報告　雄山古墳群』
〔さぬき市〕
　岩崎山4号墳　日本考古学協会昭和58年度大会・香川県実行委員会 1983『香川の前期古墳』
〔東かがわ市〕
　原間6号墳　香川県教育委員会 2002『四国縦貫自動車道建設に伴う埋蔵文化財発掘調査報告書43　樋端遺跡』
〔香川郡〕
　喜兵衛島古墳群　喜兵衛島刊行会 1999『喜兵衛島』
〔綾歌郡〕
　岡の御堂1号墳　綾南町教育委員会 1977『岡の御堂古墳群調査概報』

【愛媛県】
〔松山市〕
　東山鳶が森2号墳　松山市教育委員会 1981『東山鳶が森古墳群』松山市文化財調査報告書第15集
　斉院茶臼山古墳　松山市教育委員会 1983『斉院茶臼山古墳』松山市文化財調査報告書第16集

高月山第２号古墳　松山市教育委員会 1988『高月山古墳群』松山市文化財調査報告書第 19 集

王神ノ木１号墳　松山市教育委員会 1991『北谷王神ノ木古墳 塚本古墳』松山市文化財調査報告書第 21 集

大池東３号墳　松山市教育委員会 1998『大峰ヶ台遺跡Ⅱ』松山市文化財調査報告書第 62 集

〔今治市〕

治平谷古墳群　今治市教育委員会 1974『唐子台遺跡群』

二の谷２号墳　愛媛県埋蔵文化財調査センター 2000『旦遺跡 宮ノ前遺跡 長沢石打遺跡 長沢１号墳 長沢６号墳 二の谷２号墳 鋏又古墳群 郷桜井西塚古墳』埋蔵文化財発掘調査報告書第 87 集

長沢６号墳　愛媛県埋蔵文化財調査センター 2000『旦遺跡 宮ノ前遺跡 長沢石打遺跡 長沢１号墳 長沢６号墳 二の谷２号墳 鋏又古墳群 郷桜井西塚古墳』埋蔵文化財発掘調査報告書第 87 集

法華寺裏山古墳　愛媛県埋蔵文化財調査センター 2000『旦遺跡 宮ノ前遺跡 長沢石打遺跡 長沢１号墳 長沢６号墳 二の谷２号墳 鋏又古墳群 郷桜井西塚古墳』埋蔵文化財発掘調査報告書第 87 集

旦 13 号墳　愛媛県埋蔵文化財調査センター 2000『旦遺跡 宮ノ前遺跡 長沢石打遺跡 長沢１号墳 長沢６号墳 二の谷２号墳 鋏又古墳群 郷桜井西塚古墳』埋蔵文化財発掘調査報告書第 87 集

〔伊予市〕

上三谷原古墳　愛媛県埋蔵文化財調査センター 1998『四国縦貫自動車道建設に伴う埋蔵文化財発掘調査報告書Ⅻ－伊予市編Ⅱ－』

【高知県】

〔南国市〕

長畝古墳群　高知県文化財団埋蔵文化財センター 1996『長畝遺跡・長畝古墳群』高知県埋蔵文化財センター発掘調査報告書第 25 集

【福岡県】

〔福岡市〕

宝満尾古墳　福岡市教育委員会 1974『宝満尾遺跡』福岡市埋蔵文化財調査報告書第 26 集

広石Ⅱ－２号墳　福岡市教育委員会 1977『広石古墳群』福岡市埋蔵文化財調査報告書第 41 集

吉武塚原古墳群　福岡市教育委員会 1980『吉武塚原古墳群』福岡市埋蔵文化財調査報告書第 54 集

下月隈天神森２号墳　福岡市教育委員会 1981『下月隈天神森遺跡』福岡市埋蔵文化財調査報告書第 76 集

藤崎第１号方形周溝墓　福岡市教育委員会 1982『藤崎遺跡』福岡市埋蔵文化財調査報告書第 80 集

柏原Ａ－２号墳　福岡市教育委員会 1986『柏原遺跡群Ⅱ』福岡市埋蔵文化財調査報告書第 125 集

老司古墳　福岡市教育委員会 1989『老司古墳』福岡市埋蔵文化財調査報告書第 209 集

クエゾノ４号墳　福岡市教育委員会 1995『クエゾノ遺跡』福岡市埋蔵文化財調査報告書第 420 集

席田大谷２号墳　福岡市教育委員会 1997『大谷遺跡群』福岡市埋蔵文化財調査報告書第 537 集

舞松原古墳　福岡市教育委員会 1997『舞松原古墳』福岡市埋蔵文化財調査報告書第 533 集

鋤崎古墳　福岡市教育委員会 2002『鋤崎古墳』福岡市埋蔵文化財調査報告書第 730 集

浦江古墳群　福岡市教育委員会 2004『金武１』福岡市埋蔵文化財調査報告書第 792 集

元岡・桑原 E-2 号墳　　福岡市教育委員会 2005『元岡・桑原遺跡群 5』福岡市埋蔵文化財調査報告書第 861 集
　祇園山古墳　福岡県教育委員会 1979『九州縦貫自動車道関係埋蔵文化財調査報告 XXⅦ』
〔大牟田市〕
　潜塚古墳　大牟田市教育委員会 1975『潜塚古墳』
〔久留米市〕
　西行 3 号墳　久留米市教育委員会 1993『西行古墳群』久留米市文化財調査報告書第 84 集
〔飯塚市〕
　赤坂 1 号墳　飯塚市教育委員会 1984『赤坂遺跡』飯塚市文化財調査報告書第 8 集
〔八女市〕
　長野 1 号墳　福岡県教育委員会 2001『長野古墳群』福岡県文化財調査報告書第 158 集
〔行橋市〕
　竹並古墳群　竹並遺跡調査団 1977『竹並遺跡』
〔小郡市〕
　横隈狐塚遺跡　小郡市教育委員会 1983『横隈狐塚遺跡』小郡市文化財調査報告書第 17 集
〔筑紫野市〕
　古剣塚第 3 号墳　福岡県教育委員会 1978『九州縦貫自動車道関係埋蔵文化財調査報告 XXⅣ』
〔大野城市〕
　牛頸塚原 11 号墳　大野城市教育委員会 1995『牛頸塚原遺跡群』大野城市文化財調査報告書第 44 集
〔宗像市〕
　朝町妙見古墳群　宗像市教育委員会 1984『宗像埋蔵文化財発掘調査概報（1983 年度）』宗像市文化財調査報告書第 7 集
　冨地原梅木 17 号墳　宗像市教育委員会 1990『名残Ⅲ』宗像市文化財調査報告書第 25 集
　田久瓜ヶ坂 1 号墳　宗像市教育委員会 1999『田久瓜ヶ坂』宗像市文化財調査報告書第 46 集
　大井平野遺跡 SO1　宗像市教育委員会 2004『大井平野』宗像市文化財調査報告書第 56 集
〔太宰府市〕
　菖蒲浦 1 号墳　太宰府町教育委員会 1976『菖蒲浦古墳群の調査』大宰府町の文化財第 1 集
〔前原市〕
　井ノ浦古墳　前原市教育委員会 1994『井ノ浦古墳・辻ノ田古墳群』前原市文化財調査報告書第 53 集
　西堂四反田 1 号墳　前原市教育委員会 1994『井原地区周辺の古墳群』前原市文化財調査報告書第 51 集
　砂魚塚 1 号墳　前原市教育委員会 1995『萩原』前原市文化財調査報告書第 58 集
　井原 1 号墳　前原市教育委員会 2003『井原 1 号墳』前原市教育委員会第 83 集
　井原遺跡　前原町教育委員会 1987『井原遺跡群』前原町文化財調査報告書第 25 集
〔古賀市〕

花見第1号墳　　古賀町教育委員会1984『花見遺跡』古賀町文化財調査報告書第4集

千鳥7号墳　　古賀町教育委員会1985『浜山・千鳥遺跡』古賀町文化財調査報告書第5集

川原庵山8号墳　　福岡県教育委員会1974『九州縦貫自動車道関係埋蔵文化財調査報告Ⅳ』

〔福津市〕

奴山5号古墳　　津屋崎町教育委員会1978『奴山5号墳発掘調査報告』

宮司井手ノ上古墳　　津屋崎町教育委員会1991『宮司井手ノ上古墳』津屋崎町文化財調査報告第7集

手光北6号墳　　福間町教育委員会1999『手光古墳群Ⅱ』福間町文化財調査報告書第15集

〔うきは市〕

楠名古墳　　浮羽町教育委員会1987『楠名古墳』浮羽町文化財調査報告書第2集

〔宮若市〕

汐井掛第11号古墳　　福岡県教育委員会1978『九州縦貫自動車道関連埋蔵文化財調査報告ⅩⅩⅡ』

〔朝倉市〕

神蔵古墳　　甘木市教育委員会1978『神蔵古墳』甘木市文化財調査報告第3集

池の上墳墓群　　甘木市教育委員会1979『池の上墳墓群』甘木市文化財調査報告第5集

古寺墳墓群　　甘木市教育委員会1982『古寺墳墓群』甘木市文化財調査報告第14集
　　　　　　　甘木市教育委員会1983『古寺墳墓群Ⅱ』甘木市文化財調査報告第15集

立野A11号方形周溝墓　　福岡県教育委員会1984『九州横断自動車道関係埋蔵文化財調査報告5－立野遺跡（2）－』

柿原古墳群　　福岡県教育委員会1986『九州横断自動車道関係埋蔵文化財調査報告6』

中野裏1号墳　　福岡県教育委員会1991『九州横断自動車道関係埋蔵文化財調査報告21』

小松原・堤古墳　　福岡県教育委員会1994『九州横断自動車道関係埋蔵文化財調査報告29』

〔糸島市〕

稲葉2号墳　　志摩町教育委員会1985『稲葉古墳群』志摩町文化財調査報告書第5集

〔筑紫郡〕

カクチガ浦古墳群　　那珂川町教育委員会1990『カクチガ浦遺跡群』那珂川町文化財調査報告書第23集

野口古墳群　　那珂川町教育委員会2001『野口遺跡群』那珂川町文化財調査報告書第53集

〔糟屋郡〕

萱葉古墳群　　志免町教育委員会1984『萱葉古墳群』志免町文化財調査報告書第2集

松ノ尾9号墳　　志免町教育委員会1993『松ノ尾古墳群』志免町文化財調査報告書第4集

乙植木2号墳　　福岡県教育委員会1977『九州縦貫自動車道関係埋蔵文化財調査報告Ⅹ』

〔遠賀郡〕

尾崎・天神4号墳　　遠賀町教育委員会1995『尾崎・天神遺跡Ⅲ』遠賀町文化財調査報告書第7集

〔嘉穂郡〕

二塚6-3号横穴墓　　桂川町教育委員会1989『土師地区遺跡群Ⅷ』桂川町文化財調査報告書第11集

〔朝倉郡〕
　笹隈7号墳　福岡県教育委員会 1997『笹隈遺跡』九州横断自動車道関係埋蔵文化財調査報告 44
〔三井郡〕
　本郷鶯塚1号墳　大刀洗町教育委員会 1994『本郷鶯塚1号墳』大刀洗町文化財調査報告書第6集
〔京都郡〕
　徳永川ノ上41号墓　福岡県教育委員会 1996『徳永川ノ上遺跡Ⅱ』一般国道10号線椎田遺跡関係埋蔵文化財調査報告第7集

【佐賀県】
〔佐賀市〕
　森ノ上古墳　佐賀県教育委員会 1949『佐賀県史蹟名勝天然記念物調査報告第8集』
　金立開拓ST024古墳　佐賀県教育委員会 1984『金立開拓遺跡』佐賀県文化財調査報告書第77集
　久保泉丸山古墳群　佐賀県教育委員会 1986『久保泉丸山遺跡』佐賀県文化財調査報告書第84集
〔唐津市〕
　中原5号墳　唐津市教育委員会 1987『中原遺跡』唐津市文化財調査報告書第18集
　目貫ST01古墳　佐賀県教育委員会 2006『大江前遺跡・目貫古墳群・赤野遺跡・裃裟丸城跡・岩根遺跡』佐賀県文化財調査報告書第167集
　経塚山古墳　浜玉町教育委員会 1980『経塚山古墳』浜玉町文化財調査報告書第1集
〔鳥栖市〕
　永田ST302古墳　佐賀県教育委員会 2002『柚比遺跡群2』佐賀県文化財調査報告書第150集
〔小城市〕
　織島東分下遺跡　小城市教育委員会 2006『織島東分下遺跡』小城市文化財調査報告書第1集
〔神埼郡〕
　西一本杉ST009古墳　佐賀県教育委員会 1983『西原遺跡』佐賀県文化財調査報告書第66集

【熊本県】
〔宇土市〕
　ヤンボシ塚古墳　宇土市教育委員会 1986『ヤンボシ塚古墳・楢崎古墳』宇土市埋蔵文化財調査報告書第13集
〔宇城市〕
　大見観音崎古墳　熊本県教育委員会 1982『大見観音崎石棺群・大串古墳・要古墳群』熊本県文化財調査報告第57集
〔下益城郡〕
　将軍塚古墳　熊本県教育委員会 1983『上の原遺跡Ⅰ』熊本県文化財調査報告第58集
　塚原古墳群　熊本県教育委員会 1983『上の原遺跡Ⅰ』熊本県文化財調査報告第58集
　　　　　　　城南町教育委員会 1986『塚原古墳群発掘調査報告書』城南町文化財調査報告書第5集

小坂大塚古墳　　熊本県 1925『熊本県史蹟名勝天然記念物調査報告第 2 冊』

【大分県】
〔大分市〕
　　飛山第 17 号横穴　　大分県教育委員会 1973『飛山』大分県文化財調査報告第 28 集
〔中津市〕
　　勘助野地 1 号墳　　大分県教育委員会 1988『中津バイパス埋蔵文化財発掘調査報告書Ⅰ』
　　上ノ原 8 号横穴墓　　大分県教育委員会 1989『上ノ原横穴墓群Ⅰ』
〔日田市〕
　　小迫第 5 号横穴墓　　大分県教育委員会 1995『小迫墳墓群』九州横断自動車道関係埋蔵文化財発掘調査報告書 3
　　大迫 26 号墓　　大分県教育委員会 1997『九州自動車道関係埋蔵文化財発掘調査報告書 6』
　　夕田古墳群　　大分県教育委員会 1999『夕田遺跡群』九州横断自動車道関係埋蔵文化財発掘調査報告書 14
〔佐伯市〕
　　樫野古墳　　佐伯市教育委員会 1998『樫野古墳』
〔豊後高田市〕
　　岬古墳　　真野和夫 1990「入江先生を偲んで－香々地町古墳出土遺物」『おおいた考古』第 3 集　大分県考古学会　pp.5-9
〔宇佐市〕
　　別府・折戸ノ上 1 号方形周溝墓　　宇佐市教育委員会 2001『宇佐地区遺跡群発掘調査概報ⅩⅢ』
　　免ヶ平古墳　　大分県立宇佐風土記の丘歴史民俗資料館 1986『研究紀要 VOL.3』
〔国東市〕
　　伊美崎 2 号墓　　国見町教育委員会 1989『伊美崎遺跡』

【宮崎県】
〔宮崎市〕
　　下北方地下式横穴墓群　　宮崎県 1993『宮崎県史』（資料編　考古 2）
　　池内 B7 号横穴墓　　宮崎県教育委員会 1997『池内横穴墓群発掘調査整理報告書』
〔延岡市〕
　　後曹木箱式石棺群　　宮崎県 1993『宮崎県史』（資料編　考古 2）
〔小林市〕
　　新田場地下式横穴墓群　　宮崎県教育委員会 1991『宮崎県文化財調査報告書第 34 集』
〔西都市〕
　　元地原地下第 5 号墳　　西都市教育委員会 1987『西都市埋蔵文化財発掘調査報告書第 2 集』
〔西諸県郡〕
　　立切 65 号地下式横穴墓　　高原町教育委員会 1991『立切地下式横穴墓群』高原町文化財調査報告書第 1 集

大萩B-2号地下式横穴墓　　宮崎県教育委員会 1984『宮崎県文化財調査報告書第27集』
　　大萩地下式横穴37号墓　　宮崎県教育委員会 1985『宮崎県文化財調査報告書第28集』
〔東諸県郡〕
　　市の瀬地下式横穴墓群　　宮崎県 1993『宮崎県史』(資料編　考古2)
　　宗仙寺10号地下式横穴　　宮崎県 1993『宮崎県史』(資料編　考古2)
　　中迫1号地下式横穴　　宮崎県 1993『宮崎県史』(資料編　考古2)
【鹿児島県】
〔鹿屋市〕
　　岡崎18号墳　　鹿児島大学総合研究博物館 2005『大隈串良 岡崎古墳群－発掘調査概報－』

遺跡文献（集落）

【滋賀県】

〔東近江市〕

 平阪遺跡 五個荘町教育委員会 1985『木流遺跡・平阪遺跡』五個荘町文化財調査報告書 4

 横受遺跡 能登川町教育委員会 1994『横受遺跡（1次調査）』能登川町埋蔵文化財調査報告書第 32 集

【京都府】

〔福知山市〕

 石本遺跡 京都府埋蔵文化財センター 1987『京都府遺跡調査報告書第 8 冊』

 奥谷西遺跡 京都府埋蔵文化財センター 1988『京都府遺跡調査報告書第 10 冊』

〔城陽市〕

 森山遺跡 城陽市教育委員会 1977『城陽市埋蔵文化財調査報告書第 6 集』

 横道遺跡 城陽市教育委員会 199『城陽市埋蔵文化財調査報告書第 22 集』

〔与謝郡〕

 有熊遺跡 立命館大学文学部学芸員課程 1991『有熊遺跡第 1・2 次発掘調査概報』立命館大学文学部学芸員課程研究報告第 3 冊

【大阪府】

〔茨木市〕

 東奈良遺跡 大阪府教育委員会 1990『東奈良遺跡発掘調査概要Ⅱ』

〔四条畷市〕

 蔀屋北遺跡 大阪府教育委員会 2009『蔀屋北遺跡Ⅰ』大阪府埋蔵文化財調査報告 2009-3

【奈良県】

〔天理市〕

 布留遺跡 埋蔵文化財天理教調査団 1996『布留遺跡布留（西小路）地区古墳時代の遺構と遺物』考古学調査研究中間報告 19

     埋蔵文化財天理教調査団 2006『布留遺跡豊井（宇久保）地区発掘調査報告書』考古学調査研究中間報告 24

【和歌山県】

〔和歌山市〕

 西庄遺跡 和歌山県文化財センター 2003『西庄遺跡』

〔日高郡〕

　徳蔵地区遺跡　　和歌山県文化財センター 2005『徳蔵地区遺跡』

【鳥取県】

〔米子市〕

　上福万妻神遺跡　　米子市教育委員会 1991『上福万妻神遺跡』

〔東伯郡〕

　箆津乳母ヶ谷第２遺跡　　鳥取県埋蔵文化財センター 2007『箆津乳母ヶ谷第２遺跡Ⅱ』鳥取県埋蔵文化財センター調査報告書 15

　長瀬高浜遺跡　　鳥取県教育文化財団 1978『長瀬高浜遺跡Ⅰ』

　　　　　　　　　鳥取県教育文化財団 1979『長瀬高浜遺跡Ⅱ』

　　　　　　　　　鳥取県教育文化財団 1980『長瀬高浜遺跡発掘調査報告書Ⅰ』鳥取県教育文化財団調査報告書 3

　　　　　　　　　鳥取県教育文化財団 1980『長瀬高浜遺跡Ⅲ』鳥取県教育文化財団調査報告書 4

　　　　　　　　　鳥取県教育文化財団 1981『長瀬高浜遺跡発掘調査報告書Ⅱ』鳥取県教育文化財団調査報告書 5

　　　　　　　　　鳥取県教育文化財団 1981『長瀬高浜遺跡発掘調査報告書Ⅲ』鳥取県教育文化財団調査報告書 8

　　　　　　　　　鳥取県教育文化財団 1981『長瀬高浜遺跡Ⅳ』鳥取県教育文化財団調査報告書 6

　　　　　　　　　鳥取県教育文化財団 1982『長瀬高浜遺跡発掘調査報告書Ⅳ』鳥取県教育文化財団報告書 11

　　　　　　　　　鳥取県教育文化財団 1983『長瀬高浜遺跡発掘調査報告書Ⅴ』鳥取県教育文化財団報告書 12

　　　　　　　　　鳥取県教育異文化財団 1983『長瀬高浜遺跡発掘調査報告書Ⅵ』鳥取県教育文化財団報告書 14

　　　　　　　　　鳥取県教育文化財団 1997『長瀬高浜遺跡Ⅶ』鳥取県教育文化財団調査報告書 49

　　　　　　　　　鳥取県教育文化財団 1999『長瀬高浜遺跡Ⅷ　園第６遺跡』鳥取県教育文化財団調査報告書 61

　　　　　　　　　羽合町教育委員会 1984『長瀬高浜遺跡発掘調査報告書』

　　　　　　　　　羽合町教育委員会 1995『長瀬高浜遺跡緊急発掘調査報告書』羽合町文化財調査報告書第 11 集

〔西伯郡〕

　妻木晩田遺跡　　大山町教育委員会 2000『妻木晩田遺跡発掘調査報告Ⅲ＜妻木新山・仙谷地区＞』大山町埋蔵文化財調査報告書第 17 集

【島根県】

〔松江市〕

渋山池遺跡　建設省松江国道工事事務所・島根県教育委員会 1997『渋山池遺跡・原ノ前遺跡』

〔鹿足郡〕

前立山遺跡　島根県教育委員会 1980『中国縦貫自動車道建設に伴う埋蔵文化財発掘調査報告書』

【岡山県】

〔岡山市〕

百間川沢田遺跡　岡山県教育委員会 1993『百間川沢田遺跡3』岡山県埋蔵文化財発掘調査報告 84

津寺三本木遺跡　岡山県教育委員会 1999『津寺三本木遺跡 津寺一軒屋遺跡』岡山県埋蔵文化財発掘調査報告 142

高塚遺跡　岡山県教育委員会 2000『高塚遺跡 三手遺跡2』岡山県埋蔵文化財発掘調査報告 150

百間川原尾島遺跡　岡山県教育委員会 2004『百間川原尾島遺跡6』岡山県埋蔵文化財発掘調査報告 179

〔倉敷市〕

足守川矢部南向遺跡　岡山県教育委員会 1995『足守川河川改修工事に伴う発掘調査 足守川矢部南向遺跡』岡山県埋蔵文化財発掘調査報告 94

〔津山市〕

大開遺跡　津山市教育委員会 1994『津山市 大開古墳群 大開遺跡』津山市埋蔵文化財発掘調査報告第 51 集

〔苫田郡〕

久田原遺跡　岡山県教育委員会 2004『久田原遺跡 久田原古墳群』岡山県埋蔵文化財発掘調査報告 184

夏栗遺跡　岡山県教育委員会 2005『夏栗遺跡』岡山県埋蔵文化財発掘調査報告 194

〔勝田郡〕

宮ノ上遺跡　岡山県教育委員会 2006『国司尾遺跡 坂田遺跡 坂田墳墓群 宮ノ上遺跡 宮ノ上古墳群』岡山県埋蔵文化財発掘調査報告 197

【広島県】

〔広島市〕

塔之原遺跡　広島県教育事業団 2006『塔之原遺跡』広島県教育事業団発掘調査報告書第 14 集

〔三次市〕

土森遺跡　広島県埋蔵文化財調査センタ 2003『灰塚ダム建設に伴う埋蔵文化財発掘調査報告書Ⅶ』広島県埋蔵文化財調査センター調査報告書第 205 集

〔庄原市〕

布掛遺跡　広島県教育事業団 2007『布掛遺跡・大槙神遺跡』広島県教育事業団発掘調査報告書第 20 集

〔東広島市〕

時宗遺跡　東広島市教育文化振興事業団 2003『時宗遺跡発掘調査報告書』文化財センター調査報告書第 38 冊

助平３号遺跡　　広島県埋蔵文化財調査センター 1993『西条第一土地区画整理事業に伴う埋蔵文化財発掘調査報告Ⅱ』広島県埋蔵文化財調査センター調査報告書第 114 集

【山口県】
〔山口市〕
　　毛割遺跡　　山口市教育委員会 1983『毛割遺跡』山口市埋蔵文化財調査報告第 18 集
〔柳井市〕
　　向田遺跡　　山口県埋蔵文化財センター 2000『向田遺跡』山口県埋蔵文化財センター調査報告第 17 集

【徳島県】
〔三好郡〕
　　大柿遺跡　　徳島県教育委員会 2004『四国縦貫自動車道建設に伴う埋蔵文化財発掘調査報告 24　大柿遺跡Ⅱ』徳島県埋蔵文化財センター調査報告第 48 集

【愛媛県】
〔松山市〕
　　北井門遺跡　　愛媛県埋蔵文化財センター 2010『北井門遺跡』埋蔵文化財発掘調査報告書第 159 集
　　福音小学校構内遺跡　　松山市教育委員会 2003『福音小学校構内遺跡Ⅱ』松山市文化財調査報告書第 91 集
〔伊予郡〕
　　出作遺跡　　松前町教育委員会 1993『出作遺跡Ⅰ』
　　麻生小学校南遺跡　　砥部町教育委員会 1993『砥部町内埋蔵文化財調査報告書Ⅲ』砥部町埋蔵文化財調査報告書第 9 集

【福岡県】
〔北九州市〕
　　長野Ｅ遺跡　　北九州市教育文化事業団埋蔵文化財調査室 1984『長野Ａ・Ｅ遺跡調査概報』北九州市埋蔵文化財調査報告書第 24 集
〔福岡市〕
　　比恵遺跡　　福岡市教育委員会 1990『比恵遺跡群 9』福岡市埋蔵文化財調査報告書第 227 集
　　姪浜遺跡　　福岡市教育委員会 1996『姪浜遺跡 2』福岡市埋蔵文化財調査報告書第 478 集
　　元岡・桑原遺跡　　福岡市教育委員会 2004『元岡・桑原遺跡群 3』福岡市埋蔵文化財調査報告書第 829 集
　　西新町遺跡　　福岡市教育委員会 2006『西新町遺跡Ⅶ』福岡県文化財調査報告書第 208 集
〔行橋市〕
　　下稗田遺跡　　行橋市教育委員会 1985『下稗田遺跡』行橋市文化財調査報告書第 17 集
　　　　　　　　行橋市教育委員会 1986『下稗田遺跡　Ｌ地区』行橋市文化財調査報告書第 18 集
〔筑紫野市〕
　　永岡岸元遺跡　　筑紫野市教育委員会 2007『永岡岸元遺跡』筑紫野市文化財調査報告書第 91 集
〔前原市〕

三雲遺跡　　福岡県教育委員会1983『三雲遺跡Ⅳ』福岡県文化財調査報告書第65集
〔うきは市〕
　　塚堂遺跡　　福岡県教育委員会1984『塚堂遺跡Ⅱ　A地区』浮羽バイパス関係埋蔵文化財調査報告第2集
　　　　　　　　福岡県教育委員会1985『塚堂遺跡Ⅳ　D地区』浮羽バイパス関係埋蔵文化財調査報告第4集
　　仁右衛門畑遺跡　福岡県教育委員会2000『仁右衛門畑遺跡Ⅰ』浮羽バイパス関係埋蔵文化財調査報告第
　　　　12集
〔朝倉市〕
　　立野遺跡　　福岡県教育委員会1986『九州横断自動車道関係埋蔵文化財調査報告8』
〔糸島市〕
　　御床松原遺跡　志摩町教育委員会1983『御床松原遺跡』志摩町文化財調査報告書第3集
〔筑紫郡〕
　　今光遺跡　　東急不動産株式会社1980『今光遺跡　地余遺跡調査報告書』
　　松木遺跡　　那珂川町教育委員会1984『松木遺跡Ⅰ』那珂川町文化財調査報告書第11集
〔遠賀郡〕
　　尾崎・天神遺跡　遠賀町教育委員会1991『尾崎・天神遺跡Ⅰ』遠賀町文化財調査報告書第2集

【佐賀県】
〔鳥栖市〕
　　藪原遺跡　　鳥栖市教育委員会2005『天神木遺跡1区　藪原遺跡2・3・4区』鳥栖市文化財調査報告書
　　　　第74集

【熊本県】
〔玉名市〕
　　小園遺跡　　熊本県教育委員会2010『小園遺跡』熊本県文化財調査報告第253集

【大分県】
〔大分市〕
　　毛井遺跡　　大分県教育委員会2002『毛井遺跡B地区』大分県文化財調査報告書第135集
〔竹田市〕
　　板切第Ⅱ遺跡　久住町教育委員会1999『板切遺跡群（第Ⅰ〜Ⅴ）・小原田遺跡』久住町文化財調査報告
　　　　第6集
　　都野原田遺跡　久住町教育委員会2001『都野原田遺跡』大分県文化財調査報告書第128集・久住町文化
　　　　財調査報告第9集
　　花立遺跡　　久住町教育委員会2000『市第Ⅳ遺跡・トグワ遺跡・花立遺跡』久住町文化財調査報告書第8集
　　上城遺跡　　久住町教育委員会2002『上城遺跡』久住町文化財調査報告書第10集
〔豊後大野市〕
　　舞田原遺跡　犬飼町教育委員会1985『舞田原』

鹿道原遺跡　千歳村教育委員会 2001『鹿道原遺跡』千歳村文化財調査報告書第Ⅶ集

【宮崎県】

〔児湯郡〕

上薗遺跡　新富町教育委員会 1995『上薗遺跡Ｆ地区　溜水第2遺跡』新富町文化財調査報告書第18集

図版・表出典

【図版】（所蔵先を明記しているものは、筆者実測・撮影）

図Ⅰ1-1　筆者作成

図Ⅰ1-2　筆者作成

図Ⅰ1-3　筆者作成

図Ⅰ1-4　1～3：赤井手遺跡（橋口1983）を再トレース
　　　　　4：カラカミ遺跡（岡崎1956）を再トレース
　　　　　5：文京遺跡（宮本編1991）を再トレース

図Ⅰ1-5　筆者作成

図Ⅰ1-6　大和6号墳（古瀬編2004）を再トレース

図Ⅰ1-7　出作遺跡（谷若編1993）を再トレース

図Ⅰ1-8　筆者作成

図Ⅰ1-9　筆者作成

図Ⅰ1-10　冨地原梅木17号墳（宗像市教育委員会蔵）

図Ⅰ1-11　筆者作成

図Ⅰ1-12　長越遺跡（兵庫県教育委員会蔵）

図Ⅰ1-13　1・2：長越遺跡（松下編1978）を再トレース
　　　　　3：下田遺跡（西村編1996）を再トレース
　　　　　4：津島遺跡（島崎ほか2003）を再トレース
　　　　　5：姫原西遺跡（足立1999）を再トレース
　　　　　6：上東遺跡（古代吉備文化財センター蔵）

図Ⅰ2-1　（上原2000）より作成

図Ⅰ2-2　筆者作成

図Ⅰ2-3　筆者作成

図Ⅰ2-4　白木原案：（白木原1960）を改変トレース
　　　　　松本案：（松本1969）を改変トレース
　　　　　中村案：（中村編1995）を改変トレース
　　　　　古瀬案：（古瀬2002）を改変トレース

図Ⅰ2-5　1：立明寺地区遺跡（筑紫野市教育委員会蔵）

　　　　　　　2：上灌子遺跡（伊都国歴史博物館蔵）
　　　　　　　3：常森2号墳（下松市教育委員会蔵）
　　　　　　　4：大和4号墳（宮内庁書陵部蔵）
　　　　　　　5：徳雲寺北2号墳（南丹市教育委員会蔵）
　　　　　　　6：上定第27号墳（財団法人広島県教育事業団埋蔵文化財調査室蔵）
　　　　　　　7：冨地原梅木17号墳（宗像市教育委員会蔵）
　　　　　　　8：為弘1号墳（下松市教育委員会蔵）
図Ⅰ2-6　筆者作成
図Ⅰ2-7　筆者作成
図Ⅰ2-8　1：五反島遺跡（吹田市教育委員会蔵）
　　　　　　　2：田屋遺跡（和歌山県立紀伊風土記の丘蔵）
図Ⅰ2-9　生萱本誓寺遺跡（上原1993）を再トレース
図Ⅰ2-10　（上原1993）より作成
図Ⅰ3-1　（上原1993）より作成
図Ⅰ3-2　筆者作成
図Ⅰ3-3　筆者作成
図Ⅰ3-4　筆者作成
図Ⅰ3-5　筆者撮影
図Ⅰ3-6　野毛大塚古墳（清喜1999）より作成
図Ⅰ3-7　御獅子塚古墳（豊中市教育委員会蔵）
図Ⅰ3-8　赤塚古墳（城陽市歴史民俗資料館蔵）
図Ⅰ3-9　1：桂見2号墳（鳥取市埋蔵文化財センター蔵）
　　　　　　　2：巣山古墳（東影編2011）を再トレース
　　　　　　　3：美和34号墳（鳥取市埋蔵文化財センター蔵）
図Ⅰ3-10　1：椿井大塚山古墳（京都大学総合博物館蔵）
　　　　　　　2：神宮寺山古墳（倉敷考古館蔵）
図Ⅰ3-11　角江遺跡（静岡県埋蔵文化財調査研究所編1996）を再トレース
図Ⅰ3-12　五反島遺跡（吹田市教育委員会蔵）
図Ⅰ3-13　大板井遺跡（野島2008）を再トレース
図Ⅰ3-14　（甲元1975）
図Ⅰ3-15　1：板付遺跡（上原1993）を再トレース
　　　　　　　2：福音寺遺跡（上原1993）を再トレース
図Ⅰ4-1　（山口1989）より作成
図Ⅰ4-2　筆者作成

図版・表出典

図Ⅰ4－3　袋式：天神山1号墳（山口県立山口博物館蔵）
　　　　　板式：豊中大塚古墳（豊中市教育委員会蔵）
　　　　　釘式：船田遺跡（佐々木1977）を再トレース
　　　　　一体形：亀山古墳（石田2006）を実見のうえ再トレース

図Ⅰ4－4　筆者作成

図Ⅰ4－5　御獅子塚古墳（豊中市教育委員会蔵）

図Ⅰ4－6　1：那珂君休遺跡（山口1989）を再トレース
　　　　　2：玉津田中遺跡（菱田編1994）を再トレース
　　　　　3：岡村遺跡（和歌山県立博物館蔵）
　　　　　4：河田宮ノ北遺跡（伊藤ほか編2004）を再トレース
　　　　　5：田屋遺跡（和歌山県立紀伊風土記の丘蔵）
　　　　　6：保津・宮古遺跡（橿原考古学研究所蔵）
　　　　　7：本高弓ノ木遺跡（鳥取県埋蔵文化財センター蔵）

図Ⅰ4－7　（魚津2009）を改変トレース

図Ⅰ4－8　1・2：都野原田遺跡（竹田市文化財管理センター蔵）
　　　　　3：舞田原遺跡（豊後大野市歴史民俗資料館蔵）
　　　　　4：板切遺跡（宮内編1999）を再トレース
　　　　　5：花立遺跡（竹田市文化財管理センター蔵）

図Ⅰ4－9　新原・奴山44号墳（池ノ上編2001）を再トレース

図Ⅰ4－10　1・2：行者塚古墳（加古川文化財総合センター蔵）
　　　　　 3：上定第27号墳（財団法人広島県教育事業団埋蔵文化財調査室蔵）

図Ⅰ4－11　1～9：西墓山古墳（藤井寺市教育委員会蔵）
　　　　　 10～13：大和6号墳（宮内庁書陵部蔵）

図Ⅱ1－1　（川越1993）を改変トレース

図Ⅱ1－2　西一本杉ST009古墳（佐賀県立博物館蔵）

図Ⅱ1－3　筆者撮影

図Ⅱ1－4　1：竜山5号墳（高砂市教育委員会蔵）
　　　　　2：神蔵古墳（甘木歴史資料館蔵）
　　　　　3：野瀬古墳（長浜市教育委員会蔵）
　　　　　4：上安井古墳（財団法人広島県教育事業団埋蔵文化財調査室蔵）
　　　　　5・13：安土瓢箪山古墳（京都大学総合博物館蔵）
　　　　　6：岩谷2号墳（綾部市教育委員会蔵）
　　　　　7：竹並15号墳（行橋市歴史資料館蔵）
　　　　　8：大井平野遺跡SO1（宗像市教育委員会蔵）

                9：千鳥7号墳（古賀市教育委員会蔵）
                10：神宮寺山古墳（倉敷考古館蔵）
                11：伯耆国分寺古墳（岩本2006）を再トレース
                12：松崎古墳（宇部市教育委員会蔵）
                14：大寺1号墳（仁木編2005）を資料実見のうえ再トレース
図Ⅱ1-5　筆者作成
図Ⅱ1-6　1：大和6号墳（宮内庁書陵部蔵）
                2：西墓山古墳（藤井寺市教育委員会蔵）
                3：神宮寺山古墳（倉敷考古館蔵）
                4：堂山1号墳（近つ飛鳥博物館蔵）
                5：河内野中古墳（大阪大学考古学研究室蔵）
図Ⅱ1-7　神宮寺山古墳（倉敷考古館蔵）
図Ⅱ1-8　（藤井寺市教育委員会1997）を改変
図Ⅱ1-9　上：庵寺山古墳（宇治市歴史資料館蔵）
                下：舞松原古墳（福岡市埋蔵文化財センター蔵）
図Ⅱ2-1　筆者作成
図Ⅱ2-2　1：園部垣内古墳（南丹市教育委員会蔵）
                2：紫金山古墳（阪口編2005）を資料実見のうえ再トレース
                3：寛弘寺1号墳（大阪府文化財センター蔵）
                4：私市円山古墳（綾部市教育委員会蔵）
                5：萱葉2号墳（志免町教育委員会蔵）
                6：西墓山古墳（藤井寺市教育委員会蔵）
                7：岩谷2号墳（綾部市教育委員会蔵）
                8：赤峪古墳（鏡野町教育委員会蔵）
                9：宇治二子山古墳北墳（宇治市歴史資料館蔵）
                10：庵寺山古墳（宇治市歴史資料館蔵）
                11：龍子三ツ塚1号墳（たつの市教育委員会蔵）
                12：木ノ井山古墳（山口県埋蔵文化財センター蔵）
                13：三刀屋熊谷1号墳（島根県教育庁埋蔵文化財センター蔵）
                14：鳥坂2号墳（たつの市立龍野歴史文化資料館蔵）
                15：竹並15号墳（行橋市歴史資料館蔵）
                16：大迫26号墳（大分県教育庁埋蔵文化財センター蔵）
図Ⅱ2-3　筆者作成
図Ⅱ2-4　筆者作成

図版・表出典

- 図Ⅱ2-5　筆者作成
- 図Ⅱ2-6　1〜6：紫金山古墳（阪口編2005）を資料実見のうえ再トレース
  　　　　2〜9：免ヶ平古墳（宇佐風土記の丘歴史資料館蔵）
- 図Ⅱ3-1　筆者作成
- 図Ⅱ3-2　（井口1998）を再トレース
- 図Ⅱ3-3　（井口1998）より作成
- 図Ⅱ3-4　岩谷2号墳（綾部市教育委員会蔵）
- 図Ⅱ3-5　（豊島2008）
- 図Ⅱ3-6　新沢千塚500号墳（伊達編1981）を資料実見のうえ改変
  　　　　尼塚古墳（京都府立山城郷土資料館蔵）
  　　　　園部垣内古墳（南丹市立文化博物館蔵）
  　　　　安土瓢箪山古墳（京都大学総合博物館蔵）
- 図Ⅲ1-1　筆者作成
- 図Ⅲ1-2　筆者作成
- 図Ⅲ1-3　布留遺跡　鉄製品：（埋蔵文化財天理教調査団蔵）
  　　　　鉄製品以外：（太田編2006）より作成
- 図Ⅲ1-4　1：寺山第3号古墳（財団法人広島市文化財団蔵）
  　　　　2：亀山古墳（加西市教育委員会蔵）
  　　　　3：大谷古墳（樋口編1959）を資料実見のうえ再トレース
  　　　　4：常森1号墳（下松市教育委員会蔵）
- 図Ⅲ1-5　筆者作成
- 図Ⅲ1-6　野中アリ山古墳（大阪大学考古学研究室蔵）
- 図Ⅲ1-7　筆者作成
- 図Ⅲ1-8　萱葉2号墳（志免町教育委員会蔵）
- 図Ⅲ1-9　筆者作成
- 図Ⅲ1-10　袋式：都野原田遺跡（竹田市文化財管理センター蔵）
  　　　　板式：宇治二子山古墳北墳（宇治市歴史資料館蔵）
  　　　　一体形：亀山古墳（加西市教育委員会蔵）
- 図Ⅲ1-11　筆者作成
- 図Ⅲ2-1　筆者作成
- 図Ⅲ2-2　筆者作成
- 図Ⅲ2-3　筆者作成
- 図Ⅲ3-1　筆者作成
- 図Ⅲ3-2　鉄鎌：（下関市教育委員会1974）より作成

　　　　　　　土器：(金関ほか 1977) より作成
図Ⅲ3－3　筆者作成　写真は下関市教育委員会が提供
図Ⅲ3－4　秋根遺跡（下関市教育委員会蔵）
図Ⅲ3－5　1：徳蔵地区遺跡（みなべ町教育委員会蔵）
　　　　　　2：権現山 51 号墳（近藤編 1991）を再トレース
　　　　　　3：前立山遺跡（島根県教育庁埋蔵文化財センター蔵）
　　　　　　4：津寺三本木遺跡（岡山県古代吉備文化財センター蔵）
　　　　　　5：舞松原古墳（福岡市埋蔵文化財センター蔵）
　　　　　　6：御床松原遺跡（志摩歴史資料館蔵）
図Ⅲ3－6　1：城ノ上遺跡（松尾編 1977）を再トレース
　　　　　　2：桃山遺跡（田仲編 1976 を再トレース
　　　　　　3：大板井遺跡（片岡編 1981）を再トレース
図Ⅲ3－7　1：中山里 IA-23 号墳（昌原大學校博物館 2006）を再トレース
　　　　　　2：礼安里 138 号墳（釜山大學校博物館 1990）を再トレース
図Ⅳ1－1　筆者作成
図Ⅳ1－2　筆者作成
図Ⅳ1－3　筆者作成
図Ⅳ1－4　筆者作成
図Ⅳ1－5　筆者作成
図Ⅳ1－6　筆者作成
図Ⅳ1－7　（山田編 1997）より作成
図Ⅳ1－8　1～4：梶塚古墳（城陽市歴史民俗資料館蔵）
　　　　　　5～7：野中アリ山古墳（大阪大学考古学研究室蔵）
　　　　　　8～12：西墓山古墳（藤井寺市教育委員会蔵）
　　　　　　13～16：大和 6 号墳（宮内庁書陵部蔵）
　　　　　　17・18：長持山古墳（京都大学考古学研究室保管）
　　　　　　19～21：河内野中古墳（大阪大学考古学研究室蔵）
図Ⅳ2－1　筆者作成
図Ⅳ2－2　（山陰考古学研究所 1978）より作成
図Ⅳ2－3　筆者撮影
図Ⅳ2－4　（高田 2010）より作成
図Ⅳ2－5　1・2：長瀬高浜遺跡（羽合町歴史民俗資料館蔵）
　　　　　　1・2 以外：長瀬高浜遺跡（財団法人鳥取県教育文化財団 1981）より作成
図Ⅳ2－6　（財団法人鳥取県教育文化財団 1981）より作成

図Ⅳ2−7　（牧本編 1999）より作成
図Ⅳ2−8　銅剣・巴形銅器：長瀬高浜遺跡（羽合町歴史民俗資料館蔵）
　　　　　銅鏡：長瀬高浜遺跡（林 2005）を資料実見のうえ再トレース
　　　　　小銅鐸：長瀬高浜遺跡（長瀬高浜遺跡調査事務所 2005）を資料実見のうえ再トレース
図Ⅳ2−9　鉄鎌1・鉄鎌3・鉄鎌4・鉄鏃2：長瀬高浜遺跡（鳥取県埋蔵文化財センター蔵）
　　　　　鉄鍬・鉄鎌2・鉄斧・鉄鏃1・剣先形鉄製品・鉄銛・鉄製釣針：長瀬高浜遺跡（羽合町歴史民俗資料館蔵）
　　　　　鋳造鉄斧：（八峠編 1997）を再トレース
図Ⅳ2−10　（池淵 2005）を再トレース
図Ⅳ2−11　長瀬高浜遺跡（羽合町歴史民俗資料館蔵）
図Ⅳ2−12　長瀬高浜遺跡（羽合町歴史民俗資料館蔵）

【表】

表Ⅲ1−1　筆者作成
表Ⅲ1−2　筆者作成
表Ⅲ1−3　筆者作成
表Ⅲ1−4　筆者作成
表Ⅲ1−5　筆者作成
表Ⅲ1−6　筆者作成
表Ⅲ1−7　筆者作成
表Ⅲ1−8　筆者作成
表Ⅲ2−1　筆者作成
表Ⅳ1−1　筆者作成
表Ⅳ2−1　（牧本 2010）より作成

索　引

Ａ　事　項

【あ行】

飛鳥時代　2
アワ　61
石鎌　8
出雲国風土記　156
板式　2,55,57,58,59,60,61,67,68,69,113,123,124,128,132,133,
　　　136,138,158,160,162,170,200
一木鋤　20,21,22,36
一体形　55,56,57,60,65,68,69,123,124,128,132,133
X線　15,46,184
延喜式　8
王権　176,178,184,189,193,194,195,196,197,203
凹字形刃先　24,30
大鎌　52,148,170
大野川流域　64,69
斧形耕具刃先　19
乙技法　41,42,144,146,148,149,150,151,188
芋引具　55,60,65,66,69,200

【か行】

海上交通　179,194,195,197
階層　4,156,158,159,160,161,163,164,165,167,168,170,172,
　　　174,202,203
カシ　11
甲冑　3,15,45,46,47,53,139,178,180,193,199
神まつり　1,73
金鍬　21,77
官衙　156
関東地方　128,156,157
管理　1,4,73,101,105,156,158,175,196,197,199,202,203
規格　82,83,84,86,92,93,94,95,189,200,201
木鎌　8
畿内地域　2,178,182,184,185,189,190,193,195,197
九州地方　2,157,162,163,164,165,166,167,168,169,185

近畿地方　48,52,66,157,162,163,164,165,166,167,168,169,174,
　　　185,194,202
金工品　139
釘式　2,55,57,58,67,68
楔　9,10,13,14,16,25,40,41,42,44,45,46,48,49,50,51,53,58,61,
　　　98,99,104,113,121,144,146,147,187,188,200
組合形　55,56,57,68,69,128,132,200
組合せ鋤　19,20,21,19
鍬鋤　8
経済　1,127,155
型式　2,4,30,127,128,129,132,133,136,139,140,201
剣先形鉄製品　116,180,181,186,187,190,191,192,195,197,203
原三国時代　150
甲乙技法　42,148
甲技法　41,42,146,148,149,150,187,188
広辞苑　17,91
皇太宮儀式帳　39
古代　8,49,57,65,66,85,141
古墳時代　1,2,3,4,8,14,24,27,30,32,33,34,36,40,49,50,51,52,53,
　　　58,66,73,74,75,76,77,79,85,86,91,109,112,113,125,
　　　127,129,132,136,139,142,145,152,155,156,157,
　　　158,171,175,176,182,184,185,186,187,194,195,
　　　196,197,199,200,202,203
古墳時代社会　1,155,202
古墳時代前期　4,23,32,44,46,68,73,75,85,91,98,99,100,102,
　　　104,111,124,130,136,137,141,142,145,146,
　　　147,149,150,151,152,155,175,177,179,180,
　　　182,184,186,188,190,201
古墳時代前半期　100,175,176,179,185,192,194,196,202
古墳時代中期　7,13,21,23,24,30,32,35,68,73,76,85,97,127,
　　　129,130,137,142,152,156,178,180,186,191,201
古墳時代後期　2,97,99,112,128,142,156
古墳時代終末期　2

275

【さ行】

再加工　43,46,47,48,53,157,199

祭祀　1,15,28,50,109,114,116,118,120,121,124,125,156,172,176,180,181,182,189,190,191,192,195,196,197,202,203

作業台　13,44

雑穀　65

サルポ　3

地獄止め　16,22,48,49,50,51,53,61,112,113,199,200

実用品　1,4,14,81,86,90,109,110,111,112,113,114,115,116,118,119,120,121,122,123,124,125,139,155,158,162,171,172,191

社会　1,127,155,156,158,176,193,196,201,202,203

社会経済史　1,73,85

収穫具　1,65,66,105,127

首長　4,73,85,101,102,156,157,158,162,172,174,178,179,193,194,195,196,197,202,203

首長制　195,197

首長権　101,102

主墳　159,168,170,171

使用痕跡　76,79,80,86,87,88,91,92,104,109,116,120,121,122,123,124,130,139,164,191,200,201

庄内式期　2

所作儀礼　1

所有　4,102,155,156,157,158,167,168,171,172,174,192,199,202

自律性　195,196

水田　21,35,179

鋤　2,7,8,9,16,18,21,32,36,66,74,76,102,200

隅角形　80,81,82,83,84,114,115,116,162,163,164,186,191,200

隅丸形　79,82,83,84,114,115,116,137,162,163,164,186,191,200

擦痕　63

製作実験　3,22,28,43,53,69

製作方法　3,4,7,12,13,22,23,26,27,28,30,36,39,43,46,53,55,59,60,69,73,74,85,109,114,115,116,121,122,123,124,125,127,128,129,130,131,132,137,138,139,140,185,199,201

生産　1,7,39,100,127,139,149,152,155,156,157,158,186,199

石製穂摘具　55,56,60,66,67,69,133,156

石製模造品　2,110,111,170

石斧　7,8,9,25,58

【た行】

接着剤　28,49,61,69,200

狭鍬　35

穿孔　46,47,48,50,57,60,64,65,66,67,69,128,132,170

前方後円墳　2,159,160,162,163,164,165,168,170,176,177,178,179,182,193,194

前方後円墳集成　2,136

装着　1,2,3,7,8,9,11,16,17,18,19,20,21,22,23,26,32,33,34,35,36,39,40,41,42,48,49,50,51,52,53,55,57,59,60,61,63,64,67,69,76,85,101,102,104,111,112,113,119,121,124,132,133,148,156,199,200

素材　3,7,12,13,14,15,16,27,28,43,45,46,47,48,64,110,122,128,129,189,199

【た行】

鏨　9,13,15,27,28,44,45,46,47,58,60,74,81,88,122

タビ　3

短冊形　91,92,93,94,95,103,104,119,130,151,152,164,165,166,167,187,188,191,200,201

炭素　14

弾性　17,18,19,22,33,36,61,113,199,200

鍛接　15,27,28,30,32,45,46,53,199

鍛造　3,30,32,127,186,189

地方官衙　141

中国・四国地方　2,56,162,163,164,165,166,167,168,169

鋳造鉄斧　3,12,47,67,186,187,189,194

朝鮮半島　2,43,66,73,127,145,148,149,150,151,189,194,195

直刃鎌　1,2,3,4,39,40,46,47,53,85,86,87,88,89,91,92,94,95,98,102,103,104,112,114,119,120,121,125,128,130,132,133,137,138,139,142,145,146,149,151,158,159,160,161,164,166,167,168,170,171,172,187,199,200,201,203

土掘り具　1,7,8,17,18,19,23,73,105,127,172

つぶし　8,10,14,17,18,56,59,61,77,98,112,113,199

低湿地遺跡　7,21

鉄斧　8,14,15,16,45,116,117,178,187,188,191

鉄塊　11,12,15,16,22,43,45,47,48,53,199

鉄製釣針　187,190,194

鉄製又鍬　3

鉄鏃　47,142,178,180,181,186,187,189,190,193,197

鉄鋌　13,14,15,16,45

鉄刀子　47,53,116,117,157,191,199

鉄鋸　68,69,81,171

鉄鑿　81

鉄板　7,8,9,10,11,13,14,15,16,17,22,26,27,28,30,31,32,42,43,
　　　44,45,47,48,53,59,65,73,75,85,98,109,110,111,113,114,
　　　116,122,124,128,131,148,199,200

鉄鋘　187,190

鉄鉈　81,98,178

砥石　14,16,44,45,46,50,88,121

展開模式図　3,76,81,84

東郷池　176,178,179,182,193,194,197

銅鏡　181,185,186

銅剣　151,185,186,197

銅鐸　180,185,186

銅斧　8,12

土器集積遺構　116

土器調整具　66

土木事業　1,203

巴形銅器　185,186,197

【な行】

鉈　39,40,52,53,148

奈良時代　156,157

膠　49,50,51,61,69,200

西日本　2,3,76,86,114,118,129,146,151,184,190,195,203

布　11,26,42,43,59,61,98,99,101,102,104

根刈り　52

熱間鍛造　15,45

農業共同体　156,158

農業生産　1,155

農具便利論　52

農作業　68,73,80,102,109,111,114,139,172,191

【は行】

陪塚　159,168,170,171,172,173,174

埴輪　136,176,178,179,180,182,183,193,197

板状鉄斧　12

東日本　2,57,66,118,20

非実用品　1,4,10,11,14,25,42,48,58,59,68,69,73,75,81,86,88,
　　　　90,91,92,104,109,110,111,112,113,114,115,116,
　　　　118,119,120,121,123,125,139,140,155,158,162,
　　　　163,164,165,167,168,170,171,172,174,186,188,
　　　　190,191,192,197,201,202,203

非短冊形　91,92,93,94,95,120,122,130,164,165,167,200,201

ヒノキ　11,81

平鍬　19,20,21,22,35,36,37,200

平鋤　21

鞴　32,196

袋式　2,55,57,58,60,61,63,64,68,69,112,113,122,123,124,128,
　　　132,133,136,138,158,160,170,171

文献史学　156,157

穂首刈り　52

北部九州　2,21,24,40,73,85,156

【ま行】

摩擦抵抗力　17,18,22,34,36,82,127,199,200

未使用　3,4,42,74,75,77,79,81,82,83,84,85,86,88,90,91,94,97,
　　　　102,104,105,112,114,115,116,118,119,120,121,122,
　　　　128,129,137,138,140,155,158,162,164,168,170,171,
　　　　172,186,187,191,197,200,201,202,203

民俗学　50

民族学　65

無茎鎌　40,48,53

木柄　3,18,19,35,36,41,42,48,49,50,51,52,53,85,103,112,113,
　　　114,121,171,199,200,201

木器集成図録　19,52

木製品　3,20,23,48,66,119,156

木製穂摘具　56,59,60,66,67,69

【や行】

焼き入れ　14,15,16,27,44,45,48

鑢　14,44

弥生時代　2,7,13,19,21,23,24,30,32,33,34,35,36,39,40,46,48,
　　　　　49,50,55,73,74,85,111,129,130,136,142,145,149,
　　　　　150,152,155,156,175,180,182,185,186,190,194,
　　　　　195,197,199,200,201,203

有茎鎌　40,48,85

有袋鉄斧　188

【ら行】

冷間鍛造　15,45

【わ行】

沸し着け　28,30,31,32,36,46,47,152,199

277

B 遺 跡 名

【あ行】

青谷上寺地遺跡（鳥取県）　194
赤井手遺跡（福岡県）　12
赤峪古墳（岡山県）　87,89
赤塚古墳（京都府）　46
秋根遺跡（山口県）　43,141,142,144,145,151
秋根1号墳（山口県）　141
秋根2号墳（山口県）　141
尼塚古墳（京都府）　102,103
安満宮山古墳（大阪府）　90,138
安土瓢箪山古墳（滋賀県）　78,79,81,102,103,104,138,139,162
綾羅木郷遺跡（山口県）　141,142,151
庵寺山古墳（京都府）　64,84,87,89,138
生萱本誓寺遺跡（長野県）　35
伊倉遺跡（山口県）　141
池上曽根遺跡（大阪府）　180
池ノ上 D-1 号墓（福岡県）　46
石山古墳（三重県）　18,80,92,93,120
板切遺跡（大分県）　64,65
板付遺跡（福岡県）　19
井の端7号墓（兵庫県）　87
市野山古墳（大阪府）　159,168,170
今林6号墳（京都府）　90
岩内3号墳（和歌山県）　63
岩谷2号墳（京都府）　4,17,42,78,79,87,89,91,97,98,99,100,101,102,104,200,201
岩清尾山猫塚古墳（香川県）　185
上殿古墳（奈良県）　80,92,93,130,136
上の山古墳（山口県）　141
宇治二子山古墳北墳（京都府）　86,87,89,92,93,123
馬ノ山古墳群（鳥取県）　176,177,178,179
馬ノ山4号墳（鳥取県）　177,178,179,182,193,194,196,197
梅田1号墳（兵庫県）　65
浦間茶臼山古墳（岡山県）　99,138
ウワナベ古墳（奈良県）　159,168,170
大板井遺跡（福岡県）　50,51,149

大井平野遺跡 SO1（福岡県）　78,79
大内1号墳（京都府）　93
大柿遺跡（徳島県）　124
大迫26号墓（大分県）　88,89
大谷古墳（和歌山県）　48,88,118,119,138
大寺1号墳（島根県）　78,81
大平山古墳群（鳥取県）　178
岡村遺跡（和歌山県）　62,63
御獅子塚古墳（大阪府）　45,61
落合10号墳（三重県）　28

【か行】

カクチガ浦1号方形周溝墓（福岡県）　93
梶栗浜遺跡（山口県）　141,151
梶塚古墳（京都府）　82,90,159,170,173
柏原 A-2 号墳（福岡県）　138
交野東車塚古墳（大阪府）　80,82,92,93
桂見2号墳（鳥取県）　46,47
角江遺跡（静岡県）　49,50
金蔵山古墳（岡山県）　61,63,80,92,93,115,130
金崎1号墳（島根県）　119
上定第27号古墳（広島県）　67
上安井古墳（広島県）　77,78
亀山古墳（兵庫県）　57,118,123,138
萱葉1号墳（福岡県）　121,122
萱葉2号墳（福岡県）　87,89,138,145
川合遺跡（静岡県）　64
河田宮ノ北遺跡（三重県）　62,63
河内野中古墳（大阪府）　80,82,115,136,159,168,170,171,173
寛弘寺1号墳（大阪府）　87,89
神蔵古墳（福岡県）　77,78
神原神社古墳（島根県）　99,138
北原古墳（奈良県）　83,90
私市円山古墳（京都府）　87,89,90,130,138
北山1号墳（鳥取県）　178,179,193
キツネ塚古墳（京都府）　97
木ノ井山古墳（山口県）　87,89
行者塚古墳（兵庫県）　67,137,162

索引

潜塚古墳（福岡県） 115
久津川車塚古墳（京都府） 159,168,170
校洞第 89 号墳（慶尚南道） 43
古志本郷遺跡（鳥取県） 192
五反島遺跡（大阪府） 49,50,51,61
小山 3 号墳（兵庫県） 90
権現山 51 号墳（兵庫県） 137,146,147,148,150
誉田御廟山古墳（大阪府） 159,168,170
【さ行】
三刀屋熊谷 1 号墳（島根県） 87,89
紫金山古墳（大阪府） 81,87,89,90,91,93,94,138
芝ヶ原 11 号墳（京都府） 90,92,93
下市瀬遺跡（岡山県） 20
下鈎遺跡（滋賀県） 180
下北方 5 号地下式横穴墓（宮崎県） 93
下稗田遺跡（福岡県） 19
下田遺跡（大阪府） 20,21
社日 1 号墳（島根県） 115,136,139
珠金塚古墳（大阪府） 93,136
出作遺跡（愛媛県） 15,16
上灌子遺跡（福岡県） 30,33
上東遺跡（岡山県） 18,19,20
上人ヶ平 7 号墳（京都府） 130
城ノ上遺跡（佐賀県） 149
菖蒲塚古墳（京都府） 97
神宮寺山古墳（岡山県） 49,78,80,81,82,92,93
新原・奴山 44 号墳（福岡県） 65,66
仁馬山古墳（山口県） 141
巣山古墳（奈良県） 46,47
成都揚子山 2 号墳（四川省） 51
惣ヶ迫古墳（山口県） 138
園部垣内古墳（京都府） 44,87,89,90,102,103,104,136,139
園部岸ヶ前古墳（京都府） 138
【た行】
大師山 6 号墳（兵庫県） 93
田久瓜ヶ坂 1 号墳（福岡県） 80,81
竹並 15 号古墳（福岡県） 78,79,88,89,138
達西面第 37 号墳（慶尚北道） 43
竜山 5 号墳（兵庫県） 77,78

盾塚古墳（大阪府） 93
立野 A11 号墓（福岡県） 145
為弘 1 号墳（山口県） 31
玉津田中遺跡（兵庫県） 62,64
田屋遺跡（和歌山県） 62,63,64
千歳下遺跡（京都府） 195
千鳥 7 号墳（福岡県） 78,79
茶すり山古墳（兵庫県） 130,138
津島遺跡（岡山県） 20
堤谷 A1 号墳（京都府） 93
津寺三本木遺跡（岡山県） 146,147,148,149,150
常森 1 号墳（山口県） 49,119
常森 2 号墳（山口県） 30
常森 3 号墳（山口県） 118
椿井大塚山古墳（京都府） 49,138
寺口忍海 E-7 号墳（奈良県） 28
寺口忍海 D-27 号墳（奈良県） 80,130,136
寺山第 3 号古墳（広島県） 118
天神山 1 号墳（山口県） 90,136
塔之原遺跡（広島県） 120
堂山 1 号墳（大阪府） 80
徳蔵地区遺跡（和歌山県） 146,147,148,150,151
鳥坂 2 号墳（兵庫県） 87,89
冨地原梅木 17 号墳（福岡県） 17,31,33,61
豊中大塚古墳（大阪府） 80,82,92,93,130
【な行】
中海遺跡（京都府） 180
中ノ城古墳（熊本県） 66
那珂君休遺跡（福岡県） 62,63
長越遺跡（兵庫県） 18,19,20
長瀬高浜遺跡（鳥取県） 4,116,120,175,176,178,179,180,
　　181,182183,184,185,186,187,188,189,190,191,192,193,
　　194,195,196,197,202,203
長瀬高浜古墳群（鳥取県） 179,180
長原 166 号墳（大阪府） 81
長持山古墳（大阪府） 138,159,170,171,173
中山里 IA-23 号墳（慶尚南道） 150
奈具岡南 1 号墳（京都府） 81
夏谷遺跡（鳥取県） 192

新沢千塚500号墳（奈良県）　80,82,90,92,93,102,103,104,
　　136,138,139
西一本杉ST009古墳（佐賀県）　76
西野山3号墳（兵庫県）　18,114
西墓山古墳（大阪府）　67,68,80,82,83,87,89,90,114,124,130,
　　138,139,159,170,171,173
野毛大塚古墳（東京都）　15,45,46
野瀬古墳（滋賀県）　77,78
野中アリ山古墳（大阪府）　80,82,83,114,120,130,136,159,
　　170,173

【は行】
博多遺跡（福岡県）　32,46,190
墓山古墳（大阪府）　159,168,170
箸墓古墳（奈良県）　2
花立遺跡（大分県）　64
原ノ辻・カラカミ遺跡（長崎県）　12
比恵遺跡（福岡県）　19,21
東山古墳（三重県）　83,114,115
聖塚古墳（京都府）　97
姫原西遺跡（島根県）　20
藤崎遺跡（福岡県）　138
文京遺跡（愛媛県）　12
布留遺跡（奈良県）　116,117
平城宮（奈良県）　49
弁天山B4号墳　90
伯耆国分寺古墳（鳥取県）　78,115,139
保津・宮古遺跡（奈良県）　61,62,63,64
本郷鷲塚1号墳（福岡県）　90

【ま行】
舞田原遺跡（大分県）　64,65
舞松原古墳（福岡県）　79,83,84,137,145,146,147,148,150
前立山遺跡（島根県）　146,147,148,150,151
マエ塚古墳（奈良県）　80,82,93,115,130,136
松崎古墳（山口県）　78,81
松岳山古墳（大阪府）　83
松野遺跡（兵庫県）　180
丸山1号墳（兵庫県）　80,81
丸山2号墳（兵庫県）　80
水縄遺跡（福岡県）　27

美園遺跡（大阪府）　20
御床松原遺跡（福岡県）　147,148,149,150
南谷大山遺跡（鳥取県）　179,193
宮内狐塚古墳（鳥取県）　178,179,193
都野原田遺跡（大分県）　63,64,65,123
宮司井手ノ上古墳（福岡県）　40
美和34号墳（鳥取県）　47
目久美遺跡（島根県）　20
メスリ山古墳（奈良県）　138
免ヶ平古墳（大分県）　93,94
本高弓ノ木遺跡（鳥取県）　61,62,63,124
桃山遺跡（岡山県）　149

【や行】
八幡東車塚古墳（京都府）　80,130
山崎上ノ原第2遺跡（宮崎県）　66
山崎5号墳（和歌山県）　185
大和6号墳（奈良県）　15,68,80,82,130,170,171,173
ヤンボシ塚古墳（熊本県）　80,115
弓場山古墳（岡山県）　13
陽子山2号墓（四川省）　52
吉田奥遺跡（愛知県）　64
四ツ池遺跡（大阪府）　19

【ら行】
龍子三ツ塚1号墳（兵庫県）　85,87,89,138
礼安里138号墳（慶尚南道）　150
立明寺地区遺跡（福岡県）　30
老司古墳（福岡県）　80,115,136,162

【わ行】
若宮古墳（山口県）　141
わき塚1号墳（三重県）　81

C　人　名

【あ行】

朝岡康二　50

東潮　15

池淵俊一　176,192,194

石田大輔　124

石母田正　156

岩崎卓也　2,109

岩崎康子　188,190

上原真人　18,20,21,35,48,52,56,101,119,156

魚津知克　24,30,55,56,57,63,65,75,86,87,92,110,111,128

卜部行弘　109,112

大賀克彦　2

岡崎敬　12,74,155

岡田文男　81,90

岡田光紀　12,43,59,77

岡野雅則　180,184

【か行】

金田善敬　18,35

川越哲志　7,8,13,16,48,50,56,57,74,76,84

久住猛雄　190

工楽善敬　66

黒崎直　8,9

黒須亜希子　21

甲元眞之　51

小林行雄　155

近藤義郎　39

【さ行】

佐々木憲一　195

佐原眞　7,9,25,58

篠原徹　65

清水真一　190

白石太一郎　109

白木原和美　26

末永雅雄　3

鈴木一有　131

清喜裕二　15,45

【た行】

高田健一　180

高橋克壽　178

武内栄太　12,43,59

田中新史　75,113

都出比呂志　8,18,21,27,40,75,85,110,111,112,120,127,156

寺澤薫　56,57,85,112,128,142,145,148,158,191

寺沢知子　102,109

土井義夫　128

豊島直博　99

【な行】

中川寧　21

中村光司　26

新納泉　2

西谷眞治　56,61

沼沢豊　110

野島永　156

【は行】

橋口達也　12

林信哉　12,43,59

林正憲　185

原島礼二　156

坂靖　109,110,112

東方仁史　182

樋口隆康　109,119

菱田淳子　56,65

日高慎　189

広瀬和雄　2,180

福永伸哉　185

藤原宏志　194

古庄浩明　112

古瀬清秀　15,26,28,36,45,152,191

ヘンリー＝ライト　195

【ま行】

松木武彦　189

牧本哲雄　182

松井和幸　26,27,28,50

松本正信　26,27

三木弘　74,75,79,82,109,111,112

水野正好　182

水野敏典　15

三辻利一　184

宮原武夫　157

村上恭通　14,15,30,48,81,112,113

森浩一　194,195

門田誠一　75,109,110

【や行】

山口譲治　63

山口直樹　128

山田幸弘　68

【ら行】

柳本照男　30,33,152

【わ行】

和田晴吾　2

渡邊芳貴　57,74,75,76,82,86,93,104,110,112,113

あとがき

　本書は平成23（2011）年12月に京都大学に提出し、平成24（2012）年3月に学位授与となった博士学位論文を加筆修正したものである。各章を構成する論考はすでに公表したものがあり、本書を作成するにあたって、全体に調整を加えている。なお、初出論文の出典は以下のとおりである。

序　章　本研究の目的と課題　新稿
第Ⅰ部　農具鉄製刃先の構造
　第1章　鉄鍬（方形板刃先）の構造
　　「鉄鍬（方形板刃先）の構造」『古代学研究所紀要』第16号　明治大学古代学研究所　pp.19-35（2012年3月）を加筆修正
　第2章　鉄鍬（U字形刃先）の構造
　　「鉄鍬（U字形刃先）の構造」『古代学研究所紀要』第16号　明治大学古代学研究所　pp.37-51（2012年3月）を加筆修正
　第3章　鉄鎌の構造
　　「鉄鎌の構造」『古代学研究所紀要』第17号　明治大学古代学研究所　pp.145-159（2012年6月）を加筆修正
　第4章　鉄製穂摘具の構造
　　「鉄製穂摘具の構造」『古代学研究所紀要』第17号　明治大学古代学研究所　pp.161-176（2012年6月）を加筆修正
第Ⅱ部　農具鉄製刃先の使用
　第1章　方形板刃先の使用
　　「前期古墳に副葬された方形板刃先の性格」『駿台史学』第141号　駿台史学会　pp.337-356（2011年3月）を加筆修正
　第2章　直刃鎌の使用
　　「直刃鎌の使用」『古文化談叢』第70集　九州古文化研究会　pp.31-47（2013年10月）を加筆修正
　第3章　農具鉄製刃先の使用品と未使用品－事例研究①京都府岩谷2号墳例－
　　「農具鉄製刃先の使用品と未使用品」『太邇波考古』第29号　両丹考古学会　pp.1-9（2010年7月）を加筆修正

第Ⅲ部　農具鉄製刃先の変化
　第1章　農具鉄製刃先の実用品と非実用品
　　「非実用品の抽出」『駿台史学』第148号　駿台史学会　pp.117-138（2013年3月）を加筆修正
　第2章　農具鉄製刃先の変遷　新稿
　第3章　古墳時代前期の曲刃鎌－事例研究②山口県秋根遺跡例－
　　「古墳時代前期の曲刃鎌」『古文化談叢』第66集　九州古文化研究会　pp.15-27（2011年9月）
　　を加筆修正
第Ⅳ部　農具鉄製刃先の所有と管理
　第1章　農具鉄製刃先の所有　新稿
　第2章　地方からみた鉄の管理体制－事例研究③鳥取県長瀬高浜遺跡例－
　　「地方からみた鉄の管理体制」『古代学研究』197号　古代学研究会　pp.27-45（2013年6月）を
　　加筆修正
終章　総括と課題　新稿
参考文献　新稿
分析表　新稿
遺跡文献（墳墓）　新稿
遺跡文献（集落）　新稿

　農具鉄製刃先についての研究は、古墳時代の鉄鎌を明治大学卒業論文の課題としたことから始まった。なかでも農具に関心をいだいたのは、都出比呂志氏の「農具鉄器化の二つの画期」という論文の影響が大きい。また、毎年小学校夏休み1か月間、山口県阿武郡阿東町生雲村（現山口市）に農家を営む祖父・祖母の暮らす伊藤家にあずけられ、農作業の手伝いをした経験もテーマを農具にした理由の一つとして挙げられる。

　以来、農具鉄製刃先について追及してきた。明治大学在籍中は太田雅晃氏に鉄製品の見方を教わり、故小林三郎先生のもと大室古墳群や玉里古墳群の調査・整理を通じて活気ある考古学実習室にて諸先生・諸兄姉・同輩に恵まれ、日々刺激を受けることができた。アルバイトで縄文時代の自由学園南遺跡の発掘調査・整理作業に参加できたことも、以降古墳時代にこだわりつつも決して固定観念的にものごとをみることなく、自身の研究を相対化させてみるうえで貴重な体験になった。「古墳時代を専攻するならば、古墳時代以外の調査に参加せなあかん」と、自由学園南遺跡調査団の参加を強く進めてくださった恩師の佐々木憲一先生には感謝している。

　明治大学を卒業すると、古墳時代研究をリードする京都大学の門をたたくが試験に落ち、聴講生として一年間京都大学に在籍した。その際に京都府立大学にて菱田哲郎氏の御好意のもと亀山古墳の鉄製品整理を経験させていただいた。その後、京都大学の修士課程・博士後期課程へと進学した。当時の京都大学は、金大煥氏・諫早直人氏・石田大輔氏・川畑純氏・金宇大氏・土屋隆史氏・

あとがき

　James scott Lyons 氏といった新進気鋭の鉄製品を専門とする学生が在籍しており、阪口英毅氏の熱心な指導のもと雲部車塚古墳・聖塚古墳・七観古墳の整理を通じて切磋琢磨できたことは幸運であった。もちろん旧石器から中世にかけて鉄製品以外を専攻する諸兄姉・同輩のよい影響も受けた。そのうちの山本亮氏には本書のもとになる論文の校正をいくつかお願いした。恩師の上原真人先生からは、一言一句の名称から本書の構成にいたるまで心温まるご指導をいただいた。京都大学に6年半在籍したこと心よりよかったと感じている。

　大学院在籍中は考古学系アルバイトにも精を出し、なかでも東京国立博物館の古谷毅氏、宮内庁書陵部の清喜裕二氏、大垣市教育委員会の中井正幸氏、（株）島田組の柳本照男氏からは数えきれないほどのたくさんのご高配を得た。また、数多くの方々が報告書作成の際に応援してくださり、とても感謝している。

　このほか岩本崇氏が主催した兵庫県龍子三ツ塚古墳群に参加できたことは、本書を発想するにおいて極めて重大だったといえる。1号墳から形の異なる鉄鎌が出土し、使用状況とからめて考察でき、以降使用から実用性を追及する着眼点が生まれた。また、高知県四万十市にある古式鍛造工房「くろがね」の故岡田光紀氏・林信哉氏・武内栄太氏には、鍛冶の研修生としてご指導いただいた。この経験は、本書を作成するうえで大いに役立っている。

　京都大学は2011年3月に研究指導認定退学し、しばらく大学院聴講生として在籍していたが、2011年10月から明治大学日本古代学研究所に勤務することになり研究拠点を東京に移した。そして2012年4月から2014年3月まで明治大学古代学研究所に研究推進員として在籍し、所長の吉村武彦先生のもとで古墳時代鉄製品にかんする研究を続けた。古代学研究所では、考古学の石川日出志先生や佐々木憲一先生のほか、これまで縁が薄かった日本史学や日本文学の研究者・スタッフと共同して作業することが多く、日々充実していた。そして2014年4月からは、東京国立博物館に移り、新たな社会生活を送ることができている。本書のもととなる博士論文を作成するにあたっては、京都大学大学院文学研究科の上原真人先生、泉拓良先生、吉井秀夫先生に多大なご指導とご鞭撻を賜った。また日韓の200近い機関で資料を実見する機会をいただいた。お世話になりました皆様の学恩に対し心より感謝申し上げたい。そして出版社をご紹介くださった明治大学の阿部芳郎先生と、出版を引き受けていただいた雄山閣、そして編集・校正・助成金獲得の労をとられた八木崇氏と桑門智亜紀氏に感謝したい。最後に、考古学をする上で辛抱づよく応援してくださっている下関の家族（父：清志、母：政代、妹：久美子、義弟：伏作、姪：奈央）に御礼申し上げる。

　なお、本書は2011年度大久保忠和考古学振興基金：奨励研究「農具鉄製刃先の歴史的意義」および私立大学戦略的研究基盤形成事業「日本列島の文明化を究明する古代学の総合化研究」（2009年度～2013年度、研究代表者：吉村武彦）の成果の一部である。また、刊行にあたって日本学術振興会より平成26年度科学研究費助成事業（研究成果公開促進費）の交付を受けた。

2014年7月　　河野　正訓

■著者紹介

河野 正訓（かわの まさのり）

1981年　山口県生まれ
2005年　明治大学文学部卒業
2008年　京都大学大学院文学研究科修士課程修了
2011年　京都大学大学院文学研究科博士後期課程研究指導認定退学
2012年　京都大学博士（文学）
2011年～2012年　明治大学研究・知財戦略機構日本古代学研究所研究推進員
2012年～2014年　明治大学研究・知財戦略機構古代学研究所研究推進員
　　　　　　　　　淑徳大学国際コミュニケーション学部兼任講師
2012年～現　在　明治大学文学部兼任講師
2014年　島根大学法文学部山陰研究センター客員研究員
2014年～現　在　東京国立博物館学芸研究部調査研究課考古室アソシエイトフェロー

《主要著書・論文》
『史跡昼飯大塚古墳Ⅱ』（共編著）大垣市教育委員会、2009年
『立明寺地区遺跡B地点』（共編著）島田組、2009年
『龍子三ッ塚古墳群の研究』（共編著）大手前大学史学研究所、2010年
『信濃大室積石塚古墳群の研究Ⅳ』（共編著）明治大学文学部考古学研究室、近刊
「前期古墳に副葬された方形板刃先の性格」『駿台史学』141集　2011年
「古墳時代前期の曲刃鎌」『古文化談叢』第66集　2011年
「非実用品の抽出」『駿台史学』148集　2013年
「直刃鎌の使用」『古文化談叢』第70集　2013年
「地方からみた鉄の管理体制」『古代学研究』198号　2013年

2014年8月25日　初版発行　　　　　　　　　　　　《検印省略》

古墳時代の農具研究
―鉄製刃先の基礎的検討をもとに―

著　者　河野正訓
発行者　宮田哲男
発行所　株式会社 雄山閣
　　　　東京都千代田区富士見2-6-9
　　　　TEL 03-3262-3231／FAX 03-3262-6938
　　　　URL http://www.yuzankaku.co.jp
　　　　e-mail info@yuzankaku.co.jp
　　　　振替：00130-5-1685
印刷・製本　株式会社ティーケー出版印刷

©Masanori Kawano 2014　　　　ISBN978-4-639-02322-7 C3021
Printed in Japan　　　　　　　　N.D.C.210　285p　28cm